法条速查
文书范本
系列

民事

常见法律问题及纠纷解决
法条速查与文书范本

法律出版社法规中心　编
杨光　执行主编

法律出版社
LAW PRESS·CHINA

图书在版编目(CIP)数据

民事常见法律问题及纠纷解决法条速查与文书范本 / 法律出版社法规中心编. -- 2 版. -- 北京 : 法律出版社, 2018

(中华人民共和国法律·文书应用本)

ISBN 978-7-5197-2180-0

Ⅰ. ①民… Ⅱ. ①法… Ⅲ. ①民法-基本知识-中国 ②民法-法律文书-范文-中国 Ⅳ. ①D923②D926.13

中国版本图书馆 CIP 数据核字(2018)第 077528 号

民事常见法律问题及纠纷解决法条速查与文书范本
MINSHI CHANGJIAN FALÜ WENTI JI JIUFEN JIEJUE FATIAO SUCHA YU WENSHU FANBEN

法律出版社法规中心 编

责任编辑 冯高琼
装帧设计 李 瞻

编辑统筹 法规出版分社
出版 法律出版社
总发行 中国法律图书有限公司
经销 新华书店
印刷 三河市龙大印装有限公司
责任印制 吕亚莉

开本 720 毫米×960 毫米 1/16
印张 27
字数 533 千
版本 2018 年 7 月第 2 版
印次 2018 年 7 月第 1 次印刷

法律出版社/北京市丰台区莲花池西里 7 号(100073)
网址/www.lawpress.com.cn
投稿邮箱/info@lawpress.com.cn
举报维权邮箱/jbwq@lawpress.com.cn
销售热线/010-63939792
咨询电话/010-63939796

中国法律图书有限公司/北京市丰台区莲花池西里 7 号(100073)
全国各地中法图分、子公司销售电话:
统一销售客服/400-660-6393
第一法律书店/010-63939781/9782 西安分公司/029-85330678 重庆分公司/023-67453036
上海分公司/021-62071639/1636 深圳分公司/0755-83072995

书号:ISBN 978-7-5197-2180-0 **定价**:68.00 元
(如有缺页或倒装,中国法律图书有限公司负责退换)

出版说明

“法条速查与文书范本”系列丛书自出版以来，得到了读者的认可与好评，本次修订，我们对丛书内容进行了全面梳理，调整了版式及体例，以便读者阅读时更为便利、顺畅。丛书根据常见法律问题，收录现行有效的相关法律法规和常用文书范本，并予以精要解读，以便广大读者充分利用法律文书实现自身合法权益。本丛书特点体现在如下几个方面：

①**法条速查**　选取法律法规的标准文本，根据常见法律问题标明条文主旨，并配以关联法规，收录相关法律法规、司法解释和部门规章等，方便读者快速检索相关条文。

②**条文注解**　根据常见法律问题编写条文注解，介绍相关法律法规的立法背景、实务要点，帮助读者理解和应用相关法条。

③**文书范本**　根据法律法规条文的有关规定，并结合相关规范性文件的具体要求，编辑整理法律文书示范文本或参考样本，使重点法条与文书范本关联配套。

④**应用指引**　从法律实务的实际需要出发，根据法律法规的具体规定，释明文书范本的基本格式、应用要点及其他注意事项，以便读者操作使用。

希望本丛书能够为您的工作与生活提供有益的帮助，不足之处，恳请读者批评指正。

法律出版社法规中心
2018 年 4 月于北京

范本索引

目　录

中华人民共和国民法总则

附 录

中华人民共和国
民　法　总　则

（2017 年 3 月 15 日第十二届全国人民代表大会第五次会议通过　2017 年 3 月 15 日中华人民共和国主席令第 66 号公布　自 2017 年 10 月 1 日起施行）

《中华人民共和国民法总则》适用提要*

一

《民法总则》是民法典的开篇之作，在民法典中起统领性作用。《民法总则》规定民事活动必须遵循的基本原则和一般性规则，统领民法典各分编；各分编将在总则的基础上对各项民事制度作出具体规定。《民法总则》以1986年制定的《民法通则》为基础，采取"提取公因式"的办法，将民事法律制度中具有普遍适用性和引领性的规定写入总则，就民法基本原则、民事主体、民事权利、民事法律行为、民事责任和诉讼时效等基本民事法律制度作出规定，既构建了我国民事法律制度的基本框架，也为各分编的规定提供了依据。

根据2017年3月8日第十二届全国人民代表大会第五次会议上的《关于〈中华人民共和国民法总则（草案）〉的说明》，在《民法总则》起草过程中，遵循了编纂民法典的指导思想和基本原则，并注意把握以下几点：一是既坚持问题导向，着力解决社会生活中纷繁复杂的问题，又尊重立法规律，讲法理、讲体系。我国仍处于并将长期处于社会主义初级阶段。制定《民法总则》必须立足于这一基本国情，研究现阶段民事法律实践中存在的问题，以实践需求确定立法重点，用实践智慧破解立法难点。同时，按照民商事法律关系的内在规律，注重与民法典各分编和其他部门法的有机衔接。二是既尊重民事立法的历史延续性，又适应当前经济社会发展的客观要求。我国现行民事法律大部分规则实际可行，为人民群众所熟悉和接受。制定《民法总则》，必须深入总结这些法律的实施情况，对实践证明正确、可行的，予以继承，维护法律的稳定性；对不适应现实情况的内容和制度进行修改补充，对社会生活迫切需要规范的事项作出创设性规定，增强法律的可执行性，并适度体现前瞻性。三是既传承我国优秀的法律文化传统，又借鉴外国立法的有益经验。中华优秀传统文化的思想精华，包括讲仁爱、重民本、守诚信、崇正义、尚和合、求大同等核心思想理念，与民法的理念和原则是相通的。制定《民法总则》，必须坚定文化自信，深入挖掘和传承包括中华法律文化在内的中华优秀传统文化的时代价值，让我们的《民法总则》体现鲜明的民族性。同时，要有世界眼光，

---

* 适用提要为编者所加，仅供理解法律法规使用。

善于学习外国的立法经验，借鉴人类法治文明成果，但绝不照搬外国法治理念和模式。

二

《民法总则》分为十一章，包括基本规定、自然人、法人、非法人组织、民事权利、民事法律行为、代理、民事责任、诉讼时效、期间计算、附则，共二百零六条。与《民法通则》相比，《民法总则》的主要变化有：

一、关于基本原则和法律适用规则

第一章以确立基本原则为核心，并就立法宗旨、法律适用规则作出规定。在《民法通则》的基础上，结合三十多年来民事法律实践，进一步明确了民事主体的人身权利、财产权利以及其他合法权益受法律保护，任何组织或者个人不得侵犯，并确立了平等原则、自愿原则、公平原则、诚信原则、守法原则、绿色原则等基本原则。

关于民事法律的适用规则，具体规定：一是处理民事纠纷，应当依照法律；法律没有规定的，可以适用习惯，但是不得违背公序良俗，即公共秩序和善良习俗。二是其他法律对民事关系有特别规定的，依照其规定。著作权法、专利法、保险法等民商事特别法既涉及民事法律关系，也涉及行政法律关系，还有一些涉及特殊商事规则，这些法律很难也不宜纳入民法典，这条规则明确了《民法总则》与民商事特别法的关系。

二、关于民事主体

民事主体是民事关系的参与者、民事权利的享有者、民事义务的履行者和民事责任的承担者。第二章、第三章、第四章规定了自然人、法人、非法人组织，共三类民事主体。

（一）关于自然人制度。在《民法通则》的基础上，《民法总则》对自然人制度作了以下完善：一是增加了保护胎儿利益的规定。涉及遗产继承、接受赠与等胎儿利益保护的，胎儿视为具有民事权利能力。二是下调了限制民事行为能力的未成年人的年龄标准。这样规定是为了更好地尊重未成年人的自主意识。三是完善了监护制度。监护是保护无民事行为能力人或者限制民事行为能力人的合法权益，弥补其民事行为能力不足的法律制度。《民法总则》以家庭监护为基础，社会监护为补充，国家监护为兜底，对监护制度作了完善，明确了父母子女间的抚养、赡养等义务，扩大了被监护人的范围，强化了政府的监护职能，并就监护人的确定、监护职责的履行、撤销监护、监护纠纷的解决程序等制度作出明确规定。

（二）关于法人制度。法人制度是民事法律的一项基本制度。随着我国经济社会的发展，新的组织形式不断出现，法人形态发生了较大变化，《民法通则》关于企业法人、机关法人、事业单位法人和社会团体法人的分类已难以适应新的情况，有必要进行调整完善。《民法总则》遵循《民法通则》关于法人分类的基本思路，适应社会组织改革发展要求，按照法人设立目的和功能等方面的不同，将法人分为营利法人、非营利法人和特别法人三类。

其中对于特别法人，规定了以下几种情况：一是机关法人。机关设立的目的是履行公共管理等职能，这与其他法人组织存在明显差别。二是农村集体经济组织法人。农村集体经济组织具有鲜明的中国特色。赋予其法人地位符合党中央有关改革精神，有利于完善农村集体经济实现形式和运行机制，增强农村集体经济发展活力。三是基层群众性自治组织法人。村民委员会、居民委员会等基层群众性自治组织在设立、变更和终止以及行使职能和责任承担上都有其特殊性。四是合作经济组织。这类合作经济组织对内具有共益性或者互益性，对外也可以从事经营活动，依照法律的规定取得法人资格后，作为特别法人。

（三）关于非法人组织。随着我国经济社会的发展，在实际生活中，大量不具有法人资格的组织以自己的名义从事各种民事活动。赋予这些组织民事主体地位有利于其开展民事活动，也与其他法律的规定相衔接。据此，《民法总则》规定，非法人组织是不具有法人资格，但是能够依法以自己的名义从事民事活动的组织，包括个人独资企业、合伙企业、不具有法人资格的专业服务机构等。

三、关于民事权利

保护民事权利是民事立法的重要任务。《民法总则》第五章规定了民事权利。这一章旨在贯彻落实党中央关于实现公民权利保障法治化和完善产权保护制度的要求，凸显对民事权利的尊重，加强对民事权利的保护，为民法典各分编和民商事特别法律具体规定民事权利提供依据。

（一）关于人身权利。《民法总则》规定，自然人的人身自由、人格尊严受法律保护；自然人享有生命权、健康权、身体权、姓名权、肖像权、名誉权、荣誉权、隐私权、婚姻自主权等权利。此外，在信息化社会，自然人的个人信息保护尤其重要，《民法总则》对此作了有针对性的规定。

（二）关于财产权利。保护自然人、法人等民事主体的财产权利是民法典的重要任务，也是《民法总则》的应有之义。民事主体的财产权利受法律平等保护。民事主体依法享有物权、债权、继承权、股权和其他投资性权利。

（三）关于知识产权。为了加强对知识产权的保护，促进科技创新，建设创新型国家，《民法总则》对知识产权作了概括性规定，以统领各知识产权单行法律。

（四）特别规定。其一，为了适应互联网和大数据时代发展的需要，《民法总则》规定，法律对数据、网络虚拟财产的保护有规定的，依照其规定。其二，对弱势群体民事权利的特别保护也作了衔接性规定：法律对未成年人、老年人、残疾人、妇女、消费者等的民事权利有特别保护规定的，依照其规定。

四、关于民事法律行为和代理

民事法律行为是民事主体通过意思表示设立、变更、终止民事法律关系的行为。

代理是民事主体通过代理人实施民事法律行为。《民法总则》在《民法通则》和《合同法》规定的基础上，完善了代理的一般规则以及委托代理制度，并对民事法律行为主要作了以下完善：

（一）扩充了民事法律行为的内涵，既包括合法的民事法律行为，也包括无效、可撤销和效力待定的民事法律行为。这样既尊重民事主体的意愿，也强调对自己的行为负责，有利于提升民事主体的规则意识和责任意识。

（二）增加了意思表示的规则。意思表示是民事主体希望产生法律效果的内心意愿的外在表达，是构成民事法律行为的基础。《民法总则》对其作出方式、生效和撤回等作了规定。

（三）完善了民事法律行为的效力规则。《民法总则》在规定民事法律行为有效条件的同时，对重大误解、欺诈、胁迫、显失公平等行为的撤销，恶意串通行为的无效等分别作了修改补充。

五、关于民事责任

民事责任是民事主体不履行或者不完全履行民事义务的法律后果。关于民事责任，《民法总则》主要作了以下规定：一是民事主体应当依照法律规定或者当事人约定履行民事义务，不履行或者不完全履行的，应当依法承担民事责任。二是列举了停止侵害、返还财产、恢复原状、赔偿损失、惩罚性赔偿等承担民事责任的主要方式。三是为匡正社会风气，鼓励见义勇为的行为，《民法总则》规定，因保护他人民事权益而使自己受到损害的，由侵权人承担民事责任，受益人可以给予适当补偿。没有侵权人、侵权人逃逸或者无力承担民事责任，受害人请求补偿的，受益人应当给予适当补偿。还规定，因自愿实施紧急救助行为造成受助人损害的，救助人不承担民事责任。

六、关于诉讼时效

诉讼时效是权利人在法定期间内不行使权利，权利不受保护的法律制度。关于诉讼时效，《民法总则》主要作了以下规定：一是将现行《民法通则》规定的二年一般诉讼时效期间延长为三年，以适应社会生活中新的情况不断出现，交易方式与类型不断创新，权利义务关系更趋复杂的现实情况与司法实践，有利于建设诚信社会，更好地保护债权人合法权益。二是增加了未成年人遭受性侵害后诉讼时效的特殊起算点，给受性侵害的未成年人成年后提供寻求法律救济的机会，保护未成年人的利益。三是明确了不适用诉讼时效的情形：(1)请求停止侵害、排除妨碍、消除危险；(2)不动产物权和登记的动产物权的权利人请求返还财产；(3)请求支付抚养费、赡养费或者扶养费；(4)依法不适用诉讼时效的其他请求权。四是强调了诉讼时效的法定性。诉讼时效制度关系法律秩序的清晰稳定，权利人和义务人不可以自行约定。当事人对诉讼时效利益的预先放弃无效。

三

根据立法机构的工作安排，民法典将由总则编和各分编组成，目前考虑分为物权编、合同编、侵权责任编、婚姻家庭编和继承编等。编纂工作按照“两步走”的思路进行：第一步，编纂民法典总则编；第二步，编纂民法典各分编，拟于2018年整体提请全国人大常委会审议，经全国人大常委会分阶段审议后，争取于2020年将民法典各分编一并提请全国人民代表大会会议审议通过，从而形成统一的民法典。按照进度服从质量的要求，具体工作安排可作必要调整。在《民法总则》制定过程中，各有关方面还提出了其他一些意见。这些意见有的分歧较大，一时难以形成共识，还需进一步研究论证；有的涉及物权、合同、侵权、婚姻家庭、继承等内容的具体规则，可在编纂民法典各分编时统筹解决；有的涉及著作权法、专利法、保险法等民商事特别法的内容和具体操作问题，可在今后通过修改相关法律或者制定配套法律法规时予以体现。

这里还需要说明的一个问题是关于《民法总则》与《民法通则》的关系。1986年制定的《民法通则》在我国民事立法史上具有里程碑意义，发挥了重要作用。《民法通则》既规定了民法的一些基本制度和一般性规则，也规定了合同、所有权及其他财产权、知识产权、民事责任、涉外民事关系法律适用等具体内容，被称为一部“小民法典”。《民法总则》基本吸收了《民法通则》规定的民事基本制度和一般性规则，同时作了补充、完善和发展。《民法通则》规定的合同、所有权及其他财产权、民事责任等具体内容还需要在编纂民法典各分编时作进一步统筹，系统整合。据此，《民法总则》通过后暂不废止《民法通则》。《民法总则》与《民法通则》的规定不一致的，根据新法优于旧法的原则，适用《民法总则》的规定。

第一章 基本规定

第一条 【立法目的和依据】[①]**为了保护民事主体的合法权益，调整民事关系，维护社会和经济秩序，适应中国特色社会主义发展要求，弘扬社会主义核心价值观，根据宪法，制定本法。**

名词解释

民事主体，即民事法律关系的主体，是指参与民事法律关系，享有民事权利和承担民事义务的人。我国民事主体包括自然人、法人、非法人组织。国家在某些情况下也以民事主体的身份出现。

条文注解

本条规定了五个方面的立法目的：

(1)保护民事主体的合法权益。民事主体的合法权益包括人身权利，财产权利，兼具人身和财产性质的知识产权等权利，以及其他合法权益。保护公民的各项基本权利是《宪法》的基本原则和要求，保护民事主体的合法权益是民法的首要目的，也是落实和体现《宪法》精神的表现。

(2)调整民事关系。民事权益存在于特定社会关系之中，民法保护民事权利，是通过调整民事关系来实现的。调整社会关系是法律的基本功能。民法调整的仅仅是民事关系，民事关系就是平等主体之间的权利和义务关系。民事关系根据权利义务内容性质的不同，可以分为人身关系、财产关系等，民法通过各种具体制度、规则调整民事主体之间的相互关系，最终的目的就是促进和实现民事主体之间生活秩序的和谐。

(3)维护社会和经济秩序。民法维护婚姻、家庭等社会秩序，使民事主体之间的社会关系处于稳定有序的状态。同样，民法通过调整民事主体之间的财产权关系、交易关系，实现对经济秩序的维护，使得民事主体享有合法的财产权，进而能在此基础上与他人开展交易，从而确保整个社会的经济有条不紊地运行。

(4)适应中国特色社会主义发展要求。社会主义市场经济本质上是法治经济，通过编纂民法典、制定《民法总则》不断完善社会主义法律体系，健全市场秩序，维护交易

① 条文主旨为编者所加，下同。

安全,促进社会主义市场经济持续健康发展。

(5)弘扬社会主义核心价值观。社会主义核心价值观包括富强、民主、文明、和谐,自由、平等、公正、法治,爱国、敬业、诚信、友善。社会主义核心价值观要融入法治建设的全过程,要将社会主义核心价值观的基本要求融入法律,转化为法律规范性要求,将法律法规作为践行社会主义核心价值观的制度载体,使法律法规更好地体现国家的价值目标、社会的价值取向、公民的价值准则。

第二条 【调整范围】民法调整平等主体的自然人、法人和非法人组织之间的人身关系和财产关系。

名词解释

人身关系,是指民事主体之间基于人格和身份形成的无直接物质利益因素的民事法律关系。人身关系有的与民事主体的人格利益相关,有的与民事主体的特定身份相关,如配偶之间的婚姻关系、父母子女之间的抚养和赡养关系。

财产关系,是指民事主体之间基于物质利益而形成的民事法律关系。财产关系包括静态的财产支配关系,如所有权关系;还包括动态的财产流转关系,如债权债务关系等。从财产关系所涉及的权利内容而言,财产关系包括物权关系、债权关系等。

条文注解

本条中应注意的是,法人、非法人组织与其他民事主体发生的社会关系,如行政机关在从事行政管理活动时,会与自然人或法人形成行政法律关系,这种行政法律关系双方的地位是不平等的,不属于民法调整的范围。但是,机关从事民事活动,如因购买商品而与公司签订买卖合同,民法要求其必须以机关法人的身份进行,此时机关法人与其他民事主体之间的法律地位是平等的,这种买卖合同关系则由民法调整。

第三条 【民事权益受法律保护】民事主体的人身权利、财产权利以及其他合法权益受法律保护,任何组织或者个人不得侵犯。

条文注解

在本条中,人身权利包括生命权、健康权、姓名权、名誉权、荣誉权、肖像权、隐私权、婚姻自主权、监护权等,财产权利包括所有权、用益物权、担保物权、股权等。民法除保护人身权利和财产权利外,兼具有人身和财产性质的知识产权、继承权等也受法律保护。除列明的民事权利外,《民法总则》还规定保护其他合法权益,原因在于,有些民事权益法律并未明确规定，但确有必要予以保护的，法律也应当予以保护。

本条中的"不得侵犯"，就是指任何组织或者个人不得非法侵占、限制、剥夺他人的民事权利及其他合法权益，也不得干涉他人正常行使民事权利及其他合法权益。当然，这并非意味着民事主体的民事权利可以毫无限制，是绝对自由的。相反，民事主体行使民事权利是要受到法律、公序良俗的约束，民事主体不得滥用民事权利，且国家基于公共利益的需要，在法律权限范围内经法定程序，在给予公平合理补偿的前提下，可以对民事主体的财产予以征收或者征用。

关联法规

《物权法》(2007.3.16)

第四条 国家、集体、私人的物权和其他权利人的物权受法律保护，任何单位和个人不得侵犯。

《合同法》(1999.3.15)

第八条 依法成立的合同，对当事人具有法律约束力。当事人应当按照约定履行自己的义务，不得擅自变更或者解除合同。

依法成立的合同，受法律保护。

《侵权责任法》(2009.12.26)

第二条 侵害民事权益，应当依照本法承担侵权责任。

本法所称民事权益，包括生命权、健康权、姓名权、名誉权、荣誉权、肖像权、隐私权、婚姻自主权、监护权、所有权、用益物权、担保物权、著作权、专利权、商标专用权、发现权、股权、继承权等人身、财产权益。

第四条 【平等原则】民事主体在民事活动中的法律地位一律平等。

名词解释

平等原则，是指民事主体，不论法人、自然人还是非法人组织，不论法人规模大小、经济实力雄厚与否，不论自然人是男、女、老、少、贫、富，不论非法人组织经营什么业务，在从事民事活动时，他们相互之间在法律地位上都是平等的，他们的合法权益受到法律的平等保护。平等原则是民事法律关系区别于行政法律关系特有的原则。

条文注解

理解平等原则，应注意以下三个方面：(1)自然人的权利能力一律平等。权利能力就是自然人享有民事权利、承担民事义务的法律资格。这种法律资格，不因自然人的出身、身份、职业、性别、年龄、民族、种族等而不同，所有自然人在法律人格上而言都是平等的、没有差别的。(2)所有民事主体之间在从事民事活动时双方的法律地位平等。

(3)所有民事主体的合法权益受到法律的平等保护。平等保护就是当民事主体权利在法律上都是一视同仁受到保护的。平等保护还意味着民事主体的权利受到侵害时,在法律适用上是平等的、能够获得同等的法律救济。

关联法规

《合同法》(1999.3.15)

第二条 合同当事人的法律地位平等,一方不得将自己的意志强加给另一方。

《担保法》(1995.6.30)

第三条 担保活动应当遵循平等、自愿、公平、诚实信用的原则。

《婚姻法》(2001.4.28 修正)

第十三条 夫妻在家庭中地位平等。

《民事诉讼法》(2017.6.27 修正)

第八条 民事诉讼当事人有平等的诉讼权利。人民法院审理民事案件,应当保障和便利当事人行使诉讼权利,对当事人在适用法律上一律平等。

第五条 【自愿原则】民事主体从事民事活动,应当遵循自愿原则,按照自己的意思设立、变更、终止民事法律关系。

名词解释

自愿原则,也称意思自治原则,就是民事主体有权根据自己的意愿,自愿从事民事活动,按照自己的意思自主决定民事法律关系的内容及其设立、变更和终止,自觉承受相应的法律后果。

条文注解

本条需要注意的是,自愿或者意思自治不是毫无约束的绝对的自由与放任。民事主体实现自愿、自主或意思自治的前提是民事主体之间的平等法律地位。因此,民事主体的自愿是建立在相互尊重的基础上,必须尊重其他民事主体的自主意志。民事主体的意思自治,还受到民法的公平原则、诚信原则、守法原则、公序良俗原则等基本原则的约束。

自愿原则体现了民事活动最基本的特征。其具有以下四个方面的特征:(1)民事主体有权自愿从事民事活动。民事主体参加或不参加某一民事活动由其自己根据自身意志和利益自由决定,其他民事主体不得干预,更不能强迫其参加。(2)民事主体有权自主决定民事法律关系的内容。民事主体决定参加民事活动后,可以根据自己的利益和需要,决定与谁建立民事法律关系,并决定具体的权利义务内容,以及民事活动的行为方式。(3)民事主体有权自主决定民事法律关系的变动。民事法律关系的产生、变更、终止应由民事主体自己根据本人意志自主决定。(4)民事主体在行使权利的同时自觉履行约定或法定的义务,并承担相应的法律后果。

关联法规

《合同法》(1999.3.15)

第四条 当事人依法享有自愿订立合同的权利,任何单位和个人不得非法干预。

《婚姻法》(2001.4.28 修正)

第三条 禁止包办、买卖婚姻和其他干涉婚姻自由的行为。禁止借婚姻索取财物。

禁止重婚。禁止有配偶者与他人同居。禁止家庭暴力。禁止家庭成员间的虐待和遗弃。

第五条 结婚必须男女双方完全自愿,不许任何一方对他方加以强迫或任何第三者加以干涉。

第三十一条 男女双方自愿离婚的,准予离婚。双方必须到婚姻登记机关申请离婚。婚姻登记机关查明双方确实是自愿并对子女和财产问题已有适当处理时,发给离婚证。

《继承法》(1985.4.10)

第十六条 公民可以依照本法规定立遗嘱处分个人财产,并可以指定遗嘱执行人。

公民可以立遗嘱将个人财产指定由法定继承人的一人或者数人继承。

公民可以立遗嘱将个人财产赠给国家、集体或者法定继承人以外的人。

《消费者权益保护法》(2013.10.25 修正)

第九条 消费者享有自主选择商品或者服务的权利。

消费者有权自主选择提供商品或者服务的经营者,自主选择商品品种或者服务方式,自主决定购买或者不购买任何一种商品、接受或者不接受任何一项服务。

消费者在自主选择商品或者服务时,有权进行比较、鉴别和挑选。

第六条 【公平原则】民事主体从事民事活动,应当遵循公平原则,合理确定各方的权利和义务。

名词解释

公平原则,即要求民事主体从事民事活动时要秉持公平理念,公正、平允、合理地确定各方的权利和义务,并依法承担相应的民事责任。公平原则作为民法的基本原则,不仅是民事主体从事民事活动应当遵守的基本行为准则,而且是人民法院审理民事纠纷应当遵守的基本裁判准则。

条文注解

理解本条时应注意以下两个方面:(1)民事主体在从事民事活动时,按照公平观念行使权利、履行义务，特别是对于双方民事法律行为，要求一方的权利和义务应当相适应，双方之间的权利和义务应当对等，不能一方只承担义务另一方只享有权利，也不能一方享受的权利和义务相差悬殊。(2)民事主体合理承担民事责任，在通常情况下适用过错原则，要求责任与过错的程度相适应，特殊情况下，也可以根据公平原则合理分担责任。

关联法规

《物权法》(2007.3.16)

第八十四条 不动产的相邻权利人应当按照有利生产、方便生活、团结互助、公平合理的原则，正确处理相邻关系。

《合同法》(1999.3.15)

第五条 当事人应当遵循公平原则确定各方的权利和义务。

第三十九条 采用格式条款订立合同的，提供格式条款的一方应当遵循公平原则确定当事人之间的权利和义务，并采取合理的方式提请对方注意免除或者限制其责任的条款，按照对方的要求，对该条款予以说明。

格式条款是当事人为了重复使用而预先拟定，并在订立合同时未与对方协商的条款。

《最高人民法院关于适用〈中华人民共和国合同法〉若干问题的解释(二)》(2009.4.24)

第二十六条 合同成立以后客观情况发生了当事人在订立合同时无法预见的、非不可抗力造成的不属于商业风险的重大变化，继续履行合同对于一方当事人明显不公平或者不能实现合同目的，当事人请求人民法院变更或者解除合同的，人民法院应当根据公平原则，并结合案件的实际情况确定是否变更或者解除。

《消费者权益保护法》(2013.10.25修正)

第十条 消费者享有公平交易的权利。

消费者在购买商品或者接受服务时，有权获得质量保障、价格合理、计量正确等公平交易条件，有权拒绝经营者的强制交易行为。

第十六条 经营者向消费者提供商品或者服务，应当依照本法和其他有关法律、法规的规定履行义务。

经营者和消费者有约定的，应当按照约定履行义务，但双方的约定不得违背法律、法规的规定。

经营者向消费者提供商品或者服务，应当恪守社会公德，诚信经营，保障消费者的合法权益；不得设定不公平、不合理的交易条件，不得强制交易。

第二十六条 经营者在经营活动中使用格式条款的，应当以显著方式提请消费者注意商品或者服务的数量和质量、价款或者费用、履行期限和方式、安全注意事项和风险警示、售后服务、民事责任等与消费者有重大利害关系的内容，并按照消费者的要求予以说明。

经营者不得以格式条款、通知、声明、店堂告示等方式，作出排除或者限制消费者权利、减轻或者免除经营者责任、加重消费者责任等对消费者不公平、不合理的规定，不得利用格式条款并借助技术手段强制交易。

格式条款、通知、声明、店堂告示等含有前款所列内容的，其内容无效。

《侵权责任法》(2009.12.26)

第二十四条 受害人和行为人对损害的发生都没有过错的，可以根据实际情况，由双方分担损失。

第七条 【诚信原则】民事主体从事民事活动，应当遵循诚信原则，秉持诚实，恪守承诺。

名词解释

诚信原则，即要求所有民事主体在从事任何民事活动时，包括行使民事权利、履行民事义务、承担民事责任时，都应该秉持诚实、善意，信守自己的承诺。

条文注解

民事主体应当从以下几个方面遵循诚信原则：民事主体在着手与他人开展民事活动时即应当讲诚信，如实告知交易相对方自己的相关信息，表里如一，不弄虚作假。如合同法上规定的缔约过失责任，针对的就是缔结合同时的不诚实的行为。民事主体在与他人建立民事法律关系后，应当信守诺言、恪守信用，按照自己作出的承诺行使权利、履行义务，言而有信；民事主体应当本着善意的原则，相互配合，保护对方的合理期待与信赖；民事主体应当尊重他人的合法权益，尊重社会公共利益；民事主体应当善意行使权利，不得滥用权利；民事主体不得规避法律，不得故意曲解合同条款等。诚信原则的内涵和外延都是概括性的、抽象的，因此诚信原则有很广的适用性，民事主体从事任何民事活动都应当遵守该原则，不论民事主体自己行使权利，或在与他人建立民事法律关系之前、之中、之后都必须始终贯彻诚信原则，按照诚信原则的要求善意行事。

应当注意的是，诚信原则对司法机关裁判民事纠纷也具有积极作用。在当事人没有明确约定或法律没有具体规定时，司法机关可以根据诚信原则填补合同漏洞、弥补法律空白，平衡民事主体之间、民事主体与社会之间的利益，进而实现社会的公平正义。

关联法规

《合同法》(1999.3.15)

第六条 当事人行使权利、履行义务应当遵循诚实信用原则。

第四十二条 当事人在订立合同过程中有下列情形之一，给对方造成损失的，应当承担损害赔偿责任：

(一)假借订立合同,恶意进行磋商;

(二)故意隐瞒与订立合同有关的重要事实或者提供虚假情况;

(三)有其他违背诚实信用原则的行为。

第六十条 当事人应当按照约定全面履行自己的义务。

当事人应当遵循诚实信用原则,根据合同的性质、目的和交易习惯履行通知、协助、保密等义务。

第九十二条 合同的权利义务终止后,当事人应当遵循诚实信用原则,根据交易习惯履行通知、协助、保密等义务。

第一百一十九条 当事人一方违约后,对方应当采取适当措施防止损失的扩大;没有采取适当措施致使损失扩大的,不得就扩大的损失要求赔偿。

当事人因防止损失扩大而支出的合理费用,由违约方承担。

第一百二十五条 当事人对合同条款的理解有争议的,应当按照合同所使用的词句、合同的有关条款、合同的目的、交易习惯以及诚实信用原则,确定该条款的真实意思。

合同文本采用两种以上文字订立并约定具有同等效力的,对各文本使用的词句推定具有相同含义。各文本使用的词句不一致的,应当根据合同的目的予以解释。

第八条 【守法与公序良俗原则】民事主体从事民事活动,不得违反法律,不得违背公序良俗。

名词解释

公序良俗,是指公共秩序和善良习俗。公共秩序,是指政治、经济、文化等领域的基本秩序和根本理念,是与国家和社会整体利益相关的基础性原则、价值和秩序,在以往的民商事立法中被称为社会公共利益。善良习俗,是指基于社会主流道德观念的习俗,也被称为社会公共道德,是全体社会成员所普遍认可、遵循的道德准则。

条文注解

本条可以从以下两个具体要求去理解:

(1)民事主体从事民事活动不得违反法律。"法律"不仅包括民事法律,还包括其他部门法。所谓不得违反法律,就是要求不违反法律的强制性规定。民事主体在从事民事活动时享有较大的自主空间,实现充分的意思自治,民法在通常情况下不会干预民事主体的行为自由。但是,任何人的自由并非毫无限制的,民法同样需要维护社会基本的生产、生活秩序,需要维护国家的基本价值追求,法律的强制性规范就是为了实现这一目的而实现的。

(2)民事主体从事民事活动不得违背公序良俗。善良习俗具有一定的时代性和地域性，随着社会成员的普遍道德观念的改变而改变。公共秩序强调的是国家和社会层面的价值理念，善良习俗突出的则是民间的道德观念。

第九条 【绿色原则】民事主体从事民事活动，应当有利于节约资源、保护生态环境。

条文注解

本条是关于绿色原则的规定。应当注意的是，本条规定的绿色原则与其他原则在表述上有所不同，其他原则使用了“应当遵循”“不得违反”等表述，而本条使用“应当有利于”的表述，属于倡导性条款。尽管是倡导性条款，但将其确立为民法的基本原则，仍具有重要指导意义：(1)确立国家立法规范民事活动的基本导向，即要以节约资源、保护生态环境作为重要的考量因素；(2)要求民事主体本着有利于节约资源、保护生态环境的理念从事民事活动，树立可持续发展的观念；(3)司法机关在审判民事案件，适用民事法律规定时，要加强对节约资源、保护生态环境的民事法律行为的保护。

关联法规

《侵权责任法》(2009.12.26)

第六十五条 因污染环境造成损害的，污染者应当承担侵权责任。

第六十六条 因污染环境发生纠纷，污染者应当就法律规定的不承担责任或者减轻责任的情形及其行为与损害之间不存在因果关系承担举证责任。

第六十七条 两个以上污染者污染环境，污染者承担责任的大小，根据污染物的种类、排放量等因素确定。

第六十八条 因第三人的过错污染环境造成损害的，被侵权人可以向污染者请求赔偿，也可以向第三人请求赔偿。污染者赔偿后，有权向第三人追偿。

《环境保护法》(2014.4.24修订)

第四条 保护环境是国家的基本国策。

国家采取有利于节约和循环利用资源、保护和改善环境、促进人与自然和谐的经济、技术政策和措施，使经济社会发展与环境保护相协调。

第五条 环境保护坚持保护优先、预防为主、综合治理、公众参与、损害担责的原则。

第六条 一切单位和个人都有保护环境的义务。

地方各级人民政府应当对本行政区域的环境质量负责。

企业事业单位和其他生产经营者应当防止、减少环境污染和生态破坏，对所造成的损害依法承担责任。

公民应当增强环境保护意识，采取低碳、节俭的生活方式，自觉履行环境保护义务。

《海洋环境保护法》(2017.11.4 修正)

第四条　一切单位和个人都有保护海洋环境的义务,并有权对污染损害海洋环境的单位和个人,以及海洋环境监督管理人员的违法失职行为进行监督和检举。

第十条　【法律适用】处理民事纠纷,应当依照法律;法律没有规定的,可以适用习惯,但是不得违背公序良俗。

名词解释

习惯,是指在一定地域、行业范围内长期为一般人确信并普遍遵守的民间习惯或者商业惯例。

条文注解

本条规定的是法律适用规则,具体可分为以下两个层次:

(1)人民法院、仲裁机构等在处理民事纠纷时,首先应当依照法律。这里的"法律"是指广义的法律,包括全国人大及其常委会制定的法律和国务院制定的行政法规,也不排除地方性法规,自治条例和单行条例等。

(2)法律没有规定的,可以适用不违背公序良俗的习惯。《合同法》《物权法》等法律已明确规定习惯可以作为判断当事人权利义务的根据。适用习惯受到两个方面的限制:一是适用习惯的前提是法律没有规定。所谓法律没有规定,就是相关的法律、行政法规、地方性法规对特定民事纠纷未作出规定。二是所适用的习惯不得违背公序良俗。

关联法规

《合同法》(1999.3.15)

第六十一条　合同生效后,当事人就质量、价款或者报酬、履行地点等内容没有约定或者约定不明确的,可以协议补充;不能达成补充协议的,按照合同有关条款或者交易习惯确定。

《最高人民法院关于适用〈中华人民共和国合同法〉若干问题的解释(二)》(2009.4.24)

第七条　下列情形,不违反法律、行政法规强制性规定的,人民法院可以认定为合同法所称"交易习惯":

(一)在交易行为当地或者某一领域、某一行业通常采用并为交易对方订立合同时所知道或者应当知道的做法;

(二)当事人双方经常使用的习惯做法。

对于交易习惯,由提出主张的一方当事人承担举证责任。

《物权法》(2007.3.16)

第八十五条　法律、法规对处理相邻关系有规定的,依照其规定;法律、法规没有规定的，可以按照当地习惯。

第一百一十六条 天然孳息，由所有权人取得；既有所有权人又有用益物权人的，由用益物权人取得。当事人另有约定的，按照约定。

法定孳息，当事人有约定的，按照约定取得；没有约定或者约定不明确的，按照交易习惯取得。

第十一条 【特别法与一般法关系】其他法律对民事关系有特别规定的，依照其规定。

条文注解

本条是关于《民法总则》与其他民法法律特别规定发生冲突如何处理的规定。其实也是关于上位法与下位法、新法与旧法、特别法与一般法关系的规定。一般说来，根据《立法法》的规定，在法律适用上，全国人大及其常委会制定的法律的效力高于行政法规、地方性法规、规章。行政法规的效力高于地方性法规和规章。新法优先于旧法，特别法优先于一般法等。

《民法总则》在《民法通则》的基础上，吸收近些年来的司法实践经验和理论创新等，就相关问题有了较大的改进和完善，但《民法通则》并未废止，故在适用上可能会涉及《民法总则》和《民法通则》的适用冲突问题。原则上，《民法总则》优先于《民法通则》。另外，《民法总则》与《婚姻法》《继承法》《合同法》《侵权责任法》等部门法在适用的关系上值得注意。《民法总则》是各民事部门法的原则总结，是以“提取公因式”的方式制定的，与各部门法是总则与分则的关系。一般说来，部门法有具体规则规定的，优先适用部门法；《民法总则》对分则内容有修改的，根据新法优于旧法的原则，应适用《民法总则》。如《民法总则》将诉讼时效由二年变更为三年，根据新法优于旧法的精神，诉讼时效适用三年的规定。

第十二条 【效力范围】中华人民共和国领域内的民事活动，适用中华人民共和国法律。法律另有规定的，依照其规定。

条文注解

本条是关于民法的效力范围的规定，可分为以下两个方面：

(1)在中华人民共和国领域内从事的民事活动一般来说都得适用我国法律。民法的地域效力范围，是指民法在什么空间领域内适用。本条规定在中华人民共和国领域内的民事活动,适用中华人民共和国法律。中华人民共和国领域内包括中华人民共和国领土、领空、领海,以及根据国际法视为我国领域的我国驻外使馆,国籍为中国的船舶、航空器等。

(2)法律另有规定的,依照其规定。其中最为重要的就是涉外民事关系的法律适用问题,关于涉外民事关系的法律适用,由《涉外民事关系法律适用法》作出专门的规定。除此之外,有些单行民事法律也对涉外民事关系的法律适用有规定。根据这些涉外民事关系适用的特别规定,在中华人民共和国领域内的涉外民事活动,应当根据特定的不同的民事法律关系类型而具体适用相应的法律规范,并非一概适用中国法律。

第二章 自 然 人

第一节 民事权利能力和民事行为能力

第十三条 【自然人民事权利能力】自然人从出生时起到死亡时止，具有民事权利能力，依法享有民事权利，承担民事义务。

名词解释

民事权利能力，是指民事主体享有民事权利、承担民事义务的法律资格。自然人的民事权利能力既包括自然人享有民事权利的资格，也包括自然人承担民事义务的资格。

条文注解

法律规定了自然人民事权利能力，也即确认了自然人的民事主体地位，是自然人依法享有民事权利，承担民事义务的前提。理解民事权利能力还应注意：(1)自然人享有民事权利能力，并不等同于取得实际的民事权利。(2)民事权利能力是法律规定的，是一种法律资格。(3)民事权利能力与自然人不可分离。自然人一旦出生，即具有民事权利能力，死亡是自然人丧失民事权利能力的唯一法定事由，并且民事权利能力不得以任何方式予以转让，也不能抛弃或者继承。

第十四条 【自然人民事权利能力平等】自然人的民事权利能力一律平等。

条文注解

自然人的民事权利能力一律平等，是一种法律资格的平等，指自然人的民事权利能力不因民族、种族、性别、职业、家庭出身、宗教信仰等而有差别。

第十五条 【自然人出生和死亡时间】自然人的出生时间和死亡时间，以出生证明、死亡证明记载的时间为准；没有出生证明、死亡证明的，以户籍登记或者其他有效身份登记记载的时间为准。有其他证据足以推翻以上记载时间的，以该证据证明的时间为准。

条文注解

出生和死亡均是法律事件，能够引起一定的法律关系的产生、变更或者消灭。出生时间和死亡时间的判断具有重要的法律意义。

出生证明，即出生医学证明，记载有新生儿的姓名、性别、出生时间、父母亲姓名等。出生医学证明由国家卫生与计划生育部门统一印制，以省、自治区、直辖市为单位统一编号。国家卫生与计划生育部门主管全国出生医学证明工作，委托各级卫生行政部门负责辖区内出生医学证明的具体事务管理工作。

死亡证明，是指有关单位出具的证明自然人死亡的文书。其主要包括以下几类：公民死于医疗单位的，由医疗单位出具死亡医学证明书；公民正常死亡但无法取得医院出具的死亡证明的，由社区、村（居）委会或者基层卫生医疗机构出具证明；公民非正常死亡或者卫生部门不能确定是否属于正常死亡的，由公安司法部门出具死亡证明；死亡公民已经火化的，殡葬部门出具火化证明。死亡证明是记载死亡时间的原始凭证。

户籍登记，是国家公安机关按照国家户籍管理法律法规，对公民的身份信息进行登记记载的制度。本条的规定涉及出生登记和死亡登记。本条规定的户籍登记以外的其他有效身份登记，包括我国公民居住证、港澳同胞回乡证、台湾居民的有效旅行证件、外国人居留证等。

关联法规

《继承法》（1985.4.10）

第二十八条 遗产分割时，应当保留胎儿的继承份额。胎儿出生时是死体的，保留的份额按照法定继承办理。

《最高人民法院关于确定民事侵权精神损害赔偿责任若干问题的解释》（2001.3.8）

第三条 自然人死亡后，其近亲属因下列侵权行为遭受精神痛苦，向人民法院起诉请求赔偿精神损害的，人民法院应当依法予以受理：

（一）以侮辱、诽谤、贬损、丑化或者违反社会公共利益、社会公德的其他方式，侵害死者姓名、肖像、名誉、荣誉；

（二）非法披露、利用死者隐私，或者以违反社会公共利益、社会公德的其他方式侵害死者隐私；

（三）非法利用、损害遗体、遗骨，或者以违反社会公共利益、社会公德的其他方式侵害遗体、遗骨。

第十六条 【胎儿利益保护】涉及遗产继承、接受赠与等胎儿利益保护的，胎儿视为具有民事权利能力。但是胎儿娩出时为死体的，其民事权利能力自始不存在。

条文注解

本条从法律上明确赋予胎儿在特定情形下具有民事权利能力。依据本条规定,涉及遗产继承、接受赠与等胎儿利益保护的,胎儿视为具有民事权利能力。

本条将胎儿利益保护的范围规定为“涉及遗产继承、接受赠与等胎儿利益保护的”。其分别是:(1)“遗产继承”,这不仅包括法定继承,也包括遗嘱继承、遗赠。胎儿是法定继承人的,按照法定继承取得相应的遗产份额;有遗嘱的,胎儿按照遗嘱继承取得遗嘱确定的份额。胎儿不是法定继承人的,被继承人也可以立遗嘱将个人财产赠给胎儿,将来按遗赠办理,胎儿取得遗产继承权。(2)“接受赠与”,是指赠与人可以将财产赠与给胎儿,胎儿此时视为具有民事权利能力,享有接受赠与的权利。(3)除了遗产继承和接受赠与,实践中还有其他涉及胎儿利益保护的情况,因此本条用了一个“等”字,没有限定具体范围。

第十七条 【成年人与未成年人年龄标准】十八周岁以上的自然人为成年人。不满十八周岁的自然人为未成年人。

条文注解

本条区分了成年人和未成年人的年龄。在民法中区分成年人与未成年人的法律意义主要有以下几个方面:(1)判断民事法律行为的效力。成年人可以独立实施民事法律行为,未成年人只可以独立实施部分民事法律行为,实施其他民事法律行为要经过法定代理人的同意或者追认。(2)确定婚姻家庭关系中的权利义务。(3)设立监护。为了保护未成年人的人身、财产权利及其他合法权益,对未成年人应当设定监护人。同时法律只对丧失或者部分丧失民事行为能力的成年人设定监护,依法确定监护人。

第十八条 【完全民事行为能力人】成年人为完全民事行为能力人,可以独立实施民事法律行为。

十六周岁以上的未成年人,以自己的劳动收入为主要生活来源的,视为完全民事行为能力人。

名词解释

民事行为能力,是指民事主体独立参与民事活动,以自己的行为取得民事权利或者承担民事义务的法律资格。

条文注解

应区分民事权利能力与民事行为能力:民事权利能力是民事主体从事民事活动的前提,民事行为能力是民事主体从事民事活动的条件。所有的自然人都有民事权利能力,但不一定都有民事行为能力。自然人一经出生即当然享有民事权利能力,但要独立从事民事活动,实施法律行为,还必须要具有相应的民事行为能力。自然人的辨识能力因年龄、智力、精神健康等因素的不同而有差异。根据自然人辨识能力的不同,《民法总则》将自然人的民事行为能力分为完全民事行为能力、限制民事行为能力和无民事行为能力。

本条实际上细分了两个层次:(1)成年人,即年龄满十八周岁的自然人,具有完全民事行为能力,为完全民事行为能力人,可以独立实施民事法律行为,并独立对民事法律行为的法律后果负责。但同时,本条规定的“成年人”是指辨认识别能力正常的成年人,对于辨认识别能力不足的成年人则根据具体情况的不同归为限制民事行为能力人或者无民事行为能力人,不属于本条规定的范围。(2)十六周岁以上的未成年人,如果以自己的劳动收入为主要生活来源的,表明其已经具备成年人的辨识能力,可以独立实施民事法律行为,独立承担民事法律行为的后果,因此可以视为完全民事行为能力人。

关联法规

《未成年人保护法》(2012.10.26 修正)

第三十八条 任何组织或者个人不得招用未满十六周岁的未成年人,国家另有规定的除外。

任何组织或者个人按照国家有关规定招用已满十六周岁未满十八周岁的未成年人的,应当执行国家在工种、劳动时间、劳动强度和保护措施等方面的规定,不得安排其从事过重、有毒、有害等危害未成年人身心健康的劳动或者危险作业。

第十九条 【限制民事行为能力的未成年人】八周岁以上的未成年人为限制民事行为能力人,实施民事法律行为由其法定代理人代理或者经其法定代理人同意、追认,但是可以独立实施纯获利益的民事法律行为或者与其年龄、智力相适应的民事法律行为。

条文注解

依据本条规定,八周岁以上的未成年人为限制民事行为能力人。其心智发育仍然不够成熟,实施民事法律行为一般应当由其法定代理人代理,或者经其法定代理人同意、追认。其具体是指:(1)同意,是指事前同意,即限制民事行为能力的未成年人实施民事法律行为要经法定代理人的事前同意;(2)追认,是指事后追认,即限制民事行为能力的未成年人实施的民事法律行为要经过法定代理人的事后追认,才能对该未成年人发生效力。

从另一个方面看,八周岁以上的未成年人已经具有一定的辨认识别能力,法律应当允许其独立实施一定的民事法律行为。可以独立实施的民事法律行为包括以下两类:(1)纯获利益的民事法律行为,如接受赠与等。(2)与其年龄、智力相适应的民事法律行为,限制民事行为能力的未成年人对实施这类行为有相应的认知能力,可以独立实施。

关联法规

《合同法》(1999.3.15)

第九条 当事人订立合同,应当具有相应的民事权利能力和民事行为能力。

当事人依法可以委托代理人订立合同。

第四十七条 限制民事行为能力人订立的合同,经法定代理人追认后,该合同有效,但纯获利益的合同或者与其年龄、智力、精神健康状况相适应而订立的合同,不必经法定代理人追认。

相对人可以催告法定代理人在一个月内予以追认。法定代理人未作表示的,视为拒绝追认。合同被追认之前,善意相对人有撤销的权利。撤销应当以通知的方式作出。

第二十条 【无民事行为能力的未成年人】不满八周岁的未成年人为无民事行为能力人,由其法定代理人代理实施民事法律行为。

名词解释

无民事行为能力,是指不具有以自己的行为取得民事权利或者承担民事义务的资格。

条文注解

八周岁以下的未成年人,生理心理发育仍然很不成熟,对自己行为的辨认识别能力以及行为后果的预见能力仍然非常不够,为了避免他们的权益受到损害,法律将其规定为无民事行为能力人,需要由其法定代理人代理实施民事法律行为。

第二十一条 【无民事行为能力的成年人】不能辨认自己行为的成年人为无民事行为能力人,由其法定代理人代理实施民事法律行为。

八周岁以上的未成年人不能辨认自己行为的,适用前款规定。

条文注解

应注意本条与第二十条和第二十二条的区别。其具体是指:(1)第二十条是关于无民事行为能力的未成年人的规定,而本条是关于无民事行为能力的成年人的规定,二者均规定的是无民事行为能力。(2)第二十二条规定的是不能完全辨认自己行为的成年人,而本条规定的是不能辨认自己行为的成年人与八周岁以上不能辨认自己行为的未成年人。不能辨认自己行为,是指对普通的事物和行为欠缺基本的认识判断能力,也不能正常预见自己行为的法律后果。而不能完全辨认自己行为,是指对比较复杂的行为不能作出正确的认识判断,也不能完全预见到自己行为的法律后果。

还需要注意的是,本条第一款中的"不能辨认自己行为"和第二十二条中的"不能完全辨认自己行为",是指辨认识别能力不足处于一种持续的状态,不能是暂时性或者短暂的状态,如因酗酒、滥用麻醉用品或者精神药品,对自己的行为暂时没有辨认识别能力的成年人,不属于本法所称的无民事行为能力人或者限制民事行为能力人。

文书范本 **01 宣告公民无民事行为能力申请书**

宣告公民无民事行为能力申请书

申请人:________,男/女,________年____月____日出生,____族,系____________(写明工作单位和职务或者职业),现住______________(具体到门牌号)。联系方式:______________。

委托代理人:____。

被申请人:________,男/女,________年____月____日出生,____族,系____________(写明工作单位和职务或者职业),现住______________(具体到门牌号)。联系方式:______________。

(以上写明当事人和其他诉讼参加人的姓名或者名称等基本信息)

请求事项:

1. 宣告________为无民事行为能力人;
2. 指定________为________的监护人。

事实和理由:

申请人________与被申请人________系________(写明双方的关系)。

__________________________(写明被申请人为无民事行为能力人的事实)。

此致

________人民法院

附：________诊断证明/鉴定意见书

申请人（签名或者盖章）
________年____月____日

应用指引

1. 本样式根据《民事诉讼法》第一百八十七条制定，供近亲属或者其他利害关系人向该公民住所地基层人民法院申请认定无民事行为能力人用。

2. 申请书应当写明该公民为无民事行为能力人的事实。

第二十二条 【限制民事行为能力的成年人】不能完全辨认自己行为的成年人为限制民事行为能力人，实施民事法律行为由其法定代理人代理或者经其法定代理人同意、追认，但是可以独立实施纯获利益的民事法律行为或者与其智力、精神健康状况相适应的民事法律行为。

条文注解

根据本条与第十九条，就独立从事的民事法律行为的范围来看，限制民事行为能力的成年人与限制民事行为能力的未成年人既有相同又有不同。相同之处在于，这两类限制民事行为能力的自然人均可以独立实施纯获利益的民事法律行为。不同之处在于，限制民事行为能力的未成年人可以独立实施与其年龄、智力相适应的民事法律行为，而限制民事行为能力的成年人可以独立实施与其智力、精神健康状况相适应的民事法律行为。未成年人的年龄直接影响着其社会阅历和知识能力，智力仍处于正常发育阶段，还没有完全发育成熟，年龄、智力这两个因素是影响未成年人认知能力的两个最重要因素。与未成年人处于正常的智力发育阶段不同，限制民事行为能力的成年人实施民事法律行为需要考虑的智力因素，包括先天的智力障碍，在正常的智力发育期由于各种原因导致的智力低下，以及智力发育成熟后，由于疾病、意外事故等各种原因引起的智力损伤和老年期的智力明显衰退导致的痴呆等。限制民事行为能力的成年人实施民事法律行为需要考虑的精神健康因素主要指因精神疾病引起的认知判断能力不足的情况，不能正常参与民事活动，从事较为复杂的民事法律行为。

文书范本 ▶▶ 02 宣告公民限制民事行为能力申请书

宣告公民限制民事行为能力申请书

申请人：________，男/女，________年____月____日出生，____族，系________________（写明工作单位和职务或者职业），现住________________（具体到门牌号）。联系方式：________________。

委托代理人：________________________________。

被申请人：________，男/女，________年____月____日出生，____族，系________________（写明工作单位和职务或者职业），现住________________（具体到门牌号）。联系方式：________________。

（以上写明当事人和其他诉讼参加人的姓名或者名称等基本信息）

请求事项：

1. 宣告________为限制民事行为能力人；
2. 指定________为________的监护人。

事实和理由：

申请人________与被申请人________系________（写明双方的关系）。

________________________（写明被申请人为限制民事行为能力人的事实）。

此致

________人民法院

附：________诊断证明/鉴定意见书

申请人（签名或者盖章）

________年____月____日

应用指引

1. 本样式根据《民事诉讼法》第一百八十七条制定，供近亲属或者其他利害关系人向该公民住所地基层人民法院申请认定限制民事行为能力人用。

2. 申请书应当写明该公民为限制民事行为能力人的事实。

关联法规 ▶▶

《合同法》（1999.3.15）

第九条 当事人订立合同，应当具有相应的民事权利能力和民事行为能力。

当事人依法可以委托代理人订立合同。

第四十七条 限制民事行为能力人订立的合同,经法定代理人追认后,该合同有效,但纯获利益的合同或者与其年龄、智力、精神健康状况相适应而订立的合同,不必经法定代理人追认。

相对人可以催告法定代理人在一个月内予以追认。法定代理人未作表示的,视为拒绝追认。合同被追认之前,善意相对人有撤销的权利。撤销应当以通知的方式作出。

第二十三条 【法定代理人】无民事行为能力人、限制民事行为能力人的监护人是其法定代理人。

条文注解

法律对具有监护资格的人、监护人的选任、监护的设立方式、监护职责等都作出了严格、明确的规定。监护,是保障无民事行为能力人和限制民事行为能力人的权益,弥补其民事行为能力不足的法律制度。被监护人包括两类:一类是未成年人;另一类是无民事行为能力人和限制民事行为能力的成年人。将无民事行为能力人、限制民事行为能力人的监护人规定为法定代理人,有利于保护无民事行为能力人、限制民事行为能力人的人身、财产及其他合法权益。

第二十四条 【无民事行为能力人或限制民事行为能力人的认定与恢复】不能辨认或者不能完全辨认自己行为的成年人,其利害关系人或者有关组织,可以向人民法院申请认定该成年人为无民事行为能力人或者限制民事行为能力人。

被人民法院认定为无民事行为能力人或者限制民事行为能力人的,经本人、利害关系人或者有关组织申请,人民法院可以根据其智力、精神健康恢复的状况,认定该成年人恢复为限制民事行为能力人或者完全民事行为能力人。

本条规定的有关组织包括:居民委员会、村民委员会、学校、医疗机构、妇女联合会、残疾人联合会、依法设立的老年人组织、民政部门等。

条文注解

本条是关于认定无民事行为能力人或者限制民事行为能力人的规定。本条中的"利害关系人",应当具体情况具体分析。一般而言,对于第一款规定的"利害关系人"的范围,主要包括本人的近亲属、债权债务人等。对于第二款规定的"利害关系人"的范围,主要包括本人的监护人、债权债务人等。但在具体案件中,这些主体是否都有资格向法院提出申请,也要在个案中根据实际情况作出判断。认定利害关系人是否是适格的申请主体,需要看本人的民事行为能力状况对其是否有重要意义或者影响。还应当注意的是,认定成年人为无民事行为能力人或者限制民事行为能力人,对成年人的行为自由影响重大,原则上应当由利害关系人提出,对于“有关组织”向法院提出申请宜作严格掌握,必须是基于保护该成年人合法权益的迫切需要。

文书范本 ▶▶ 03 宣告公民恢复完全民事行为能力申请书

宣告公民恢复完全民事行为能力申请书

申请人:________,男/女,________年____月____日出生,____族,系________(写明工作单位和职务或者职业),现住________________(具体到门牌号)。联系方式:______________。

委托代理人:____。

被申请人:________,男/女,________年____月____日出生,____族,系__________(写明工作单位和职务或者职业),现住________________(具体到门牌号)。联系方式:______________。

(以上写明当事人和其他诉讼参加人的姓名或者名称等基本信息)

请求事项:

1.撤销________人民法院(________)____民特____号宣告无/限制民事行为能力民事判决;

2.恢复________为完全民事行为能力人。

事实和理由:

________年____月____日,________人民法院作出(____)____民特____号民事判决:一、宣告________为无/限制民事行为能力人;二、指定______为______的监护人。

____(写明恢复完全民事行为能力的事实)。

此致

________人民法院

附:1.________诊断证明/鉴定意见书

2.________人民法院(____)____民特____号民事判决书

申请人(签名或者盖章)

________年____月____日

应用指引

1. 本样式根据《民事诉讼法》第一百九十条制定，供被认定为无/限制民事行为能力人或者他的监护人，申请宣告恢复为完全民事行为能力人用。

2. 申请书应当写明公民恢复为完全民事行为能力人的事实。

文书范本 ▶▶ **04 申请宣告公民恢复限制民事行为能力申请书**

申请宣告公民恢复限制民事行为能力申请书

申请人：________，男/女，________年____月____日出生，____族，系________（写明工作单位和职务或者职业），现住______________（具体到门牌号）。联系方式：______________。

委托代理人：____。

被申请人：________，男/女，________年____月____日出生，____族，系________（写明工作单位和职务或者职业），现住______________（具体到门牌号）。联系方式：______________。

（以上写明当事人和其他诉讼参加人的姓名或者名称等基本信息）

请求事项：

1. 撤销________人民法院（____）____民特____号宣告无民事行为能力民事判决；

2. 恢复________为限制民事行为能力人。

事实和理由：

________年____月____日，________人民法院作出（____）____民特____号民事判决：一、宣告________为无民事行为能力人；二、指定________为________的监护人。

______________________________（写明恢复限制民事行为能力的事实）。

此致

________人民法院

附：1. ________诊断证明/鉴定意见书

2. ________人民法院（____）____民特____号民事判决书

申请人（签名或者盖章）

________年____月____日

应用指引

1. 本样式根据《民事诉讼法》第一百九十条制定，供被认定为无民事行为能力人或者他的监护人，向宣告无民事行为能力的基层人民法院，申请宣告恢复为限制民事行为能力人用。

2. 申请书应当写明公民恢复为限制民事行为能力人的事实。

第二十五条 【自然人住所】自然人以户籍登记或者其他有效身份登记记载的居所为住所；经常居所与住所不一致的，经常居所视为住所。

名词解释

住所，是指民事主体进行民事活动的中心场所或者主要场所。自然人的住所一般指自然人长期居住、较为固定的居所。

居所，指自然人实际居住的处所。

条文注解

一个自然人可以同时有两个或多个居所，但只能有一个住所。一般的居所都是自然人临时居住，为暂时性的，住所则为长期固定的。

本条中的“其他有效身份登记”主要包括居住证和外国人的有效居留证件等。2015年《居住证暂行条例》对居住证的申领条件、记载内容等作出规定。该条例第二条规定：“公民离开常住户口所在地，到其他城市居住半年以上，符合有合法稳定就业、合法稳定住所、连续就读条件之一的，可以依照本条例的规定申领居住证。”居住证记载的居住地住址也可以作为公民住所。

关联法规

《最高人民法院关于贯彻执行〈中华人民共和国民法通则〉若干问题的意见（试行）》（1988.4.2）

9. 自然人离开住所地最后连续居住一年以上的地方，为经常居住地，但住医院治病的除外。自然人由其户籍所在地迁出后至迁入另一地之前，无经常居住地的，仍以其原居所为住所。

第二节 监　　护

第二十六条 【父母子女之间法律义务】父母对未成年子女负有抚养、教育和保护的义务。

成年子女对父母负有赡养、扶助和保护的义务。

条文注解

依据本条规定,父母对未成年子女的抚养、教育和保护义务,主要包括进行生活上的照料,保障未成年人接受义务教育,以适当的方式方法管理和教育未成年人,保护未成年人的人身、财产不受到侵害,促进未成年人的身心健康发展等。《婚姻法》《未成年人保护法》等对此作出了较为具体的规定。成年子女对父母的赡养、扶助和保护义务,主要包括子女对丧失劳动能力或生活困难的父母,要进行生活上的照料和经济上的供养,从精神上慰藉父母,保护父母的人身、财产权益不受侵害。《婚姻法》《老年人权益保障法》等对此作出了较为具体的规定。

关联法规

《婚姻法》(2001.4.28 修正)

第二十一条 父母对子女有抚养教育的义务;子女对父母有赡养扶助的义务。

父母不履行抚养义务时,未成年的或不能独立生活的子女,有要求父母付给抚养费的权利。

子女不履行赡养义务时,无劳动能力的或生活困难的父母,有要求子女付给赡养费的权利。

禁止溺婴、弃婴和其他残害婴儿的行为。

第二十三条 父母有保护和教育未成年子女的权利和义务。

在未成年子女对国家、集体或他人造成损害时,父母有承担民事责任的义务。

《最高人民法院关于适用〈中华人民共和国婚姻法〉若干问题的解释(一)》(2001.12.25)

第二十条 婚姻法第二十一条规定的"不能独立生活的子女",是指尚在校接受高中及其以下学历教育,或者丧失或未完全丧失劳动能力等非因主观原因而无法维持正常生活的成年子女。

第二十一条 婚姻法第二十一条所称"抚养费",包括子女生活费、教育费、医疗费等费用。

《未成年人保护法》(2012.10.26 修正)

第十条 父母或者其他监护人应当创造良好、和睦的家庭环境,依法履行对未成年人的监护职责和抚养义务。

禁止对未成年人实施家庭暴力，禁止虐待、遗弃未成年人，禁止溺婴和其他残害婴儿的行为，不得歧视女性未成年人或者有残疾的未成年人。

《老年人权益保障法》(2015.4.24 修正)

第十四条 赡养人应当履行对老年人经济上供养、生活上照料和精神上慰藉的义务，照顾老年人的特殊需要。

赡养人是指老年人的子女以及其他依法负有赡养义务的人。

赡养人的配偶应当协助赡养人履行赡养义务。

第二十七条 【未成年人的监护人】父母是未成年子女的监护人。

未成年人的父母已经死亡或者没有监护能力的，由下列有监护能力的人按顺序担任监护人：

(一)祖父母、外祖父母；

(二)兄、姐；

(三)其他愿意担任监护人的个人或者组织，但是须经未成年人住所地的居民委员会、村民委员会或者民政部门同意。

名词解释

监护，是指对未成年人及不能辨认或不能完全辨认自己行为的成年人的人身、财产及其他权益，进行监督和保护的民事法律制度。承担监护义务的是监护人，受监护和保护的人是被监护人。被监护人是无民事行为能力人和限制民事行为能力人。

条文注解

本条是关于未成年人的监护人的规定。本条第一款规定，父母是未成年子女的监护人。父母具有抚养、教育和保护未成年子女的法定义务，与未成年子女的关系最为密切，父母无条件成为未成年人的法定监护人。只有在父母死亡或者没有监护能力的情况下，才可以由其他个人或者有关组织担任监护人。本条第二款对父母之外的其他个人或者组织担任监护人作出规定。第二款在《民法通则》相关规定的基础上，主要从以下两个方面进行了完善：

(1)规定父母之外具有监护能力的人"按顺序"担任监护人。其一，本条明确具有监护资格的人按照顺序担任监护人，主要目的在于防止具有监护资格的人之间互相推卸责任。如果两个或者两个以上具有监护资格的人，都愿意担任监护人，也可以按照本条规定的顺序确定监护人，或者依照本法第三十条规定进行协商；协商不成的，按照本法第三十一条规定的监护争议解决程序处理，由居民委员会、村民委员会、民政部门或者人民法院按照最有利于被监护人的原则指定监护人,不受本条规定的“顺序”的限制,但仍可作为参考依据。其二,依照本条规定的顺序应当担任监护人的个人认为自己不适合担任监护人,或者认为其他具有监护资格的人更适合担任监护人的,可以依照本法第三十条规定进行协商;协商不成的,通过本法第三十一条规定的监护争议解决程序处理,由居民委员会、村民委员会、民政部门或者人民法院综合各方面情况,根据最有利于被监护人的原则在依法具有监护资格的人中指定监护人。

(2)增加规定了有关“组织”担任监护人的规定。同时将《民法通则》规定的担任监护人的“关系密切的其他亲属、朋友”修改为愿意担任监护人的“个人”,进一步扩大了监护人的范围,尽量避免无人担任监护人的情况。

关联法规

《最高人民法院关于贯彻执行〈中华人民共和国民法通则〉若干问题的意见(试行)》(1988.4.2)

21. 夫妻离婚后,与子女共同生活的一方无权取消对方对该子女的监护权;但是,未与该子女共同生活的一方,对该子女有犯罪行为、虐待行为或者对该子女明显不利的,人民法院认为可以取消的除外。

《未成年人保护法》(2012.10.26修正)

第十六条 父母因外出务工或者其他原因不能履行对未成年人监护职责的,应当委托有监护能力的其他成年人代为监护。

第二十八条 【无、限制民事行为能力的成年人的监护人】无民事行为能力或者限制民事行为能力的成年人,由下列有监护能力的人按顺序担任监护人:

(一)配偶;

(二)父母、子女;

(三)其他近亲属;

(四)其他愿意担任监护人的个人或者组织,但是须经被监护人住所地的居民委员会、村民委员会或者民政部门同意。

条文注解

本条不同于第二十七条,本条是关于无民事行为能力或者限制民事行为能力的成年人的监护人的规定。本条规定的需要设立监护的成年人为无民事行为能力人或者限制民事行为能力人,包括因智力、精神障碍以及因年老、疾病等各种原因,导致辨识能力不足的成年人。对成年人监护,要正确区分失能与失智。失能是失去生活自理能力,失智即辨识能力不足。失能的成年人未必需要监护,只有失智的成年人需要监护。

此外，还应当区分长期照护（护理）和监护的区别：从对象上看，照护的对象既包括失智成年人，也包括失能成年人，监护的对象针对失智成年人；从内容上看，照护仅限于生活上的照料和安全上的保护，不涉及人身权益保护的安排、财产的管理等事项。监护是对失智成年人人身、财产等各方面权益的保护和安排。

依据本条规定，具有监护资格的人有以下几类：（1）配偶。《婚姻法》第二十条第一款规定夫妻有互相扶养的义务。夫妻共同生活，具有相互的扶养义务，对共同的财产享有支配权，具有良好的感情基础。（2）父母、子女。（3）其他近亲属。这包括祖父母、外祖父母、孙子女、外孙子女、兄弟姐妹。（4）经被监护人住所地的居民委员会、村民委员会或者民政部门同意愿意担任监护人的个人或者组织。

关联法规

《最高人民法院关于贯彻执行〈中华人民共和国民法通则〉若干问题的意见（试行）》（1988.4.2）

11. 认定监护人的监护能力，应当根据监护人的身体健康状况、经济条件，以及与被监护人在生活上的联系状况等因素确定。

12. 民法通则中规定的近亲属，包括配偶、父母、子女、兄弟姐妹、祖父母、外祖父母、孙子女、外孙子女。

第二十九条 【遗嘱监护】被监护人的父母担任监护人的，可以通过遗嘱指定监护人。

条文注解

本条是关于遗嘱监护的规定。依据本条规定，被监护人（包括未成年人、无民事行为能力或者限制民事行为能力的成年人）的父母可以通过立遗嘱的形式为被监护人指定监护人，但前提是被监护人的父母正在担任着监护人，如果父母因丧失监护能力没有担任监护人，或者因侵害被监护人合法权益被撤销监护人资格等不再担任监护人的，父母已不宜再通过立遗嘱的形式为被监护人指定监护人。

此外，还应注意本条与第二十七条、第二十八条确立的法定监护之间的关系：（1）遗嘱指定监护具有优先地位。遗嘱指定监护是父母通过立遗嘱的方式选择值得信任并对保护被监护人权益最为有利的人担任监护人，应当优先于前述规定的法定监护。（2）遗嘱指定监护指定的监护人，也应当不限于第二十七条、第二十八条规定的具有监护资格的人。但是，遗嘱指定的监护人应当具有监护能力，能够履行监护职责。如果遗嘱指定后，客观情况发生变化，遗嘱指定的监护人因患病等原因丧失监护能力，或者因出国等各种原因不能够履行监护职责，就不能执行遗嘱指定监护，应当依法另行确定监护人。

第三十条 【协议确定监护人】依法具有监护资格的人之间可以协议确定监护人。协议确定监护人应当尊重被监护人的真实意愿。

条文注解

本条规定的协议监护,可以不按照第二十七条、第二十八条规定的顺序确定监护人。具有监护资格的人之间可以根据各自与被监护人的生活联系状况、经济条件、能够提供的教育条件或者生活照料措施等,在尊重被监护人意愿的基础上,经过充分协商,选择合适的监护人。

协议监护的特征是:(1)协议主体必须是依法具有监护资格的人,即本法第二十七条、第二十八条规定的具有监护资格的人。但是,未成年人的父母有监护能力的,不得与其他人签订协议,确定由其他人担任监护人,推卸自身责任。对于未成年人,协议监护只限于父母死亡或者没有监护能力的情况。(2)协议确定的监护人必须从具有监护资格的人之间产生,不得在法律规定的具有监护资格的人之外确定监护人。在具有监护资格的人之外确定监护人的,协议监护无效。(3)协议监护是具有监护资格的人合意的结果,合意产生后,由协议确定的人担任监护人,履行监护职责。监护人一旦确定,即不得擅自变更。(4)协议确定监护人,应当充分尊重被监护人的真实意愿。这并不是简单征求被监护人的意见,要结合实际情况(如是否受到胁迫等,以及生活联系最为密切等因素)进行综合考量判断,探求其内心真实的愿望。

关联法规

《未成年人保护法》(2012.10.26修正)

第十六条 父母因外出务工或者其他原因不能履行对未成年人监护职责的,应当委托有监护能力的其他成年人代为监护。

《最高人民法院关于贯彻执行〈中华人民共和国民法通则〉若干问题的意见(试行)》(1988.4.2)

22.监护人可以将监护职责部分或者全部委托给他人。因被监护人的侵权行为需要承担民事责任的,应当由监护人承担,但另有约定的除外;被委托人确有过错的,负连带责任。

第三十一条 【监护争议解决程序】对监护人的确定有争议的,由被监护人住所地的居民委员会、村民委员会或者民政部门指定监护人,有关当事人对指定不服的,可以向人民法院申请指定监护人;有关当事人也可以直接向人民法院申请指定监护人。

居民委员会、村民委员会、民政部门或者人民法院应当尊重被监护人的真实意愿，按照最有利于被监护人的原则在依法具有监护资格的人中指定监护人。

依照本条第一款规定指定监护人前，被监护人的人身权利、财产权利以及其他合法权益处于无人保护状态的，由被监护人住所地的居民委员会、村民委员会、法律规定的有关组织或者民政部门担任临时监护人。

监护人被指定后，不得擅自变更；擅自变更的，不免除被指定的监护人的责任。

条文注解

本条是关于监护争议解决程序的规定。其具体理解如下：

（1）对确定监护人有争议的解决途径：一是由被监护人住所地的居民委员会、村民委员会或者民政部门指定监护人。该指定并没有终局效力。有关当事人对该指定不服的，可以向法院提出申请，由法院指定监护人。法院的指定具有终局效力，被指定的监护人应当履行监护职责，不得推卸。二是有关当事人可以不经居民委员会、村民委员会或者民政部门的指定，直接向法院提出申请，由法院指定监护人。

（2）“对监护人的确定有争议的”既包括争当监护人的情况，也包括推卸拒不担当监护人的情况，主要包括以下几类情形：一是具有监护资格的人均认为自己适合担任监护人，争当监护人；二是按照本法第二十七条、第二十八条规定的顺序应当担任监护人的，认为自己没有监护能力，无法履行监护职责或者认为其他具有监护资格的人更适宜担任监护人的；三是后一顺序具有监护资格的人要求前一顺序具有监护资格的人依法履行监护职责的；四是具有监护资格的人均推卸监护职责，拒不担当监护人的情况。

（3）第二款规定的按照最有利于被监护人的原则指定，是指居民委员会、村民委员会、民政部门或者人民法院指定监护人并不需要遵照本法第二十七条第二款、第二十八条规定的顺序，而应当结合具有监护资格的人与被监护人的生活情感联系、有无利害冲突，具有监护资格的人的品行、身体状况、经济条件以及能够为被监护人提供的教育资源或者生活照料措施等，综合进行判断，并尊重被监护人的真实意愿，选择最有利于被监护人健康成长或者健康恢复、最利于保护被监护人合法权益的人担任监护人。

（4）第三款规定了临时监护制度。本款中的“依照本条第一款规定指定监护人前”应当从宽理解，不能仅限于监护争议解决期间。从时间点上，应当包括以下两个期间：一是监护争议解决程序启动之后，即居民委员会、村民委员会、民政部门开始处理监护争议或者人民法院受理监护申请之后，至指定监护人之前的期间；二是监护争议解决程序启动之前，只要发现因无人履行监护职责，被监护人的合法权益处于无人保护状态的，就由本条规定的居民委员会、村民委员会、法律规定的有关组织或者民政部门担任临时监护人。

文书范本 ▶▶ **05 确定监护人申请书**

确定监护人申请书

申请人：________，男/女，________年____月____日出生，____族，系________________（写明工作单位及职务或者职业），现住在______________（具体到门牌号）。联系方式：__________。

委托诉讼代理人：____。

（以上写明申请人和其他诉讼参加人的姓名或者名称等基本信息。）

请求事项：

指定________为________的监护人。

事实和理由：

________________________________（写明被监护人的情况及确定监护人的事实和理由）。

此致

________人民法院

申请人（签名或者盖章）

________年____月____日

应用指引

1. 本样式根据《民法总则》第三十一条制定，供有关当事人向基层人民法院申请确定监护人用。

2. 该申请可以不经居民委员会、村民委员会或其他民政部门的指定，直接向基层法院提出申请，由法院指定监护人。

文书范本 ▶▶ 06 变更监护人申请书

变更监护人申请书

申请人:________,男/女,________年____月____日出生,____族,系________________(写明工作单位及职务或者职业),现住在______________(具体到门牌号)。联系方式:__________。

委托诉讼代理人:____。

(以上写明申请人和其他诉讼参加人的姓名或者名称等基本信息)

请求事项:

1. 撤销指定________为________的监护人。

2. 申请指定________为________的监护人。

事实和理由:

________因对________(原指定单位)指定担任________(男/女,________年____月____日出生,____族,曾工作于________单位,任________职务。住址______________)的监护人不服,向你院提出异议。

________________________(写明申请撤销指定监护人和重新指定监护人的事实和理由)。

此致

________人民法院

附:________指定意见书

申请人(签名或者盖章)

________年____月____日

应用指引

1. 本样式根据《最高人民法院关于适用〈中华人民共和国民事诉讼法〉的解释》第三百五十一条制定,供被指定的监护人不服指定,自接到通知之日起三十日内向人民法院提出异议用。

2. 被指定的监护人不服指定,应当自接到通知之日起三十日内向人民法院提出异议。超过三十日的,按申请变更监护人确定案由。

3. 申请书应当附有关单位指定意见书。

关联法规

《最高人民法院关于适用〈中华人民共和国民事诉讼法〉的解释》(2015.1.30)

第八十三条 在诉讼中,无民事行为能力人、限制民事行为能力人的监护人是他的法定代理人。事先没有确定监护人的,可以由有监护资格的人协商确定;协商不成的,由人民法院在他们之中指定诉讼中的法定代理人。当事人没有民法通则第十六条第一款、第二款或者第十七条第一款规定的监护人的,可以指定该法第十六条第四款或者第十七条第三款规定的有关组织担任诉讼中的法定代理人。

第八十四条 无民事行为能力人、限制民事行为能力人以及其他依法不能作为诉讼代理人的,当事人不得委托其作为诉讼代理人。

第三十二条 【民政部门、居委会、村委会担任监护人】没有依法具有监护资格的人的,监护人由民政部门担任,也可以由具备履行监护职责条件的被监护人住所地的居民委员会、村民委员会担任。

条文注解

本条规定的"没有依法具有监护资格的人的",主要指没有本法第二十七条、第二十八条规定的具有监护资格的人的情况,即被监护人的父母死亡或者没有监护能力,也没有其他近亲属,或者其他近亲属都没有监护能力,而且还没有符合条件的其他愿意担任监护人的个人或者组织。如果存在具有监护资格的人,但其拒绝担任监护人的,不适用本条规定。

对比《民法通则》,本条对此作出调整:一是删去了未成年人的父母所在单位、成年被监护人所在单位担任监护人的规定;二是强化了民政部门的职责,由民政部门担任兜底性的监护人;三是规定具备履行监护职责条件的居民委员会、村民委员会也可以担任监护人。

第三十三条 【意定监护】具有完全民事行为能力的成年人,可以与其近亲属、其他愿意担任监护人的个人或者组织事先协商,以书面形式确定自己的监护人。协商确定的监护人在该成年人丧失或者部分丧失民事行为能力时,履行监护职责。

条文注解

本条是关于意定监护的规定。意定监护作为一种确定监护人的方式,是相对于法定监护来说的。意定监护是对成年人完全基于自己意愿选择监护人的尊重,自己意愿是起决定性作用的；法定监护是基于法律规定的条件和程序确定监护人，本法第二十七条至第三十二条对此作了规定。需要注意的是，意定监护也不同于本法第三十条规定的协议确定监护人，后者仍然属于法定监护方式，协议的主体是具有监护资格的人。一般而言，意定监护优先于法定监护予以适用。法律设立意定监护制度即是要尊重成年人自己的意愿，当然具有优先适用的地位。只有在意定监护协议无效，或者因诸如协议确定的监护人丧失监护能力等各种原因，监护协议无法履行时，才适用法定监护。

关联法规

《老年人权益保障法》（2015.4.24 修正）

第二十六条 具备完全民事行为能力的老年人，可以在近亲属或者其他与自己关系密切、愿意承担监护责任的个人、组织中协商确定自己的监护人。监护人在老年人丧失或者部分丧失民事行为能力时，依法承担监护责任。

老年人未事先确定监护人的，其丧失或者部分丧失民事行为能力时，依照有关法律的规定确定监护人。

第三十四条 【监护职责】监护人的职责是代理被监护人实施民事法律行为，保护被监护人的人身权利、财产权利以及其他合法权益等。

监护人依法履行监护职责产生的权利，受法律保护。

监护人不履行监护职责或者侵害被监护人合法权益的，应当承担法律责任。

条文注解

本条是关于监护职责内容的规定。应注意对第三款监护人责任的理解。具体而言，主要包括以下两个方面：(1)对被监护人的侵权行为承担责任。《侵权责任法》第三十二条规定，无民事行为能力人、限制民事行为能力人造成他人损害的，由监护人承担侵权责任。监护人尽到监护责任的，可以减轻其侵权责任。有财产的无民事行为能力人、限制民事行为能力人造成他人损害的，从本人财产中支付赔偿费用。不足部分，由监护人赔偿。(2)监护人不履行监护职责或者侵害被监护人合法权益，造成被监护人人身、财产损害的，应当承担民事责任。《民法总则》第一百七十九条对承担民事责任的主要方式作出规定，包括停止侵害、赔偿损失等。

关联法规

《民法总则》（2017.3.15）

第一百九十条 无民事行为能力人或者限制民事行为能力人对其法定代理人的请求

权的诉讼时效期间，自该法定代理终止之日起计算。

《最高人民法院关于贯彻执行〈中华人民共和国民法通则〉若干问题的意见（试行）》（1988.4.2）

10. 监护人的监护职责包括：保护被监护人的身体健康，照顾被监护人的生活，管理和保护被监护人的财产，代理被监护人进行民事活动，对被监护人进行管理和教育，在被监护人合法权益受到侵害或者与人发生争议时，代理其进行诉讼。

20. 监护人不履行监护职责，或者侵害了被监护人的合法权益，民法通则第十六条、第十七条规定的其他有监护资格的人或者单位向人民法院起诉要求监护人承担民事责任的，按照普通程序审理；要求变更监护关系的，按照特别程序审理；既要求承担民事责任，又要求变更监护关系的，分别审理。

《侵权责任法》（2009.12.26）

第二条 侵害民事权益，应当依照本法承担侵权责任。

本法所称民事权益，包括生命权、健康权、姓名权、名誉权、荣誉权、肖像权、隐私权、婚姻自主权、监护权、所有权、用益物权、担保物权、著作权、专利权、商标专用权、发现权、股权、继承权等人身、财产权益。

《最高人民法院关于确定民事侵权精神损害赔偿责任若干问题的解释》（2001.3.8）

第二条 非法使被监护人脱离监护，导致亲子关系或者近亲属间的亲属关系遭受严重损害，监护人向人民法院起诉请求赔偿精神损害的，人民法院应当依法予以受理。

第三十五条 【履行监护职责应遵循的原则】监护人应当按照最有利于被监护人的原则履行监护职责。监护人除为维护被监护人利益外，不得处分被监护人的财产。

未成年人的监护人履行监护职责，在作出与被监护人利益有关的决定时，应当根据被监护人的年龄和智力状况，尊重被监护人的真实意愿。

成年人的监护人履行监护职责，应当最大程度地尊重被监护人的真实意愿，保障并协助被监护人实施与其智力、精神健康状况相适应的民事法律行为。对被监护人有能力独立处理的事务，监护人不得干涉。

条文注解

本条第一款确立了最有利于被监护人的原则，即监护人在保护被监护人的人身权利、财产权利及其他合法权益的过程中，要综合各方面因素进行权衡，选择最有利于被监护人的方案，采取最有利于被监护人的措施，使被监护人的利益最大化。

第二款规定了尊重未成年人意愿的原则。第三款规定了最大程度地尊重成年被监护人意愿的原则。与第二款的规定有所区别，对于成年被监护人的意愿，要做到“最大程度”地尊重。最大程度地尊重被监护人的真实意愿是成年人的监护人履行监护职责的基本原则,贯穿于履行监护职责的方方面面。如果某项民事法律行为,根据被监护人的智力、精神健康状况,被监护人可以独立实施,监护人不得代理实施,要创造条件保障、支持被监护人独立实施。监护人不得干涉被监护人有能力独立处理的事务,促进被监护人按照自己的意愿独立、正常生活。

第三十六条 【撤销监护人资格】监护人有下列情形之一的,人民法院根据有关个人或者组织的申请,撤销其监护人资格,安排必要的临时监护措施,并按照最有利于被监护人的原则依法指定监护人:

(一)实施严重损害被监护人身心健康行为的;

(二)怠于履行监护职责,或者无法履行监护职责并且拒绝将监护职责部分或者全部委托给他人,导致被监护人处于危困状态的;

(三)实施严重侵害被监护人合法权益的其他行为的。

本条规定的有关个人和组织包括:其他依法具有监护资格的人,居民委员会、村民委员会、学校、医疗机构、妇女联合会、残疾人联合会、未成年人保护组织、依法设立的老年人组织、民政部门等。

前款规定的个人和民政部门以外的组织未及时向人民法院申请撤销监护人资格的,民政部门应当向人民法院申请。

条文注解

本条是关于撤销监护人资格的规定。

本条第二款“其他依法具有监护资格的人”主要依据《民法总则》第二十七条、第二十八条的规定确定。例如,配偶担任监护人的,其他依法具有监护资格的人,指《民法总则》第二十八条规定的父母,子女,其他近亲属,经被监护人住所地的居民委员会、村民委员会或者民政部门同意的其他愿意担任监护人的个人或者组织。

第三款对兜底性的申请主体作出规定。要正确理解本款与第二款赋予民政部门申请主体资格的关系。民政部门只要是发现具有严重侵害被监护人合法权益的情形,即可依据本条第二款规定,向法院申请撤销监护人资格,不需要等到其他个人或者组织都不向法院申请之后再行申请。如果其他个人或者组织都不向法院申请撤销监护人资格,此时,民政部门应当依照第三款规定,主动向法院提出申请。

文书范本 ▶▶ 07 撤销监护人资格申请书

撤销监护人资格申请书

申请人：________，男/女，________年____月____日出生，____族，系__________________（写明工作单位及职务或者职业），现住在________________（具体到门牌号）。联系方式：__________。

委托诉讼代理人：____。

（以上写明申请人和其他诉讼参加人的姓名或者名称等基本信息）

请求事项：

撤销________为________的监护人资格。

事实和理由：

_______________________________（写明撤销监护人的事实和理由）。

此致

________人民法院

申请人（签名或者盖章）

________年____月____日

应用指引

1. 本样式根据《民法总则》第三十六条、《反家庭暴力法》第二十一条第一款制定，供有关人员或者有关单位向基层人民法院申请撤销监护人资格用。

2. 申请人是有关单位的，写明名称住所。另起一行写明法定代表人、主要负责人及其姓名、职务、联系方式。

3. 监护人不履行监护职责或者侵害被监护人的合法权益的，有关人员或者有关单位可以申请撤销监护人的资格。

4. 监护人实施家庭暴力严重侵害被监护人合法权益的，被监护人的近亲属、居民委员会、村民委员会、县级人民政府民政部门等有关人员或者单位，可以申请依法撤销其监护人资格，另行指定监护人。

第三十七条 【法定扶养义务人继续负担扶养费】依法负担被监护人抚养费、赡养费、扶养费的父母、子女、配偶等，被人民法院撤销监护人资格后，应当继续履行负担的义务。

条文注解

依据本条规定，在具有法定扶养义务的人担任监护人的情况下，监护人资格被撤销，不再担任监护人后，具有法定扶养义务的人，如配偶、父母、子女等，仍应继续负担抚养费、赡养费、扶养费。根据我国法律，法定扶养义务主要有以下几类：(1)父母、子女之间的扶养、赡养义务。(2)夫妻之间的扶养义务。(3)祖父母、外祖父母与孙子女、外孙子女之间的抚养、赡养义务。(4)兄、姐与弟、妹之间的扶养义务。

《未成年人保护法》和《反家庭暴力法》已经针对各自的领域作出了类似规定。本条属于一般性规定，适用于所有具有法定扶养义务的人被撤销监护人资格的情形。只要具有法定扶养义务的人因严重侵害被监护人合法权益被撤销监护人资格的，均应继续履行负担抚养费、赡养费、扶养费的义务。

第三十八条 【恢复监护人资格】被监护人的父母或者子女被人民法院撤销监护人资格后，除对被监护人实施故意犯罪的外，确有悔改表现的，经其申请，人民法院可以在尊重被监护人真实意愿的前提下，视情况恢复其监护人资格，人民法院指定的监护人与被监护人的监护关系同时终止。

条文注解

本条是关于恢复监护人资格的规定。依据本条规定，恢复监护人资格必须要向法院申请，由人民法院决定是否予以恢复。父母与子女是最近的直系亲属关系，本条适用的对象仅限于被监护人的父母或者子女，其他个人或者组织的监护人资格一旦被撤销，即不再恢复。被监护人的父母或者子女被撤销监护人资格后，再恢复监护人资格还需要满足以下几个条件：(1)没有对被监护人实施故意犯罪的情形，如对被监护人实施性侵害、虐待，遗弃被监护人等构成刑事犯罪的，不得恢复监护人资格。但对因过失犯罪，如因过失导致被监护人受到伤害等被撤销监护人资格的，则可以根据具体情况来判断是否恢复监护人资格。(2)确有悔改表现，即被监护人的父母或者子女不但要有悔改的意愿，还要有实际的悔改表现，这需要由人民法院根据具体情形予以判断。(3)要尊重被监护人的真实意愿，如果被监护人不愿意父母或者子女继续担任监护人的，则不得恢复监护人资格。(4)即使符合以上条件，法院也还需要综合考虑各方面情况,从有利于被监护人权益保护的角度,决定是否恢复监护人资格。

关联法规

《最高人民法院、最高人民检察院、公安部、民政部关于依法处理监护人侵害未成年人权益行为若干问题的意见》(2014.12.18)

38. 被撤销监护人资格的侵害人,自监护人资格被撤销之日起三个月至一年内,可以书面向人民法院申请恢复监护人资格,并应当提交相关证据。

人民法院应当将前款内容书面告知侵害人和其他监护人、指定监护人。

39. 人民法院审理申请恢复监护人资格案件,按照变更监护关系的案件审理程序进行。

人民法院应当征求未成年人现任监护人和有表达能力的未成年人的意见,并可以委托申请人住所地的未成年人救助保护机构或者其他未成年人保护组织,对申请人监护意愿、悔改表现、监护能力、身心状况、工作生活情况等进行调查,形成调查评估报告。

申请人正在服刑或者接受社区矫正的,人民法院应当征求刑罚执行机关或者社区矫正机构的意见。

40. 人民法院经审理认为申请人确有悔改表现并且适宜担任监护人的,可以判决恢复其监护人资格,原指定监护人的监护人资格终止。

申请人具有下列情形之一的,一般不得判决恢复其监护人资格:

(一)性侵害、出卖未成年人的;

(二)虐待、遗弃未成年人六个月以上、多次遗弃未成年人,并且造成重伤以上严重后果的;

(三)因监护侵害行为被判处五年有期徒刑以上刑罚的。

第三十九条 【监护关系终止的情形】有下列情形之一的,监护关系终止:

(一)被监护人取得或者恢复完全民事行为能力;

(二)监护人丧失监护能力;

(三)被监护人或者监护人死亡;

(四)人民法院认定监护关系终止的其他情形。

监护关系终止后,被监护人仍然需要监护的,应当依法另行确定监护人。

条文注解

本条是关于监护关系终止的情形的规定。本条第一款对监护关系的终止列举了三类典型情形。依据本条第二款规定,在有些监护关系终止的情形下,如监护人死亡、丧失监护能力或者被撤销监护人资格等,被监护人仍然需要监护的,就应当根据具体情况,依据法律的规定另行确定监护人。对于监护人死亡或者丧失监护能力等情形,可以依照《民法总则》第二十七条至第三十二条重新确定监护人。对于撤销监护人资格的，由人民法院依照《民法总则》第三十六条的规定，按照最有利于被监护人的原则依法指定监护人。

第三节 宣告失踪和宣告死亡

第四十条 【宣告失踪的条件】自然人下落不明满二年的，利害关系人可以向人民法院申请宣告该自然人为失踪人。

名词解释

宣告失踪，是指自然人离开自己的住所下落不明达到法定的期限，经利害关系人申请，人民法院依照法定程序宣告其为失踪人的一项制度。

条文注解

本条规定的宣告失踪的条件包含以下三个层次：(1)自然人下落不明满二年。所谓下落不明，是指自然人持续不间断地没有音讯的状态。(2)利害关系人向人民法院申请。申请宣告失踪的利害关系人，包括被申请宣告失踪人的配偶、父母、子女、兄弟姐妹、祖父母、外祖父母、孙子女、外孙子女以及其他与被申请人有民事权利义务关系的人。(3)由人民法院依据法定程序进行宣告。依照《民事诉讼法》的规定，人民法院审理宣告失踪案件，适用特别程序。

文书范本 **08 宣告失踪申请书**

宣告失踪申请书

申请人：________，男/女，________年____月____日出生，____族，系____________（写明工作单位及职务或者职业），现住在______________（具体到门牌号）。联系方式：__________。

法定代理人/指定代理人：____。

委托诉讼代理人：____。

（以上写明申请人和其他诉讼参加人的姓名或者名称等基本信息）

请求事项：

1. 宣告________失踪；

2. 指定________为失踪人________的财产代管人。

事实和理由：

下落不明人________,男/女,________年____月____日出生,____族,系________________(写明工作单位及职务或者职业),曾住在________________(具体到门牌号)。申请人________与下落不明人________系________关系。因____________(写明下落不明的事实、时间),至今已下落不明满二年。

此致

________人民法院

附:关于__________下落不明的证明

申请人(签名或者公章)

________年____月____日

应用指引

1. 本样式根据《民事诉讼法》第一百八十三条制定,供公民下落不明满二年的,利害关系人向下落不明人住所地基层人民法院申请宣告失踪用。

2. 申请书应当写明下落不明的事实、时间和请求,并附有公安机关或者其他有关机关关于该公民下落不明的书面证明。

关联法规

《民事诉讼法》(2017.6.27 修正)

第一百八十三条 公民下落不明满二年,利害关系人申请宣告其失踪的,向下落不明人住所地基层人民法院提出。

申请书应当写明失踪的事实、时间和请求,并附有公安机关或者其他有关机关关于该公民下落不明的书面证明。

第四十一条 【下落不明的时间计算】自然人下落不明的时间从其失去音讯之日起计算。战争期间下落不明的,下落不明的时间自战争结束之日或者有关机关确定的下落不明之日起计算。

条文注解

需要说明的是,本条关于下落不明的时间如何计算的规定,虽然规定在第四十条宣告失踪的条件之后,但不仅适用于宣告失踪的情形,也适用于宣告死亡的情形,这是立法的本意。

关联法规

《民事诉讼法》(2017.6.27 修正)

第一百八十五条　人民法院受理宣告失踪、宣告死亡案件后，应当发出寻找下落不明人的公告。宣告失踪的公告期间为三个月，宣告死亡的公告期间为一年。因意外事故下落不明，经有关机关证明该公民不可能生存的，宣告死亡的公告期间为三个月。

公告期间届满，人民法院应当根据被宣告失踪、宣告死亡的事实是否得到确认，作出宣告失踪、宣告死亡的判决或者驳回申请的判决。

《最高人民法院关于贯彻执行〈中华人民共和国民法通则〉若干问题的意见(试行)》(1988.4.2)

24. 申请宣告失踪的利害关系人，包括被申请宣告失踪人的配偶、父母、子女、兄弟姐妹、祖父母、外祖父母、孙子女、外孙子女以及其他与被申请人有民事权利义务关系的人。

28. 民法通则第二十条第一款、第二十三条第一款第一项中的下落不明的起算时间，从公民音讯消失之次日起算。

宣告失踪的案件，由被宣告失踪人住所地的基层人民法院管辖。住所地与居住地不一致的，由最后居住地基层人民法院管辖。

第四十二条　【失踪人的财产代管人】失踪人的财产由其配偶、成年子女、父母或者其他愿意担任财产代管人的人代管。

代管有争议，没有前款规定的人，或者前款规定的人无代管能力的，由人民法院指定的人代管。

第四十三条　【财产代管人职责】财产代管人应当妥善管理失踪人的财产，维护其财产权益。

失踪人所欠税款、债务和应付的其他费用，由财产代管人从失踪人的财产中支付。

财产代管人因故意或者重大过失造成失踪人财产损失的，应当承担赔偿责任。

第四十四条　【财产代管人变更】财产代管人不履行代管职责、侵害失踪人财产权益或者丧失代管能力的，失踪人的利害关系人可以向人民法院申请变更财产代管人。

财产代管人有正当理由的，可以向人民法院申请变更财产代管人。

人民法院变更财产代管人的，变更后的财产代管人有权要求原财产代管人及时移交有关财产并报告财产代管情况。

条文注解

第四十二条是关于失踪人财产代管人的规定。第四十三条是关于财产代管人职责的规定。应当注意,由于失踪人的代管人从事的是一种无偿的行为,故本条规定,只有在代管人故意或重大过失造成失踪人的财产损害时,才应当承担赔偿责任,对于一般的过失造成的损害不承担赔偿责任。存在故意或重大过失造成失踪人财产损害的情形的,在失踪人失踪期间,失踪人的利害关系人可以向人民法院请求财产代管人承担民事责任,并可以依照本法第四十四条的规定,向人民法院申请变更财产代管人。

第四十四条是关于财产代管人变更的规定。变更财产代管人需要有法定的事由。依照本条第一款的规定,如果出现财产代管人不履行代管职责、侵害失踪人财产权益或者丧失代管能力等事由,表明该财产代管人已经不再适格,则失踪人的利害关系人就可以向人民法院申请变更财产代管人。财产代管人不履行职责,既可以表现为不替失踪人行使权利,如不收取失踪人债权,也可以表现为不履行失踪人应当履行的义务,如清偿债务、缴纳税款等。侵害失踪人财产权益,可以表现为不当处分失踪人的财产,滥用代管权对失踪人的财产挥霍浪费,与他人恶意串通侵夺失踪人的财产等。财产代管人丧失了代管能力,可以表现为财产代管人丧失了行为能力。出现上述情形,明显对失踪人不利,甚至会严重侵害失踪人的财产利益。因此,本条规定这时失踪人的利害关系人可以向人民法院申请变更财产代管人。这里的利害关系人既包括失踪人的近亲属,也包括其他利害关系人,如失踪人的债权人。

文书范本 ▶▶ 09 变更失踪人财产代管人申请书

变更失踪人财产代管人申请书

申请人:________,男/女,________年____月____日出生,____族,系________(写明工作单位和职务或者职业),现住______________(具体到门牌号)。联系方式:______________。

法定代理人/指定代理人:______________________________。

委托诉讼代理人:______________________________。

(以上写明申请人和其他诉讼参加人的姓名或者名称等基本信息)

请求事项:

1. 撤销________为失踪人________的财产代管人;

2. 指定________为失踪人________的财产代管人。

事实和理由:

________年____月____日,________人民法院作出(____)____民特____号民事判决:

一、宣告________为失踪人;二、指定________为失踪人________的财产代管人。

在判决生效后,因______________________________(写

明原财产代管人不能继续代管的事实和理由)。特申请撤销________为失踪人________的财产代管人,请法院指定________为失踪人________的财产代管人。

此致

________人民法院

附:________人民法院作出(____)____民特____号民事判决书

申请人(签名或者盖章)

________年____月____日

应用指引

1. 本样式根据《最高人民法院关于适用〈中华人民共和国民事诉讼法〉的解释》第三百四十四条第一款制定,供失踪人的财产代管人经人民法院指定后,代管人向人民法院申请变更财产代管人用。

2. 失踪人的其他利害关系人申请变更代管的,人民法院应当告知其以原指定的代管人为被告起诉,并按普通程序进行审理。

关联法规

《最高人民法院关于贯彻执行〈中华人民共和国民法通则〉若干问题的意见(试行)》(1988.4.2)

30. 人民法院指定失踪人的财产代管人,应当根据有利于保护失踪人财产的原则指定。没有民法通则第二十一条规定的代管人,或者他们无能力作代管人,或者不宜作代管人的,人民法院可以指定公民或者有关组织为失踪人的财产代管人。

无民事行为能力人、限制民事行为能力人失踪的,其监护人即为财产代管人。

32. 失踪人的财产代管人拒绝支付失踪人所欠的税款、债务和其他费用,债权人提起诉讼的,人民法院应当将代管人列为被告。

失踪人的财产代管人向失踪人的债务人要求偿还债务的,可以作为原告提起诉讼。

35. 失踪人的财产代管人以无力履行代管职责,申请变更代管人的,人民法院比照特别程序进行审理。

失踪人的财产代管人不履行代管职责或者侵犯失踪人财产权益的,失踪人的利害关系人可以向人民法院请求财产代管人承担民事责任。如果同时申请人民法院变更财产代管人的,变更之诉比照特别程序单独审理。

《婚姻法》(2001.4.28 修正)

第三十二条第四款 一方被宣告失踪,另一方提出离婚诉讼的,应准予离婚。

第四十五条　【失踪宣告撤销】失踪人重新出现，经本人或者利害关系人申请，人民法院应当撤销失踪宣告。

失踪人重新出现，有权要求财产代管人及时移交有关财产并报告财产代管情况。

条文注解

本条是关于失踪宣告撤销的规定。其包括以下四个层次：(1)失踪人重新出现。自然人因失去音讯下落不明而被宣告失踪，自然失踪宣告的撤销就要以这种状态的消除为条件。(2)经本人或者利害关系人申请。这里利害关系人的范围应当与申请宣告失踪的利害关系人范围一致，包括被申请宣告失踪人的配偶、父母、子女、兄弟姐妹、祖父母、外祖父母、孙子女、外孙子女以及其他与失踪人有民事权利义务关系的人。(3)撤销失踪宣告应当由人民法院作出，由申请人向下落不明人住所地基层人民法院提出。(4)失踪人重新出现后，其法律效果是原被宣告失踪的自然人本人就应当恢复对自己财产的控制，财产代管人的代管职责应当相应地结束，停止代管行为。

文书范本　10　撤销宣告失踪申请书

撤销宣告失踪申请书

申请人：________，男/女，________年____月____日出生，____族，系________(写明工作单位和职务或者职业)，现住________________(具体到门牌号)。联系方式：________________。

法定代理人/指定代理人：____。

委托诉讼代理人：____。

(以上写明申请人和其他诉讼参加人的姓名或者名称等基本信息)

请求事项：

撤销____________人民法院(______)____民特____号宣告失踪民事判决。

事实和理由：

________年____月____日，____人民法院作出(____)____民特____号民事判决，宣告________失踪。____(写明被宣告失踪人已重新出现或者确知其下落的事实)。

此致

________人民法院

附：____人民法院作出（____）____民特____号民事判决书

申请人（签名或者盖章）
________年____月____日

应用指引

1. 本样式根据《民事诉讼法》第一百八十六条制定，供被宣告失踪的公民重新出现后，本人或者利害关系人申请人民法院撤销宣告失踪判决用。

2. 申请人为利害关系人的，在申请人的姓名或者名称等基本信息的最后写明与被宣告失踪人的关系“系×××的……”。

关联法规

《民事诉讼法》（2017.6.27修正）

第一百八十六条 被宣告失踪、宣告死亡的公民重新出现，经本人或者利害关系人申请，人民法院应当作出新判决，撤销原判决。

第四十六条 【宣告死亡的条件】自然人有下列情形之一的，利害关系人可以向人民法院申请宣告该自然人死亡：

（一）下落不明满四年；

（二）因意外事件，下落不明满二年。

因意外事件下落不明，经有关机关证明该自然人不可能生存的，申请宣告死亡不受二年时间的限制。

名词解释

宣告死亡，是自然人下落不明达到法定期限，经利害关系人申请，人民法院经过法定程序在法律上推定失踪人死亡的一项民事制度。

条文注解

依照本条规定，宣告死亡需要具备的条件是：

（1）自然人下落不明的时间要达到法定的期限。本条第二款是对第一款第二项的补充规定。依照这一规定，对于因意外事件下落不明的自然人，如果与该意外事件有关的机关证明该自然人不可能生存的，利害关系人就可以据此申请宣告该自然人死亡，而不必等到下落不明满二年。

（2）必须要由利害关系人提出申请。此处所说的利害关系人，可以参考宣告失踪制度中的利害关系人范围。总的来说,这里的利害关系人应当是与被宣告人是生存还是死亡的法律后果有利害关系的人。至于利害关系人是否有顺序上的限制,《民法总则》并没有规定利害关系人申请宣告死亡的顺序。

(3)只能由人民法院经过法定程序,宣告自然人死亡。因此要适用《民事诉讼法》关于特别程序的规定:人民法院受理宣告死亡案件后,应当发出寻找下落不明人的公告,公告期间为一年。因意外事故下落不明,经有关机关证明该公民不可能生存的,宣告死亡的公告期间为三个月。公告期间届满,人民法院应当根据被宣告死亡的事实是否得到确认,作出宣告死亡的判决或者驳回申请的判决。

文书范本 ▶▶ 11 宣告公民死亡申请书

宣告公民死亡申请书

申请人:________,男/女,________年____月____日出生,____族,系________(写明工作单位和职务或者职业),现住________________(具体到门牌号)。联系方式:________________。

法定代理人/指定代理人:____。

委托诉讼代理人:____。

(以上写明申请人和其他诉讼参加人的姓名或者名称等基本信息)

请求事项:

宣告________死亡。

事实和理由:

申请人________与下落不明人________(男/女,________年____月____日出生,____族,曾工作于________单位,任________职务。住址________________)系________________(写明双方的关系)。

____(写明下落不明人下落不明的事实、时间等)。

此致

________人民法院

附:____________关于______下落不明的证明

申请人(签名或者公章)

________年____月____日

应用指引

1. 本样式根据《民事诉讼法》第一百八十四条制定，供公民下落不明满四年；或者因意外事故下落不明满二年；或者因意外事故下落不明，经有关机关证明该公民不可能生存，利害关系人向下落不明人住所地基层人民法院申请宣告死亡用。

2. 申请书应当写明下落不明的事实、时间和请求，并附有公安机关或者其他有关机关关于该公民下落不明的书面证明。

3. 因意外事故下落不明，经有关机关证明该公民不可能生存的，应附有关机关关于该公民不可能生存的书面证明。

关联法规

《民事诉讼法》(2017.6.27 修正)

第一百八十四条 公民下落不明满四年，或者因意外事故下落不明满二年，或者因意外事故下落不明，经有关机关证明该公民不可能生存，利害关系人申请宣告其死亡的，向下落不明人住所地基层人民法院提出。

申请书应当写明下落不明的事实、时间和请求，并附有公安机关或者其他有关机关关于该公民下落不明的书面证明。

第一百八十五条 人民法院受理宣告失踪、宣告死亡案件后，应当发出寻找下落不明人的公告。宣告失踪的公告期间为三个月，宣告死亡的公告期间为一年。因意外事故下落不明，经有关机关证明该公民不可能生存的，宣告死亡的公告期间为三个月。

公告期间届满，人民法院应当根据被宣告失踪、宣告死亡的事实是否得到确认，作出宣告失踪、宣告死亡的判决或者驳回申请的判决。

第四十七条 【宣告死亡和宣告失踪的关系】对同一自然人，有的利害关系人申请宣告死亡，有的利害关系人申请宣告失踪，符合本法规定的宣告死亡条件的，人民法院应当宣告死亡。

条文注解

宣告死亡和宣告失踪都是基于自然人下落不明，为了维护社会经济关系的稳定而设立的法律制度，二者都以被宣告人下落不明达到一段法定期间为前提，都需要利害关系人提出宣告申请，并且都由人民法院作出宣告的判决。但是，宣告死亡与宣告失踪在法律后果上又存在明显差异。一般来说，宣告死亡与自然死亡的法律效力相同，不但影响被宣告人财产的处分，而且也影响与其相关的身份关系，如夫妻关系与父母子女关系，同时，其遗产继承开始，其遗嘱也发生效力；宣告失踪的法律后果是为其设定财产代管人，只发生财产方面的影响而不会影响到身份关系。值得注意的是，宣告死亡并不以宣告失踪为前提。

第四十八条　【宣告死亡日期的确定】被宣告死亡的人，人民法院宣告死亡的判决作出之日视为其死亡的日期；因意外事件下落不明宣告死亡的，意外事件发生之日视为其死亡的日期。

第四十九条　【被宣告死亡期间的民事法律行为效力】自然人被宣告死亡但是并未死亡的，不影响该自然人在被宣告死亡期间实施的民事法律行为的效力。

条文注解

本条是关于被宣告死亡但并未死亡的自然人实施的民事法律行为效力的规定。自然人被宣告死亡从本质上讲是一种拟制的死亡，有可能本人并没有自然死亡或者说真正死亡。这个被宣告死亡但并未真正死亡的自然人，可能在被宣告死亡期间还在从事民事活动，包括吃穿住行等各种活动。如果因为他已经被宣告死亡了，就不承认他所从事的民事法律行为的效力，无疑是不合情理的，也不利于维护交易安全和社会经济秩序。因此，本条规定，自然人被宣告死亡但是并未死亡的，不影响该自然人在被宣告死亡期间实施的民事法律行为的效力。

第五十条　【撤销死亡宣告】被宣告死亡的人重新出现，经本人或者利害关系人申请，人民法院应当撤销死亡宣告。

条文注解

第五十条是关于撤销死亡宣告的规定。《民事诉讼法》规定，被宣告死亡的公民重新出现，经本人或者利害关系人申请，人民法院应当作出新判决，撤销原判决。宣告死亡是人民法院经过法定程序作出的，具有宣示性和公信力，会发生相应的法律后果。即使被宣告人事实上没有死亡，也不能在重新出现后当然使得与其相关的民事法律关系回复到原来的状态，而必须经本人或者利害关系人申请，同样由人民法院通过法定程序，作出新判决，撤销原判决。

文书范本 ▶▶ 12 申请撤销宣告死亡申请书

申请撤销宣告死亡申请书

申请人：________，男/女，________年____月____日出生，____族，系______________(写明工作单位和职务或者职业)，现住________________(具体到门牌号)。联系方式：________________。

法定代理人/指定代理人：____。

委托诉讼代理人：____。

(以上写明申请人和其他诉讼参加人的姓名或者名称等基本信息)

请求事项：

撤销________人民法院(____)____民特____号宣告死亡民事判决。

事实和理由：

________年____月____日，____人民法院作出(____)____民特____号民事判决，宣告________死亡。____(写明被宣告死亡人已重新出现或者确知其下落的事实)。

此致

________人民法院

附：____人民法院(____)____民特____号民事判决书

申请人(签名或者盖章)

________年____月____日

应用指引

1. 本样式根据《民事诉讼法》第一百八十六条制定，供被宣告死亡的公民重新出现后，本人或者利害关系人申请人民法院撤销宣告死亡判决用。

2. 申请人为利害关系人的，在申请人的姓名或者名称等基本信息的最后写明与被宣告死亡人的关系“系×××的……”。

关联法规 ▶▶

《民事诉讼法》(2017.6.27 修正)

第一百八十六条 被宣告失踪、宣告死亡的公民重新出现，经本人或者利害关系人申请，人民法院应当作出新判决，撤销原判决。

第五十一条 【宣告死亡、撤销死亡宣告对婚姻关系法律效果】被宣告死亡的人的婚姻关系，自死亡宣告之日起消灭。死亡宣告被撤销的，婚姻关系自撤销死亡宣告之日起自行恢复，但是其配偶再婚或者向婚姻登记机关书面声明不愿意恢复的除外。

第五十二条 【撤销死亡宣告后收养关系的处理】被宣告死亡的人在被宣告死亡期间，其子女被他人依法收养的，在死亡宣告被撤销后，不得以未经本人同意为由主张收养关系无效。

条文注解

以上两条规定了死亡宣告被撤销对人身关系的影响，包括婚姻关系与收养关系。

自然人被宣告死亡后，发生与自然死亡相同的法律后果，其与配偶的婚姻关系自死亡宣告之日起归于消灭，配偶重新取得再婚的自由。死亡宣告被撤销的，若其配偶没有再婚，则婚姻关系自撤销死亡宣告之日起原则上自行恢复。但是为了保护已经形成的新婚姻关系以及当事人的婚姻自主权，《民法总则》规定了两种婚姻关系不能自行恢复的情形。一是其配偶再婚，包括其配偶再婚后又离婚或者再婚后配偶又死亡的情形，不得认定夫妻关系自行恢复。二是一方向婚姻登记机关书面声明不愿意恢复，该情形为《民法总则》所新增，主要是考虑到双方失去联系至少超过了 4 年，若强行要求双方婚姻关系自行恢复，不仅不利于保护当事人的婚姻自主权，也不利于维护已经形成的新的社会关系，因此法律允许当事人通过向婚姻登记机关书面声明不愿意恢复的方式来保留其再婚的自由。

自然人被宣告死亡后，其与子女之间的法律关系归于消灭。此时，其配偶在符合法律规定的情形下，可以将该子女通过签订收养协议等方式送于他人抚养。根据《收养法》的规定，自收养关系成立之日起，养父母与养子女间的权利义务关系，适用法律关于父母子女关系的规定；养子女与生父母及其他近亲属间的权利义务关系，因收养关系的成立而消除。即使自然人的死亡宣告被撤销，不得以未经本人同意为由主张收养关系无效，以保护已经形成的合法收养关系。当然，收养人和被收养人均同意解除收养的除外。

关联法规

《最高人民法院关于贯彻执行〈中华人民共和国民法通则〉若干问题的意见（试行）》（1988.4.2）

38. 被宣告死亡的人在被宣告死亡期间，其子女被他人依法收养，被宣告死亡的人在死亡宣告被撤销后,仅以未经本人同意而主张收养关系无效的,一般不应准许,但收养人和被收养人同意的除外。

第五十三条 【撤销死亡宣告后返还财产】被撤销死亡宣告的人有权请求依照继承法取得其财产的民事主体返还财产。无法返还的,应当给予适当补偿。

利害关系人隐瞒真实情况,致使他人被宣告死亡取得其财产的,除应当返还财产外,还应当对由此造成的损失承担赔偿责任。

条文注解

本条是关于撤销死亡宣告后财产返还的规定。宣告死亡是依法推定公民死亡,而撤销死亡的宣告否定了自然人已经死亡这一法律推定,本条主要规定了关于财产方面的法律后果。因自然人被宣告死亡后,其财产根据《继承法》的规定进行分配。死亡宣告被撤销的,当事人基于《继承法》分得的遗产丧失法律上的原因,构成不当得利,依法应当返还。无法返还的,应当给予适当补偿。如果利害关系人隐瞒真实情况,致使他人被宣告死亡而取得其财产的,除应返还财产外,还应对由此造成的损失予以赔偿。

关联法规

《最高人民法院关于贯彻执行〈中华人民共和国民法通则〉若干问题的意见(试行)》(1988.4.2)

39. 利害关系人隐瞒真实情况使他人被宣告死亡而取得其财产的,除应返还原物及孳息外,还应对造成的损失予以赔偿。

40. 被撤销死亡宣告的人请求返还财产,其原物已被第三人合法取得的,第三人可不予返还。但依继承法取得原物的公民或者组织,应当返还原物或者给予适当补偿。

第四节 个体工商户和农村承包经营户

第五十四条 【个体工商户】自然人从事工商业经营,经依法登记,为个体工商户。个体工商户可以起字号。

名词解释

个体工商户,是自然人以个人或家庭财产为经营资本,依法经核准登记,在法律允许的范围内从事工商业经营的一种特殊民事主体。

条文注解

有经营能力的自然人,经工商行政管理部门登记,领取个体工商户营业执照,从事工商业经营的,可以成为个体工商户。《个体工商户条例》和《个体工商户管理办法》对此作了具体规定。对个体工商户从事"工商业经营"的范围应当从广义上理解。只要是不属于法律、行政法规禁止进入的行业,个体工商户均可进入并开展经营活动。实践中个体工商户从事经营的领域主要有:批发和零售业,住宿和餐饮业,居民服务、修理和其他服务业,制造业,农、林、牧、渔业,交通运输、仓储和邮政业,租赁和商务服务业,信息传输、软件和信息技术服务业,文化、体育和娱乐业,科学研究和技术服务业,建筑业,卫生和社会工作业,房地产业,教育业,采矿业,电力、热力、燃气及水生产和供应业,水利、环境和公共设施管理业,金融业等行业。

文书范本 **13 个体工商户设立登记申请书**

个体工商户设立登记申请书

个体工商户名称:____________

经营者姓名:______________

敬　　告

1. 申请人在签署文件和填表前,应当阅读《个体工商户条例》《个体工商户管理办法》,并确知其享有的权利和应承担的义务。

2. 申请人提交的文件、证件应当是原件,确有特殊情况只能提交复印件的,应当在复印件上注明与原件一致,并由经营者签字。

3. 提交的申请文件、证件应当使用A4纸。

4. 填写申请书应字迹工整,不得涂改,应使用蓝黑或黑色墨水。

________工商行政管理局

个体工商户设立登记应提交文件材料目录及相关说明

一、个体工商户设立登记应提交文件材料目录

1. 申请人签署的《个体工商户设立登记申请书》;

2. 申请人身份证明;

3. 经营场所证明;

4. 国家法律、法规规定提交的其他文件。

法律、行政法规规定须报经有关部门审批的业务的有关批准文件。

二、说明

1. 申请人是指拟投资设立个体工商户的自然人。申请人委托代理人的，应提交申请人的委托书和代理人的身份证明或资格证明。

2. 申请人提交的文件、证明应当是原件，不能提交原件的，其复制件应当由登记机关核对。

3. 申请人应当使用黑色钢笔、签字笔认真填写表格或签字。

4. 申请人身份证明是指申请人的居民身份证或户籍证明。

5. 经营场所证明：申请人自有经营场所的，应提交房管部门出具的产权证明；租用他人的场所，应当提交租赁协议和房管部门的产权证明。以上没有房管部门产权证明的，提交其他产权证明。在农村，没有房管部门颁发的产权证明的，可提交村委会出具的证明。

6. 申请人在填写个体工商户设立登记申请书中“组成形式”栏时，选择个人经营的，在“个人经营”一栏内画“√”。选择家庭经营的，家庭成员应当在“家庭经营”一栏内签字。

7. 领取执照人为申请人。

个体工商户登记注册委托书

________工商行政管理局：

现委托________向你局申请办理________登记注册手续。

委托人签章：　　　　　　　　受托人签章：

受托人身份证复印件 粘 贴 处

________年____月____日

个体工商户设立登记申请表

一、申请人基本情况

姓名		文化程度		政治面貌		照片 粘贴处
通讯地址				邮政编码		
申请前职业状况				联系电话		

身份证复印件粘贴处

二、申请登记项目

字号名称			
备用字号	1.　　　　2.		
经营场所			
资金数额	万元	从业人数	
经营范围及方式			
组成形式	个人经营(　)　　家庭经营(　)		

申请人签字:　　　　　　　　　　________年____月____日

注册号__________

个体工商户设立登记审核表

(工商行政部门填写)

字号名称			
经营场所			
经营者姓名		资金数额	万元
组成形式		从业人员	

续表

经营范围及方式			
执照有效期	自________年____月____日至________年____月____日		
所属行业		行业代码	
受理审查意见	经审查,材料齐全,予以受理。 签字:　　　　　　　　________年____月____日		
核准意见	准予设立登记。 签字:　　　　　　　　________年____月____日		

核发《营业执照》及归档情况

发照签字		发照日期	年　月　日
领执照情况	本人领取了执照正本一份,副本____份。 签字:　　　　　　　　________年____月____日		
登记费交纳情况	发票粘贴		

续表

归档情况	________年____月____日
备注	

应用指引

个体工商户设立登记申请书,是公民申请个体工商经营登记所使用的法律文书。

个体工商户的法律特征是:(1)个体工商户须依法经核准登记。个体工商户虽然是公民的一种特殊形式,但是并非任何一个公民都当然可以成为个体工商户的。公民要从事工商业经营、成为个体工商户,必须依照工商管理的有关规定,依法经核准登记。(2)个体工商户可以在核准登记的范围内从事工商业经营。公民的一般民事权利能力,并不包括进行工商经营。公民经核准登记成为个体工商户后,就取得了在核准登记的范围内经营工商业的特殊民事权利能力,但不得超出此范围。(3)个体工商户可以起字号,并因此而享有对该字号的名称权。

个体工商户在登记机关核准的经营范围内,依法从事生产经营活动。凡是以个人财产作为经营资本的个体工商户,则以个人全部财产承担民事责任;凡是以家庭财产作为经营资本的,则以家庭的全部财产依法承担民事责任。个体工商户的合法权益受法律保护。

填写本申请书时应当注意的问题是:申请人应如实填写申请的内容,不得弄虚作假;对经营方式要明确是个人经营还是以家庭为单位的家庭经营;申请人对提供的各种证件、文件、资料的真实性负责。

文书范本 14 个体工商户变更登记申请书

个体工商户变更登记申请书

字号名称:________

注册号:________

敬　告

1. 申请人在填写本申请书前,可参考《个体工商户登记注册分类指南》及《申请表格(文书)示范文本》,以上文件可到各监管所领取。

2. 申请人应当使用黑色钢笔、签字笔或毛笔工整填写有关内容和签名,除签名须由本人签署外,其他内容可以打印。

3. 申请人提交的文件、证件应当规范、清晰、洁净,提交的文件、证件应当使用A4纸。

根据国家法律、法规等有关规定,现申请变更登记,请予核准。同时承诺:所提交的文件、证件和有关附件真实、合法、有效,复印文本与原件一致,并对因提交虚假文件、证件所引发的一切后果承担相应的法律责任。

申请人签字:________

申请日期:______年____月____日

________市工商行政管理局

申请变更登记事项(申请人填写)

项　目	原登记事项 (只填写拟变更事项栏)	申请变更登记事项 (只填写变更事项栏)
字号名称		
经营者现住所		
从业人数		
资金数额	万元　人民币	万元　人民币

续表

组成形式		
经营范围		
经营方式	服务（ ）零售（ ）批发（ ）	服务（ ）零售（ ）批发（ ）
经营场所		
家庭经营成员签字		
（变更后家庭经营者身份证复印件粘贴处）		

说明：1. 申请人在填写申请书时，只填写登记事项变更的栏目，登记事项未变的不填；
2. 申请人申请变更住所或者经营场所的，应在申请书的相应栏目填写新住所或者经营场所所在市、县、乡（镇）、街道、房间门牌号码。

个体工商户申请变更登记委托书

被委托人（或被委托代理机构）：____________________

被委托人的工作单位和职务：____________________

委托事项：办理个体工商户的变更登记申请。

被委托人更正有关材料的权限：可以修改材料中可以当场更正的错误。

委托有效期限：自______年____月____日至______年____月____日。

委托人：______

______年____月____日

被委托人身份证复印件粘贴处

变更登记提交材料及说明

序号	目　　录	提交情况	
		原件	复印件
1	申请人签署的《个体工商户申请变更登记书》(本表)		
2	委托代理人申请变更的,应当提交申请人的委托书(表内填写)和代理人的身份证明或者资格证明(复印件1份,核对原件)		
3	营业执照正本和全部副本(原件1份)		
4	法律、行政法规及国务院规定需要前置审批的,提交有关部门的批准文件(原件各1份)		
具体变更登记事项还应提交的文件			
变更名称	字号查询证明(原件1份)		
变更经营范围	经营项目(范围)涉及法律、行政法规、国务院决定须报经审批的,须提交有关批准文件		
变更经营场所	1. 经营场所使用证明: (1)自有房屋的,提交房产产权证明(复印件1份,核对原件); (2)租赁房屋的,提交经房屋租赁主管机关盖章的租赁合同书(原件1份); (3)市场内登记的,提交经营者与市场主办单位签定的租赁合同(原件1份)、市场主办单位营业执照或有效登记证(复印件1份,加盖市场主办单位公章)。 2. 经营场所涉及环保、消防等部门行政审批的,须提交有关批准文件		
变更家庭成员	申请变更其家庭经营者的,应提交新家庭经营者的身份证明(复印件1份,核对原件);个体工商户的组成形式是家庭经营的,方可申请变更其家庭经营者姓名;新家庭经营者应提供户籍所在地村(居)委会或者公安部门出具的有关家庭成员证明书(原件1份)		
变更组成形式	申请变更组成形式的,应当提交家庭成员的确认文件(原件1份)		

应用指引

个体工商户变更登记申请书,是指个体工商户办理登记事项变更时所使用的法律文书。本文书中的申请人是指设立个体工商户的自然人。申请人委托代理人的,应提交申请人的委托书和代理人的身份证明或资格证明。

个体工商户改变字号名称、经营者住所、组成形式、经营范围、经营方式、经营场所等项内容,以及家庭经营的个体工商户改变家庭经营者姓名时,应当向原登记的工商行政管理机关办理变更登记。未经批准,不得擅自改变。个人经营的个体工商户改变经营者时,应当重新申请登记。

个体工商户变更登记应提交的材料:(1)变更申请表,营业执照正、副本;(2)经营项目涉及前置审批的,应提交相关部门的批准文件或许可证,如申请经营场所变更的,应当提交新经营场所证明;(3)国务院工商行政管理部门规定提交的其他文件。

申请人在书写变更登记申请材料时还应注意以下问题:(1)申请人提交的文件、证明应当是原件,不能提交原件的,其复制件应当由登记机关核对。(2)申请人应当使用钢笔、签字笔或毛笔认真填写表格或签字。(3)个体工商户的组成形式是家庭经营的,方可申请变更经营者姓名。新经营者应为个体工商户的家庭成员。申请变更经营者的,应提交新经营者的照片和身份证明。(4)申请变更组成形式的,应当提交家庭成员的确认文件。(5)经营场所证明:申请人自有经营场所的,应提交房管部门出具的产权证明;租用他人的场所,应当提交租赁协议和房管部门的产权证明。在农村,没有房管部门颁发的产权证明的,可提交村委会出具的证明。(6)申请变更的登记事项涉及营业执照内容的,应当提交营业执照正、副本。(7)申请人在填写申请书时,只填写登记事项变更的栏目,登记事项未变的不填。(8)申请人申请变更住所或者经营场所的,应在申请书的相应栏目填写新住所或者经营场所所在市、县、乡(镇)及村、街道门牌号码。

文书范本 ▶▶ 15 个体工商户注销登记申请书

个体工商户注销登记申请书

营业执照注册号:________________

字号名称:____________________

经营者签名:__________________

联系电话:____________________

申请日期:________年____月____日

敬　　告

1. 在签署文件和填表前，申请人应当阅读《个体工商户条例》《个体工商户管理办法》，并确知其享有的权利和应承担的义务。

2. 申请人无需保证，即应对其提交文(证)件的真实性、有效性和合法性承担责任。

3. 申请人提交的文(证)件应当是原件，确有特殊情况不能提交原件的，应出示原件，提交复印件。

4. 申请人提交的文(证)件应当使用十六开纸。

5. 申请人应当使用钢笔、毛笔或签字笔工整地填写表格或签字。

________市工商行政管理局制

一、申请情况(申请人填写)

经营者姓名	
组成形式	
经营场所	
经营范围及方式	
注销原因	
债权债务清偿情况： 经营者签名： 年　月　日	

二、收缴营业执照及印章情况

收缴营业执照情况	交执照人签字： 年　月　日	收执照人签字： 年　月　日

续表

收缴印章情况	交印章人签字： 年　月　日	收印章人签字： 年　月　日 毁印章人签字： 年　月　日

注：个体工商户未刻印章的，收缴印章情况栏写“无”并签名。

应用指引

个体工商户注销登记申请书，是指个体工商户办理注销登记时所使用的法律文书。

个体工商户注销登记，是指个体工商户停业或者因其他原因终止其生产经营活动，向登记主管机关申请注销，登记主管机关对已核准登记的个体工商户予以注销并收回营业执照的登记行为。办理完注销登记后，意味着个体工商户的法律主体的消灭，个体工商户不能再以自己的名义从事任何经营活动。

关联法规

《最高人民法院关于适用〈中华人民共和国民事诉讼法〉的解释》(2015.1.30)

第五十九条　在诉讼中，个体工商户以营业执照上登记的经营者为当事人。有字号的，以营业执照上登记的字号为当事人，但应同时注明该字号经营者的基本信息。

营业执照上登记的经营者与实际经营者不一致的，以登记的经营者和实际经营者为共同诉讼人。

《个体工商户条例》(2016.2.6修订)

第八条　申请登记为个体工商户，应当向经营场所所在地登记机关申请注册登记。申请人应当提交登记申请书、身份证明和经营场所证明。

个体工商户登记事项包括经营者姓名和住所、组成形式、经营范围、经营场所。个体工商户使用名称的，名称作为登记事项。

第五十五条　【农村承包经营户】农村集体经济组织的成员，依法取得农村土地承包经营权，从事家庭承包经营的，为农村承包经营户。

名词解释

农村承包经营户，是通过与集体组织签订农业承包合同，取得集体所有的或国家所有由集体使用的土地、山岭、果园及其他生产资料的承包经营权的农村集体经济组织的成员户。

条文注解

实行家庭承包经营为基础、统分结合的双层经营体制，是《宪法》确立的我国农村集体经济组织的一项基本制度。长期稳定并不断完善以家庭承包经营为基础、统分结合的双层经营体制，是党在农村的一项基本政策。农村改革后，农村集体经济组织普遍实行了以家庭承包经营为基础、统分结合的双层经营体制，这种双层经营体制成为农村集体经济主要和有效的实现形式。《物权法》将土地承包经营权确立为用益物权，土地承包经营权人依法对其承包经营的耕地、林地、草地等享有占有、使用和收益的权利，有权从事种植业、林业、畜牧业等农业生产。

根据《农村土地承包法》的规定，农村土地承包采取农村集体经济组织内部的家庭承包方式，不宜采取家庭承包方式的荒山、荒沟、荒丘、荒滩等农村土地，可以采取招标、拍卖、公开协商等方式承包。可见，农村土地承包经营包括两种承包方式，即家庭承包和以招标、拍卖、公开协商等其他方式的承包。农村土地承包一般采取农村集体经济组织内部的家庭承包方式。家庭承包方式是指，以农村集体经济组织的每一个农户家庭全体成员为一个生产经营单位，作为承包人与发包人建立承包关系，承包耕地、林地、草地等用于农业的土地。家庭承包中的承包人是农村集体经济组织的农户。发包人将土地发包给农户经营时，是按照每户所有成员的人数来确定承包土地的份额，也就是通常所说的“按户承包，按人分地”，也叫“人人有份”的家庭承包。由于每个集体经济组织成员在本集体经济组织中均享有成员权，也由于农村土地是农民的基本生产资料，是他们的基本生活保障，因此，每个农村集体经济组织的成员，在农村土地发包时，不论年长年幼、是男是女都享有土地承包权。凡是本集体经济组织的成员，对于农村土地应当人人有份，尤其是耕地、林地、草地，都应当依法实行家庭承包。

可以说，人人有份的家庭承包是农村经营体制的一个层次，是给广大农民提供生活保障的一项制度。承包经营权是一项法定权利，集体经济组织成员均享有这一权利。这种承包经营权，以户为生产经营单位，与一般的自然人个人作为民事主体有所区别，但又不同于非法人组织这类民事主体。而其他方式承包中的经营主体，要么属于自然人个人经营，要么属于企业经营；承包经营权的取得依市场规则，抑或引入竞争机制，属于市场交易活动。这类主体属于一般意义上的民事主体，而不是特殊意义上的民事主体。由此说来，本条所指的农村承包经营户，主要是农村集体经济组织内部成员，是依人人有份家庭承包方式取得农村土地承包经营权的农户。

文书范本 16 农村土地承包经营合同

农村土地承包经营合同

甲方:________县________乡________村________组

乙方:承包户主________

为了实施农村土地承包经营制,充分调动农民的生产积极性,明确甲乙双方的权利义务,根据《中华人民共和国农村土地承包法》的规定,经村民大会讨论同意和甲乙双方充分协商,特订立本合同,以便双方共同遵守。

第一条 承包土地的面积、地点、等级

甲方将________亩土地(田)发包给乙方,该土地位于________,东至________,西至________,南至________,北至________。其中,一等地____亩,二等地____亩,三等地____亩,四等地____亩,……承包土地的所有权属于集体,乙方只有土地使用权,不得买卖、出租、荒芜,不准转作宅基地和构筑其他建筑物。

第二条 承包期限

承包时间共____年,自________年____月____日起至________年____月____日止。

第三条 乙方的权利义务

1. 乙方有权获得国家下拨用于发展农业生产的化肥、农药、良种、贷款指标和其他农业物资。

2. 乙方必须完成上级下达的种植计划,在完成种植计划的前提下,可以自己决定种植经营。

3. 乙方经甲方同意,可以自找对象转包土地,可以与转承包户协商,平价购买生活用粮。

4. 乙方如遇生(不能违背计划生育规定)、死、嫁、娶,承包土地一般不变动,但必须按规定调整所承担的义务。乙方如因劳动力减少无法继续承包土地又无人愿转承包时,可向甲方提出退回承包土地的一部或全部,由甲方另行统一安排。乙方对国家、集体承担的义务相应减少或免除。

5. 乙方有责任保护承包土地上的林木、排灌、通电等国家或集体设施。

第四条 甲方的权利义务

1. 甲方有权监督乙方完成国家下达的种植计划、统购任务和纳税任务,有权敦促乙方完成对集体的义务。

2. 国家按计划分配用于农业生产的化肥、农药、良种、贷款指标和其他农用物资，甲方应及时按承包土地的数量和等级分配给乙方。

3. 甲方应定期公布集体财务账目和公积金、公益金、管理费的使用情况，必须接受乙方的监督检查。

第五条 违约责任

1. 乙方如不按时履行对国家和集体的事务，除应继续履行外，还应按迟延项目价值的____%，向甲方偿付违约金。乙方如仍然拒不履行义务的，甲方除可请求有关部门处理外，有权收回乙方承包的土地。

2. 乙方如荒芜承包的土地，除应履行对国家、集体的一切义务外，甲方有权收回土地。乙方如果擅自出卖和租让承包的土地，甲方可宣布买卖与租让关系无效，并可收回土地。乙方如果在承包的土地上建房，甲方有权责令乙方拆除。乙方如果毁坏承包土地上的树木和集体设施，应照价（毁坏树木折价）赔偿。

3. 甲方如不及时拨给乙方国家分配的化肥、农药、良种、贷款指标和其他农用物资，应按其价值的____%，向乙方偿付违约金，并应如数补发所欠物资。

第六条 不可抗力

乙方如因不可抗力的自然灾害，造成承包土地内农作物的减产或绝产，经调查核实后，可根据实际情况减少或免除乙方对国家或集体的义务。

第七条 其他____________________

本合同从承包期开始之日起生效。承包期内，承包户主如去世，其家庭成员有承包继承权。本合同不因甲方代表人的变更而变更。合同执行期间，任何一方不得擅自变更或解除合同；合同如有未尽事宜，应由甲乙双方共同协商，作出补充规定。补充规定与本合同具有同等效力。

本合同正本一式二份，甲乙双方各执一份；合同副本一式____份，送村委会留存一份。（如经公证或鉴证，还应送公证或鉴证机关留存一份）

甲方：________县________乡________村________组（公章）

代表人：________（盖章）

乙方户主：________（盖章）

________年____月____日

附件：土地承包及负担国家、集体义务表（略）。

应用指引

农村土地承包经营合同，是发包人与承包人之间签订的有关土地承包经营权利义务的协议。根据此协议，承包人取得农村集体土地的承包经营权，并有权将此经营权转让、出租和转包。承包人转让、出租土地承包经营权或者转包的，应当与受让方、承租方和转承包方签订相应的合同。

土地承包经营权是反映我国经济体制改革中农村承包经营关系的新型物权。农村土地承包经营权，就是承包人（个人或单位）因从事种植业、林业、畜牧业、渔业生产或其他生产经营项目而承包使用、收益集体所有或国家所有的土地或森林、山岭、草原、荒地、滩涂、水面的权利。现行的《农村土地承包法》对此作了更为完善的规范并增强了可操作性。

农村承包经营的原则是农村土地承包坚持公开、公平、公正的原则，正确处理国家、集体、个人三者的利益关系。农村土地的范围是农村集体所有和国家所有依法由农民使用的土地，包括耕地、林地、草地以及其他依法用于农业的土地。

农村经营承包合同当事人的基本权利包括：

（1）发包方权利和义务：发包方的权利包括发包的权利、监督的权利、处理的权利、法律行政法规规定的其他权利。发包方的义务包括维护承包方的土地经营权、尊重承包方的生产经营自主权、为承包方提供必要的服务、组织农业基础设施建设。

（2）承包方的权利义务：承包方的权利包括土地承包经营，土地承包经营的流转，承包地被征用、占有时依法获得补偿的权利，法律行政法规规定的其他权利。承包方的义务包括维持土地的农业用途、保护和合理利用土地以及法律行政法规规定的其他义务。

农村土地承包的承包期，我国《农村土地承包法》规定：耕地的承包期限为 30 年；草地的承包期限为 30～50 年；林地的承包期限为 30～70 年，特殊林木的林地承包期，经国务院林业行政主管部门批准可以延长。承包期间，发包方不得收回土地，但需要注意以下两种变化情况：一是承包期间，承包方全家迁入小城镇落户的，应当按照承包方的意愿，保留其土地承包经营权或允许其依法进行土地承包经营权流转；二是承包期间，承包方全家迁入设区的市，转为非农业户口的，应当将承包的耕地和草地交回发包方。承包期内，发包方不得调整承包地。

签订土地承包经营合同应当遵循的原则包括：一是平等协商、自愿、有偿，任何组织和个人不得强迫；二是不得改变土地所有权的性质和土地的农业用途；三是承包期限不得超过法定期限。

文书范本 ▶▶ 17 农村土地承包经营权转让合同

农村土地承包经营权转让合同

[　　]土让字第____号

转让方(以下简称甲方):________

受让方(以下简称乙方):________

甲乙双方按照《中华人民共和国农村土地承包法》等有关法律法规和国家有关政策的规定,本着依法、自愿、有偿的原则,就农村土地承包经营权转让事宜协商一致,订立本合同。

一、转让标的

甲方将其承包经营的位于________乡(镇)________村________组________地块____亩土地的承包经营权转让给乙方从事________生产经营。

二、转让期限

转让的土地承包经营权年限为____年,即自________年____月____日起至________年____月____日止。

三、转让价格

转让的土地承包经营权的总价格为人民币________元。甲方承包经营相关地块时对该地块实际投入资金和人力改造的,可收取合理的补偿金。本合同的补偿金为________元。

四、支付方式和时间

乙方采取下列第____种方式和时间支付转让金和补偿金:

1. 乙方采用现金方式支付转让金和补偿金,支付的时间为________年____月____日。

2. 乙方采用实物方式支付转让金和补偿金,实物名称为________,数量为________公斤,交付时间为________年____月____日。

五、土地承包经营权的交付时间和方式

甲方于________年____月____日将转让承包经营权的土地交付乙方,交付方式为____________。

六、承包经营权转让和使用的特别约定

1. 甲方转让土地承包经营权必须经发包方同意,并由甲方办理认可手续,在合同生效后终止与发包方的承包关系。

2. 甲方交付的承包经营土地必须符合双方约定的标准。

3. 乙方依约获得土地承包经营权后必须与发包方确立新的承包关系。具体手续由乙方负责办理。

4. 乙方获得土地承包经营权后，依法享有该土地的使用、收益、经营决策和产品处置权。

5. 乙方必须按土地亩数承担农业税费和国家政策规定的其他义务。

6. 乙方必须管好用好承包土地、保护地力，不得掠夺性经营，并负责保护好承包土地上的林木、排灌设施等国家和集体财产。

7. 乙方不得改变土地的农业用途。

8. 其他约定。

七、违约责任

1. 甲乙双方在合同生效后应本着诚信的原则严格履行合同义务。如一方当事人违约，应向守约一方支付违约金。违约金的数额为人民币________元。

2. 如果违约金尚不足以弥补守约方经济损失时，违约方应在违约金之外增加支付赔偿金，赔偿金的具体数额依具体损失情况确定。

八、争议条款

因本合同的订立、效力、履行、变更及终止等发生争议时，甲乙双方应协商解决，协商不成的按下列第____种方式解决：

1. 提请村民委员会、乡（镇）人民政府、农业承包合同管理机关调解；

2. 提请________仲裁委员会仲裁；

3. 向有管辖权的________人民法院提起诉讼。

九、生效条件

甲乙双方约定，本合同须经双方签字并经承包经营土地所在乡（镇）人民政府农村经营管理机构签证、备案后生效。

十、其他条款

本合同未尽事宜，可经双方协商一致签定补充协议，补充协议与本合同具有同等效力。

本转让合同一式四份，甲乙双方各一份，鉴证单位一份、土地所有权单位一份。

甲方：________（签章）　　乙方：________（签章）

身份证号：________　　身份证号：________

（法人单位的为法定代表人身份证号）

住址：____________　　住址：____________

签约日期：________年____月____日
鉴证单位：________________（签章）
鉴证日期：________年____月____日

应用指引

取得农村土地承包经营权的农户，可以将土地转让他人承包经营。农村土地承包经营权转让合同，是指农村土地承包经营权人与受让人签订的有关土地承包经营权转让权利义务的协议。根据该协议，土地承包经营权人将承包的土地经营权转让受让人，受让人支付一定的价款。

农村土地承包经营权转让需要注意的是承包期限，受让人享受的承包期限不能超过原土地承包合同的剩余期限。假定原合同的承包期是30年，现已过去5年，则转让合同的承包期限最高为25年。

文书范本 18 农村土地承包经营权转包（出租）合同

农村土地承包经营权转包（出租）合同

[　　]土租（包）字第____号

转包（出租）方（以下简称甲方）：________
接包（承租）方（以下简称乙方）：________

甲乙双方按照《中华人民共和国农村土地承包法》和《中华人民共和国合同法》及其他有关法律法规的规定，就农村土地承包经营权转让（出租）事宜协商一致，特订立本合同。

一、转包（出租）面积

甲方将其承包经营的________乡（镇）________村________组________亩土地（地名、四至、土地用途附后）转包（出租）给乙方从事____________生产经营。转包（出租）土地应符合下列标准（根据土地用途不同可约定不同标准，双方自行商议）。

二、转包（出租）期限

转包（出租）期限为____年，即自________年____月____日起至________年____月____日止。

三、转包（出租）价格

转包（出租）的土地总价格为每年人民币________元。

四、支付方式和时间

乙方采取下列第____种方式和时间支付转包(出租)费:

1. 乙方采用现金支付转包(出租)费的方式,支付时间为________年____月____日。

2. 乙方采用实物支付转包(出租)费的方式,实物名称为________,数量为________公斤,支付时间为________年____月____日。

五、交付时间

甲方于________年____月____日将转包(出租)土地交付乙方。

六、权利和义务的特别约定

1. 甲方与发包方的承包合同仍然有效。甲方作为承包方应履行的义务仍由甲方承担。但如因乙方不向甲方履行转包(出租)义务而造成甲方不能履约时,乙方应与甲方一起承担连带违约责任。

2. 甲方有权监督乙方经营土地的情况,并要求乙方按约履行合同义务。

3. 甲方有权在转包(出租)期满后收回土地承包经营权。

4. 转包(出租)期限内遇自然灾害,上级给予甲方核发的救灾款,甲方应及时如数转给乙方。如需甲方办理手续的,甲方应负责及时协助办理。

5. 乙方有权要求甲方按合同约定的标准交付转包(出租)土地并要求甲方履行其他合同义务。

6. 乙方不得改变转包(租用)土地的农业用途。

7. 乙方在不改变土地农业用途、不打乱水系、不影响第三人生产经营和流转期满后保证复垦的前提下,对转包(租用)的土地有生产经营自主权。

8. 乙方必须管好用好转包(租用)土地,增加投入以保持土地肥力,不得从事掠夺性经营。

七、合同的变更或解除

1. 国家、集体建设需要依法征用、使用转包(出租)土地的,应服从国家或集体需要。

2. 乙方在转包(出租)期限内将转包(出租)合同约定其享有的部分或全部权利转让给第三者,需经甲方和发包方同意,并签订书面补充协议。

3. 甲乙双方中任何一方要求终止合同,须提前____个月通知另一方。

八、违约责任

1. 任何一方当事人违约,应向守约方支付违约金。违约金的数额为________元。

2. 因一方违约造成对方遭受经济损失的,违约方应赔偿对方相应的经济损失。具体赔偿数额依具体损失情况确定。

九、争议条款

因本合同的订立、生效、履行、变更及终止等发生争议时,甲乙双方应协商解决,协商不成的按下列第____种方式解决:

1. 提请村民委员会、乡(镇)人民政府、农业承包合同管理机关调解;

2. 提请________仲裁委员会仲裁;

3. 向有管辖权的________人民法院提起诉讼。

十、生效条件

甲乙双方约定,本合同须经双方签字并经承包经营土地所在乡(镇)人民政府农村管理机构鉴证、备案后生效。

十一、其他条款

1. 本合同中未尽事宜,可经甲乙双方协商一致后签订补充协议,补充协议与本合同具有同等效力。

2. 本合同一式四份,甲、乙双方各执一份,发包方和鉴证单位各执一份。

甲方:________(签章)　　乙方:________(签章)

身份证号:____________　　身份证号:____________

（法人单位为法定代表人身份证号）

住址:____________　　住址:____________

签约日期:________年____月____日

鉴证单位:________________(签章)

鉴证人:____________

鉴证日期:________年____月____日

应用指引

农村土地承包经营权转包(出租)合同,是指转包人将其承包经营的土地转给他人即接包人承种,接包人支付一定价款的协议。

转包合同与转让合同不同,转让合同是将承包的土地经营权转让给他人,承包人的主体资格发生变化,由原承包人改变为新的承包人,因此转让合同通常也要经过原发包人同意或者通知原发包人。而转包合同不改变原土地承包合同主体,是原承包人雇请他人包种。因此,转包人不需要通知原发包人,更不需要原发包人同意。

文书范本 19 农村土地承包经营权互换合同

农村土地承包经营权互换合同

[　　]土换字____号

甲方:________(单位或个人名称)

乙方:________(单位或个人名称)

因__________需要,甲、乙双方就依据农村土地承包合同和《农村集体土地承包经营权证书》所取得的部分或全部地块的土地承包经营权的互换及相关事宜达成如下协议:

一、互换标的

1. 甲方调换给乙方的地块

甲方调换给乙方的地块面积为________亩,坐落于____________。乙方获得该地块的承包经营权后将用于从事________________(主营项目)生产经营。

2. 乙方调换给甲方的地块

乙方调换给甲方的地块面积为________亩,坐落于____________。甲方获得该地块的承包经营权后将用于从事________________(主营项目)生产经营。

二、互换土地期限

甲乙双方互换地块的经营期限为____年,即自________年____月____日起至________年____月____日止。

三、互换土地的权属和承包经营权

双方互换土地,在土地权属不变的前提下进行。土地互换后,甲、乙双方各自仍分别享有互换前原承包合同规定的权利,承担相应的义务。如在互换过程中发生经济补偿事项的,可在合同中明确约定。

四、交付方式和时间

互换土地的交付方式为______________________________________。

交付时间为____。

五、违约责任

1. 甲乙双方在合同生效后应本着诚信的原则严格履行合同义务。如一方当事人违约,应向守约一方支付违约金。违约金的数额为______。

2. 如果违约金尚不足以弥补守约方经济损失时,违约方应在违约金之外增加支付赔偿金,赔偿金的具体数额依据具体损失情况确定。

六、争议条款

因本合同的订立、生效、履行、变更及终止等发生争议时，甲乙双方应协商解决，协商不成的按下列第____种方式解决：

1. 提请村民委员会、乡(镇)人民政府、农业承包合同管理机关调解；

2. 提请______仲裁委员会仲裁；

3. 向有管辖权的______人民法院提起诉讼。

七、生效条款

甲乙双方约定，本合同须经双方签字并经互换土地所在乡(镇)人民政府农村经营管理机构鉴证、备案后生效。

八、其他条款

1. 本合同中未尽事宜，可经甲乙双方共同协商一致后签订补充协议，补充协议与本合同具有同等效力。

2. 本合同一式四份，甲、乙双方各执一份，发包方和鉴证单位各执一份。

甲方：________(签章)　　　　乙方：________(签章)

住址：____________　　　　住址：____________

签约日期：________年____月____日

鉴证单位：______________(签章)

鉴证人：____________

鉴证日期：________年____月____日

应用指引

农村土地承包经营权互换合同，是指土地承包经营权人之间就承包的土地进行置换所签订的协议。

互换可以是对等置换，也可以是部分置换。双方互换土地，是在不改变原土地权属的前提下进行。土地互换后，当事人各自仍分别享有互换前原承包合同规定的权利，承担相应的义务。如在互换过程中发生经济补偿事项的，可在合同中明确约定。当事人之间承包的土地置换后，应当办理相应的手续。

关联法规

《物权法》(2007.3.16)

第一百二十四条　农村集体经济组织实行家庭承包经营为基础、统分结合的双层经营体制。

农民集体所有和国家所有由农民集体使用的耕地、林地、草地以及其他用于农业的土地，依法实行土地承包经营制度。

第一百二十五条 土地承包经营权人依法对其承包经营的耕地、林地、草地等享有占有、使用和收益的权利，有权从事种植业、林业、畜牧业等农业生产。

第一百二十六条 耕地的承包期为三十年。草地的承包期为三十年至五十年。林地的承包期为三十年至七十年；特殊林木的林地承包期，经国务院林业行政主管部门批准可以延长。

前款规定的承包期届满，由土地承包经营权人按照国家有关规定继续承包。

第一百二十七条 土地承包经营权自土地承包经营权合同生效时设立。

县级以上地方人民政府应当向土地承包经营权人发放土地承包经营权证、林权证、草原使用权证，并登记造册，确认土地承包经营权。

第一百二十八条 土地承包经营权人依照农村土地承包法的规定，有权将土地承包经营权采取转包、互换、转让等方式流转。流转的期限不得超过承包期的剩余期限。未经依法批准，不得将承包地用于非农建设。

第一百二十九条 土地承包经营权人将土地承包经营权互换、转让，当事人要求登记的，应当向县级以上地方人民政府申请土地承包经营权变更登记；未经登记，不得对抗善意第三人。

第一百三十条 承包期内发包人不得调整承包地。

因自然灾害严重毁损承包地等特殊情形，需要适当调整承包的耕地和草地的，应当依照农村土地承包法等法律规定办理。

第一百三十一条 承包期内发包人不得收回承包地。农村土地承包法等法律另有规定的，依照其规定。

第一百三十二条 承包地被征收的，土地承包经营权人有权依照本法第四十二条第二款的规定获得相应补偿。

第一百三十三条 通过招标、拍卖、公开协商等方式承包荒地等农村土地，依照农村土地承包法等法律和国务院的有关规定，其土地承包经营权可以转让、入股、抵押或者以其他方式流转。

第一百三十四条 国家所有的农用地实行承包经营的，参照本法的有关规定。

《农村土地承包法》(2009.8.27修正)

第三条 国家实行农村土地承包经营制度。

农村土地承包采取农村集体经济组织内部的家庭承包方式，不宜采取家庭承包方式的荒山、荒沟、荒丘、荒滩等农村土地，可以采取招标、拍卖、公开协商等方式承包。

第十二条 农民集体所有的土地依法属于村农民集体所有的，由村集体经济组织或者村民委员会发包；已经分别属于村内两个以上农村集体经济组织的农民集体所有的，由村内各该农村集体经济组织或者村民小组发包。村集体经济组织或者村民委员会发包的，不得改变村内各集体经济组织农民集体所有的土地的所有权。

国家所有依法由农民集体使用的农村土地，由使用该土地的农村集体经济组织、村民委员会或者村民小组发包。

第十三条 发包方享有下列权利：

(一)发包本集体所有的或者国家所有依法由本集体使用的农村土地；

(二)监督承包方依照承包合同约定的用途合理利用和保护土地；

(三)制止承包方损害承包地和农业资源的行为；

(四)法律、行政法规规定的其他权利。

第十四条 发包方承担下列义务：

(一)维护承包方的土地承包经营权，不得非法变更、解除承包合同；

(二)尊重承包方的生产经营自主权，不得干涉承包方依法进行正常的生产经营活动；

(三)依照承包合同约定为承包方提供生产、技术、信息等服务；

(四)执行县、乡(镇)土地利用总体规划，组织本集体经济组织内的农业基础设施建设；

(五)法律、行政法规规定的其他义务。

第十五条 家庭承包的承包方是本集体经济组织的农户。

第十六条 承包方享有下列权利：

(一)依法享有承包地使用、收益和土地承包经营权流转的权利，有权自主组织生产经营和处置产品；

(二)承包地被依法征收、征用、占用的，有权依法获得相应的补偿；

(三)法律、行政法规规定的其他权利。

第十七条 承包方承担下列义务：

(一)维持土地的农业用途，不得用于非农建设；

(二)依法保护和合理利用土地，不得给土地造成永久性损害；

(三)法律、行政法规规定的其他义务。

《最高人民法院关于审理涉及农村土地承包纠纷案件适用法律问题的解释》(2005.7.29)

第一条 下列涉及农村土地承包民事纠纷，人民法院应当依法受理：

(一)承包合同纠纷；

(二)承包经营权侵权纠纷；

(三)承包经营权流转纠纷；

(四)承包地征收补偿费用分配纠纷；

(五)承包经营权继承纠纷。

集体经济组织成员因未实际取得土地承包经营权提起民事诉讼的，人民法院应当告知其向有关行政主管部门申请解决。

集体经济组织成员就用于分配的土地补偿费数额提起民事诉讼的，人民法院不予受理。

第五十六条 【“两户”债务承担】个体工商户的债务，个人经营的，以个人财产承担；家庭经营的，以家庭财产承担；无法区分的，以家庭财产承担。

农村承包经营户的债务，以从事农村土地承包经营的农户财产承担；事实上由农户部分成员经营的，以该部分成员的财产承担。

条文注解

本条具体分为以下两个方面：

（1）个体工商户的债务承担。难点是无法区分是个人经营还是家庭经营的，是个人投资还是家庭投资，是个人享用经营收益还是家庭共同享用经营收益。司法实践中一般有以下认定标准：一是以公民个人名义申请登记的个体工商户，用家庭共有财产投资，或者收益的主要部分供家庭成员享用的，其债务应以家庭共有财产清偿。二是夫妻关系存续期间，一方从事个体经营，其收入为夫妻共有财产，债务亦应以夫妻共有财产清偿。

（2）农村承包经营户的债务承担。在承包期内，无论承包户内人口发生什么样的变化，只要作为承包户的家庭还存在，承包户仍然是一个生产经营单位。在承包经营活动中，无论是全体家庭成员从事生产经营劳动和经营活动，还是部分家庭成员从事生产经营劳动和经营活动，另一部分家庭成员从事其他职业或者家务劳动，农户仍然是一个对外承担责任的主体。例外情形是，“事实上由农户部分成员经营的，以该部分成员的财产承担”。

文书范本 20 农村土地承包经营纠纷调解申请书

农村土地承包经营纠纷调解申请书

申请人：________（土地承包经营权人）
被申请人：________（侵害土地经营权人）

申请人就被申请人侵害其合法的土地承包经营权，向____________（调解机构的名称）申请调解。

请求事项：____

____

____________（写明需要调解机构解决的内容）。

事实和理由：____

____

____________（写明相关的侵权事实和证据等）。

申请人根据《中华人民共和国农村土地承包经营纠纷调解仲裁法》的规定,特提出调解申请,望予支持申请人的主张,依法维护申请人的合法权益。

此致

________村民委员会[或者乡(镇)人民政府]

申请人:________(签章)

________年____月____日

附:证据____份。

应用指引

根据《农村土地承包经营纠纷调解仲裁法》(2009 年 6 月 27 日第十一届全国人民代表大会常务委员会第九次会议通过,自 2010 年 1 月 1 日起施行)的规定,土地承包经营权人的土地经营权被他人侵害时,可以依法提出申请调解。土地承包经营权调解机构为村民委员会和乡(镇)人民政府。

当事人申请农村土地承包经营纠纷调解可以书面申请,也可以口头申请。口头申请的,由村民委员会或者乡(镇)人民政府当场记录申请人的基本情况,以及申请调解的纠纷事项、理由和时间。

村民委员会或者乡(镇)人民政府在调解农村土地承包经营纠纷时,应当充分听取当事人对事实和理由的陈述,讲解有关法律以及国家政策,耐心疏导,帮助当事人达成协议。经调解达成协议的,村民委员会或者乡(镇)人民政府应当制作调解协议书。调解协议书由双方当事人签名、盖章或者捺指印,经调解人员签名并加盖调解组织印章后生效。

农村土地承包仲裁委员会对农村土地承包经营纠纷也有权进行调解。双方调解达成协议的,仲裁庭应当制作调解书;调解不成的,应当及时作出裁决。调解书应当写明仲裁请求和当事人协议的结果。调解书由仲裁员签名,加盖农村土地承包仲裁委员会印章,送达双方当事人。调解书经双方当事人签收后,即发生法律效力。在调解书签收前当事人反悔的,仲裁庭应当及时作出裁决。

文书范本 21 农村土地承包经营纠纷仲裁申请书

农村土地承包经营纠纷仲裁申请书

申请人：________

被申请人：________

请求事项：____

____

________________（写明需要仲裁裁决的内容）。

事实和理由：____

____

________________（写明相关的侵权事实和证据等）。

申请人根据《中华人民共和国农村土地承包经营纠纷调解仲裁法》的规定，特提出仲裁申请，请仲裁机构依法支持申请人的主张，依法维护申请人的合法权益。

此致

________（仲裁机构名称）

申请人：________（签名盖章）

________年____月____日

附：证据____份。

应用指引

农村土地承包经营纠纷仲裁申请书，是当事人依法向仲裁机构提出农村土地承包经营纠纷仲裁申请时所使用的法律文书。

根据《农村土地承包经营纠纷调解仲裁法》的规定，土地承包经营发生纠纷时，可以依法提出仲裁申请。农村土地承包经营纠纷申请仲裁的时效期间为二年，自当事人知道或者应当知道其权利被侵害之日起计算。

农村土地承包经营纠纷仲裁的申请人、被申请人为当事人。家庭承包的，可以由农户代表人参加仲裁。当事人一方人数众多的，可以推选代表人参加仲裁。与案件处理结果有利害关系的，可以申请作为第三人参加仲裁，或者由农村土地承包仲裁委员会通知其参加仲裁。当事人、第三人可以委托代理人参加仲裁。

申请农村土地承包经营纠纷仲裁应当符合下列条件：

(1)申请人与纠纷有直接的利害关系；

(2)有明确的被申请人;

(3)有具体的仲裁请求和事实、理由;

(4)属于农村土地承包仲裁委员会的受理范围。

当事人申请仲裁,应当向纠纷涉及的土地所在地的农村土地承包仲裁委员会递交仲裁申请书。仲裁申请书可以邮寄或者委托他人代交。仲裁申请书应当载明申请人和被申请人的基本情况,仲裁请求和所根据的事实、理由,并提供相应的证据和证据来源。书面申请确有困难的,可以口头申请,由农村土地承包仲裁委员会记入笔录,经申请人核实后由其签名、盖章或者捺指印。

制作农村土地承包经营纠纷仲裁申请书,应当注意写明申请仲裁的当事人基本情况、仲裁请求裁决事项以及相关的事实和理由。

关联法规

《最高人民法院关于贯彻执行〈中华人民共和国民法通则〉若干问题的意见(试行)》(1988.4.2)

42. 以公民个人名义申请登记的个体工商户和个人承包的农村承包经营户,用家庭共有财产投资,或者收益的主要部分供家庭成员享用的,其债务应以家庭共有财产清偿。

43. 在夫妻关系存续期间,一方从事个体经营或者承包经营的,其收入为夫妻共有财产,债务亦应以夫妻共有财产清偿。

44. 个体工商户、农村承包经营户的债务,如以其家庭共有财产承担责任时,应当保留家庭成员的生活必需品和必要的生产工具。

第三章 法 人

第一节 一般规定

第五十七条 【法人定义】法人是具有民事权利能力和民事行为能力，依法独立享有民事权利和承担民事义务的组织。

条文注解

法人的民事权利能力，是指法人作为民事主体，享受民事权利并承担民事义务的资格。法人的民事权利能力是法人实施民事行为和从事民事活动的前提和基础。法人的民事行为能力，是指法人作为民事主体，以自己的行为取得民事权利并承担民事义务的资格。

第五十八条 【法人成立法定原则与条件】法人应当依法成立。

法人应当有自己的名称、组织机构、住所、财产或者经费。法人成立的具体条件和程序，依照法律、行政法规的规定。

设立法人，法律、行政法规规定须经有关机关批准的，依照其规定。

条文注解

本条第一款规定了法人成立法定原则，其是指法人必须依法成立，不得自行设立法人。本条第二款、第三款就法人设立的实体要件和程序要件作了规定。实体要件采用了列举加抽象的方式，本条第二款具体列举了几项任何法人都应当具备的实体要件，即名称、组织机构、住所、财产或者经费；同时该款规定："法人成立的具体条件和程序，依照法律、行政法规的规定"，这就是法人成立的实体要件的抽象规定。鉴于不同类型的法人，其成立的实体要件和程序要件存在差异，《民法总则》授权相关法律和行政法规具体规定。

文书范本▶▶ 22 有限责任公司设立验资报告

有限责任公司设立验资报告

____________单位：

我所接受委托，对拟设立的________有限责任公司截至________年____月____日止的实收资本及相关的资产和负债的真实性和合法性进行了审验。在审验过程中，我们按照《独立审计实务公告第1号——验资》的要求，实施了必要的审验程序。________有限公司的责任是提供真实、合法、完整的验资资料，保护资产的安全、完整；我们的责任是按照《独立审计实务公告第1号——验资》的要求，出具真实、合法的验资报告。

__________有限公司申请的注册资本为________元。根据我们的审验，截至________年____月____日，__________有限公司已收到其股东投入的资本________元（¥________），其中实收资本________元，资本公积金________元。与上述投入资本相关的资产总额为________元，其中货币资金________元，实物资产________元，无形资产________元。

附件1：投入资本明细表

附件2：验资事项说明

________会计师事务所（公章）

注册会计师：________（签名盖章）

地址：____________________

报告日期：________年____月____日

附件1：

投入资本明细表

被审验单位名称：________ 截止日期：________年____月____日 货币单位：元

投资者名称	注册资本		投入资本				
	金额	出资比例	货币资金	实物资产	无形资产	合计	占投入资本比例
合计							

编制单位：________会计师事务所 注册会计师：________ 填表人：________

附件2：

验资事项说明

一、关于以知识产权投资的说明

____

____。

二、关于以土地使用权折价投资评估的说明

____

____。

三、关于以机器设备投资的价值认定

____

____。

四、其他事项的说明

____

____。

________会计师事务所(公章)

注册会计师：________(签字)

________年____月____日

文书范本 23 有限责任公司变更验资报告

有限责任公司变更验资报告

________单位：

我所接受委托，对________有限公司截至________年____月____日的注册资本、投入资本变更情况的真实性和合法性进行了审验。在审验过程中，我们按照《独立审计实务公告第1号——验资》的要求，实施了必要的审验程序。__________有限公司的责任是提供真实、合法、完整的验资资料，保护资产的安全、完整；我们的责任是按照《独立审计实务公告第1号——验资》的要求，出具真实、合法的验资报告。

__________有限公司变更前的注册资本和投入资本分别为________元和________元，__________有限公司变更后的注册资本为________元。根据我们的审验，截至________年____月____日，__________有限公司增加(减少)投入资本

________元,变更后的投入资本总额为________元,其中实收资本________元,资本公积金________元,盈余公积金________元(其中公益金________元),未分配利润________元。与上述变更后投入资本总额相关的资产总额为________元,负债总额为________元。

附件1:变更前后注册资本、投入资本对照表(略)

附件2:验资事项说明(略)

________会计师事务所(公章)

中国注册会计师:________(签名盖章)

地址:________________

报告日期:________年____月____日

应用指引

注册会计师执行验资业务出具的验资报告在规定用途内(如在国家工商行政管理部门办理工商登记时)具有法定证明效力,能合理地保证报告使用人确定投资者出资的到位情况。

注册会计师应当对出具的验资报告的真实性、合法性负责。验资报告的真实性是指验资报告应如实反映注册会计师的验资范围、验资依据、已实施的主要验资程序和应发表的验资意见;验资报告的合法性是指验资报告的编制和出具必须符合《中华人民共和国注册会计师法》及《独立审计实务公告第1号——验资》的规定。由于验资的固有局限性及注册会计师的职权限制,若存在投资者恶意作弊或与有关机构共同作弊,提供注册会计师不能识别的虚假证明材料等情况,即使注册会计师以应有的职业谨慎态度执行验资业务,也可能得出不适当的验资结论,导致验资意见与实际情况不相符。因此,即使注册会计师按规定谨慎执业并出具中国注册会计师独立审计准则要求的真实、合法的验资报告,其所载明的验资意见也只能合理而不能绝对地保证报告使用人确定投资者出资的到位情况。

注册会计师出具的验资报告,是说明截至验资报告日这一时点注册会计师审查验证的被审验单位实收资本(股本)及相关资产、负债的数额,具有很强的时效性。验资以后,由于被审验单位经营管理活动的持续进行及经营者、投资者的各种经营管理行为(包括抽逃出资)都将影响被审验单位的财务状况,从而影响其偿债能力、持续经营能力等。因此,注册会计师出具的验资报告不应被视为是对被审验单位日后偿债能力作出的保证,也不应被视为是对被审验单位持续经营能力及其经营效率、效果作出的保证。

《独立审计实务公告第1号——验资》中还规定,注册会计师出具的验资报告应当径送委托人。如果委托人或其他第三者因使用验资报告不当而造成的后果,与注册会计师及其所在的会计师(审计)事务所无关。

文书范本 24 发起人协议书(一)

发起人协议书

为设立__________股份有限公司,明确发起人权利义务,A、B、C、D等____名发起人(____名法人____名自然人)经充分协商,一致达成协议如下:

一、A、B、C、D 等________人为__________股份有限公司的发起人。

二、一致推举 A 为发起人代表。

三、在________省________市________区________街________号________楼________室设立发起人事务所,由 A(或 A 指定代表)任事务所主任。

四、__________股份有限公司的经营范围为:

____

____。

五、__________股份有限公司的资本总额为________元,股份总数为________股,每股面值________元,每股发行价________元。

六、__________股份有限公司采取发起方式设立,由发起人认购全部股份,各发起人认购比例如下:

A 认购________股,占股份总数____%;

B 认购________股,占股份总数____%;

C 认购________股,占股份总数____%;

D 认购________股,占股份总数____%;

……

七、__________股份有限公司的设立费用为________元,设立费用由 A 垫付(由全体发起人平均垫付或由发起人按比例垫付)。公司成立后,计入公司开办费。

八、同意发起人 A(A、B……)以现物出资,出资标的为________设备(工业产权、非专利技术、土地使用权),同意________评估师将标的折价________元,折合股份________股。

九、全体发起人一致确认下列责任条款:

1. 对届期无人认购之股份负连带认购责任;

2. 对届期未缴纳之股款负连带缴纳责任;

3. 对现物出资估价高于最后审定价额之差价,负连带补缴责任;

4. 公司不成立时,设立费用由 A 负担(由发起人平均负担、由发起人按比例负担);

5. 公司不成立时,对认股人负连带退还股款责任;

6. 公司不成立时，对设立债务负连带偿还责任；

7. 由于发起人过失致公司财产受损害时，负连带损害赔偿责任。

十、发起人A负责设立申请事务，发起人B负责公司董事、监事选举事务，发起人C负责其他设立事务（或发起人A负责全部设立事务，其他发起人予以配合）。

十一、本协议未尽事项，由全体发起人协商解决（或由A酌情解决）。

十二、本协议自签字之日起生效。违反本协议的发起人，对其他发起人负损害赔偿责任。

十三、本协议一式____份，发起人各执____份，____份具有同等效力。

发起人签名盖章：

A（法人名称、住所、法定代表人、法人证件号码）

B（自然人姓名、住所或居所、国籍、身份证或护照号码）

C（法人名称、住所、法定代表人、法人证件号码）

D（法人名称、住所、法定代表人、法人证件号码）

……

________年____月____日于

________省________市（________县）

文书范本 25 发起人协议书（二）

发起人协议书（现有企业改制）

为将________企业改制为__________股份有限公司，明确发起人权利义务，A、B、C、D等______名发起人（________名法人、________名自然人）经充分协商，一致达成协议如下：

一、A、B、C、D等________人为__________股份有限公司发起人。

二、一致推举A为发起人代表。

三、在________企业________楼________室设发起人办公室，由________企业指派代表____任办公室主任。

四、__________股份有限公司的经营范围为：

____

____。

五、__________股份有限公司资本总额为________元，股份总数为________股，每股面值________元。

六(选择条款一)、________股份有限公司采取发起方式设立。

A企业全部净资产(生产性净资产)折价________元,折合________股,全部为国家股,占总股份____%;

发起人B认购________股,占股份总数____%;

发起人C认购________股,占股份总数____%;

发起人D认购________股,占股份总数____%;

……

六(选择条款二)、__________股份有限公司采取募集方式设立。发起人共认购(含折股)________股,占总股份____%。

A企业全部净资产(生产性净资产)折价________元,折合________股,全部为国家股,占股份总数____%;

法人(含发起人法人)认购________股,占总股数____%;

社会个人(含发起人个人)认购________股,占总股数____%;

职工认购________股,占总股数____%。

七、__________股份有限公司的设立费用为________元,由A垫付(由全体发起人平均垫付或由发起人按比例垫付)。

八、同意发起人B(B、C……)以现物出资,出资标的为________设备(工业产权、非专利技术、土地使用权),折价________元,折合股份________股。

九、全体发起人一致确认下列责任条款:

1. 对届期无人认购之股份负连带认购责任(A例外);

2. 对届期未缴纳之股款负连带缴纳责任(A例外);

3. 对现物出资估价高于最后审定价格之差价付连带补缴责任(A例外);

4. 公司不成立时,设立费用由A负担(由发起人平均负担或由发起人按比例负担);

5. 公司不成立时,对认股人负连带退还股款责任;

6. 公司不成立时,对设立债务负连带偿还责任;

7. 由于发起人过失致使公司受财产损害时,负连带损害赔偿责任。

十、发起人A负责全部设立事务,其他发起人予以配合(A负责 ________事务、B负责________事务……)。

十一、本协议未尽事项,由A酌情解决(或由发起人协商解决)。

十二、本协议自签字之日起生效。违反本协议的发起人,对其他发起人负损害赔偿责任。

十三、本协议一式____份,发起人各执____份,____份具有同等效力。

发起人签名盖章:

A(法人名称、住所、法定代表人、法人证件号码)
B(自然人姓名、住所或居所、国籍、身份证或护照号码)
C(法人名称、住所、法定代表人、法人证件号码)
D(法人名称、住所、法定代表人、法人证件号码)
……

________年____月____日于
________省________市(________县)

文书范本 26 发起人协议书(三)

发起人协议书(募集设立)

为设立__________股份有限公司,明确发起人权利义务,A、B、C、D等________名发起人(________名法人、________名自然人)经充分协商,一致达成协议如下:

一、A、B、C、D等________人为__________股份有限公司的发起人。

二、一致推举A为发起人代表。

三、在________省________市________区________街________号________楼________室设发起人事务所,由A(或A指派代表)任该所主任。

四、__________股份有限公司的经营范围为:

____

____。

五、__________股份有限公司的资本总额为________元,股份总数为________股,每股面值________元。

六、__________股份有限公司采取募集方式设立,所发行股份总数中,____%由发起人认购,各发起人认购比例为:

A认购________股,占总股数____%;
B认购________股,占总股数____%;
C认购________股,占总股数____%;
D认购________股,占总股数____%;
……

除发起人认购外,其余股份向社会募集,其中:

法人股________股,占总股数____%;
社会个人股________股,占总股数____%;

外资股________股，占总股数____%。

七、__________股份有限公司设立费用为________元，设立费用由A垫付（由全体发起人平均垫付），公司成立后，计入公司开办费。

八、同意发起人A（A、B……）以现物出资，出资标的为________设备（工业产权、非专利技术、土地使用权），折价________元，折合股份________股。

九、全体发起人一致确认下列责任条款：

1. 对届期无人认购之股份负连带认购责任；

2. 对届期未缴纳的股款，负连带缴纳责任；

3. 对现物出资估价高于最后审定价额之差价，负连带补缴责任；

4. 公司不成立时，设立费用由A负担（由发起人平均负担或由发起人按比例负担）；

5. 公司不成立时，对认股人负连带退还股款责任；

6. 公司不成立时，对设立债务负连带偿还责任；

7. 由于发起人过失致公司受财产损害时，负连带损害赔偿责任。

十、发起人A负责设立申请事务，发起人B负责募股事务，发起人C负责创立大会召集事务，发起人D负责其他设立事务（发起人A负责全部设立事务，其他发起人予以配合）。

十一、本协议未尽事项，由全体发起人协商解决（或由A酌情解决）。

十二、本协议自签字之日起生效。违反本协议的发起人，对其他发起人负损害赔偿责任。

十三、本协议一式____份，发起人各执____份，____份具有同等效力。

发起人签名盖章：

A（法人名称、住所、法定代表人、法人证件号码）

B（自然人姓名、住所或居所、国籍、身份证或护照号码）

C（法人名称、住所、法定代表人、法人证件号码）

D（法人名称、住所、法定代表人、法人证件号码）

……

________年____月____日于

________省________市（________县）

应用指引

发起人协议书是发起人签订的有关设立公司事项的法律文书。

发起人是策划公司设立、实施设立公司行为、认购公司股份、承担设立责任的人。发起人可以是法人，也可以是自然人。为增强发起人的责任感，明确发起人的权利和义务,应当签订书面协议,以便共同遵守。

通常情况下,发起人协议书要明确以下几个方面的内容:第一,设立公司的意思表示;第二,要明确公司的经营范围、资本总额、股本总数、每股面值及发行价格;第三,各发起人认购股份数量、出资情况、发行费用及垫付人,以现物出资如何折抵股份等;第四,发起人分工情况、责任条款以及发起人代表的情况。

现有企业改制时,还应当注意以下问题:(1)现有企业的非现金财产要评估为现金,部分或全部作为对公司的投资。这种投资本质上也是一种现物出资,但其数额可能远远超过《公司法》规定的25%的限度。(2)现有企业本身作为公司发起人,公司成立,现有企业解散,这种发起人不可能认购股份。(3)现有企业职工可以入股,使公司成立之初就产生了职工股。(4)新成立公司股票上市的条件之一,是公司有连续3年的盈利记录,即至少存续3年。(5)现有企业改制,可以实行发起设立,也可以实行募集设立。募集设立时,发起人可以少于5人。实践中,多采取募集设立方式。

文书范本 27 企业名称预先核准申请书

企业名称预先核准申请书

申请企业名称:____________

备选企业名称(请选用不同的字号):

1. ______________________________

2. ______________________________

3. ______________________________

经营范围(只需填写与企业名称行业表述一致的主要业务项目):

____

____。

注册资本:____________

企业类型:____________

住所:____________

投资人姓名或名称、证照号码、投资额和投资比例(投资人写不下的,可另备页面载明并签名盖章):____

____。

中华人民共和国国家工商行政管理总局制

(正面)

投资人授权委托意见

兹委托(我单位/代理机构/自然人股东)________前来办理企业名称预先核准事宜。

授权期限为:____________

授权权限如下(同意的,在括号内签署“同意”;不同意的,在括号内签署“不同意”;选择二项以上同意或有空括号未填写的,本授权委托意见无效):

1. 全权办理企业名称预先核准,但不得修改本申请书任何文字内容。(　　)

2. 全权办理企业名称预先核准,授权修改本申请书出现的错别字、遗漏和误加的文字。(　　)

3. 全权办理企业名称预先核准,如申请的企业名称未能核准,授权修改、增加或减少企业名称字词表述。(　　)

4. 全权办理企业名称预先核准,授权修改本申请书任何内容和文字表述。(　　)

(代办人或代理人身份证复印件粘贴处)

代办人或代理人签名:

联系电话:

通信地址及邮政编码:

(全体投资人签名盖章处)

________年____月____日

中华人民共和国国家工商行政管理总局制

(反面)

应用指引

设立公司应当申请名称预先核准。公司名称是一公司区别于他公司的标志。在公司成立过程中,各种法律文件中都包含公司名称。设立有限责任公司,应当由全体股东指定的代表或者共同委托的代理人向公司登记机关申请名称预先核准;设立股份有限公司,应当由全体发起人指定的代表或者共同委托的代理人向公司登记机关申请名称预先核准。

1. 公司名称的要求

一个规范的公司名称应由字号(或商号)、行业(或经营特点)、组织形式三部分组成,并冠以公司所在地行政区划名称。行政区划名称、字号、行业、组织形式被称为公司名称的"四要素"。行政区划名称是指公司所在地省(自治区、直辖市)或者市、县行政区划名称。县以下行政区划不能作为公司名称中的行政区划部分进行登记。公司名称中的字号应由两个以上文字组成,公司可以选择字号,但不得与同一登记主管机关辖区内已经登记的同行业公司字号相同。公司名称中标明的行业或经营特点,应当反映公司生产、经营或服务的范围、方式或特点,不得单独使用"发展""开发"等字词;使用"实业"字词的,应有所属三个以上的生产、科技型公司。公司名称中的组织形式须反映其组织结构或责任形式,有限责任公司必须在公司名称中标明"有限责任公司"字样,股份有限公司必须在公司名称中标明"股份有限公司"字样。

根据《企业名称登记管理规定》的规定,经国家工商行政管理局核准,下列公司的公司名称可以不冠以公司所在地行政区划名称:(1)全国性公司;(2)国务院或其授权的机关批准的大型进出口企业;(3)国务院或其授权的机关批准的大型企业集团;(4)历史悠久、字号驰名的企业;(5)外商投资企业。

目前国家工商行政管理局已授权200多个地方工商行政管理机关受理登记外商投资公司。为避免重名,国家工商行政管理局规定,凡不冠以行政区划的公司名称一律报国家局核准。因此,一般情况下,公司申请的名称还是冠以公司所在地的行政区划名称为好。

2. 公司分支机构的名称

公司设立分支机构的,公司及其分支机构的公司名称应当符合下列规定:

(1)在公司名称中使用"总"字的,必须下设三个以上分支机构;

(2)不能独立承担民事责任的分支机构,其企业名称应当冠以其所从属企业的名称,缀以"分公司""分厂""分店"等字词,并标明该分支机构的行业和所在地行政区划名称或者地名,但其行业与其所从属的企业一致的,可以从略;

(3)能够独立承担民事责任的分支机构,应当使用独立的企业名称,并可以使用其所从属企业的企业名称中的字号;

(4)能够独立承担民事责任的分支机构再设立分支机构的,所设立的分支机构不得在其企业名称中使用总机构的名称。

3. 公司名称用字限制性规定

根据《企业名称登记管理规定》第九条的规定，企业名称中不得含有下列内容和文字：

(1)有损于国家、社会公共利益的。

(2)可能对公众造成欺骗或者误解的。

(3)外国国家(地区)名称、国际组织名称。

(4)政党名称、党政军机关名称、群众组织名称、社会团体名称及部队番号。

(5)汉语拼音字母(外文名称中使用的除外)、数字。但公司名称有下列情况的，不视为使用数字：①地名中含有数字的，如“四川”等；②固定词语中含有数字的，如“四通”；③使用序数词的，如“第一”等。

(6)其他法律、行政法规规定禁止的。

公司选择字号的具体规定公司字号应由两个以上的字组成。单独一个汉字，是不能作为公司名称的字号进行登记的。一般为了好记、上口，公司大都选择两个到四个汉字组成字号。当然，字号是公司名称的一部分，用字同样应符合名称用字的限制性规定。

公司有正当理由可以使用本地或异地地名作字号，但不得使用县以上行政区划名作字号。所谓正当理由，是指公司选用的字号有纪念意义或为了突出有特色的地方产品等。

申请书，主要内容包括拟设立公司的名称、备选名称、公司类型、经营范围等。指定代表或者委托代理人的证明，主要内容包括指定代表或委托代理人更正有关材料的权限，表明指定代表或者委托代理人的身份及其在登记过程中享有何种权利，需要填写清楚，并有全体投资人的签字确认。

申请企业名称预先核准登记应提交下述文件或证件：

第一，企业名称预先核准申请书。填写时注意如下事项：①有限责任公司的名称应注明“有限责任公司”字样；股份有限公司名称中应注明“股份有限公司”字样。②企业名称一般由以下部分依次组成：行政区划 + 字号(商号) + 行业(经营特点) + 组织形式。③提交文件证件要求用 A4 纸；多页的加骑缝章(即组建单位或被委托单位或委托单位公章)。④书写时不能使用圆珠笔、纯蓝墨水的钢笔。

第二，股东(发起人)或组建单位的资格证明，企业提交加盖发照工商行政管理机关章的《企业法人营业执照》复印件，社会团体法人提交加盖单位公章的《社会团体法人证书》复印件，事业单位提交加盖单位公章的机构编制委员会批准文件的复印件，自然人提交身份证复印件。

第三，两个以上出资人应提交委托某一投资人或代理人(代理人提交法人资格证明）办理企业名称预先登记的委托书。委托书中应说明委托事项，并由委托单位加盖公章，法定代表人亲笔签字，出资人为自然人的由本人亲笔签字。

公司登记机关在核准公司名称时，在申请人提供了上述材料后，如认为材料尚不充分，可要求其提交其他文件。

公司登记机关应当自收到上述文件之日起10日内作出核准或者驳回的决定。如决定核准登记的，应当发给《企业名称预先核准通知书》。

预先核准的公司名称保留期为1年，保留期内的预先核准的公司名称不得用于从事经营活动，不得转让。保留期届满，不办理公司设立登记的，其公司名称自动失效。申请人应及时将《企业名称预先核准通知书》退还公司登记机关。

文书范本 ▶▶ 28 公司设立登记申请书

公司设立登记申请书

名称			
住所		邮政编码	
法定代表人姓名		职务	
注册资本	（万元）	公司类型	
实收资本	（万元）	出资方式	
经营范围			
营业期限	自 年 月 日至 年 月 日		
备案事项			

本公司依照《中华人民共和国公司法》《中华人民共和国公司登记管理条例》设立，提交材料真实有效。谨此对真实性承担责任。

法定代表人签字： 指定代表或委托代理人签字：

年 月 日 年 月 日

注:1. 提交文件、证件应当使用 A4 纸。
2. 应当使用黑色钢笔或签字笔工整地填写表格或签字。
3. 公司类型:有限责任公司和股份有限公司。其中,国有独资公司应当注明“有限责任公司(国有独资)”;一人有限责任公司应当注明“有限责任公司(自然人独资)”或“有限责任公司(法人独资)”;股份有限公司是上市公司的应当注明“股份有限公司(上市)”。

公司股东(发起人)名录

股东(发起人)名称或姓名	证件名称及号码	认缴出资额(万元)	出资方式	持股比例(%)	实缴出资额(万元)	出资时间	出资方式	余额交付期限	备注

注:1. 根据公司章程的规定及实际出资情况填写。
2.“备注”栏填写下述字母:A. 企业法人;B. 社会团体法人;C. 事业单位法人;D. 国务院、省级人民政府、经授权的机构或部门;E. 自然人;F. 其他。
3. 出资方式填写:货币、非货币。

公司董事、监事、经理情况

姓名________ 职务________	姓名________ 职务________
身份证件号码：	身份证件号码：
（身份证件复印件粘贴处）	（身份证件复印件粘贴处）
姓名________ 职务________	姓名________ 职务________
身份证件号码：	身份证件号码：
（身份证件复印件粘贴处）	（身份证件复印件粘贴处）
以上身份证件复印件与原件一致，谨此对真实性承担责任。（公司加盖公章）	

公司法定代表人登记表

姓　名		是否公务员	
职　务		联系电话	
任免机构			
（身份证件复印件粘贴处）			
法定代表人签字：________ 年　月　日			

应用指引

公司设立登记申请书，是公司向登记机关申请设立登记时提交的书面文件。公司设立是指按照法律规定的条件和程序，发起人为组建公司，使其获得法人资格必须采取和完成的一系列法律行为的总称。公司设立既涉及实体法问题，也涉及程序法问题，具有多种法律关系和法律效果的行为，是一个复杂的过程。

根据所设公司种类的不同，设立行为的内容也不尽相同。就各类设立行为的共同内容而言，主要包括发起人为筹建公司所进行的协商、订立出资协议和公司章程、决定公司种类和名称、确定经营范围及资本总额、选择营业地点、由公司发起人出资认股、召开公司创立会议、选举公司董事和监事、向工商管理机关申请设立登记等。根据《公司法》第六条的规定，设立公司，应当依法向公司登记机关申请设立登记。符合公司法规定的设立条件的，由公司登记机关分别登记为有限责任公司或者股份有限公司；不符合公司法规定的设立条件的，不得登记为有限责任公司或者股份有限公司。法律、行政法规规定设立公司必须报经批准的，应当在公司登记前依法办理批准手续。

《公司登记管理条例》是公司设立的基本法律依据。具体要求如下：

1. 有限责任公司的设立程序

有限责任公司是一种封闭性的法人，其设立方式只能以发起设立为限，不得采用募集设立方式，所以，相对于股份公司的设立而言，有限责任公司的设立程序比较简单，一般而言要经过以下步骤：

(1)订立公司章程。公司章程是公司设立的基本文件，只有严格按照法律要求订立公司章程，并报经主管机关批准后，章程才能生效，也才能继续进行公司设立的其他程序。

(2)申请公司名称预先核准。《公司登记管理条例》第十七条规定：设立公司应当申请名称预先核准。法律、行政法规或者国务院决定规定设立公司必须报经批准，或者公司经营范围中属于法律、行政法规或者国务院决定规定在登记前须经批准的项目的，应当在报送批准前办理公司名称预先核准，并以公司登记机关核准的公司名称报送批准。采用公司名称的预先核准制，可以使公司的名称在申请设立登记之前就具有合法性、确定性，从而有利于公司设立登记程序的顺利进行。设立有限责任公司，由全体股东指定的代表或者共同委托的代理人向公司登记机关申请公司名称预先核准。

(3)法律、行政法规规定须经有关部门审批的要进行报批，获得批准文件。一般来说，有限责任公司的设立只要不涉及法律、法规的特别要求，直接注册登记即可成立。但根据我国《公司法》第六条第二款的规定，法律、行政法规规定设立公司必须报经批准的，应当在公司登记前依法办理批准手续。所以，对于法律、法规规定必须经过有关部门的批准才能设立公司的，应当向主管部门提出申请，获得批准文件。

(4)股东缴纳出资并经法定的验资机构验资后出具证明。有限责任公司除具有人合因素外，还具有一定的资合性，股东必须按照章程的规定，缴纳所认缴的出资。股东的出资还应当按照法律的规定，采取法定的出资形式，并经法定的验资机构出具验资证明。

(5)向公司登记机关申请设立登记。为了获得行政主管部门对公司法律人格的认可,公司设立程序中还有一个必不可少的步骤,即向公司登记机关申请设立登记。根据《公司登记管理条例》第二十条的规定,设立有限责任公司,应当由全体股东指定的代表或者共同委托的代理人向公司登记机关申请设立登记。设立国有独资公司,应当由国务院或者地方人民政府授权的本级人民政府国有资产监督管理机构作为申请人,申请设立登记。

(6)登记发照。对于设立申请,登记机关应当依法进行审查。对于不符合《公司法》规定条件的,不予登记;对于符合《公司法》规定条件的,依法核准登记,发给营业执照。营业执照的签发日期为有限责任公司的成立日期。公司可以凭登记机关颁发的营业执照申请开立银行账户、刻制公司印章、申请纳税登记等。只有获得了公司登记机关颁发的营业执照,公司设立的程序才宣告结束。

根据我国《公司法》和《公司登记管理条例》的规定,设立有限责任公司的同时设立分公司的,应当自决定作出之日起30日内向分公司所在地的公司登记机关申请登记;法律、行政法规或者国务院决定规定必须报经有关部门批准的,应当自批准之日起30日内向公司登记机关申请登记。分公司的公司登记机关准予登记的,发给营业执照。公司应当自分公司登记之日起30日内,持分公司的营业执照到公司登记机关办理备案。

2. 股份有限公司的设立程序

(1)发起设立的程序

第一,发起人之间以书面形式订立发起人协议。订立发起人协议是公司设立程序的第一步,它是发起人之间以书面形式表达的有关公司的组建方案、发起人之间的职责分工等事项的共同意思。发起人协议通常包括以下主要内容:发起人的姓名以及住所;公司拟发行的股份类别,每股的面值、发行价;每位发起人的认购数额、出资类别;发起人缴纳股款、交付现物、转让财产权利的时间和方式以及发起费用的预算、开支和每一位发起人的发起费用的负担等。

第二,发起人按照协议的规定缴纳出资认购股份。发起人缴纳出资的方式主要有以现金缴纳或者用实物、工业产权、非专利技术、土地使用权等非现金来抵充股款。以现金之外的其他财产或财产权利出资的需要由有关的中介机构进行评估,并且要依法办理有关财产权利的转移手续。

第三,发起人选举董事会和监事会,并由董事会向公司登记机关报送设立公司所必须的批准文件、公司章程、验资证明等文件,申请设立登记。

(2)募集设立的程序

第一,发起人首先要做的是与前述的发起设立程序中的前两个步骤相同,区别在于:在发起设立中,发起人要认购全部的股份,而在募集设立中,发起人只认购全部拟股份中的一部分,根据《公司法》第八十四条的规定,以募集设立方式设立股份有限公司的,发起人认购的股份不得少于公司总股份数的35%,法律法规另有规定的,从其规定。

第二,制定招股说明书。招股说明书是向非特定的社会公众发出的认购股份的书面说明,该说明书在发出以前应当经过国务院证券主管部门的批准。

第三,向国务院证券主管部门递交募股申请。申请时,应当同时报送《公司法》规定的一些文件,比如公司章程、经营估算书、发起人的姓名、认购的股份数等。

第四,募股申请经国务院主管部门批准以后,发起人应该公告招股说明书,并制作认股书。公告招股说明书应该根据所要募集的范围在相应的报纸杂志上予以公告。同时,发起人必须制作认股书,认股书应载明《公司法》所要求的内容,由认股人填写有关事项,比如认购的股数、金额、认股人的住所等。

第五,发起人应该同依法设立的证券经营机构签订承销协议,并与银行签订代收股款的协议。发起人要募集股份,必须通过证券经营机构进行,而且必须与银行签订代收股款的协议,由银行代为收取和保存认股人缴纳的股款。

第六,取得验资证明。发起人在股款募足以后,必须请中立的机构出具证明全部股份已经如数缴纳的文件,这一文件是申请公司注册的必备文件。

第七,召集由认股人组成的创立大会。创立大会的工作主要是选举董事会、监事会成员,并审议发起人的募股情况,并作出设立公司与否的决定。

第八,由创立大会选举的董事会向公司登记机关报送有关文件,申请设立登记。董事会应该在创立大会结束后的法定日期内向公司的登记机关报送《公司法》要求的相关文件,申请设立公司。

3. 公司设立应当提交的文件和证明

(1)设立有限责任公司应当提交的文件和证明

申请设立有限责任公司的,应当向公司登记机关提交下列文件:

第一,公司法定代表人签署的设立登记申请书。

第二,全体股东指定代表或者共同委托代理人的证明。

第三,公司章程。

第四,依法设立的验资机构出具的验资证明,法律、行政法规另有规定的除外。

第五,股东首次出资是非货币财产的,应当在公司设立登记时提交已办理其财产权转移手续的证明文件。

第六,股东的主体资格证明或者自然人身份证明。

第七,载明公司董事、监事、经理的姓名、住所的文件以及有关委派、选举或者聘用的证明。

第八,公司法定代表人任职文件和身份证明。

第九,企业名称预先核准通知书。

第十,公司住所证明。

第十一,国家工商行政管理总局规定要求提交的其他文件。法律、行政法规或者国务院决定规定设立有限责任公司必须报经批准的,还应当提交有关批准文件。

(2)设立股份有限公司应当提交的文件和证明

申请设立股份有限公司的,应当向公司登记机关提交下列文件:

第一,公司董事长签署的《公司设立登记申请书》。

第二,公司申请登记委托书,应标明具体委托事项和被委托人的权限。

第三,国务院授权部门或者省、自治区、直辖市人民政府的批准文件,募集设立的股份有限公司还应提交国务院证券管理部门的批准文件。

第四,创立大会的会议记录。

第五,公司章程。

第六,发起人的法人资格证明或者自然人身份证明。

第七,法定验资机构出具的验资报告。

第八,法定验资机构出具的筹办公司的财务审计报告。

第九,董事长、董事、监事、经理的任职文件及其身份证明。

第十,《企业名称预先核准通知书》。

第十一,公司住所使用证明(自有房产提交产权证复印件;租赁房屋提交租赁协议原件或复印件以及出租方的产权证复印件;不能提供以上产权证复印件的,提交其他房屋产权使用证明复印件)。

第十二,公司经营范围中,属于法律、行政法规规定必须报经审批项目的,应当提交有关部门的批准文件。

第十三,发起人是外商投资企业的,公司的经营范围属于鼓励或允许外商投资的领域的,外商投资企业发起人应提交:外商投资企业的投资人关于投资设立公司的协议;外商投资企业的批准证书和营业执照复印件;法定验资机构出具的注册资本已经缴足的验资报告;外商投资企业经审计的资产负债表;外商投资企业缴纳所得税或减免所得税的证明;法律、行政法规及规章规定的其他材料。发起人是外商投资企业的,公司的经营范围属于限制外商投资的领域的,除外商投资企业发起人应提交上述规定材料外,公司还应提交省级以上外经贸主管部门的批准文件。

4. 在填写公司设立登记申请书及附属文件时应注意的问题

在填写公司设立登记申请书及附属文件时,应注意以下问题:

第一,申请人应认真阅读"敬告"提示,这是填写申请书时需特别注意的事项。

第二,按公司类型提交不同的文件、证件。这些文件、证件应当齐全、合法有效。

第三,填写申请表及其他文件时,要事先了解表中注解的提示,并保证填写的真实性,需要盖章或填写批注意见的项目一定要齐备。

除上述问题外，还应注意下列几点：

第一，关于设立登记的申请人。设立有限责任公司，应当由全体股东指定的代表或者共同委托的代理人向公司登记机关申请设立登记。设立国有独资公司，应当由国家授权投资的机构或者国家授权的部门作为申请人申请设立登记。设立股份有限公司，由董事会申请设立登记。

第二，申请时限。法律、行政法规规定设立有限责任公司必须报经审批的，应当自批准之日起90日内向公司登记机关申请设立登记，逾期申请的，申请人应当报审批机关确认批文的效力或另行报批。设立股份有限公司，董事会应当于创立大会结束后30日内申请设立登记。

第三，申请时应按登记管辖的规定向有管辖权的公司登记机关申请登记。具体来讲，经国务院或者国务院授权部门批准的全国性公司、企业集团、经营进出口业务的公司，由国家工商行政管理总局核准登记注册。中外合资经营企业、中外合作经营企业、外资企业由国家工商行政管理总局或者国家工商行政管理总局授权的地方工商行政管理局核准登记注册。全国性公司的子（分）公司，经省、自治区、直辖市人民政府或其授权部门批准设立的企业、企业集团、经营进出口业务的公司，由省、自治区、直辖市工商行政管理局核准登记注册。其他企业，由所在市、县（区）工商行政管理局核准登记注册。

第四，公司申请登记的经营范围中有法律、行政法规规定必须报批的项目，应在登记前报批并提交批文。

第五，经公司登记机关核准设立登记并发给《企业法人营业执照》，公司即告成立。公司凭执照刻制印章、开立银行账户，申请纳税登记，开展经营活动。

关联法规

《公司法》（2013.12.28修正）

第六条 设立公司，应当依法向公司登记机关申请设立登记。符合本法规定的设立条件的，由公司登记机关分别登记为有限责任公司或者股份有限公司；不符合本法规定的设立条件的，不得登记为有限责任公司或者股份有限公司。

法律、行政法规规定设立公司必须报经批准的，应当在公司登记前依法办理批准手续。

公众可以向公司登记机关申请查询公司登记事项，公司登记机关应当提供查询服务。

第二十三条 设立有限责任公司，应当具备下列条件：

（一）股东符合法定人数；

（二）有符合公司章程规定的全体股东认缴的出资额；

（三）股东共同制定公司章程；

（四）有公司名称，建立符合有限责任公司要求的组织机构；

（五）有公司住所。

第七十六条 设立股份有限公司，应当具备下列条件：

（一）发起人符合法定人数；

（二）有符合公司章程规定的全体发起人认购的股本总额或者募集的实收股本总额；

（三）股份发行、筹办事项符合法律规定；

（四）发起人制订公司章程，采用募集方式设立的经创立大会通过；

（五）有公司名称，建立符合股份有限公司要求的组织机构；

（六）有公司住所。

《事业单位登记管理暂行条例》（2004.6.27 修订）

第三条 事业单位经县级以上各级人民政府及其有关主管部门（以下统称审批机关）批准成立后，应当依照本条例的规定登记或者备案。

事业单位应当具备法人条件。

第六条 申请事业单位法人登记，应当具备下列条件：

（一）经审批机关批准设立；

（二）有自己的名称、组织机构和场所；

（三）有与其业务活动相适应的从业人员；

（四）有与其业务活动相适应的经费来源；

（五）能够独立承担民事责任。

《社会团体登记管理条例》（2016.2.6 修订）

第九条 申请成立社会团体，应当经其业务主管单位审查同意，由发起人向登记管理机关申请登记。

筹备期间不得开展筹备以外的活动。

第十条 成立社会团体，应当具备下列条件：

（一）有50个以上的个人会员或者30个以上的单位会员；个人会员、单位会员混合组成的，会员总数不得少于50个；

（二）有规范的名称和相应的组织机构；

（三）有固定的住所；

（四）有与其业务活动相适应的专职工作人员；

（五）有合法的资产和经费来源，全国性的社会团体有10万元以上活动资金，地方性的社会团体和跨行政区域的社会团体有3万元以上活动资金；

（六）有独立承担民事责任的能力。

社会团体的名称应当符合法律、法规的规定，不得违背社会道德风尚。社会团体的名称应当与其业务范围、成员分布、活动地域相一致，准确反映其特征。全国性的社会团体的名称冠以“中国”、“全国”、“中华”等字样的，应当按照国家有关规定经过批准，地方性的社会团体的名称不得冠以“中国”、“全国”、“中华”等字样。

《民办非企业单位登记管理暂行条例》（1998.10.25）

第三条 成立民办非企业单位，应当经其业务主管单位审查同意，并依照本条例的规定登记。

第八条 申请登记民办非企业单位，应当具备下列条件：

（一）经业务主管单位审查同意；

（二）有规范的名称、必要的组织机构；

（三）有与其业务活动相适应的从业人员；

（四）有与其业务活动相适应的合法财产；

（五）有必要的场所。

民办非企业单位的名称应当符合国务院民政部门的规定，不得冠以“中国”、“全国”、“中华”等字样。

第五十九条 【法人民事权利能力和民事行为能力】法人的民事权利能力和民事行为能力，从法人成立时产生，到法人终止时消灭。

条文注解

法人的民事权利能力是法人具有民事主体资格的表现，是法人参加民事活动，享受民事权利和承担民事义务的前提。因此，法人一旦成立即具有民事权利能力，在法人终止前，其民事权利能力始终存在。法人的民事行为能力是法人自己实施民事法律行为的资格。法人作为社会组织体，与自然人不同，不存在年龄大小与精神、智力是否健全的问题，因此没有无民事行为能力、限制民事行为能力、完全民事行为能力的划分，一旦成立，即具有民事行为能力。法人一旦终止，其民事行为能力立即消灭。也就是说，法人的民事权利能力与民事行为能力在取得和消灭的时间上是一致的。

还应注意，本条规定“法人的民事权利能力和民事行为能力，从法人成立时产生”。本法第五十八条第三款规定“设立法人，法律、行政法规规定须经有关机关批准的，依照其规定”。这两个条款中分别出现了“成立”和“设立”的法律概念，其含义不同。“法人设立”，是创设法人的行为和过程；“法人成立”是“法人设立”的目标，是设立行为的终点。“设立”成功，方为“成立”。法人成立前，尚没有法人资格。

第六十条 【法人独立承担民事责任】法人以其全部财产独立承担民事责任。

条文注解

“能够独立承担民事责任”，根据《民法通则》第三十七条的规定，是作为法人成立条件之一的。然而，“能够独立承担民事责任”不应是法人成立的条件，而是法人设立的结果，是法人成立后的性质和特征，法人成立即意味着其“能够独立承担民事责任”，将其规定在条件之中,混淆了条件与结果的逻辑关系。据此,《民法总则》进行了修改。本条规定"法人以其全部财产独立承担民事责任",意味着法人的成员或者设立人只承担有限责任,以出资额或捐助额为限,享受有限责任的保护。

关联法规

《公司法》(2013.12.28 修正)

第三条 公司是企业法人,有独立的法人财产,享有法人财产权。公司以其全部财产对公司的债务承担责任。

有限责任公司的股东以其认缴的出资额为限对公司承担责任;股份有限公司的股东以其认购的股份为限对公司承担责任。

第四条 公司股东依法享有资产收益、参与重大决策和选择管理者等权利。

第六十一条 【法定代表人】依照法律或者法人章程的规定,代表法人从事民事活动的负责人,为法人的法定代表人。

法定代表人以法人名义从事的民事活动,其法律后果由法人承受。

法人章程或者法人权力机构对法定代表人代表权的限制,不得对抗善意相对人。

条文注解

本条第二款应当注意,"法律后果由法人承受"的前提是"法定代表人以法人名义从事的民事活动"。法定代表人由自然人担任,该自然人除了具有法人的法定代表人身份外,其还可以以自己的名义为自己从事民事活动。在以自己的名义为自己从事民事活动时,法律后果自然应当由其自己承受,而不应当由无关的法人承受。

本条第三款规定了法人对法定代表人代表权的限制是否具有外部对抗效力问题。旨在保护善意相对人利益,保护交易安全。该款规定的实质内容与《合同法》第五十条相同。《合同法》第五十条规定了法定代表人越权行为的效力问题,根据该条规定,法人的法定代表人超越权限订立的合同,除相对人知道或者应当知道其超越权限的以外,该代表行为有效。

文书范本 29 法定代表人身份证明书

法定代表人身份证明书

________在________(单位名称)担任________职务,系______________(单位名称)的法定代表人。

特此证明。

附:法定代表人联系地址:____________________

联系电话:______________

________年____月____日

(公章)

应用指引

1. 本样式根据《中华人民共和国民事诉讼法》第四十八条第二款以及《最高人民法院关于适用〈中华人民共和国民事诉讼法〉的解释》第五十条、第五十一条制定,供法人当事人证明法定代表人身份用。

2. 法人的法定代表人以依法登记的为准,但法律另有规定的除外。依法不需要办理登记的法人,以其正职负责人为法定代表人;没有正职负责人的,以其主持工作的副职负责人为法定代表人。法定代表人已经变更,但未完成登记,变更后的法定代表人要求代表法人参加诉讼的,人民法院可以准许。

3. 在诉讼中,法人的法定代表人变更的,由新的法定代表人继续进行诉讼,并应向人民法院提交新的法定代表人身份证明书。原法定代表人进行的诉讼行为有效。

关联法规

《合同法》(1999.3.15)

第五十条 法人或者其他组织的法定代表人、负责人超越权限订立的合同,除相对人知道或者应当知道其超越权限的以外,该代表行为有效。

《公司法》(2013.12.28 修正)

第十三条 公司法定代表人依照公司章程的规定,由董事长、执行董事或者经理担任,并依法登记。公司法定代表人变更,应当办理变更登记。

《企业法人登记管理条例》(2016.2.6 修订)

第十一条 登记主管机关核准登记注册的企业法人的法定代表人是代表企业行使职权的签字人。法定代表人的签字应当向登记主管机关备案。

第六十二条 【法定代表人职务侵权行为的民事责任】法定代表人因执行职务造成他人损害的，由法人承担民事责任。

法人承担民事责任后，依照法律或者法人章程的规定，可以向有过错的法定代表人追偿。

条文注解

本条是关于法定代表人职务侵权行为的民事责任的规定。

首先要解决法人对其法定代表人执行职务造成他人损害的民事责任问题，应当确定法人是否具有侵权行为能力。所谓侵权行为能力，是指承担因侵权行为所致的损害赔偿责任的能力，因此也称为侵权责任能力。我国法律认可法人具有侵权行为能力。因此，法人的法定代表人在执行法人事务的过程中，造成他人财产或者人身损害的，其侵权行为被视为法人自身的侵权行为，依法应由法人承担侵权责任。

其次，关于法人对其法定代表人的职务侵权行为承担民事责任后，能否向法定代表人行使追偿权问题。我国现有相关立法也同样持肯定立场，如《公司法》和《保险法》的相关规定，认定董事、监事、高级管理人员执行公司职务时违反法律、行政法规或者公司章程的规定，给公司造成损失的，应当承担赔偿责任。

关联法规

《侵权责任法》(2009.12.26)

第三十四条第一款 用人单位的工作人员因执行工作任务造成他人损害的，由用人单位承担侵权责任。

《最高人民法院关于审理人身损害赔偿案件适用法律若干问题的解释》(2003.12.26)

第八条第一款 法人或者其他组织的法定代表人、负责人以及工作人员，在执行职务中致人损害的，依照民法通则第一百二十一条的规定，由该法人或者其他组织承担民事责任。上述人员实施与职务无关的行为致人损害的，应当由行为人承担赔偿责任。

第六十三条 【法人的住所】法人以其主要办事机构所在地为住所。依法需要办理法人登记的，应当将主要办事机构所在地登记为住所。

条文注解

住所是民事主体从事民事活动所产生的各种权利义务的归属地点，是发生民事法律关系的中心地域。法人若要从事民事活动，形成各种民事法律关系，则与自然人一样，也需要以一定的地域作为中心，即也需要住所。应注意，一个法人有可能拥有数个活动场所或者办事机构，但法人的住所只有一个。

关联法规

《公司法》(2013.12.28 修正)

第十条 公司以其主要办事机构所在地为住所。

《公司登记管理条例》(2016.2.6 修订)

第十二条 公司的住所是公司主要办事机构所在地。经公司登记机关登记的公司的住所只能有一个。公司的住所应当在其公司登记机关辖区内。

《最高人民法院关于适用〈中华人民共和国民事诉讼法〉的解释》(2015.1.30)

第三条 公民的住所地是指公民的户籍所在地，法人或者其他组织的住所地是指法人或者其他组织的主要办事机构所在地。

法人或者其他组织的主要办事机构所在地不能确定的，法人或者其他组织的注册地或者登记地为住所地。

第六十四条 【法人变更登记】法人存续期间登记事项发生变化的，应当依法向登记机关申请变更登记。

第六十五条 【实际情况与登记事项不一致的法律后果】法人的实际情况与登记的事项不一致的，不得对抗善意相对人。

第六十六条 【公示登记信息】登记机关应当依法及时公示法人登记的有关信息。

条文注解

第六十四条是关于法人变更登记的规定。法人登记是指法人依法将其内部情况向国家登记机关报告登记的制度，是将法人内部情况公布于外的一种方法。第六十五条是关于法人的实际情况与其登记事项不一致的法律后果的规定。法人的实际情况与登记的事项不一致，包括两种情形：一是法人设立登记时即出现法人的实际情况与登记的事项不一致；二是存续期间登记事项发生变更但未依法及时办理变更登记。第六十六条是关于登记机关公示法人登记信息义务的规定。关于营利法人登记信息的公示问题，主要是《公司法》《企业信息公示暂行条例》进行规范；关于非营利法人登记信息的公示问题，《慈善法》作了规定。

文书范本 30 公司变更登记申请书

公司变更登记申请书

注册号：________

项 目	原登记事项	申请变更登记事项
名 称		
住 所		
邮政编码		
法定代表人姓名		
注册资本	（万元）	（万元）
实收资本	（万元）	（万元）
公司类型		
经营范围		
营业期限		
股 东（发起人）		
备案事项		

本公司依照《中华人民共和国公司法》《中华人民共和国公司登记管理条例》申请变更登记，提交材料真实有效。谨此对真实性承担责任。

法定代表人签字： 指定代表或委托代理人签字： 公司盖章：

年 月 日 年 月 日 年 月 日

注：1. 申请变更登记事项只填申请变更的内容。

2. 提交的文件、证件应当使用A4纸。

3. 应当使用黑色钢笔或签字笔工整地填写表格或签字。

公司(企业)法定代表人登记表

姓　名		是否公务员	
职　务		联系电话	
任免机构			
(身份证件复印件粘贴处)			
法定代表人签字:________ 年　月　日			
以上信息真实有效,身份证件与原件一致,谨此对真实性承担责任。 (公司加盖公章)			

公司董事、监事、经理情况表

姓名:________ 职务:________	姓名:________ 职务:________
身份证件号码:	身份证件号码:
(身份证件复印件粘贴处)	(身份证件复印件粘贴处)

续表

姓名________ 职务________	姓名________ 职务________
身份证件号码:	身份证件号码:
(身份证件复印件粘贴处)	(身份证件复印件粘贴处)
以上身份证件与原件一致,谨此对真实性承担责任。 (公司加盖公章)	

公司股东(发起人)出资情况表

(公司加盖公章)

股东(发起人)名称或姓名	证件名称及号码	认缴出资额(万元)	出资方式	持股比例(%)	实缴出资额(万元)	出资方式	出资时间	余额交付期限	备注

注:①“备注”栏填写下述字母:A. 企业法人,B. 社会团体法人,C. 事业单位法人,D. 国家授权投资的机构或部门,E. 自然人,F. 其他。

②出资方式填写:货币、非货币。

应用指引

公司变更登记申请书,是指当公司登记事项发生变化时,应当在规定期限内向原公司登记机关申请变更登记时所使用的法律文件。

公司申请变更登记,应当向公司登记机关提交下列文件:(1)公司法定代表人签署的变更登记申请书;(2)依照《公司法》作出的变更决议或者决定;(3)公司登记机关要求提交的其他文件。公司变更登记事项涉及修改公司章程的,应当提交修改后的公司章程或者公司章程修正案。

公司办理变更登记时需要注意的问题是:

(1)公司变更名称的,应当自变更决议或者决定发出之日起30日内申请变更登记,并提交下列文件:

第一,公司法定代表人签署的《公司变更登记申请书》。

第二,公司签署的《指定代表或者共同委托代理人的证明》(公司加盖公章);指定代表或委托代理人的身份证复印件(本人签字),应标明具体委托事项、被委托人的权限、委托期限。

第三,公司章程修正案(公司法定代表人签署)。

第四,法律、行政法规和国务院决定规定公司名称变更必须报经批准的,提交有关的批准文件或者许可证书复印件。

第五,公司营业执照副本。

公司变更名称,应当向原公司登记机关提出申请,申请名称超出原公司登记机关管辖权限的,由原公司登记机关向有权限的公司登记机关申报。

(2)公司变更住所的,应当在迁入新住所前申请变更登记,并提交下列文件:

第一,公司法定代表人签署的《公司变更登记申请书》和公司签署的《指定代表或者共同委托代理人的证明》(公司加盖公章);指定代表或委托代理人的身份证复印件(本人签字),应标明具体委托事项、被委托人的权限、委托期限。

第二,公司章程修正案(公司法定代表人签署)。

第三,变更后住所的使用证明。自有房产提交产权证复印件;租赁房屋提交租赁协议复印件以及出租方的房产证复印件;未取得房产证的,提交房地产管理部门的证明或者购房合同及房屋销售许可证复印件;出租方为宾馆、饭店的,提交宾馆、饭店的营业执照复印件。

第四,法律、行政法规和国务院决定规定变更住所必须报经批准的,提交有关的批准文件或者许可证书复印件。

第五,公司营业执照副本。

(3)公司变更法定代表人的,应当自变更决议或者决定作出之日起30日内申请变更登记。公司变更法定代表人应当提交的文件包括:

第一,公司法定代表人签署的《公司变更登记申请书》和公司签署的《公司(企业)法定代表人登记表》(公司加盖公章)。

第二,《指定代表或者共同委托代理人的证明》(公司加盖公章);指定代表或委托代理人的身份证复印件(本人签字),应标明具体委托事项、被委托人的权限、委托期限。

第三,根据公司章程的规定和程序提交原任法定代表人的免职证明和新任法定代表人的任职证明,有限责任公司提交股东会决议、董事会决议或其他任免文件等,股东会决议由股东签署,董事会决议由公司董事签字。股份有限公司提交董事会决议或其他任免文件,董事会决议由公司董事签字。国有独资有限责任公司提交出资人或其授权部门的书面决定(加盖公章)、董事会决议(由董事签字)或其他相关材料。一人有限责任提交股东的书面决定(股东为自然人的由本人签字,法人股东加盖公章)、董事会决议(由董事签字)或其他相关材料。

第四,法律、行政法规和国务院决定规定变更法定代表人必须报经批准的,提交有关的批准文件或者许可证书复印件。

第五,公司营业执照副本。

公司变更法定代表人姓名涉及公司董事变动的,应按《公司董事、监事、经理备案提交材料规范》的要求提交相关备案材料,相同的材料不必重复提交。

以上各项未注明提交复印件的,应当提交原件。提交复印件的,应当注明"与原件一致"并由公司加盖公章。

(4)公司变更注册资本的,应当提交以下文件:

第一,公司法定代表人签署的《公司变更登记申请书》(公司加盖公章)。

第二,公司签署的《公司股东(发起人)出资情况表》(公司加盖公章)。

第三,公司签署的《指定代表或者共同委托代理人的证明》(公司加盖公章);指定代表或委托代理人的身份证复印件(本人签字),应标明具体委托事项、被委托人的权限、委托期限。

第四,有限责任公司提交股东会决议,股份有限公司提交股东大会会议记录,内容应当包括:增加/减少注册资本的数额,各股东具体承担的增加/减少注册资本的数额,各股东的出资方式,出资日期。有限责任公司由代表三分之二以上表决权的股东签署(股东为自然人的由本人签字,非自然人的股东加盖公章);股份有限公司股东大会会议记录由代表三分之二以上表决权的发起人加盖公章或会议主持人及出席会议的董事签字。一人有限责任公司应提交股东的书面决定,内容应当包括:增加/减少注册资本的数额和出资方式以及出资日期(股东为自然人的由本人签字,非自然人的股东加盖公章)。国有独资公司提交国有资产监督管理机构的批准文件,内容应当包括:增加/减少注册资本的数额和出资方式以及出资日期。

第五，公司章程修正案（公司法定代表人签署）。

第六，依法设立的验资机构出具的验资证明。

第七，股份有限公司以募集方式增加注册资本的还应提交国务院证券监督管理机构的核准文件。

第八，法律、行政法规和国务院决定规定变更注册资本必须报经批准的，提交有关的批准文件或者许可证书复印件。

第九，公司减少注册资本的，提交刊登减资公告的报纸报样。

第十，公司营业执照副本。

(5)公司变更实收资本的，应当提交下列文件：

第一，公司法定代表人签署的《公司变更登记申请书》（公司加盖公章）。

第二，公司签署《公司股东（发起人）出资情况表》（公司加盖公章）。

第三，《指定代表或者共同委托代理人的证明》（公司加盖公章）；指定代表或委托代理人的身份证复印件（本人签字），应标明具体委托事项、被委托人的权限、委托期限。

第四，依法设立的验资机构出具的验资证明。

第五，公司章程修正案（公司法定代表人签署）。

第六，公司营业执照副本。

(6)公司变更经营范围的，应当自变更决议或者决定作出之日起30日内申请变更登记；变更经营范围涉及法律、行政法规规定必须报经审批的项目的，应当自国家有关部门批准之日起30日内申请变更登记。变更经营范围应提交的文件包括：

第一，法定代表人签署的《公司变更登记申请书》（公司加盖公章）；

第二，公司签署的《指定代表或者共同委托代理人的证明》（公司加盖公章）；指定代表或委托代理人的身份证复印件（本人签字）。应标明具体委托事项、被委托人的权限、委托期限；

第三，公司章程修正案（公司法定代表人签署）；

第四，公司申请登记的经营范围中有法律、行政法规和国务院决定规定必须在登记前报经批准的项目，提交有关的批准文件或者许可证书复印件或许可证明；

第五，法律、行政法规和国务院决定规定变更经营范围必须报经批准的，提交有关的批准文件或者许可证书复印件；

第六，公司营业执照副本。

(7)公司变更类型的，应当按照拟变更的公司类型的设立条件，在规定的期限内向公司登记机关申请变更登记，并提交以下文件：

第一，法定代表人签署的《公司变更登记申请书》和公司签署的《指定代表或者共同委托代理人的证明》（公司加盖公章）；指定代表或委托代理人的身份证复印件（本人签字),应标明具体委托事项、被委托人的权限、委托期限。

第二,有限责任公司提交股东会决议,股份有限公司提交股东大会决议。有限责任公司由代表三分之二以上表决权的股东签署(股东为自然人的由本人签字;非自然人的股东加盖公章);股份有限公司由代表三分之二以上表决权的发起人加盖公章或者审议章程的股东大会会议主持人及出席会议的董事签字确认。一人有限责任公司应提交股东的书面决定(股东为自然人的由本人签字,非自然人的股东加盖公章)。国有独资公司提交出资人或授权部门的书面决定。

第三,公司章程修正案(公司法定代表人签署)。

第四,法律、行政法规和国务院决定规定变更公司类型必须报经批准的,提交有关的批准文件或者许可证书复印件。

第五,公司营业执照副本。

公司变更类型,涉及其他登记事项变更的,应当同时申请变更登记,按相应的提交材料范本规范提交相应的材料。

(8)有限责任公司变更股东的,应当自股东发生变动之日起30日内申请变更登记,并应当提交新股东的法人资格证明或者自然人的身份证明。变更股东的,应提交下列文件:

第一,法定代表人签署的《公司变更登记申请书》(公司加盖公章)。

第二,公司签署的《公司股东(发起人)出资情况表》(公司加盖公章)。

第三,公司签署的《指定代表或者共同委托代理人的证明》(公司加盖公章)。指定代表或委托代理人的身份证复印件(本人签字),应标明具体委托事项、被委托人的权限、委托期限。

第四,有限责任公司提交股东会决议(由全体股东签署,股东为自然人的由本人签字;自然人以外的股东加盖公章)。有限责任公司未就股东转让股权召开股东会的或者股东会决议未能由全体股东签署的,应当提交转让股权的股东就股权转让事项发给其他股东的书面通知以及其他股东的答复意见,其他股东未答复的,须提交拟转让股东的说明。

第五,股权转让协议或者股权交割证明(由转让双方签署,股东或发起人为自然人的由本人签字;非自然人的股东或发起人加盖公章)。

第六,新股东的主体资格证明或自然人身份证明。企业提交营业执照副本复印件;事业单位法人提交事业单位法人证书复印件;社团法人提交社会团体法人登记证书复印件;民办非企业单位提交民办非企业单位登记证书复印件;自然人提交身份证复印件。

第七,公司章程修正案(公司法定代表人签署)。

第八,法律、行政法规和国务院决定规定变更股东必须报经批准的,提交有关的批准文件或者许可证书复印件。

第九，公司营业执照副本。

人民法院依法裁定划转股权的，应当提交人民法院的裁定书，无须提交上述第三项和第四项材料。公司变更股东，涉及其他登记事项变更的，应当同时申请变更登记，按相应的提交材料规范提交相应的材料。

(9)股东名称或者姓名变更的，应当自改变名称或者姓名之日起30日内申请变更登记。并应提供下列文件：

第一，法定代表人签署的《公司变更登记申请书》(公司加盖公章)。

第二，公司签署《公司股东(发起人)出资情况表》(公司加盖公章)。

第三，公司签署的《指定代表或者共同委托代理人的证明》(公司加盖公章)。指定代表或委托代理人的身份证复印件(本人签字)，应标明具体委托事项、被委托人的权限、委托期限。

第四，公司章程修正案(公司法定代表人签署)。

第五，股东或发起人名称或姓名变更证明。

企业提交名称《准予变更登记通知书》复印件；事业单位法人、社团法人、民办非企业单位提交有关登记机关准予变更的证明；自然人提交公安部门的证明。

第六，新股东或发起人的主体资格证明或自然人身份证明。

企业提交营业执照副本复印件；事业单位法人提交事业单位法人证书复印件；社团法人提交社会团体法人登记证书复印件；民办非企业单位提交民办非企业单位登记证书复印件；自然人提交身份证复印件。

第七，公司营业执照副本。

(10)营业期限的变更，应当提交下列文件：

第一，法定代表人签署的《公司变更登记申请书》(公司加盖公章)。

第二，公司签署的《指定代表或者共同委托代理人的证明》(公司加盖公章)。指定代表或委托代理人的身份证复印件(本人签字)，应标明具体委托事项、被委托人的权限、委托期限。

第三，公司章程修正案(公司法定代表人签署)。

第四，法律、行政法规和国务院决定规定变更营业期限必须报经批准的，提交有关的批准文件或者许可证书复印件。

第五，公司营业执照副本。

文书范本 31 公司撤销变更登记申请书

公司撤销变更登记申请书

公司名称	
注册号	
申请撤销变更登记事项及登记时间	
准予变更登记通知书文号	
申请撤销登记的原因	
人民法院通知文书文号	
本公司依照《中华人民共和国公司法》《中华人民共和国公司登记管理条例》申请撤销变更登记,提交材料真实有效。谨此对真实性承担责任。 法定代表人签字: 指定代表或委托代理人签字: 公司盖章: 年 月 日 年 月 日 年 月 日	

注:1. 提交的文件、证件应当使用A4纸。
2. 应当使用黑色钢笔或签字笔工整地填写表格或签字。

指定代表或者共同委托代理人的证明

申请人:__________

指定代表或者委托代理人:__________

委托事项：____

委托事项：____

委托事项：____。

指定代表或委托代理人更正有关材料的权限：

1. 同意□不同意□修改任何材料；
2. 同意□不同意□修改企业自备文件的文字错误；
3. 同意□不同意□修改有关表格的填写错误；
4. 其他有权更正的事项：________________。

指定或者委托的有效期限：自______年____月____日至______年____月____日

指定代表或委托代理人联系电话	固定电话：
	移动电话：

（指定代表或委托代理人
身份证明复印件粘贴处）

________年____月____日

（申请人盖章或签字）

注：1. 公司撤销变更登记，有限责任公司申请人为全体股东；国有独资公司申请人为国务院或地方人民政府国有资产监督管理机构；股份有限公司申请人为董事会；非公司企业申请人为出资人。企业变更、注销登记申请人为本企业。

2. 申请人是法人和经济组织的由其盖章；申请人是自然人的由其签字；申请人为董事会的由全体董事签字。

3. 指定代表或者委托代理人更正有关材料的权限：第1～3项选择“同意”或“不同意”并在“□”中打“√”；第4项按授权内容自行填写。

应用指引

公司撤销变更登记申请书，是指在变更登记的决议没有法律效力的情况下，公司申请撤销变更行为所使用的法律文书。《公司法》第二十二条第四款规定，“公司根据股东会或者股东大会、董事会决议已办理变更登记的，人民法院宣告该决议无效或者撤销该决议后，公司应当向公司登记机关申请撤销变更登记。”

公司撤销变更登记应当提交下列材料：(1)公司法定代表人签署的《公司撤销变更登记申请书》(加盖公司公章)。(2)公司签署的《指定代表或者共同委托代理人的证明》(加盖公司公章)及指定代表或委托代理人的身份证复印件(本人签字)，应标明具体委托事项、被委托人的权限、委托期限。(3)人民法院的裁判文书。(4)公司营业执照副本。

关联法规

《公司法》(2013.12.28 修正)

第七条 依法设立的公司，由公司登记机关发给公司营业执照。公司营业执照签发日期为公司成立日期。

公司营业执照应当载明公司的名称、住所、注册资本、经营范围、法定代表人姓名等事项。

公司营业执照记载的事项发生变更的，公司应当依法办理变更登记，由公司登记机关换发营业执照。

《公司登记管理条例》(2016.2.6 修订)

第九条 公司的登记事项包括：

(一)名称；

(二)住所；

(三)法定代表人姓名；

(四)注册资本；

(五)公司类型；

(六)经营范围；

(七)营业期限；

(八)有限责任公司股东或者股份有限公司发起人的姓名或者名称。

第二十六条 公司变更登记事项，应当向原公司登记机关申请变更登记。

未经变更登记，公司不得擅自改变登记事项。

《事业单位登记管理暂行条例》(2004.6.27 修订)

第八条 登记管理机关应当自收到登记申请书之日起30日内依照本条例的规定进行审查，作出准予登记或者不予登记的决定。准予登记的，发给《事业单位法人证书》；不予登记的，应当说明理由。

事业单位法人登记事项包括：名称、住所、宗旨和业务范围、法定代表人、经费来源(开办资金)等情况。

第十条 事业单位的登记事项需要变更的,应当向登记管理机关办理变更登记。

《社会团体登记管理条例》(2016.2.6 修订)

第十四条 社会团体的章程应当包括下列事项:

(一)名称、住所;

(二)宗旨、业务范围和活动地域;

(三)会员资格及其权利、义务;

(四)民主的组织管理制度,执行机构的产生程序;

(五)负责人的条件和产生、罢免的程序;

(六)资产管理和使用的原则;

(七)章程的修改程序;

(八)终止程序和终止后资产的处理;

(九)应当由章程规定的其他事项。

第十八条 社会团体的登记事项需要变更的,应当自业务主管单位审查同意之日起30日内,向登记管理机关申请变更登记。

社会团体修改章程,应当自业务主管单位审查同意之日起30日内,报登记管理机关核准。

第六十七条 【法人合并、分立后的权利义务享有和承担】法人合并的,其权利和义务由合并后的法人享有和承担。

法人分立的,其权利和义务由分立后的法人享有连带债权,承担连带债务,但是债权人和债务人另有约定的除外。

条文注解

法人合并,是指两个以上的法人不经清算程序而合并为一个法人的法律行为。按合并方式的不同,法人合并分为吸收合并和新设合并。吸收合并,是指一个或多个法人归并到一个现存的法人中去,被合并的法人资格消灭,存续法人的主体资格仍然存在。新设合并,是指两个以上的法人合并为一个新法人,原来的法人消灭,新的法人产生。

法人分立,是指一个法人分成两个或两个以上法人的法律行为。按分立方式的不同,法人分立分为派生分立和新设分立两种方式。派生分立,是指原法人仍然存在,但从原法人中分立出去一个新的法人。新设分立,是指原法人分立为两个或者两个以上新的法人,原法人不复存在。

关联法规

《公司法》(2013.12.28 修正)

第一百七十四条　公司合并时，合并各方的债权、债务，应当由合并后存续的公司或者新设的公司承继。

第一百七十六条　公司分立前的债务由分立后的公司承担连带责任。但是，公司在分立前与债权人就债务清偿达成的书面协议另有约定的除外。

《合同法》(1999.3.15)

第九十条　当事人订立合同后合并的，由合并后的法人或者其他组织行使合同权利，履行合同义务。当事人订立合同后分立的，除债权人和债务人另有约定的以外，由分立的法人或者其他组织对合同的权利和义务享有连带债权，承担连带债务。

第六十八条　【法人终止原因】有下列原因之一并依法完成清算、注销登记的，法人终止：

(一)法人解散；

(二)法人被宣告破产；

(三)法律规定的其他原因。

法人终止，法律、行政法规规定须经有关机关批准的，依照其规定。

条文注解

本条的规定虽源自《民法通则》第四十五条，但与《民法通则》第四十五条相比，本条在概念的内涵和用语的准确等方面有很大变化，主要是：

(1)关于“法人解散”概念的内涵。本条规定的“法人解散”，是在广义上使用的概念，既包括法人依权力机构决议等自行解散，也包括法人依法被吊销营业执照、登记证书，被责令关闭或者被撤销等行政解散，还包括法人因陷入内部治理的僵局而被人民法院强制解散，具体情形在本法第六十九条作了详细规定。《民法通则》第四十五条将“解散”与“依法被撤销”并列使用，表明是将“法人解散”在狭义上使用，即仅指法人自行解散。

(2)关于“法人终止”概念的内涵。本条规定的“法人终止”与“法人清算”不同。法人解散后，要经过法人清算程序，完成注销登记时，法人才终止。也就是说，“法人清算”是“法人终止”的前提，“法人终止”是“法人清算”的结果。法人终止前的法人清算阶段，法人并未“死亡”，其民事主体资格仍然存在。因此，本条第一款明确规定“有下列原因之一并依法完成清算、注销登记的，法人终止”，将“法人清算”与“法人终止”作了明确区分。

文书范本 32 公司注销登记申请书

公司注销登记申请书

<table>
<tr><td>名 称</td><td colspan="3"></td></tr>
<tr><td>公司类型</td><td></td><td>注册号</td><td></td></tr>
<tr><td colspan="2">清算组成员备案确认文书编号</td><td colspan="2"></td></tr>
<tr><td>申请注销登记的原因</td><td colspan="3"></td></tr>
<tr><td rowspan="3">债权债务清理情况</td><td colspan="2">债权债务清理情况是否完结</td><td></td></tr>
<tr><td colspan="2">分公司是否全部办理完毕注销登记手续</td><td></td></tr>
<tr><td colspan="2">对外投资是否清理完结</td><td></td></tr>
<tr><td rowspan="2">公告情况</td><td colspan="2">公告报纸名称</td><td></td></tr>
<tr><td colspan="2">公告日期</td><td></td></tr>
<tr><td colspan="4">本公司依照《中华人民共和国公司法》《中华人民共和国公司登记管理条例》申请注销登记，提交材料真实有效。谨此对真实性承担责任。

公司法定代表人签字： 指定代表或委托代理人签字： 公司盖章：

年 月 日 年 月 日 年 月 日</td></tr>
</table>

注：1. 提交的文件、证件应当使用A4纸。
2. 应当使用黑色钢笔或签字笔工整地填写表格或签字。
3. 因公司合并、分立而申请注销登记的，清算组负责人签字栏由公司法定代表人签字。

应用指引

公司注销登记申请书，是公司向原登记机关申请注销登记时所使用的法律文书。

公司注销，是指公司法人资格的消灭。经公司登记机关核准注销登记，公司终止。公司注销的原因有：公司被依法宣告破产；公司章程规定的营业期限届满或者公司章程规定的其他解散事由出现；股东会决议解散；公司因合并、分立解散；公司被依法责令关闭。发生上述情况之一的，公司清算组织应当自公司清算结束之日起30日内向原公司登记机关申请注销登记。

公司注销应当提供的文件有：

(1)公司清算组织负责人签署、公司盖章的《公司注销登记申请书》。

(2)公司盖章的《指定代表或者共同委托代理人的证明》以及指定代表或共同委托代理人的身份证复印件。

(3)清算组成员《备案确认通知书》。

(4)依照《公司法》作出的决议或者决定。

其中，应当注意：

第一，有限责任公司、股份有限公司提交股东(大)会决定公司注销的决议；有限责任公司股东会决议由股东盖章(单位股东)或签字(自然人股东)；股份有限公司股东大会决议由会议主持人和出席股东大会的董事签字。

第二，国有独资公司提交国有资产监督管理委员会决定注销的文件。其中，国务院确定的重要的国有独资公司，还应当提交本级人民政府的批准文件。

第三，一人有限责任公司提交股东的书面决定，由股东盖章(法人股东)或签字(自然人股东)。

第四，法院裁定解散、破产或者行政机关责令关闭的，分别提交法院的裁定文件或行政机关的决定。

第五，因违反《公司登记管理条例》有关规定被公司登记机关依法撤销公司设立登记的，提交公司登记机关撤销公司设立登记的决定。

(5)经确认的清算报告。其中，应当注意：

第一，有限责任公司、股份有限公司提交股东(大)会关于确认公司清算报告的决议；有限责任公司股东会决议由股东盖章(单位股东)或签字(自然人股东)；股份有限公司股东大会决议由会议主持人和出席股东大会的董事签字。

第二，国有独资公司提交国有资产监督管理委员会关于确认公司清算报告的文件。

第三，一人有限责任公司提交股东的书面决定，由股东盖章(法人股东)或签字(自然人股东)。

(6)刊登注销公告的报纸报样。

(7)有分公司的，还应当提交分公司的注销登记证明。

(8)法律、行政法规规定应当提交的其他文件。

(9)公司营业执照的正、副本。

文书范本 33 分公司注销登记申请书

分公司注销登记申请书

名　称		注册号	
负责人			
申请注销登记的原因			
依照《中华人民共和国公司法》《中华人民共和国公司登记管理条例》申请分公司注销登记,提交材料真实有效。谨此对真实性承担责任。 公司法定代表人签字:　　指定代表或委托代理人签字:　　公司盖章: 年　月　日　　年　月　日　　年　月　日			

注:1. 提交的文件、证件应当使用A4纸。
2. 应当使用黑色钢笔或签字笔工整地填写表格或签字。

应用指引

分公司注销登记申请书,是指向原登记机关申请注销分公司时所使用的法律文书。

分公司是公司的分支机构,本身不具有法人资格,但经过营业登记即可取得相应的经营主体资格,从而以自己的名义从事生产经营活动。分公司的权利义务最终要由设立的公司承担,因此,母公司可以根据自己经营的需要,决定设立或者撤销分公司,但要办理相应的登记手续。根据《公司登记管理条例》的规定,分公司被公司撤销、依法责令关闭、吊销营业执照的,公司应当自决定作出之日起30日内向该分公司的公司登记机关申请注销登记。申请注销登记应当提交公司法定代表人签署的注销登记申请书和分公司的营业执照。公司登记机关准予注销登记后,应当收缴分公司的营业执照。公司在注销的同时,也应注销分公司。

注销分公司应当提交的文件有:

(1)公司清算组织负责人签署、公司盖章的《公司注销登记申请书》。

(2)公司盖章的《指定代表或者共同委托代理人的证明》以及指定代表或共同委托代理人的身份证复印件。

(3)清算组成员《备案确认通知书》。

(4)依照《公司法》作出的决议或者决定。其中,应当注意:

第一，有限责任公司、股份有限公司提交股东（大）会决定公司注销的决议。有限责任公司股东会决议由股东盖章（单位股东）或签字（自然人股东）；股份有限公司股东大会决议由会议主持人和出席股东大会的董事签字。

第二，国有独资公司提交国有资产监督管理委员会决定注销的文件。其中，国务院确定的重要的国有独资公司，还应当提交本级人民政府的批准文件。一人有限责任公司提交股东的书面决定，由股东盖章（法人股东）或签字（自然人股东）。法院裁定解散、破产或者行政机关责令关闭的，分别提交法院的裁定文件或行政机关的决定。因违反《公司登记管理条例》有关规定被公司登记机关依法撤销公司设立登记的，提交公司登记机关撤销公司设立登记的决定。

（5）经确认的清算报告。其中，应当注意：

有限责任公司、股份有限公司提交股东（大）会关于确认公司清算报告的决议；有限责任公司股东会决议由股东盖章（单位股东）或签字（自然人股东）；股份有限公司股东大会决议由会议主持人和出席股东大会的董事签字。国有独资公司提交国有资产监督管理委员会关于确认公司清算报告的文件。一人有限责任公司提交股东的书面决定，由股东盖章（法人股东）或签字（自然人股东）。

（6）刊登注销公告的报纸报样。

（7）法律、行政法规规定应当提交的其他文件。

第六十九条 【法人解散情形】有下列情形之一的，法人解散：

（一）法人章程规定的存续期间届满或者法人章程规定的其他解散事由出现；

（二）法人的权力机构决议解散；

（三）因法人合并或者分立需要解散；

（四）法人依法被吊销营业执照、登记证书，被责令关闭或者被撤销；

（五）法律规定的其他情形。

条文注解

本条承接、落实本法第六十八条第一款第一项“法人解散”的规定，具体列举了“法人解散”的主要情形，大致可以概括如下：（1）法人依章程或依权力机构决议等自行解散。（2）行政强制解散。一是吊销营业执照，如《公司法》的相关规定。二是吊销登记证书，如《慈善法》的相关规定。三是责令关闭，如《海洋环境保护法》《证券法》《烟草专卖法》的相关规定。四是撤销，如证券公司出现法定情形，国务院证券监督管理机构可以直接撤销该证券公司。（3）司法强制解散。《公司法》规定了公司陷入僵局情形下的司法强制解散制度。

关联法规

《公司法》(2013.12.28 修正)

第一百八十条 公司因下列原因解散:

(一)公司章程规定的营业期限届满或者公司章程规定的其他解散事由出现;

(二)股东会或者股东大会决议解散;

(三)因公司合并或者分立需要解散;

(四)依法被吊销营业执照、责令关闭或者被撤销;

(五)人民法院依照本法第一百八十二条的规定予以解散。

第一百八十二条 公司经营管理发生严重困难,继续存续会使股东利益受到重大损失,通过其他途径不能解决的,持有公司全部股东表决权百分之十以上的股东,可以请求人民法院解散公司。

第七十条 【清算义务人与强制清算程序启动事由】法人解散的,除合并或者分立的情形外,清算义务人应当及时组成清算组进行清算。

法人的董事、理事等执行机构或者决策机构的成员为清算义务人。法律、行政法规另有规定的,依照其规定。

清算义务人未及时履行清算义务,造成损害的,应当承担民事责任;主管机关或者利害关系人可以申请人民法院指定有关人员组成清算组进行清算。

名词解释

清算义务人,是指法人解散后依法负有启动清算程序的主体,其义务在于根据法律规定及时启动相应的清算程序以终止法人。

条文注解

本条是关于清算义务人及强制清算程序启动事由的规定。应注意理解以下问题:

1. 清算义务人的及时清算义务

清算义务人与清算人的概念不同。在《合伙企业法》《个人独资企业法》中出现了"清算人"的概念,其他法律如《公司法》中使用的多是"清算组"的概念。清算人或清算组,是指具体负责清算事务的主体,其义务在于依照法定程序进行清算。如果法人解散后未进行清算,也就不存在清算人或清算组,但始终存在清算义务人。法人的清算义务人应当及时履行其负有的启动清算程序即组成清算组的义务,即便司法强制解散情形下也不例外。

2. 清算义务人的担当主体

关于清算义务人的确定,应分为以下两个层次:(1)董事、理事既可能是法人执行机构的成员，亦可能是法人决策机构的成员。但无论其为执行机构的成员，还是决策机构的成员，均应由董事、理事或与董事、理事具有相当地位的主体作为清算义务人。(2)破产清算之外的清算，允许法律、行政法规就清算设例外规定，这又分为两种不同情形：其一，法人自行清算情形下的例外清算义务人。如根据《公司法》，有限责任公司的清算组由股东组成，股份有限公司的清算组由董事或者股东大会确定的人员组成，清算义务人同时担任法定清算人，二者出现了竞合。其二，行政清算情形下的组织清算主体为行政主管机关。如根据《民办教育促进法》的规定，民办学校被审批机关依法撤销的，则由审批机关组织清算。与民办学校类似情形的，还有商业银行、保险公司、证券公司等金融机构，分别由相应法律、行政法规调整。

3. 清算义务人未及时履行清算义务的后果

应当注意以下两点：(1)清算义务人未及时履行清算义务，会引发两种不同性质的法律后果：一是程序方面的法律后果，即强制清算程序的启动，具体规定于本条第三款后半段“主管机关或者利害关系人可以申请人民法院指定有关人员组成清算组进行清算”。二是关于实体责任方面的法律后果，乃是基于侵权责任原理，在判断责任构成时，应当按照清算义务人主观上有过错、客观上未及时履行清算义务而造成损害，该损害与清算义务人未及时履行清算义务之间存在因果关系进行把握。(2)关于强制清算程序的启动主体，包括主管机关和利害关系人。

关联法规

《公司法》(2013.12.28 修正)

第一百八十三条 公司因本法第一百八十条第(一)项、第(二)项、第(四)项、第(五)项规定而解散的，应当在解散事由出现之日起十五日内成立清算组，开始清算。有限责任公司的清算组由股东组成，股份有限公司的清算组由董事或者股东大会确定的人员组成。逾期不成立清算组进行清算的，债权人可以申请人民法院指定有关人员组成清算组进行清算。人民法院应当受理该申请，并及时组织清算组进行清算。

第一百八十九条 清算组成员应当忠于职守，依法履行清算义务。

清算组成员不得利用职权收受贿赂或者其他非法收入，不得侵占公司财产。

清算组成员因故意或者重大过失给公司或者债权人造成损失的，应当承担赔偿责任。

第七十一条 【法人清算程序和清算组职权的法律适用】法人的清算程序和清算组职权，依照有关法律的规定；没有规定的，参照适用公司法的有关规定。

条文注解

法人解散，组成清算组后，即进入具体的清算程序，清算组根据法律规定的职权，按照法定的清算程序，开展清算工作。可以说，法人的清算程序和清算组职权是法人清算制度的核心内容。关于法人清算问题，专门规范法人的相关法律和行政法规几乎都会涉及，但具有可操作性的清算程序和清算组职权的规定，则仅在《公司法》中作了规定。

文书范本 ▶▶ 34 选举清算人决议

选举清算人决议

________年____月____日，股份有限公司在本公司第________会议室召开临时股东大会。到会股东共________人（含代理人________人），代表股份________股。

________时整，会议主席、公司董事长________先生（女士）宣布开会。公司董事________先生（女士）就选举清算人议案作了简短说明：本公司因章程规定的营业期限（________年____月____日至________年____月____日）届满（因章程规定的解散事由发生，发生时间为________年____月____日）而应该解散，按照《公司法》的相关规定，公司股东大会应于15日内选任清算人。公司董事会经研究后，决定推举________、________、________、________为公司清算组成员，________为清算代表，特提交本次股东大会表决。

推举的清算组成员简介如下：

________先生，男，____岁，任本公司董事长，持有本公司股份____股；

________女士，女，____岁，任本公司董事，持有本公司股份____股；

________先生，男，____岁，任本公司总经理，持有本公司股份____股；

……

与会股东经简短讨论后，以举手方式，一致同意上述________人为清算组成员，________为清算代表。

大会责成清算组成员于________年____月____日接替公司董事会，着手清算事务。

被选任清算组成员全部到会，并于会上口头表示承诺就任清算组成员职位。

____时____分，大会主席宣布散会。

会议主席签名：________

与会董事签名：________

________年____月____日

记录人：________（签名盖章）

应用指引

选举清算人决议，是指由股东大会作出的组成公司清算组人员所使用的法律文书。

公司清算，是指在公司面临终止的情况下，负有清算义务的主体按照法律规定的方式、程序对公司的资产、负债、股东权益等公司的状况做全面的清理和处置，使得公司与其他社会主体之间产生的权利和义务归于消灭，从而为公司的终止提供合理依据的行为。按照《公司法》的规定，公司清算需要组成清算组，对公司进行全面清算。

文书范本 ▶▶ 35 公司清算方案

公司清算方案

因公司经股东会决议解散，制定如下清算方案：

一、股东会决议解散之日起15日内成立清算组。

二、清算组在清算期间行使下列职权：

（一）清理公司财产，分别编制资产负债表和财产清单；

（二）通知、公告债权人；

（三）处理与清算本公司未了结的业务；

（四）清缴所欠税款以及清算过程中产生的税款；

（五）清理债权、债务；

（六）处理公司清偿债务后的剩余财产；

（七）代表公司参与民事诉讼活动；

（八）发现公司财产不足清偿债务时，依法向人民法院申请宣告破产。

三、清算组应当自成立之日起10日内通知债权人，并于60日内在报纸上公告。

四、公司财产能够清偿公司债务的，清算组按下列顺序清偿：

（一）支付清算费用；

（二）支付职工工资和社会保险费用及法定补偿金；

（三）缴纳所欠税款；

（四）清偿公司债务。

公司财产按前款规定清偿后的剩余财产，按照股东的实缴出资的比例分配。

五、清算组在清理公司财产、编制资产负债表和财产清单后，发现公司财产不足清偿债务的，应当依法向人民法院申请宣告破产。公司经人民法院裁定宣告破产后，清算组应当将清算事务移交给人民法院。

六、清算结束后，清算组应当制作清算报告，报股东会或者人民法院确认，并报送公司登记机关，申请注销公司登记，公告公司终止。

________公司清算组

________年____月____日

应用指引

公司清算方案，是指清算组作出的有关公司债权债务清理的工作程序规定。公司清算方案是处理公司清算事务，了结公司债权、债务的法定文件，其主要内容包括公司的资产和负债情况，财产清单，财产作价依据，债权、债务清单和债权、债务处理办法等。

清算组在制定清算方案前必须对公司的财产进行清理，编制资产负债表和财产清单，通知和公告债权人在法定期限内向清算组申报其债权，在核实债权、债务的基础上确定债权、债务的处理办法。清算方案制订出来后，在公司自行组织清算的情况下，应当将清算方案报请股东会认可。国有独资公司的清算方案需报请国家授权投资的机构或者国家授权的部门认可。如果公司是被依法责令关闭的，还应将清算方案报请政府有关主管机关认可。如果公司是由法院指派清算人组织清算的，清算方案应报请具有管辖权的人民法院认可。清算方案未经认可不得实施。为了准确掌握公司的资产和负债情况，清算组接管公司后，公司一切与清算目的无关的经营活动必须停止，并不得开展新的经营活动。

关联法规

《公司法》(2013.12.28 修正)

第一百八十四条 清算组在清算期间行使下列职权：

(一)清理公司财产，分别编制资产负债表和财产清单；

(二)通知、公告债权人；

(三)处理与清算有关的公司未了结的业务；

(四)清缴所欠税款以及清算过程中产生的税款；

(五)清理债权、债务；

(六)处理公司清偿债务后的剩余财产；

(七)代表公司参与民事诉讼活动。

第一百八十五条 清算组应当自成立之日起十日内通知债权人，并于六十日内在报纸上公告。债权人应当自接到通知书之日起三十日内，未接到通知书的自公告之日起四十五日内，向清算组申报其债权。

债权人申报债权，应当说明债权的有关事项，并提供证明材料。清算组应当对债权进行登记。

在申报债权期间，清算组不得对债权人进行清偿。

第一百八十六条 清算组在清理公司财产、编制资产负债表和财产清单后，应当制定清算方案，并报股东会、股东大会或者人民法院确认。

公司财产在分别支付清算费用、职工的工资、社会保险费用和法定补偿金，缴纳所欠税款，清偿公司债务后的剩余财产，有限责任公司按照股东的出资比例分配，股份有限公司按照股东持有的股份比例分配。

清算期间，公司存续，但不得开展与清算无关的经营活动。公司财产在未依照前款规定清偿前，不得分配给股东。

第一百八十七条 清算组在清理公司财产、编制资产负债表和财产清单后，发现公司财产不足清偿债务的，应当依法向人民法院申请宣告破产。

公司经人民法院裁定宣告破产后，清算组应当将清算事务移交给人民法院。

第一百八十八条 公司清算结束后，清算组应当制作清算报告，报股东会、股东大会或者人民法院确认，并报送公司登记机关，申请注销公司登记，公告公司终止。

第七十二条 【清算中法人地位、清算后剩余财产处置及法人终止】清算期间法人存续，但是不得从事与清算无关的活动。

法人清算后的剩余财产，根据法人章程的规定或者法人权力机构的决议处理。法律另有规定的，依照其规定。

清算结束并完成法人注销登记时，法人终止；依法不需要办理法人登记的，清算结束时，法人终止。

条文注解

法人解散后即进入清算阶段，清算中的法人与解散前的法人是同一个法律统一体，清算中的法人仍然具有独立的法人地位，只是与解散前的法人相比，清算中法人的权利能力和行为能力缩减，被严格限制在以清算为目的的范围内。

关联法规

《公司登记管理条例》(2016.2.6 修订)

第四十二条 有下列情形之一的，公司清算组应当自公司清算结束之日起30日内向原公司登记机关申请注销登记：

(一)公司被依法宣告破产；

(二)公司章程规定的营业期限届满或者公司章程规定的其他解散事由出现，但公司通过修改公司章程而存续的除外；

(三)股东会、股东大会决议解散或者一人有限责任公司的股东、外商投资的公司董事会决议解散；

(四)依法被吊销营业执照、责令关闭或者被撤销；

（五）人民法院依法予以解散；

（六）法律、行政法规规定的其他解散情形。

第四十三条 公司申请注销登记，应当提交下列文件：

（一）公司清算组负责人签署的注销登记申请书；

（二）人民法院的破产裁定、解散裁判文书，公司依照《公司法》作出的决议或者决定，行政机关责令关闭或者公司被撤销的文件；

（三）股东会、股东大会、一人有限责任公司的股东、外商投资的公司董事会或者人民法院、公司批准机关备案、确认的清算报告；

（四）《企业法人营业执照》；

（五）法律、行政法规规定应当提交的其他文件。

国有独资公司申请注销登记，还应当提交国有资产监督管理机构的决定，其中，国务院确定的重要的国有独资公司，还应当提交本级人民政府的批准文件。

有分公司的公司申请注销登记，还应当提交分公司的注销登记证明。

第四十四条 经公司登记机关注销登记，公司终止。

第七十三条 【法人破产清算终止程序】法人被宣告破产的，依法进行破产清算并完成法人注销登记时，法人终止。

条文注解

与法人解散后进行的清算不同，法人被宣告破产后，依法进行破产清算。根据本法第六十八条的规定，“法人被宣告破产”是与“法人解散”并列的一类法人终止的原因。从条文安排上看，第六十九条至第七十二条是围绕着“法人解散”所作的规定。依逻辑顺序，第七十三条即本条，就法人破产清算终止程序进行了规定。

目前我国并无统一的破产法，《企业破产法》的适用范围是企业。但《企业破产法》为企业法人以外的法人和非法人组织破产时的清算程序预留了接口。该法第一百三十五条规定：“其他法律规定企业法人以外的组织的清算，属于破产清算的，参照适用本法规定的程序。”具体还可以参见《农民专业合作社法》《民办教育促进法》《合伙企业法》等法律的规定。

第七十四条 【法人分支机构】法人可以依法设立分支机构。法律、行政法规规定分支机构应当登记的，依照其规定。

分支机构以自己的名义从事民事活动，产生的民事责任由法人承担；也可以先以该分支机构管理的财产承担，不足以承担的，由法人承担。

条文注解

本条是关于法人分支机构的规定。关于法人是否可以自主设立分支机构问题，涉及两个方面的内容：一是可否设立分支机构；二是设立分支机构是否需要审批。对此，需要依照相关法律和行政法规的规定。关于法人设立分支机构是否需要登记问题，主要有《公司法》《商业银行法》《保险法》等法律和一系列行政法规的规定。

还应注意，本条第二款规定的“先以该分支机构管理的财产承担”与“法人承担”并不矛盾。分支机构管理的财产本就是法人财产的一部分，以分支机构管理的财产承担民事责任，其实就是以法人的财产承担民事责任。而且，分支机构管理的财产不足以承担的，民事责任还是由法人承担。

文书范本 36 分公司设立登记申请书

分公司设立登记申请书

<table>
<tr><td>名　　称</td><td colspan="3"></td></tr>
<tr><td>营业场所</td><td></td><td>邮政编码</td><td></td></tr>
<tr><td>负 责 人</td><td></td><td>联系电话</td><td></td></tr>
<tr><td>经营范围</td><td colspan="3"></td></tr>
<tr><td colspan="4">依照《中华人民共和国公司法》《中华人民共和国公司登记管理条例》申请分公司设立登记，提交材料真实有效。谨此对真实性承担责任。

公司法定代表人签字：　　指定代表或委托代理人签字：　　公司盖章：

年　月　日　　年　月　日　　年　月　日</td></tr>
</table>

注：1. 提交的文件、证件应当使用A4纸。
2. 应当使用黑色钢笔或签字笔工整地填写表格或签字。

负责人登记表

<table>
<tr><td>姓　　名</td><td></td><td>是否公务员</td><td></td></tr>
<tr><td>职　　务</td><td></td><td>联系电话</td><td></td></tr>
<tr><td>任免机构</td><td colspan="3"></td></tr>
<tr><td colspan="4">（身份证件复印件粘贴处）</td></tr>
<tr><td colspan="4">负责人签字：________
年　月　日</td></tr>
</table>

应用指引

分公司设立登记申请书,是指公司设立分公司时所使用的登记法律文书。

根据《公司登记管理条例》的规定,分公司是指公司在其住所以外设立的从事经营活动的机构。分公司不具有企业法人资格。分公司的登记事项包括:名称、营业场所、负责人、经营范围。分公司的名称应当符合国家有关规定。分公司的经营范围不得超出母公司的经营范围。

公司设立分公司的,应当自决定作出之日起30日内向分公司所在地的公司登记机关申请登记;法律、行政法规或者国务院决定规定必须报经有关部门批准的,应当自批准之日起30日内向公司登记机关申请登记。分公司的公司登记机关准予登记的,发给《营业执照》。公司应当自分公司登记之日起30日内,持分公司的《营业执照》到公司登记机关办理备案。

设立分公司,应当向公司登记机关提交下列文件:

(1)公司法定代表人签署的分支机构设立登记申请书。

(2)公司的法人资格证明(母公司营业执照复印件)。

(3)公司委托代理人的证明(委托书)以及被委托人的工作证或身份证复印件。

(4)企业名称预先核准通知书。

(5)分支机构负责人的任命书。

(6)母公司章程。

(7)营业场所证明,租赁房屋需提交租赁协议书,协议期限必须一年以上(附产权证复印件)。

(8)法律、行政法规规定必须报经审批的项目的,应提交国家有关部门的批准文件。

(9)登记机关所发的全套登记表格及其他材料。

文书范本 ▶▶ **37 分公司变更登记申请书**

分公司变更登记申请书

注册号:

项　　目	原登记事项	申请变更登记事项
名　　称		
营业场所		
邮政编码		
负责人		

续表

<table>
<tr><td>经营范围</td><td></td><td></td></tr>
<tr><td colspan="3">依照《中华人民共和国公司法》《中华人民共和国公司登记管理条例》申请分公司变更登记,提交材料真实有效。谨此对真实性承担责任。

公司法定代表人签字:　　指定代表或委托代理人签字:　　公司盖章:

年　月　日　　年　月　日　　年　月　日</td></tr>
</table>

注:1. 申请变更登记事项只填申请变更的内容。
2. 提交的文件、证件应当使用A4纸。
3. 应当使用黑色钢笔或签字笔工整地填写表格或签字。

应用指引

分公司变更登记申请书,是分公司登记事项发生变动时向登记机关申请变更登记时所使用的法律文书。分公司变更名称、营业场所、负责人、经营范围,应当向公司登记机关申请变更登记。分公司申请变更登记,应由分公司及其母公司指定或者委托公司员工(分公司、母公司皆可)或者具有资格的代理机构的代理人作为申请人办理变更登记。

分公司申请变更登记,应当提交公司法定代表人签署的变更登记申请书。分公司变更名称、经营范围的,应当提交加盖公司印章的营业执照复印件,分公司经营范围中属于法律、行政法规或者国务院决定规定在登记前须经批准的项目的,还应当提交有关批准文件。变更营业场所的,应当提交新的营业场所使用证明。变更负责人的,应当提交公司的任免文件及其身份证明。公司登记机关准予变更登记的,换发营业执照。

分公司变更登记,应向公司登记机关提交下列文件、证件:

(1)公司法定代表人签署的变更登记申请书。

(2)公司指定代表或者委托代理人的证明以及指定代表或者委托代理人的身份证

复印件。

(3)因公司的名称变更而变更分公司名称的,应当提交变更后加盖公司登记机关印章的公司营业执照复印件。

(4)变更营业场所的,还应当提交新的营业场所证明。

(5)变更负责人的,还应当提交原负责人的免职文件以及新任负责人的任职文件及身份证明。

(6)变更经营范围中有国家法律、行政法规规定必须报经审批的,还应当提交有关部门的批准文件。

(7)公司登记机关要求提交的其他文件、证件。

关联法规

《公司法》(2013.12.28 修正)

第十四条 公司可以设立分公司。设立分公司,应当向公司登记机关申请登记,领取营业执照。分公司不具有法人资格,其民事责任由公司承担。

公司可以设立子公司,子公司具有法人资格,依法独立承担民事责任。

《商业银行法》(2015.8.29 修正)

第十九条 商业银行根据业务需要可以在中华人民共和国境内外设立分支机构。设立分支机构必须经国务院银行业监督管理机构审查批准。在中华人民共和国境内的分支机构,不按行政区划设立。

商业银行在中华人民共和国境内设立分支机构,应当按照规定拨付与其经营规模相适应的营运资金额。拨付各分支机构营运资金额的总和,不得超过总行资本金总额的百分之六十。

第二十条 设立商业银行分支机构,申请人应当向国务院银行业监督管理机构提交下列文件、资料:

(一)申请书,申请书应当载明拟设立的分支机构的名称、营运资金额、业务范围、总行及分支机构所在地等;

(二)申请人最近二年的财务会计报告;

(三)拟任职的高级管理人员的资格证明;

(四)经营方针和计划;

(五)营业场所、安全防范措施和与业务有关的其他设施的资料;

(六)国务院银行业监督管理机构规定的其他文件、资料。

第二十一条 经批准设立的商业银行分支机构,由国务院银行业监督管理机构颁发经营许可证,并凭该许可证向工商行政管理部门办理登记,领取营业执照。

第二十二条 商业银行对其分支机构实行全行统一核算,统一调度资金,分级管理的财务制度。

商业银行分支机构不具有法人资格,在总行授权范围内依法开展业务,其民事责任由总行承担。

《保险法》(2015.4.24 修正)

第七十四条 保险公司在中华人民共和国境内设立分支机构,应当经保险监督管理机构批准。

保险公司分支机构不具有法人资格,其民事责任由保险公司承担。

第七十五条 保险公司申请设立分支机构,应当向保险监督管理机构提出书面申请,并提交下列材料:

(一)设立申请书;

(二)拟设机构三年业务发展规划和市场分析材料;

(三)拟任高级管理人员的简历及相关证明材料;

(四)国务院保险监督管理机构规定的其他材料。

第七十六条 保险监督管理机构应当对保险公司设立分支机构的申请进行审查,自受理之日起六十日内作出批准或者不批准的决定。决定批准的,颁发分支机构经营保险业务许可证;决定不批准的,应当书面通知申请人并说明理由。

第七十七条 经批准设立的保险公司及其分支机构,凭经营保险业务许可证向工商行政管理机关办理登记,领取营业执照。

《社会团体登记管理条例》(2016.2.6 修订)

第十七条 社会团体的分支机构、代表机构是社会团体的组成部分,不具有法人资格,应当按照其所属于的社会团体的章程所规定的宗旨和业务范围,在该社会团体授权的范围内开展活动、发展会员。社会团体的分支机构不得再设立分支机构。

社会团体不得设立地域性的分支机构。

《基金会管理条例》(2004.3.8)

第十二条 基金会拟设立分支机构、代表机构的,应当向原登记管理机关提出登记申请,并提交拟设机构的名称、住所和负责人等情况的文件。

登记管理机关应当自收到前款所列全部有效文件之日起60日内作出准予或者不予登记的决定。准予登记的,发给《基金会分支(代表)机构登记证书》;不予登记的,应当书面说明理由。

基金会分支机构、基金会代表机构设立登记的事项包括:名称、住所、公益活动的业务范围和负责人。

基金会分支机构、基金会代表机构依据基金会的授权开展活动,不具有法人资格。

第七十五条 【法人设立行为的法律后果】设立人为设立法人从事的民事活动,其法律后果由法人承受;法人未成立的,其法律后果由设立人承受,设立人为二人以上的,享有连带债权,承担连带债务。

设立人为设立法人以自己的名义从事民事活动产生的民事责任,第三人有权选择请求法人或者设立人承担。

条文注解

在适用本条时，需要注意把握以下几个层次的规定：

(1)设立人从事民事活动的目的受到限制，即必须是以"设立法人"为目的，应当坚持实质判断标准。如果设立人是为其自己的利益而非以设立法人为目的而从事的民事活动，则哪怕是以设立中法人的名义从事的民事活动，其法律后果原则上不应当由成立后的法人承受。

(2)本条两款针对的情形不同。第二款针对的是设立人以自己的名义从事民事活动的情形。第一款针对的是设立人未以自己的名义从事民事活动的情形，既包括设立人以设立中法人的名义从事的民事活动，如订立合同；也包括法人设立过程中可能出现的侵权行为等不涉及行为人名义的民事活动。

(3)设立人为设立法人从事的民事活动，可能产生债务，也可能产生债权；产生的债务既可能是合同债务，也可能是侵权债务。

(4)本条第一款规定针对的是"法律后果"，第二款针对的是"民事责任"。具体而言，其一，在设立人未以自己的名义从事民事活动的情形下，对其法律后果，区分法人是否成立作了不同规定：法人成立的，法律后果由法人承受；法人未成立的，法律后果由设立人承受，设立人为二人以上的，享有连带债权，承担连带债务。其二，在设立人为设立法人以自己的名义从事民事活动的情形下，对由此产生的民事责任，赋予第三人选择权。

关联法规

《公司法》(2013.12.28 修正)

第九十四条 股份有限公司的发起人应当承担下列责任：

(一)公司不能成立时，对设立行为所产生的债务和费用负连带责任；

(二)公司不能成立时，对认股人已缴纳的股款，负返还股款并加算银行同期存款利息的连带责任；

(三)在公司设立过程中，由于发起人的过失致使公司利益受到损害的，应当对公司承担赔偿责任。

《最高人民法院关于适用〈中华人民共和国公司法〉若干问题的规定(三)》(2014.2.17 修正)

第一条 为设立公司而签署公司章程、向公司认购出资或者股份并履行公司设立职责的人，应当认定为公司的发起人，包括有限责任公司设立时的股东。

第二条 发起人为设立公司以自己名义对外签订合同，合同相对人请求该发起人承担合同责任的，人民法院应予支持。

公司成立后对前款规定的合同予以确认，或者已经实际享有合同权利或者履行合同义务，合同相对人请求公司承担合同责任的，人民法院应予支持。

第三条 发起人以设立中公司名义对外签订合同,公司成立后合同相对人请求公司承担合同责任的,人民法院应予支持。

公司成立后有证据证明发起人利用设立中公司的名义为自己的利益与相对人签订合同,公司以此为由主张不承担合同责任的,人民法院应予支持,但相对人为善意的除外。

第四条 公司因故未成立,债权人请求全体或者部分发起人对设立公司行为所产生的费用和债务承担连带清偿责任的,人民法院应予支持。

部分发起人依照前款规定承担责任后,请求其他发起人分担的,人民法院应当判令其他发起人按照约定的责任承担比例分担责任;没有约定责任承担比例的,按照约定的出资比例分担责任;没有约定出资比例的,按照均等份额分担责任。

因部分发起人的过错导致公司未成立,其他发起人主张其承担设立行为所产生的费用和债务的,人民法院应当根据过错情况,确定过错一方的责任范围。

第五条 发起人因履行公司设立职责造成他人损害,公司成立后受害人请求公司承担侵权赔偿责任的,人民法院应予支持;公司未成立,受害人请求全体发起人承担连带赔偿责任的,人民法院应予支持。

公司或者无过错的发起人承担赔偿责任后,可以向有过错的发起人追偿。

第二节 营利法人

第七十六条 【营利法人定义和类型】以取得利润并分配给股东等出资人为目的成立的法人,为营利法人。

营利法人包括有限责任公司、股份有限公司和其他企业法人等。

条文注解

营利法人区别于非营利法人的重要的特征不是“取得利润”而是“利润分配给出资人”。是否从事经营活动并获取利润,与法人成立的目的没有直接关系,也不影响到营利法人与非营利法人的分类。如果利润归属于法人,用于实现法人目的,则不是营利法人;如果利润分配给出资人,则属于营利法人。营利法人包括有限责任公司、股份有限公司和其他企业法人等。其应注意以下两个方面:

(1)我国《公司法》还规定了一人有限责任公司和国有独资公司这两种特殊的有限责任公司。前者是指股东只有一个自然人或者只有一个法人的有限责任公司。后者是指国家单独出资并由国务院或者地方人民政府授权本级人民政府国有资产监督管理机构履行出资人职责的有限责任公司。不管这两种形式的公司出资人如何特殊,在取得利润并分配给其股东等出资人这个根本目的上,与普通公司没有区别,也属于本条第二款规定的营利法人的类型。

(2)某些单行法中还规定有其他类型的企业。如《中外合作经营企业法》规定,合作企业符合中国法律关于法人条件的规定的,依法取得中国法人资格。《外资企业法》规定,外资企业符合中国法律关于法人条件的规定的,依法取得中国法人资格。《中外合资经营企业法》规定,合营企业的形式为有限责任公司。上述均属于营利性的组织,如果符合法人条件的,能够取得中国法人资格的,可以归类为营利法人。

关联法规

《公司法》(2013.12.28 修正)

第二条 本法所称公司是指依照本法在中国境内设立的有限责任公司和股份有限公司。

第五十七条 一人有限责任公司的设立和组织机构,适用本节规定;本节没有规定的,适用本章第一节、第二节的规定。

本法所称一人有限责任公司,是指只有一个自然人股东或者一个法人股东的有限责任公司。

第六十四条 国有独资公司的设立和组织机构,适用本节规定;本节没有规定的,适用本章第一节、第二节的规定。

本法所称国有独资公司,是指国家单独出资、由国务院或者地方人民政府授权本级人民政府国有资产监督管理机构履行出资人职责的有限责任公司。

《中外合作经营企业法》(2017.11.4 修正)

第二条 中外合作者举办合作企业,应当依照本法的规定,在合作企业合同中约定投资或者合作条件、收益或者产品的分配、风险和亏损的分担、经营管理的方式和合作企业终止时财产的归属等事项。

合作企业符合中国法律关于法人条件的规定的,依法取得中国法人资格。

《外资企业法》(2016.9.3 修正)

第八条 外资企业符合中国法律关于法人条件的规定的,依法取得中国法人资格。

第七十七条 【营利法人登记】营利法人经依法登记成立。

条文注解

营利法人取得法人资格只有一种方式,即经过登记程序成立。营利法人登记的首要功能在于标志着法人主体资格的确认,另一方面也是体现国家对市场秩序的监管。

我国《公司法》规定,设立公司,应当依法向公司登记机关申请设立登记。符合《公司法》规定的设立条件的,由公司登记机关分别登记为有限责任公司或者股份有限公司;法律、行政法规规定设立公司必须报经批准的,应当在公司登记前依法办理批准手续。据此,司法的立法模式为“准则主义 + 核准主义”。我国需要采用核准主义的营利法人主要集中在煤炭开发、电力供应、供气供水、公用设施、航空运输、港口经营、枪支制售、危险物品、证券期货、职业介绍等领域。

应注意其与非营利法人、特别法人的显著区别。非营利法人取得法人资格有两种方式：一种是经依法登记成立，取得法人资格；另一种是依法不需要办理法人登记的，从成立之日起，即具有法人资格，如本法第八十八条的规定。特别法人取得法人资格也有两种方式：一是有独立经费的机关和承担行政职能的法定机构从成立之日即具有法人资格，如本法第九十七条的规定；二是农村集体经济组织、城镇农村的合作经济组织依法取得法人资格，如本法第九十九条、第一百条的规定。

关联法规

《公司法》(2013.12.28 修正)

第六条 设立公司，应当依法向公司登记机关申请设立登记。符合本法规定的设立条件的，由公司登记机关分别登记为有限责任公司或者股份有限公司；不符合本法规定的设立条件的，不得登记为有限责任公司或者股份有限公司。

法律、行政法规规定设立公司必须报经批准的，应当在公司登记前依法办理批准手续。

公众可以向公司登记机关申请查询公司登记事项，公司登记机关应当提供查询服务。

《中外合作经营企业法》(2017.11.4 修正)

第二条 中外合作者举办合作企业，应当依照本法的规定，在合作企业合同中约定投资或者合作条件、收益或者产品的分配、风险和亏损的分担、经营管理的方式和合作企业终止时财产的归属等事项。

合作企业符合中国法律关于法人条件的规定的，依法取得中国法人资格。

第五条 申请设立合作企业，应当将中外合作者签订的协议、合同、章程等文件报国务院对外经济贸易主管部门或者国务院授权的部门和地方政府(以下简称审查批准机关)审查批准。审查批准机关应当自接到申请之日起四十五天内决定批准或者不批准。

第六条 设立合作企业的申请经批准后，应当自接到批准证书之日起三十天内向工商行政管理机关申请登记，领取营业执照。合作企业的营业执照签发日期，为该企业的成立日期。

合作企业应当自成立之日起三十天内向税务机关办理税务登记。

《外资企业法》(2016.9.3 修正)

第六条 设立外资企业的申请，由国务院对外经济贸易主管部门或者国务院授权的机关审查批准。审查批准机关应当在接到申请之日起九十天内决定批准或者不批准。

第七条 设立外资企业的申请经批准后，外国投资者应当在接到批准证书之日起三十天内向工商行政管理机关申请登记，领取营业执照。外资企业的营业执照签发日期，为该企业成立日期。

第八条 外资企业符合中国法律关于法人条件的规定的，依法取得中国法人资格。

第七十八条　【营利法人营业执照】依法设立的营利法人，由登记机关发给营利法人营业执照。营业执照签发日期为营利法人的成立日期。

条文注解

本条明确了营利法人成立的时间点，也就是营利法人开始营业的起始点，即营业执照的签发日期。在此之前的设立阶段，营利法人还没有正式成立，不具有法人资格，不能以营利法人的名义参与民事活动。作为登记的产物，营业执照在民商事活动中具有重要地位，是取得民事主体资格和建立民商事信用的主要方式。一般而言，营业执照至少承担了以下基本功能：一是营业执照标明营利法人获得国家许可的从事经营活动的资格。二是营业执照上一般需要载明注册资金、经营范围、经济性质等情况，能起到公示的作用。三是通过营业执照，国家在一定程度上实现了对营利法人及其经营活动的监督和管理。

第七十九条　【营利法人的法人章程】设立营利法人应当依法制定法人章程。

条文注解

法人章程是关于法人组织和行为的自治规则。法人章程是营利法人设立的法定必备文件之一。法人章程的内容可以分为绝对必要记载事项和任意记载事项。绝对必要记载事项是指法律规定在章程中必须具备的内容，若不记载这些内容，该章程是无效的，登记机关将不予登记。任意记载事项，是指法律没有明文规定不可缺少的记载事项，可以规定在章程中，也可以不规定在章程中。

关联法规

《公司法》(2013.12.28修正)

第十一条　设立公司必须依法制定公司章程。公司章程对公司、股东、董事、监事、高级管理人员具有约束力。

第二十五条　有限责任公司章程应当载明下列事项：

(一)公司名称和住所；

(二)公司经营范围；

(三)公司注册资本；

(四)股东的姓名或者名称；

(五)股东的出资方式、出资额和出资时间；

(六)公司的机构及其产生办法、职权、议事规则；

(七)公司法定代表人;

(八)股东会会议认为需要规定的其他事项。

股东应当在公司章程上签名、盖章。

第八十一条 股份有限公司章程应当载明下列事项:

(一)公司名称和住所;

(二)公司经营范围;

(三)公司设立方式;

(四)公司股份总数、每股金额和注册资本;

(五)发起人的姓名或者名称、认购的股份数、出资方式和出资时间;

(六)董事会的组成、职权和议事规则;

(七)公司法定代表人;

(八)监事会的组成、职权和议事规则;

(九)公司利润分配办法;

(十)公司的解散事由与清算办法;

(十一)公司的通知和公告办法;

(十二)股东大会会议认为需要规定的其他事项。

第八十条 【营利法人权力机构】营利法人应当设权力机构。

权力机构行使修改法人章程,选举或者更换执行机构、监督机构成员,以及法人章程规定的其他职权。

条文注解

营利法人的权力机构是营利法人的最高权力机构,权力机构区别于执行机构,不执行日常业务,也区别于监督机构。权力机构负责就营利法人的重大事项作出决议,行使投资人权利。

营利法人的权力机构有多种形式,如有限责任公司和股份有限公司的权力机构主要形式是股东会,一人有限责任公司不设股东会,其股东是营利法人的权力机构。我国相关法律对具体营利法人的权力机构作了相关规定。

关联法规

《公司法》(2013.12.28 修正)

第三十六条 有限责任公司股东会由全体股东组成。股东会是公司的权力机构,依照本法行使职权。

第三十七条 股东会行使下列职权:

(一)决定公司的经营方针和投资计划;

（二）选举和更换非由职工代表担任的董事、监事，决定有关董事、监事的报酬事项；

（三）审议批准董事会的报告；

（四）审议批准监事会或者监事的报告；

（五）审议批准公司的年度财务预算方案、决算方案；

（六）审议批准公司的利润分配方案和弥补亏损方案；

（七）对公司增加或者减少注册资本作出决议；

（八）对发行公司债券作出决议；

（九）对公司合并、分立、解散、清算或者变更公司形式作出决议；

（十）修改公司章程；

（十一）公司章程规定的其他职权。

对前款所列事项股东以书面形式一致表示同意的，可以不召开股东会会议，直接作出决定，并由全体股东在决定文件上签名、盖章。

第四十三条 股东会的议事方式和表决程序，除本法有规定的外，由公司章程规定。

股东会会议作出修改公司章程、增加或者减少注册资本的决议，以及公司合并、分立、解散或者变更公司形式的决议，必须经代表三分之二以上表决权的股东通过。

第六十六条 国有独资公司不设股东会，由国有资产监督管理机构行使股东会职权。国有资产监督管理机构可以授权公司董事会行使股东会的部分职权，决定公司的重大事项，但公司的合并、分立、解散、增加或者减少注册资本和发行公司债券，必须由国有资产监督管理机构决定；其中，重要的国有独资公司合并、分立、解散、申请破产的，应当由国有资产监督管理机构审核后，报本级人民政府批准。

前款所称重要的国有独资公司，按照国务院的规定确定。

第九十八条 股份有限公司股东大会由全体股东组成。股东大会是公司的权力机构，依照本法行使职权。

第一百零三条 股东出席股东大会会议，所持每一股份有一表决权。但是，公司持有的本公司股份没有表决权。

股东大会作出决议，必须经出席会议的股东所持表决权过半数通过。但是，股东大会作出修改公司章程、增加或者减少注册资本的决议，以及公司合并、分立、解散或者变更公司形式的决议，必须经出席会议的股东所持表决权的三分之二以上通过。

第八十一条 【营利法人执行机构】营利法人应当设执行机构。

执行机构行使召集权力机构会议，决定法人的经营计划和投资方案，决定法人内部管理机构的设置，以及法人章程规定的其他职权。

执行机构为董事会或者执行董事的，董事长、执行董事或者经理按照法人章程的规定担任法定代表人；未设董事会或者执行董事的，法人章程规定的主要负责人为其执行机构和法定代表人。

条文注解

营利法人通常实行所有权与经营权相分离原则，权力机构决定公司的重大事项，执行机构执行权力机构的决定，执行日常业务。根据本条第一款的规定，营利法人应当设执行机构。营利法人执行机构的形式包括董事会、执行董事等。我国相关法律对具体营利法人的执行机构作了相关规定。

本条第三款还明确了营利法人执行机构与法定代表人的关系：(1)执行机构为董事会或者执行董事的，董事长、执行董事或者经理按照法人章程的规定担任法定代表人。《公司法》规定，公司法定代表人依照公司章程的规定，由董事长、执行董事或者经理担任，并依法登记。公司法定代表人变更，应当办理变更登记。(2)未设董事会或者执行董事的，法人章程规定的主要负责人为其执行机构和法定代表人。

关联法规

《公司法》(2013.12.28 修正)

第十三条 公司法定代表人依照公司章程的规定，由董事长、执行董事或者经理担任，并依法登记。公司法定代表人变更，应当办理变更登记。

第四十四条 有限责任公司设董事会，其成员为三人至十三人；但是，本法第五十条另有规定的除外。

两个以上的国有企业或者两个以上的其他国有投资主体投资设立的有限责任公司，其董事会成员中应当有公司职工代表；其他有限责任公司董事会成员中可以有公司职工代表。董事会中的职工代表由公司职工通过职工代表大会、职工大会或者其他形式民主选举产生。

董事会设董事长一人，可以设副董事长。董事长、副董事长的产生办法由公司章程规定。

第四十五条 董事任期由公司章程规定，但每届任期不得超过三年。董事任期届满，连选可以连任。

董事任期届满未及时改选，或者董事在任期内辞职导致董事会成员低于法定人数的，在改选出的董事就任前，原董事仍应当依照法律、行政法规和公司章程的规定，履行董事职务。

第四十六条 董事会对股东会负责，行使下列职权：

(一)召集股东会会议，并向股东会报告工作；

(二)执行股东会的决议；

(三)决定公司的经营计划和投资方案；

(四)制订公司的年度财务预算方案、决算方案；

(五)制订公司的利润分配方案和弥补亏损方案；

(六)制订公司增加或者减少注册资本以及发行公司债券的方案；

(七)制订公司合并、分立、解散或者变更公司形式的方案；

（八）决定公司内部管理机构的设置；

（九）决定聘任或者解聘公司经理及其报酬事项，并根据经理的提名决定聘任或者解聘公司副经理、财务负责人及其报酬事项；

（十）制定公司的基本管理制度；

（十一）公司章程规定的其他职权。

第四十七条 董事会会议由董事长召集和主持；董事长不能履行职务或者不履行职务的，由副董事长召集和主持；副董事长不能履行职务或者不履行职务的，由半数以上董事共同推举一名董事召集和主持。

第四十八条 董事会的议事方式和表决程序，除本法有规定的外，由公司章程规定。

董事会应当对所议事项的决定作成会议记录，出席会议的董事应当在会议记录上签名。

董事会决议的表决，实行一人一票。

第四十九条 有限责任公司可以设经理，由董事会决定聘任或者解聘。经理对董事会负责，行使下列职权：

（一）主持公司的生产经营管理工作，组织实施董事会决议；

（二）组织实施公司年度经营计划和投资方案；

（三）拟订公司内部管理机构设置方案；

（四）拟订公司的基本管理制度；

（五）制定公司的具体规章；

（六）提请聘任或者解聘公司副经理、财务负责人；

（七）决定聘任或者解聘除应由董事会决定聘任或者解聘以外的负责管理人员；

（八）董事会授予的其他职权。

公司章程对经理职权另有规定的，从其规定。

经理列席董事会会议。

第五十条 股东人数较少或者规模较小的有限责任公司，可以设一名执行董事，不设董事会。执行董事可以兼任公司经理。

执行董事的职权由公司章程规定。

第一百零八条 股份有限公司设董事会，其成员为五人至十九人。

董事会成员中可以有公司职工代表。董事会中的职工代表由公司职工通过职工代表大会、职工大会或者其他形式民主选举产生。

本法第四十五条关于有限责任公司董事任期的规定，适用于股份有限公司董事。

本法第四十六条关于有限责任公司董事会职权的规定，适用于股份有限公司董事会。

第一百零九条 董事会设董事长一人，可以设副董事长。董事长和副董事长由董事会以全体董事的过半数选举产生。

董事长召集和主持董事会会议，检查董事会决议的实施情况。副董事长协助董事长工作，董事长不能履行职务或者不履行职务的，由副董事长履行职务；副董事长不能履行职务或者不履行职务的,由半数以上董事共同推举一名董事履行职务。

第一百一十条 董事会每年度至少召开两次会议,每次会议应当于会议召开十日前通知全体董事和监事。

代表十分之一以上表决权的股东、三分之一以上董事或者监事会,可以提议召开董事会临时会议。董事长应当自接到提议后十日内,召集和主持董事会会议。

董事会召开临时会议,可以另定召集董事会的通知方式和通知时限。

第一百一十一条 董事会会议应有过半数的董事出席方可举行。董事会作出决议,必须经全体董事的过半数通过。

董事会决议的表决,实行一人一票。

第一百一十二条 董事会会议,应由董事本人出席;董事因故不能出席,可以书面委托其他董事代为出席,委托书中应载明授权范围。

董事会应当对会议所议事项的决定作成会议记录,出席会议的董事应当在会议记录上签名。

董事应当对董事会的决议承担责任。董事会的决议违反法律、行政法规或者公司章程、股东大会决议,致使公司遭受严重损失的,参与决议的董事对公司负赔偿责任。但经证明在表决时曾表明异议并记载于会议记录的,该董事可以免除责任。

第一百一十三条 股份有限公司设经理,由董事会决定聘任或者解聘。

本法第四十九条关于有限责任公司经理职权的规定,适用于股份有限公司经理。

第一百一十四条 公司董事会可以决定由董事会成员兼任经理。

第一百一十五条 公司不得直接或者通过子公司向董事、监事、高级管理人员提供借款。

第一百一十六条 公司应当定期向股东披露董事、监事、高级管理人员从公司获得报酬的情况。

第八十二条 【营利法人监督机构】营利法人设监事会或者监事等监督机构的,监督机构依法行使检查法人财务,监督执行机构成员、高级管理人员执行法人职务的行为,以及法人章程规定的其他职权。

条文注解

营利法人的监督机构作为法人的专门监督机构,其规模应根据法人的具体情况而定,不应过大也不应过小。如果监督机构的规模过大,人数过多,对营利法人的经营管理层的制约也就越大,可能会影响法人的运营效率。同时,监事人数太多,会增加法人的监督成本,从而损害法人和出资人的利益。如果监督机构的规模过小,人数过少,对法人经营情况的了解就可能不够全面,不能够真正起到监督的作用。因此,相关法律对法人的监督机构的规模作了具体规定。此外,监督机构设立的目的在于监督法人的经营管理层。为了保证监督机构行使职权的独立性、公正性,相关法律对监督机构的人员数量作了一定限制。

关联法规

《公司法》(2013.12.28 修正)

第五十一条 有限责任公司设监事会,其成员不得少于三人。股东人数较少或者规模较小的有限责任公司,可以设一至二名监事,不设监事会。

监事会应当包括股东代表和适当比例的公司职工代表,其中职工代表的比例不得低于三分之一,具体比例由公司章程规定。监事会中的职工代表由公司职工通过职工代表大会、职工大会或者其他形式民主选举产生。

监事会设主席一人,由全体监事过半数选举产生。监事会主席召集和主持监事会会议;监事会主席不能履行职务或者不履行职务的,由半数以上监事共同推举一名监事召集和主持监事会会议。

董事、高级管理人员不得兼任监事。

第五十二条 监事的任期每届为三年。监事任期届满,连选可以连任。

监事任期届满未及时改选,或者监事在任期内辞职导致监事会成员低于法定人数的,在改选出的监事就任前,原监事仍应当依照法律、行政法规和公司章程的规定,履行监事职务。

第五十三条 监事会、不设监事会的公司的监事行使下列职权:

(一)检查公司财务;

(二)对董事、高级管理人员执行公司职务的行为进行监督,对违反法律、行政法规、公司章程或者股东会决议的董事、高级管理人员提出罢免的建议;

(三)当董事、高级管理人员的行为损害公司的利益时,要求董事、高级管理人员予以纠正;

(四)提议召开临时股东会会议,在董事会不履行本法规定的召集和主持股东会会议职责时召集和主持股东会会议;

(五)向股东会会议提出提案;

(六)依照本法第一百五十一条的规定,对董事、高级管理人员提起诉讼;

(七)公司章程规定的其他职权。

第一百一十七条 股份有限公司设监事会,其成员不得少于三人。

监事会应当包括股东代表和适当比例的公司职工代表,其中职工代表的比例不得低于三分之一,具体比例由公司章程规定。监事会中的职工代表由公司职工通过职工代表大会、职工大会或者其他形式民主选举产生。

监事会设主席一人,可以设副主席。监事会主席和副主席由全体监事过半数选举产生。监事会主席召集和主持监事会会议;监事会主席不能履行职务或者不履行职务的,由监事会副主席召集和主持监事会会议;监事会副主席不能履行职务或者不履行职务的,由半数以上监事共同推举一名监事召集和主持监事会会议。

董事、高级管理人员不得兼任监事。

本法第五十二条关于有限责任公司监事任期的规定,适用于股份有限公司监事。

第一百一十八条 本法第五十三条、第五十四条关于有限责任公司监事会职权的规定,适用于股份有限公司监事会。

监事会行使职权所必需的费用,由公司承担。

第一百一十九条 监事会每六个月至少召开一次会议。监事可以提议召开临时监事会会议。

监事会的议事方式和表决程序,除本法有规定的外,由公司章程规定。

监事会决议应当经半数以上监事通过。

监事会应当对所议事项的决定作成会议记录,出席会议的监事应当在会议记录上签名。

第八十三条 【营利法人出资人依法行使权利】营利法人的出资人不得滥用出资人权利损害法人或者其他出资人的利益。滥用出资人权利给法人或者其他出资人造成损失的,应当依法承担民事责任。

营利法人的出资人不得滥用法人独立地位和出资人有限责任损害法人的债权人利益。滥用法人独立地位和出资人有限责任,逃避债务,严重损害法人的债权人利益的,应当对法人债务承担连带责任。

名词解释

连带责任,是指依照法律规定或者当事人的约定,两个或者两个以上当事人对共同产生的不履行民事义务的民事责任承担全部责任,并因此引起内部债务关系的一种民事责任。

条文注解

本条区分两种情况分别规定:

1. 营利法人的出资人不得滥用出资人权利损害法人或者其他出资人的利益。营利法人出资人的合法权益受法律保护,但出资人在行使相关权利时,一是要遵守法律有关权利行使的规定,二是要依照法律规定的程序行使。

2. 营利法人的出资人不得滥用法人独立地位和出资人有限责任损害法人的债权人利益。出资人滥用营利法人独立地位和出资人有限责任,逃避债务,严重损害法人的债权人利益的,应当对法人债务承担连带责任。《民法总则》在公司法创立的“公司法人人格否认制度”基础上，将这一制度的适用范围进一步拓宽到全部营利法人。应把握以下原则：(1)坚持有限责任这一法人制度的基石，在适用法律的过程中应当维护出资人的有限责任，由法人依法独立承担民事责任。因此，法人人格否认制度的适用应当限制在司法审判中针对某一具体案件适用，不得任意扩大其适用范围。(2)法人人格否认制度主要适用于出资人滥用法人独立地位和出资人有限责任、逃避债务的行为，即出资人有逃避债务的主观恶意和具体行为，应当有严重损害法人债权人利益的后果。

第八十四条 【营利法人关联交易】营利法人的控股出资人、实际控制人、董事、监事、高级管理人员不得利用其关联关系损害法人的利益。利用关联关系给法人造成损失的，应当承担赔偿责任。

条文注解

法人的关联交易一般是指具有投资关系或者合同关系的不同主体之间所进行的交易，又称为关联方交易。本条所谓的关联关系，是指营利法人的控股出资人、实际控制人、董事、监事、高级管理人员与其直接或者间接控制的营利法人之间的关系，以及可能导致营利法人利益转移的其他关系。

根据本条规定，与营利法人有关联关系的五种人不得利用其与营利法人的关联关系损害营利法人的利益，包括：(1)营利法人的控股出资人。例如，出资额占有限责任公司资本总额50%以上或者持有的股份占股份有限公司股本总额50%以上的股东；出资额或者持有股份的比例虽然不足50%，但依其出资额或者持有的股份所享有的表决权已足以对股东会、股东大会的决议产生重大影响的股东。(2)实际控制人。其是指虽然不是营利法人的出资人，但通过投资关系、协议或者其他安排，能够实际支配营利法人行为的人。(3)董事。其是指营利法人权力机构选举出来的董事会成员。(4)监事。其是指营利法人权力机构选举出来的监事会成员。(5)高级管理人员。其是指营利法人的经理、副经理、财务负责人，上市公司董事会秘书以及营利法人章程规定的其他人员。

第八十五条 【决议的撤销】营利法人的权力机构、执行机构作出决议的会议召集程序、表决方式违反法律、行政法规、法人章程，或者决议内容违反法人章程的，营利法人的出资人可以请求人民法院撤销该决议，但是营利法人依据该决议与善意相对人形成的民事法律关系不受影响。

条文注解

本条在《公司法》规定的基础上，对营利法人权力机构、执行机构决议撤销作了规定。可以请求人民法院撤销的营利法人权力机构、执行机构决议分为两类：(1)程序瑕疵。其是指营利法人权力机构、执行机构作出决议的会议召集程序、表决方式违反法律、行政法规、法人章程。(2)内容瑕疵。其是指营利法人的权力机构、执行机构决议内容违反法人章程。无论是程序瑕疵还是内容瑕疵，营利法人的任何出资人都可以请求人民法院撤销该决议。

第八十六条 【营利法人应履行的义务】营利法人从事经营活动，应当遵守商业道德，维护交易安全，接受政府和社会的监督，承担社会责任。

关联法规

《公司法》(2013.12.28 修正)

第五条 公司从事经营活动，必须遵守法律、行政法规，遵守社会公德、商业道德，诚实守信，接受政府和社会公众的监督，承担社会责任。

公司的合法权益受法律保护，不受侵犯。

第三节 非营利法人

第八十七条 【非营利法人定义与类型】为公益目的或者其他非营利目的成立，不向出资人、设立人或者会员分配所取得利润的法人，为非营利法人。

非营利法人包括事业单位、社会团体、基金会、社会服务机构等。

条文注解

非营利法人，是“营利法人”的对称，指为公益目的或者其他非营利目的成立，不向其成员或者设立人分配利润的法人。非营利法人既包括面向社会大众，以满足不特定多数人的利益为目的的公益法人，如中华慈善总会、中国红十字会、环境保护协会、保护妇女儿童组织、各类基金会等；也包括为其他非营利目的成立的法人，如为互助互益目的(即既非为公益又非为成员的经济利益，而是为成员的非经济利益)而成立的互益性法人(又称为共益性法人)，仅面向成员提供服务，如商会、行业协会、学会、俱乐部等。

第八十八条 【事业单位法人资格取得】具备法人条件，为适应经济社会发展需要，提供公益服务设立的事业单位，经依法登记成立，取得事业单位法人资格；依法不需要办理法人登记的，从成立之日起，具有事业单位法人资格。

第八十九条 【事业单位法人组织机构】事业单位法人设理事会的，除法律另有规定外，理事会为其决策机构。事业单位法人的法定代表人依照法律、行政法规或者法人章程的规定产生。

条文注解

事业单位法人是《民法通则》确定的法人类型。但《民法通则》并未对事业单位进行概念上的界定。根据1998年国务院颁布的《事业单位登记管理暂行条例》第二条的规定，事业单位是指国家为了社会公益目的，由国家机关举办或者其他组织利用国有资产举办的，从事教育、科技、文化、卫生等活动的社会服务组织。事业单位依法举办的营利性经营组织，必须实行独立核算，依照国家有关公司、企业等经营组织的法律、法规登记管理。该条例是我国目前关于事业单位进行法律调整的主要依据。

关联法规

《事业单位登记管理暂行条例》(2004.6.27修订)

第三条 事业单位经县级以上各级人民政府及其有关主管部门(以下统称审批机关)批准成立后，应当依照本条例的规定登记或者备案。

事业单位应当具备法人条件。

第六条 申请事业单位法人登记，应当具备下列条件：

(一)经审批机关批准设立；

(二)有自己的名称、组织机构和场所；

(三)有与其业务活动相适应的从业人员；

(四)有与其业务活动相适应的经费来源；

(五)能够独立承担民事责任。

第七条 申请事业单位法人登记，应当向登记管理机关提交下列文件：

(一)登记申请书；

(二)审批机关的批准文件；

(三)场所使用权证明；

(四)经费来源证明；

(五)其他有关证明文件。

第八条 登记管理机关应当自收到登记申请书之日起30日内依照本条例的规定进行审查，作出准予登记或者不予登记的决定。准予登记的，发给《事业单位法人证书》；不予登记的，应当说明理由。

事业单位法人登记事项包括:名称、住所、宗旨和业务范围、法定代表人、经费来源(开办资金)等情况。

第十条 事业单位的登记事项需要变更的,应当向登记管理机关办理变更登记。

第十一条 法律规定具备法人条件、自批准设立之日起即取得法人资格的事业单位,或者法律、其他行政法规规定具备法人条件、经有关主管部门依法审核或者登记,已经取得相应的执业许可证书的事业单位,不再办理事业单位法人登记,由有关主管部门按照分级登记管理的规定向登记管理机关备案。

县级以上各级人民政府设立的直属事业单位直接向登记管理机关备案。

第九十条 【社会团体法人资格取得】具备法人条件,基于会员共同意愿,为公益目的或者会员共同利益等非营利目的设立的社会团体,经依法登记成立,取得社会团体法人资格;依法不需要办理法人登记的,从成立之日起,具有社会团体法人资格。

第九十一条 【社会团体法人章程和组织机构】设立社会团体法人应当依法制定法人章程。

社会团体法人应当设会员大会或者会员代表大会等权力机构。

社会团体法人应当设理事会等执行机构。理事长或者会长等负责人按照法人章程的规定担任法定代表人。

条文注解

社会团体法人是《民法通则》确定的法人类型。但《民法通则》并未对社会团体进行概念上的界定。根据1998年国务院颁布的《社会团体登记管理条例》第二条的规定,社会团体是指中国公民自愿组成,为实现会员共同意愿,按照其章程开展活动的非营利性社会组织。国家机关以外的组织可以作为单位会员加入社会团体。

《民法总则》确认了社会团体法人类型。需要注意以下几个方面:(1)社会团体法人必须具备会员。(2)社会团体法人包括的范围十分广泛,既有为公益目的设立的,亦有为会员共同利益等非营利目的设立的。前者如中华慈善总会、中国红十字会等,后者如商会、行业协会等。(3)社会团体既有依法登记成立的,也有依法不需要办理法人登记而成立的。

文书范本 ▶▶ 38　公益诉讼民事起诉状

公益诉讼民事起诉状

原告：＿＿＿＿＿＿，住所地：＿＿＿＿＿＿＿＿＿＿＿。

法定代表人/主要负责人：＿＿＿＿，＿＿＿＿（写明职务），联系方式：＿＿＿。

委托诉讼代理人：＿＿＿＿＿＿＿＿＿＿＿＿＿＿＿＿＿＿＿＿＿＿＿＿＿。

被告：＿＿＿＿＿＿＿＿＿＿＿＿＿＿＿＿＿＿＿＿＿＿＿＿＿＿＿＿＿＿。

……

（以上写明当事人和其他诉讼参加人的姓名或者名称等基本信息）

诉讼请求：＿＿＿＿＿＿＿＿＿＿＿＿＿＿＿＿＿＿＿＿＿＿＿＿＿＿＿＿。

事实和理由：

＿＿＿＿＿＿＿＿＿＿＿＿＿＿＿＿＿＿＿＿＿＿＿＿＿＿＿＿＿＿＿＿＿＿

＿＿＿＿＿＿＿＿＿＿＿＿＿＿＿（写明原告具备提起公益诉讼主体资格以及其他事实和理由）。

证据和证据来源，证人姓名和住所：

＿＿＿＿＿＿＿＿＿＿＿＿＿＿＿＿＿＿＿＿＿＿＿＿＿＿＿＿＿＿＿＿＿。

此致

＿＿＿＿人民法院

附：本起诉状副本＿＿份

起诉人（公章和签名）

＿＿＿＿年＿＿月＿＿日

应用指引

1. 本样式根据《民事诉讼法》第五十五条、第一百二十一条以及《最高人民法院关于适用〈中华人民共和国民事诉讼法〉的解释》第二百八十四条等制定，供法律规定的机关和有关组织，向人民法院提起公益诉讼用。

2. 提起环境民事公益诉讼应当提交下列材料：（1）符合《民事诉讼法》第一百二十一条规定的起诉状，并按照被告人数提出副本；（2）被告的行为已经损害社会公共利益或者具有损害社会公共利益重大风险的初步证明材料；（3）社会组织提起诉讼的，应当提交社会组织登记证书、章程、起诉前连续五年的年度工作报告书或者年检报告书，以及由其法定代表人或者主要负责人签字并加盖公章的无违法记录的声明。

3. 提起消费民事公益诉讼应当提交下列材料：(1)符合《民事诉讼法》第一百二十一条规定的起诉状，并按照被告人数提交副本；(2)被告的行为侵害众多不特定消费者合法权益或者具有危及消费者人身、财产安全危险等损害社会公共利益的初步证据；(3)消费者组织就涉诉事项已按照《消费者权益保护法》第三十七条第四项或者第五项的规定履行公益性职责的证明材料。

关联法规

《社会团体登记管理条例》(2016.2.6 修订)

第三条 成立社会团体，应当经其业务主管单位审查同意，并依照本条例的规定进行登记。

社会团体应当具备法人条件。

下列团体不属于本条例规定登记的范围：

(一)参加中国人民政治协商会议的人民团体；

(二)由国务院机构编制管理机关核定，并经国务院批准免于登记的团体；

(三)机关、团体、企业事业单位内部经本单位批准成立、在本单位内部活动的团体。

第九条 申请成立社会团体，应当经其业务主管单位审查同意，由发起人向登记管理机关申请登记。

筹备期间不得开展筹备以外的活动。

第十条 成立社会团体，应当具备下列条件：

(一)有50个以上的个人会员或者30个以上的单位会员；个人会员、单位会员混合组成的，会员总数不得少于50个；

(二)有规范的名称和相应的组织机构；

(三)有固定的住所；

(四)有与其业务活动相适应的专职工作人员；

(五)有合法的资产和经费来源，全国性的社会团体有10万元以上活动资金，地方性的社会团体和跨行政区域的社会团体有3万元以上活动资金；

(六)有独立承担民事责任的能力。

社会团体的名称应当符合法律、法规的规定，不得违背社会道德风尚。社会团体的名称应当与其业务范围、成员分布、活动地域相一致，准确反映其特征。全国性的社会团体的名称冠以“中国”、“全国”、“中华”等字样的，应当按照国家有关规定经过批准，地方性的社会团体的名称不得冠以“中国”、“全国”、“中华”等字样。

第十一条 申请登记社会团体，发起人应当向登记管理机关提交下列文件：

(一)登记申请书；

(二)业务主管单位的批准文件；

（三）验资报告、场所使用权证明；

（四）发起人和拟任负责人的基本情况、身份证明；

（五）章程草案。

第十二条 登记管理机关应当自收到本条例第十一条所列全部有效文件之日起60日内，作出准予或者不予登记的决定。准予登记的，发给《社会团体法人登记证书》；不予登记的，应当向发起人说明理由。

社会团体登记事项包括：名称、住所、宗旨、业务范围、活动地域、法定代表人、活动资金和业务主管单位。

社会团体的法定代表人，不得同时担任其他社会团体的法定代表人。

第十三条 有下列情形之一的，登记管理机关不予登记：

（一）有根据证明申请登记的社会团体的宗旨、业务范围不符合本条例第四条的规定的；

（二）在同一行政区域内已有业务范围相同或者相似的社会团体，没有必要成立的；

（三）发起人、拟任负责人正在或者曾经受到剥夺政治权利的刑事处罚，或者不具有完全民事行为能力的；

（四）在申请筹备时弄虚作假的；

（五）有法律、行政法规禁止的其他情形的。

第十四条 社会团体的章程应当包括下列事项：

（一）名称、住所；

（二）宗旨、业务范围和活动地域；

（三）会员资格及其权利、义务；

（四）民主的组织管理制度，执行机构的产生程序；

（五）负责人的条件和产生、罢免的程序；

（六）资产管理和使用的原则；

（七）章程的修改程序；

（八）终止程序和终止后资产的处理；

（九）应当由章程规定的其他事项。

第九十二条 【捐助法人资格取得】具备法人条件，为公益目的以捐助财产设立的基金会、社会服务机构等，经依法登记成立，取得捐助法人资格。

依法设立的宗教活动场所，具备法人条件的，可以申请法人登记，取得捐助法人资格。法律、行政法规对宗教活动场所有规定的，依照其规定。

第九十三条 【捐助法人章程和组织机构】设立捐助法人应当依法制定法人章程。

捐助法人应当设理事会、民主管理组织等决策机构，并设执行机构。理事长等负责人按照法人章程的规定担任法定代表人。

捐助法人应当设监事会等监督机构。

条文注解

第九十二条是关于基金会、社会服务机构、宗教活动场所等捐助法人资格取得的规定。第九十三条是关于捐助法人章程及组织机构的规定。目前主要适用的法律、法规是《慈善法》《基金会管理条例》和《宗教事务条例》。

关联法规

《宗教事务条例》(2017.8.26修订)

第七条 宗教团体的成立、变更和注销，应当依照国家社会团体管理的有关规定办理登记。

宗教团体章程应当符合国家社会团体管理的有关规定。

宗教团体按照章程开展活动，受法律保护。

第九十四条 【强化捐助人监督力度】捐助人有权向捐助法人查询捐助财产的使用、管理情况，并提出意见和建议，捐助法人应当及时、如实答复。

捐助法人的决策机构、执行机构或者法定代表人作出决定的程序违反法律、行政法规、法人章程，或者决定内容违反法人章程的，捐助人等利害关系人或者主管机关可以请求人民法院撤销该决定，但是捐助法人依据该决定与善意相对人形成的民事法律关系不受影响。

条文注解

本条是关于决定可撤销等强化捐助人监督力度的规定。关于第二款的决定撤销问题，涉及决议无效制度和决议可撤销制度的理论，需要区分分析：

(1)决议无效制度针对的是存在严重瑕疵的决议，如决议内容违反法律、行政法规的效力性强制规定。决议无效是对决议效力的强行干预和否定。《民法总则》第一百三十四条第二款规定，法人、非法人组织依照法律或者章程规定的议事方式和表决程序作出决议的，该决议行为成立。依照该条规定，决议系法律行为的一种。既然决议作为法律行为的一种，其无效判断规则与其他法律行为的无效判断规则应当是一致的，可以一并适用《民法总则》第一百五十三条的规定，即违反法律、行政法规的强制性规定的民事法律行为无效，但是该强制性规定不导致该民事法律行为无效的除外；违背公序良俗的民事法律行为无效。

（2）决议可撤销制度针对的是不存在严重瑕疵的决议。如会议表决程序、表决方式违反法律、行政法规和法人章程，或者决议内容违反法人章程。对于这类决议的效力，即维持其效力，还是撤销该决议，交由捐助人等利害关系人或者主管机关决定。如果捐助人等行使撤销权并得到支持，则决议被撤销，自始没有法律约束力；如果捐助人等不行使撤销权，则决议有效，具有法律约束力。

关联法规

《慈善法》（2016.3.16）

第四十二条 捐赠人有权查询、复制其捐赠财产管理使用的有关资料，慈善组织应当及时主动向捐赠人反馈有关情况。

慈善组织违反捐赠协议约定的用途，滥用捐赠财产的，捐赠人有权要求其改正；拒不改正的，捐赠人可以向民政部门投诉、举报或者向人民法院提起诉讼。

《基金会管理条例》（2004.3.8）

第三十九条 捐赠人有权向基金会查询捐赠财产的使用、管理情况，并提出意见和建议。对于捐赠人的查询，基金会应当及时如实答复。

基金会违反捐赠协议使用捐赠财产的，捐赠人有权要求基金会遵守捐赠协议或者向人民法院申请撤销捐赠行为、解除捐赠协议。

第九十五条 【非营利法人终止时剩余财产处置】为公益目的成立的非营利法人终止时，不得向出资人、设立人或者会员分配剩余财产。剩余财产应当按照法人章程的规定或者权力机构的决议用于公益目的；无法按照法人章程的规定或者权力机构的决议处理的，由主管机关主持转给宗旨相同或者相近的法人，并向社会公告。

关联法规

《基金会管理条例》（2004.3.8）

第三十三条 基金会注销后的剩余财产应当按照章程的规定用于公益目的；无法按照章程规定处理的，由登记管理机关组织捐赠给与该基金会性质、宗旨相同的社会公益组织，并向社会公告。

《宗教事务条例》（2017.8.26修订）

第六十条 宗教团体、宗教院校、宗教活动场所注销或者终止的，应当进行财产清算，清算后的剩余财产应当用于与其宗旨相符的事业。

第四节 特别法人

第九十六条 【特别法人类型】本节规定的机关法人、农村集体经济组织法人、城镇农村的合作经济组织法人、基层群众性自治组织法人,为特别法人。

条文注解

本条是关于特别法人类型的总括性规定。

其具体可分为:(1)机关法人。机关的设立依据是《宪法》及其相关法律和行政命令,其设立目的是履行公共管理职能,这决定了机关法人与其他法人组织存在较大差别。(2)农村集体经济组织法人。根据《宪法》和《物权法》等相关法律的规定,农村集体经济组织依法代表农民集体行使农村集体土地所有权,在遵守有关法律的前提下,有独立进行经济活动的自主权。(3)基层群众性自治组织法人。村民委员会、居民委员会基层群众性自治组织在设立、变更和终止,行使职能和责任承担上也都有其特殊性,有必要将其作为特别法人。(4)合作经济组织法人。这类组织的特点是对内具有共益性或者互益性,对外又可以从事经营活动。

第九十七条 【机关法人】有独立经费的机关和承担行政职能的法定机构从成立之日起,具有机关法人资格,可以从事为履行职能所需要的民事活动。

第九十八条 【机关法人终止】机关法人被撤销的,法人终止,其民事权利和义务由继任的机关法人享有和承担;没有继任的机关法人的,由作出撤销决定的机关法人享有和承担。

条文注解

机关法人是指依照法律法规和行政命令组建的,享有公权力的,以从事国家公共管理活动为主的组织。这些组织代表国家从事公共管理职能,其在从事民事活动的时候,就具有机关法人的地位。其特征是:(1)机关法人依据法律法规和行政命令而成立。这是机关法人与营利法人和非营利法人的最大区别。(2)机关法人自成立时就具有法人资格,不需要经过登记程序。(3)机关法人是享有公权力的各类国家组织。机关法人在行使公权力时并不是以平等民事主体的身份出现的,不是以法人的名义出现的。其只有在从事民事活动时才是以法人的名义出现。从事民事活动时,其民事行为能力受到严格的限制。(4)机关法人没有自己独立经营的财产,但是有独立的经费。

因此,其最终责任承担也来源于国家财政经费。

第九十九条 【农村集体经济组织法人】农村集体经济组织依法取得法人资格。

法律、行政法规对农村集体经济组织有规定的,依照其规定。

条文注解

农村集体经济组织是具有中国特色的经济组织形式,是为了适应我国农村集体所有制经济而设立。根据《宪法》和《物权法》等相关法律的规定,农村集体经济组织依法代表农民集体行使农村集体土地所有权,在遵守有关法律的前提下,有独立进行经济活动的自主权。本条第一款明确规定,农村集体经济组织依法取得法人资格。

综合我国《土地管理法》《农村土地承包法》《农业法》《村民委员会组织法》《物权法》等法律的规定,对于农村集体经济组织法人的内涵和外延宜作以下理解:

(1)资产的不可分割性。农村和城市郊区的土地,除由法律规定属于国家所有的以外,属于农民集体所有;宅基地和自留地、自留山,属于农民集体所有。农民集体所有的土地,由县级人民政府登记造册,核发证书,确认所有权。因此,农村集体经济组织以土地为中心,以地缘为基础,集体资产属于本集体成员集体所有,不可分割。

(2)成员的社区性和组织的稳定性。农村集体经济组织法人与营利法人和非营利法人最大的区别是,前者的成员具有天然性和身份性,即与土地有依附关系,与农民的身份也有依附关系。其成员由社区内的农民以土地等集体财产为纽带组成,其加入、退出有特别的程序和限制性规定。同时,正因其具有地域性和社区性,农村集体经济组织非经法律规定不能任意消灭,也不能轻易宣布解散和清算。

(3)职能的特定性。农村集体经济组织的主要功能包括管理集体资产、开发集体资源、发展集体经济和服务集体成员。集体经济组织对外从事经营活动,具有营利性,但对内部成员则为非营利性。同时,不少集体经济组织既承担经济职能,也承担一定的村集体公益性的社会功能。

第一百条 【合作经济组织法人】城镇农村的合作经济组织依法取得法人资格。

法律、行政法规对城镇农村的合作经济组织有规定的,依照其规定。

条文注解

本条分两款对合作经济组织法人作了规定。第一款规定:“城镇农村的合作经济组织依法取得法人资格。”使用“依法”取得法人资格的表述，是为了适应城镇农村合作经济组织的现实需要。第二款则在第一款的基础上，授权法律、行政法规可对合作经济组织法人作出特别的规定，具体落实《民法总则》的规定。

《中共中央 国务院关于深化供销合作社综合改革的决定》(2015年3月23日)指出：供销合作社地位性质特殊，既体现党和政府政策导向，又承担政府委托的公益性服务，既有事业单位和社团组织的特点，又履行管理社有企业的职责，既要办成以农民为基础的合作经济组织，又要开展市场化经营和农业社会化服务。为更好发挥供销合作社独特优势和重要作用，必须确立其特定法律地位，抓紧制定供销合作社条例，适时启动供销合作社法立法工作。

第一百零一条 【基层群众性自治组织法人】居民委员会、村民委员会具有基层群众性自治组织法人资格，可以从事为履行职能所需要的民事活动。

未设立村集体经济组织的，村民委员会可以依法代行村集体经济组织的职能。

条文注解

村民委员会和居民委员会都是我国的基层群众性自治组织。村民委员会是村民自我管理、自我教育、自我服务的基层群众性自治组织，实行民主选举、民主决策、民主管理、民主监督。居民委员会是居民自我管理、自我教育、自我服务的基层群众性自治组织。

村民委员会、居民委员会法人与其他法人相比，其具有的特殊性有：(1)设立特殊。都是依据法律(《村民委员会组织法》《居民委员会组织法》)直接设立的。(2)变更和终止特殊。除非村乡合并或者居民社区的区划发生变化，否则村民委员会和居民委员会不终止。(3)行使职能特殊。其主要从事公益事业和提供公共服务，这与营利法人和非营利法人的职能有较大的不同。(4)组织机构特殊。村民委员会一般由村主任等村干部组成，居民委员会一般由居委会主任等干部组成，根据相关法律，这些成员都是经过公开选举产生。(5)责任承担的特殊性：其一，居民委员会的债务只能以居民筹集的费用、政府划拨的工作经费和居民委员会的经济收入补助来承担。其二，村民委员会原则上也应当以其办公经费承担债务，该债务是其代表村集体从事经济活动所欠，可以以村集体财产承担，但不得处分村集体所有的土地。

第四章 非法人组织

第一百零二条 【非法人组织的定义和范围】非法人组织是不具有法人资格，但是能够依法以自己的名义从事民事活动的组织。

非法人组织包括个人独资企业、合伙企业、不具有法人资格的专业服务机构等。

条文注解

根据本条第一款的定义，非法人组织的主要特征是：(1)非法人组织为一种组织体，而不是自然人，这是非法人组织和法人的相同之处。(2)非法人组织不具有法人资格，不能独立承担民事责任。非法人组织与法人的最大区别在于，非法人组织不能独立承担民事责任，非法人组织的责任最终是由设立人或出资人承担无限责任。(3)与法人一样，非法人组织可以以自己的名义从事民事活动，非法人组织具有民事权利能力和民事行为能力，能够享有并行使民事权利，承担民事义务。

第二款规定的是非法人组织的范围，并列举了几种典型的非法人组织。其具体细分如下：(1)个人独资企业，是指依照《个人独资企业法》在中国境内设立，由一个自然人投资，财产为投资人个人所有，投资人以其个人财产对企业债务承担无限责任的经营实体。(2)合伙企业，是指自然人、法人和其他组织依照《合伙企业法》在中国境内设立的普通合伙企业和有限合伙企业。(3)不具有法人资格的专业服务机构，主要是指不具有法人资格的律师事务所、会计师事务所等。(4)根据《中外合作经营企业法》和《外资企业法》的规定，中外合作经营企业、外资企业只有符合中国法律关于法人条件的规定的才能依法取得中国法人资格，不具备法人条件的，则属于非法人组织。(5)根据《乡镇企业法》的规定，乡镇企业符合企业法人条件的，依法取得企业法人资格。因此，不具备法人条件的乡镇企业也属于非法人组织。

第一百零三条 【非法人组织设立程序】非法人组织应当依照法律的规定登记。

设立非法人组织，法律、行政法规规定须经有关机关批准的，依照其规定。

条文注解

本条应注意区分登记程序和前置审批程序两个层次。

本条第一款规定非法人组织设立的登记程序,即法律规定设立非法人组织应当登记的,需要办理登记。具体如《合伙企业法》规定,申请设立合伙企业,应当向企业登记机关提交相关文件。又如,《个人独资企业法》规定,申请设立个人独资企业,应当由投资人或者其委托的代理人向个人独资企业所在地的登记机关提交相关文件。

本条第二款规定非法人组织设立的前置审批程序。即法律、行政法规规定设立非法人组织须经有关机关批准的,则应当按照法律、行政法规的规定办理审批手续。同时,地方性法规、规章等其他规范性文件均不得为非法人组织的设立设置审批程序。根据我国相关法律的规定,设立不具备法人资格的外资企业、中外合作经营企业、律师事务所、会计师事务所等,需要办理审批手续。

关联法规

《个人独资企业法》(1999.8.30)

第九条 申请设立个人独资企业,应当由投资人或者其委托的代理人向个人独资企业所在地的登记机关提交设立申请书、投资人身份证明、生产经营场所使用证明等文件。委托代理人申请设立登记时,应当出具投资人的委托书和代理人的合法证明。

个人独资企业不得从事法律、行政法规禁止经营的业务;从事法律、行政法规规定须报经有关部门审批的业务,应当在申请设立登记时提交有关部门的批准文件。

第十三条 个人独资企业的营业执照的签发日期,为个人独资企业成立日期。

在领取个人独资企业营业执照前,投资人不得以个人独资企业名义从事经营活动。

《合伙企业法》(2006.8.27 修订)

第十条 申请人提交的登记申请材料齐全、符合法定形式,企业登记机关能够当场登记的,应予当场登记,发给营业执照。

除前款规定情形外,企业登记机关应当自受理申请之日起二十日内,作出是否登记的决定。予以登记的,发给营业执照;不予登记的,应当给予书面答复,并说明理由。

第十一条 合伙企业的营业执照签发日期,为合伙企业成立日期。

合伙企业领取营业执照前,合伙人不得以合伙企业名义从事合伙业务。

《外资企业法》(2016.9.3 修正)

第六条 设立外资企业的申请,由国务院对外经济贸易主管部门或者国务院授权的机关审查批准。审查批准机关应当在接到申请之日起九十天内决定批准或者不批准。

第七条 设立外资企业的申请经批准后,外国投资者应当在接到批准证书之日起三十天内向工商行政管理机关申请登记,领取营业执照。外资企业的营业执照签发日期,为该企业成立日期。

第八条 外资企业符合中国法律关于法人条件的规定的,依法取得中国法人资格。

《律师法》(2017.9.1修正)

第十七条 申请设立律师事务所,应当提交下列材料:

(一)申请书;

(二)律师事务所的名称、章程;

(三)律师的名单、简历、身份证明、律师执业证书;

(四)住所证明;

(五)资产证明。

设立合伙律师事务所,还应当提交合伙协议。

第十八条 设立律师事务所,应当向设区的市级或者直辖市的区人民政府司法行政部门提出申请,受理申请的部门应当自受理之日起二十日内予以审查,并将审查意见和全部申请材料报送省、自治区、直辖市人民政府司法行政部门。省、自治区、直辖市人民政府司法行政部门应当自收到报送材料之日起十日内予以审核,作出是否准予设立的决定。准予设立的,向申请人颁发律师事务所执业证书;不准予设立的,向申请人书面说明理由。

《注册会计师法》(2014.8.31修正)

第二十五条 设立会计师事务所,由省、自治区、直辖市人民政府财政部门批准。

申请设立会计师事务所,申请者应当向审批机关报送下列文件:

(一)申请书;

(二)会计师事务所的名称、组织机构和业务场所;

(三)会计师事务所章 程,有合伙协议的并应报送合伙协议;

(四)注册会计师名单、简历及有关证明文件;

(五)会计师事务所主要负责人、合伙人的姓名、简历及有关证明文件;

(六)负有限责任的会计师事务所的出资证明;

(七)审批机关要求的其他文件。

第一百零四条 【非法人组织民事责任】非法人组织的财产不足以清偿债务的,其出资人或者设立人承担无限责任。法律另有规定的,依照其规定。

条文注解

本条对非法人组织的民事责任承担作了规定:非法人组织的债务可以先由非法人组织以其能够处分的财产清偿债务,不足以清偿的,原则上出资人或者设立人对非法人组织的债务应当承担无限责任,即由设立人或者出资人承担所有清偿责任。具体如《注册会计师法》和《个人独资企业法》的规定。

另外,除了设立人或者出资人承担无限责任的一般性规定外,法律还可以作出特殊规定。作出特殊规定的法律有《合伙企业法》《律师法》等。根据这些法律的特殊规定，合伙企业、合伙形式的律师事务所的民事责任，设立人是否承担无限责任需要根据具体情况判断。

关联法规

《合伙企业法》（2006.8.27修订）

第二条　本法所称合伙企业，是指自然人、法人和其他组织依照本法在中国境内设立的普通合伙企业和有限合伙企业。

普通合伙企业由普通合伙人组成，合伙人对合伙企业债务承担无限连带责任。本法对普通合伙人承担责任的形式有特别规定的，从其规定。

有限合伙企业由普通合伙人和有限合伙人组成，普通合伙人对合伙企业债务承担无限连带责任，有限合伙人以其认缴的出资额为限对合伙企业债务承担责任。

第三十八条　合伙企业对其债务，应先以其全部财产进行清偿。

第三十九条　合伙企业不能清偿到期债务的，合伙人承担无限连带责任。

第五十五条　以专业知识和专门技能为客户提供有偿服务的专业服务机构，可以设立为特殊的普通合伙企业。

特殊的普通合伙企业是指合伙人依照本法第五十七条的规定承担责任的普通合伙企业。

特殊的普通合伙企业适用本节规定；本节未作规定的，适用本章第一节至第五节的规定。

第五十七条　一个合伙人或者数个合伙人在执业活动中因故意或者重大过失造成合伙企业债务的，应当承担无限责任或者无限连带责任，其他合伙人以其在合伙企业中的财产份额为限承担责任。

合伙人在执业活动中非因故意或者重大过失造成的合伙企业债务以及合伙企业的其他债务，由全体合伙人承担无限连带责任。

《个人独资企业法》（1999.8.30）

第二条　本法所称个人独资企业，是指依照本法在中国境内设立，由一个自然人投资，财产为投资人个人所有，投资人以其个人财产对企业债务承担无限责任的经营实体。

《注册会计师法》（2014.8.31修正）

第二十三条　会计师事务所可以由注册会计师合伙设立。

合伙设立的会计师事务所的债务，由合伙人按照出资比例或者协议的约定，以各自的财产承担责任。合伙人对会计师事务所的债务承担连带责任。

第二十四条　会计师事务所符合下列条件的，可以是负有限责任的法人：

（一）不少于三十万元的注册资本；

（二）有一定数量的专职从业人员，其中至少有五名注册会计师；

（三）国务院财政部门规定的业务范围和其他条件。

负有限责任的会计师事务所以其全部资产对其债务承担责任。

《律师法》(2017.9.1修正)

第十五条 设立合伙律师事务所，除应当符合本法第十四条规定的条件外，还应当有三名以上合伙人，设立人应当是具有三年以上执业经历的律师。

合伙律师事务所可以采用普通合伙或者特殊的普通合伙形式设立。合伙律师事务所的合伙人按照合伙形式对该律师事务所的债务依法承担责任。

第十六条 设立个人律师事务所，除应当符合本法第十四条规定的条件外，设立人还应当是具有五年以上执业经历的律师。设立人对律师事务所的债务承担无限责任。

第一百零五条 【非法人组织代表人】非法人组织可以确定一人或者数人代表该组织从事民事活动。

条文注解

非法人组织作为组织体，与法人一样，需要确定自然人作为代表人代表其作出意思表示、受领意思表示，从事民事活动。非法人组织的代表人对外能够以非法人组织的名义从事民事活动，与相对人形成民事法律关系。非法人组织的代表人可以是一人也可以是数人。非法人组织的设立人、出资人可以依法在非法人组织的章程或有关协议中确定非法人组织代表人的人数和权限。

关联法规

《合伙企业法》(2006.8.27修订)

第二十六条 合伙人对执行合伙事务享有同等的权利。

按照合伙协议的约定或者经全体合伙人决定，可以委托一个或者数个合伙人对外代表合伙企业，执行合伙事务。

作为合伙人的法人、其他组织执行合伙事务的，由其委派的代表执行。

第一百零六条 【非法人组织解散事由】有下列情形之一的，非法人组织解散：

（一）章程规定的存续期间届满或者章程规定的其他解散事由出现；

（二）出资人或者设立人决定解散；

（三）法律规定的其他情形。

条文注解

非法人组织的解散是非法人组织终止的原因，非法人组织解散意味着非法人组织民事主体资格的丧失，不再具有民事权利能力和民事行为能力。非法人组织解散事由就是引起非法人组织解散的法律事实。关于非法人组织的解散,不同类型的非法人组织,相应的法律都对其解散事由作了相应的规定,如《合伙企业法》《个人独资企业法》等。

关联法规

《合伙企业法》(2006.8.27 修订)

第八十五条 合伙企业有下列情形之一的,应当解散:

(一)合伙期限届满,合伙人决定不再经营;

(二)合伙协议约定的解散事由出现;

(三)全体合伙人决定解散;

(四)合伙人已不具备法定人数满三十天;

(五)合伙协议约定的合伙目的已经实现或者无法实现;

(六)依法被吊销营业执照、责令关闭或者被撤销;

(七)法律、行政法规规定的其他原因。

《个人独资企业法》(1999.8.30)

第二十六条 个人独资企业有下列情形之一时,应当解散:

(一)投资人决定解散;

(二)投资人死亡或者被宣告死亡,无继承人或者继承人决定放弃继承;

(三)被依法吊销营业执照;

(四)法律、行政法规规定的其他情形。

第一百零七条 【非法人组织清算】非法人组织解散的,应当依法进行清算。

条文注解

非法人组织的清算就是非法人组织解散后,依法确定清算人开展的清理结束现有业务、了结债权债务关系的活动。出资人或设立人在非法人组织出现解散事由后,应当解散非法人组织,指定清算人开展清算活动。关于非法人组织的清算,各相关法律也都有专门的规定。其具体内容包括:(1)清算人确定。其可以由非法人组织的设立人或出资人确定,或者按照法律规定的方式确定。(2)清算人担任。其可以由非法人组织的出资人或者设立人担任,也可以是设立人或出资人委托的人,还可能是法律规定的其他人员。(3)清算人的职责。这通常包括了结现有业务(即对结束各种尚未完成的业务活动)、收取债权、偿还债务和移交剩余财产等。(4)相关禁止和后续手续。清算期间,非法人组织不得开展与清算目的无关的活动。非法人组织清算完成后,依法需要登记的非法人组织,还需要到登记机关办理注销登记手续,完成注销登记手续后非法人组织终止。

关联法规

《合伙企业法》(2006.8.27修订)

第八十六条 合伙企业解散，应当由清算人进行清算。

清算人由全体合伙人担任；经全体合伙人过半数同意，可以自合伙企业解散事由出现后十五日内指定一个或者数个合伙人，或者委托第三人，担任清算人。

自合伙企业解散事由出现之日起十五日内未确定清算人的，合伙人或者其他利害关系人可以申请人民法院指定清算人。

第八十七条 清算人在清算期间执行下列事务：

(一)清理合伙企业财产，分别编制资产负债表和财产清单；

(二)处理与清算有关的合伙企业未了结事务；

(三)清缴所欠税款；

(四)清理债权、债务；

(五)处理合伙企业清偿债务后的剩余财产；

(六)代表合伙企业参加诉讼或者仲裁活动。

第八十八条 清算人自被确定之日起十日内将合伙企业解散事项通知债权人，并于六十日内在报纸上公告。债权人应当自接到通知书之日起三十日内，未接到通知书的自公告之日起四十五日内，向清算人申报债权。

债权人申报债权，应当说明债权的有关事项，并提供证明材料。清算人应当对债权进行登记。

清算期间，合伙企业存续，但不得开展与清算无关的经营活动。

第八十九条 合伙企业财产在支付清算费用和职工工资、社会保险费用、法定补偿金以及缴纳所欠税款、清偿债务后的剩余财产，依照本法第三十三条第一款的规定进行分配。

第九十条 清算结束，清算人应当编制清算报告，经全体合伙人签名、盖章后，在十五日内向企业登记机关报送清算报告，申请办理合伙企业注销登记。

第九十一条 合伙企业注销后，原普通合伙人对合伙企业存续期间的债务仍应承担无限连带责任。

第九十二条 合伙企业不能清偿到期债务的，债权人可以依法向人民法院提出破产清算申请，也可以要求普通合伙人清偿。

合伙企业依法被宣告破产的，普通合伙人对合伙企业债务仍应承担无限连带责任。

第一百零八条 【参照适用】非法人组织除适用本章规定外，参照适用本法第三章第一节的有关规定。

第五章 民事权利

第一百零九条 【人身自由、人格尊严受法律保护】自然人的人身自由、人格尊严受法律保护。

条文注解

人身自由是自然人自主参加社会各项活动、参与各种社会关系、行使其他人身权和财产权的基本保障,是自然人行使其他一切权利的前提和基础。我国《宪法》规定:中华人民共和国公民的人身自由不受侵犯。任何公民,非经人民检察院批准或者决定或者人民法院决定,并由公安机关执行,不受逮捕。禁止非法拘禁和以其他方法非法剥夺或者限制公民的人身自由,禁止非法搜查公民的身体。

人格尊严是人身权的重要内容,涉及姓名权、名誉权、荣誉权、肖像权、隐私权等方面。我国《宪法》规定:中华人民共和国公民的人格尊严不受侵犯。禁止用任何方法对公民进行侮辱、诽谤和诬告陷害。

关联法规

《最高人民法院关于确定民事侵权精神损害赔偿责任若干问题的解释》(2001.3.8)

第一条 自然人因下列人格权利遭受非法侵害,向人民法院起诉请求赔偿精神损害的,人民法院应当依法予以受理:

(一)生命权、健康权、身体权;

(二)姓名权、肖像权、名誉权、荣誉权;

(三)人格尊严权、人身自由权。

违反社会公共利益、社会公德侵害他人隐私或者其他人格利益,受害人以侵权为由向人民法院起诉请求赔偿精神损害的,人民法院应当依法予以受理。

《消费者权益保护法》(2013.10.25 修正)

第七条 消费者在购买、使用商品和接受服务时享有人身、财产安全不受损害的权利。

消费者有权要求经营者提供的商品和服务,符合保障人身、财产安全的要求。

第九条 消费者享有自主选择商品或者服务的权利。

消费者有权自主选择提供商品或者服务的经营者,自主选择商品品种或者服务方式,自主决定购买或者不购买任何一种商品、接受或者不接受任何一项服务。

消费者在自主选择商品或者服务时,有权进行比较、鉴别和挑选。

第十一条 消费者因购买、使用商品或者接受服务受到人身、财产损害的，享有依法获得赔偿的权利。

第十四条 消费者在购买、使用商品和接受服务时，享有人格尊严、民族风俗习惯得到尊重的权利，享有个人信息依法得到保护的权利。

《妇女权益保障法》(2005.8.28 修正)

第三十六条 国家保障妇女享有与男子平等的人身权利。

第三十七条 妇女的人身自由不受侵犯。禁止非法拘禁和以其他非法手段剥夺或者限制妇女的人身自由；禁止非法搜查妇女的身体。

第四十二条 妇女的名誉权、荣誉权、隐私权、肖像权等人格权受法律保护。

禁止用侮辱、诽谤等方式损害妇女的人格尊严。禁止通过大众传播媒介或者其他方式贬低损害妇女人格。未经本人同意，不得以营利为目的，通过广告、商标、展览橱窗、报纸、期刊、图书、音像制品、电子出版物、网络等形式使用妇女肖像。

第一百一十条 【民事主体人格权】自然人享有生命权、身体权、健康权、姓名权、肖像权、名誉权、荣誉权、隐私权、婚姻自主权等权利。

法人、非法人组织享有名称权、名誉权、荣誉权等权利。

条文注解

1. 自然人的人格权

(1)生命权和健康权。生命权是指以自然人的生命安全利益为内容的权利，它以生命安全和生命维持为客体，以维护自然人的生命活动延续为基本内容。生命权是自然人享有的最基本的人格权。健康权是指自然人以其机体生理机能正常运作和功能完善发挥，以其维持人体生命活动的利益为内容的权利。《侵权责任法》已经将生命权和健康权区分为两种不同的民事权利予以规定。

(2)身体权。身体权是指自然人保持其身体组织完整并支配其肢体、器官和其他身体组织的权利。应注意与健康权进行区别：健康权以保护身体各组织及整体功能正常为内容，而身体权以保护身体组织的完整及对身体组织的支配为内容。当他人侵害自然人的身体已经达到使自然人的组织和功能不正常时，侵害的是自然人的健康权，而非身体权。当他人侵害自然人的身体，但未侵害自然人的组织和功能正常时，侵害的仅是自然人的身体权，而非健康权。

(3)姓名权和肖像权。姓名权是指自然人决定、使用和依照规定改变自己姓名的权利，禁止他人干涉、盗用、假冒。肖像权是指自然人对在自己的肖像上体现的精神利益和物质利益所享有的权利。未经本人同意，不得以营利为目的使用公民的肖像。

(4)名誉权和荣誉权。名誉权是指自然人就其自身属性和价值所获得的社会评价,享有的保有和维护的权利。荣誉权是指自然人对其获得的荣誉及其利益所享有的保持、支配的权利。禁止用侮辱、诽谤等方式损害公民的名誉,也禁止非法剥夺公民的荣誉称号。

(5)隐私权。隐私权是指自然人享有的私人生活安宁与私人生活信息依法受到保护,不受他人侵扰、知悉、使用、披露和公开的权利。同时,主张隐私权不能违反法律的强制性规定,不能违背社会的公序良俗,不得损害他人的利益。

(6)婚姻自主权。婚姻自主权是指自然人享有的结婚、离婚的自由不受他人干涉的权利。《婚姻法》规定:禁止包办、买卖婚姻和其他干涉婚姻自由的行为;禁止借婚姻索取财物。

2. 法人、非法人组织的人格权

(1)名称权。法人、个体工商户、个人合伙享有名称权。企业法人、个体工商户、个人合伙有权使用、依法转让自己的名称。

(2)名誉权。名誉权是指法人、非法人组织就其自身属性和价值所获得的社会评价,享有的保有和维护的权利。

(3)荣誉权。荣誉权是指法人、非法人组织对其获得的荣誉及其利益所享有的保持、支配的权利。

关联法规

《民法通则》(2009.8.27修正)

第九十八条 公民享有生命健康权。

第九十九条 公民享有姓名权,有权决定、使用和依照规定改变自己的姓名,禁止他人干涉、盗用、假冒。

法人、个体工商户、个人合伙享有名称权。企业法人、个体工商户、个人合伙有权使用、依法转让自己的名称。

第一百条 公民享有肖像权,未经本人同意,不得以营利为目的使用公民的肖像。

第一百零一条 公民、法人享有名誉权,公民的人格尊严受法律保护,禁止用侮辱、诽谤等方式损害公民、法人的名誉。

第一百零二条 公民、法人享有荣誉权,禁止非法剥夺公民、法人的荣誉称号。

第一百零三条 公民享有婚姻自主权,禁止买卖、包办婚姻和其他干涉婚姻自由的行为。

第一百零四条 婚姻、家庭、老人、母亲和儿童受法律保护。

残疾人的合法权益受法律保护。

第一百零五条 妇女享有同男子平等的民事权利。

《侵权责任法》(2009.12.26)

第二条 侵害民事权益,应当依照本法承担侵权责任。

本法所称民事权益，包括生命权、健康权、姓名权、名誉权、荣誉权、肖像权、隐私权、婚姻自主权、监护权、所有权、用益物权、担保物权、著作权、专利权、商标专用权、发现权、股权、继承权等人身、财产权益。

第一百一十一条 【个人信息受法律保护】自然人的个人信息受法律保护。任何组织和个人需要获取他人个人信息的，应当依法取得并确保信息安全，不得非法收集、使用、加工、传输他人个人信息，不得非法买卖、提供或者公开他人个人信息。

名词解释

自然人的个人信息，是指以电子方式或者其他方式记录的能够单独或者与其他信息结合识别自然人个人身份的各种信息，包括但不限于自然人的姓名、出生日期、身份证件号码、个人生物识别信息、住址、电话号码等。

条文注解

在现代信息社会，个人信息权利是自然人享有的重要民事权利，对于保护自然人的人格尊严、免受非法侵扰、维护正常的社会秩序具有重要的现实意义。根据本条规定，其他民事主体对自然人个人信息保护的义务主要包括：

(1)依法取得并确保安全的义务。任何组织和个人需要获取他人个人信息的，应当依法取得并确保信息安全。《全国人大常委会关于加强网络信息保护的决定》规定，网络服务提供者和其他企业事业单位在业务活动中收集、使用公民个人电子信息，应当遵循合法、正当、必要的原则，明示收集、使用信息的目的、方式和范围，并经被收集者同意，不得违反法律、法规的规定和双方的约定收集、使用信息。网络服务提供者和其他企业事业单位应当采取技术措施和其他必要措施，确保信息安全，防止在业务活动中收集的公民个人电子信息泄露、毁损、丢失。在发生或者可能发生信息泄露、毁损、丢失的情况时，应当立即采取补救措施。

(2)禁止非法收集、使用、加工、传输个人信息，不得非法买卖、提供或者公开他人的个人信息。根据《网络安全法》的规定，网络运营者不得泄露、篡改、毁损其收集的个人信息；未经被收集者同意，不得向他人提供个人信息。但是，经过处理无法识别特定个人且不能复原的除外。任何组织和个人对窃取或者以其他非法方式获取、出售或者非法向他人提供公民个人电子信息的违法犯罪行为以及其他网络信息违法犯罪的行为，有权向有关主管部门举报、控告。接到举报、控告的部门应当依法及时处理。被侵权人可以依法提起诉讼。

关联法规

《身份证法》(2011.10.29修正)

第三条 居民身份证登记的项目包括:姓名、性别、民族、出生日期、常住户口所在地住址、公民身份号码、本人相片、指纹信息、证件的有效期和签发机关。

公民身份号码是每个公民唯一的、终身不变的身份代码,由公安机关按照公民身份号码国家标准编制。

公民申请领取、换领、补领居民身份证,应当登记指纹信息。

《护照法》(2006.4.29)

第七条 普通护照的登记项目包括:护照持有人的姓名、性别、出生日期、出生地,护照的签发日期、有效期、签发地点和签发机关。

普通护照的有效期为:护照持有人未满十六周岁的五年,十六周岁以上的十年。

普通护照的具体签发办法,由公安部规定。

《邮政法》(2015.4.24修正)

第七十六条 邮政企业、快递企业违法提供用户使用邮政服务或者快递服务的信息,尚不构成犯罪的,由邮政管理部门责令改正,没收违法所得,并处一万元以上五万元以下的罚款;对邮政企业直接负责的主管人员和其他直接责任人员给予处分;对快递企业,邮政管理部门还可以责令停业整顿直至吊销其快递业务经营许可证。

邮政企业、快递企业从业人员有前款规定的违法行为,尚不构成犯罪的,由邮政管理部门责令改正,没收违法所得,并处五千元以上一万元以下的罚款。

《网络安全法》(2016.11.7)

第四十条 网络运营者应当对其收集的用户信息严格保密,并建立健全用户信息保护制度。

第四十一条 网络运营者收集、使用个人信息,应当遵循合法、正当、必要的原则,公开收集、使用规则,明示收集、使用信息的目的、方式和范围,并经被收集者同意。

网络运营者不得收集与其提供的服务无关的个人信息,不得违反法律、行政法规的规定和双方的约定收集、使用个人信息,并应当依照法律、行政法规的规定和与用户的约定,处理其保存的个人信息。

第四十二条 网络运营者不得泄露、篡改、毁损其收集的个人信息;未经被收集者同意,不得向他人提供个人信息。但是,经过处理无法识别特定个人且不能复原的除外。

网络运营者应当采取技术措施和其他必要措施,确保其收集的个人信息安全,防止信息泄露、毁损、丢失。在发生或者可能发生个人信息泄露、毁损、丢失的情况时,应当立即采取补救措施,按照规定及时告知用户并向有关主管部门报告。

第四十三条 个人发现网络运营者违反法律、行政法规的规定或者双方的约定收集、使用其个人信息的,有权要求网络运营者删除其个人信息;发现网络运营者收集、存储的其个人信息有错误的,有权要求网络运营者予以更正。网络运营者应当采取措施予以删除或者更正。

第四十四条 任何个人和组织不得窃取或者以其他非法方式获取个人信息,不得非法出售或者非法向他人提供个人信息。

第四十五条 依法负有网络安全监督管理职责的部门及其工作人员,必须对在履行职责中知悉的个人信息、隐私和商业秘密严格保密,不得泄露、出售或者非法向他人提供。

第四十六条 任何个人和组织应当对其使用网络的行为负责,不得设立用于实施诈骗,传授犯罪方法,制作或者销售违禁物品、管制物品等违法犯罪活动的网站、通讯群组,不得利用网络发布涉及实施诈骗,制作或者销售违禁物品、管制物品以及其他违法犯罪活动的信息。

第四十七条 网络运营者应当加强对其用户发布的信息的管理,发现法律、行政法规禁止发布或者传输的信息的,应当立即停止传输该信息,采取消除等处置措施,防止信息扩散,保存有关记录,并向有关主管部门报告。

第四十八条 任何个人和组织发送的电子信息、提供的应用软件,不得设置恶意程序,不得含有法律、行政法规禁止发布或者传输的信息。

电子信息发送服务提供者和应用软件下载服务提供者,应当履行安全管理义务,知道其用户有前款规定行为的,应当停止提供服务,采取消除等处置措施,保存有关记录,并向有关主管部门报告。

第四十九条 网络运营者应当建立网络信息安全投诉、举报制度,公布投诉、举报方式等信息,及时受理并处理有关网络信息安全的投诉和举报。

网络运营者对网信部门和有关部门依法实施的监督检查,应当予以配合。

第五十条 国家网信部门和有关部门依法履行网络信息安全监督管理职责,发现法律、行政法规禁止发布或者传输的信息的,应当要求网络运营者停止传输,采取消除等处置措施,保存有关记录;对来源于中华人民共和国境外的上述信息,应当通知有关机构采取技术措施和其他必要措施阻断传播。

《最高人民法院关于审理利用信息网络侵害人身权益民事纠纷案件适用法律若干问题的规定》(2014.8.21)

第十二条 网络用户或者网络服务提供者利用网络公开自然人基因信息、病历资料、健康检查资料、犯罪记录、家庭住址、私人活动等个人隐私和其他个人信息,造成他人损害,被侵权人请求其承担侵权责任的,人民法院应予支持。但下列情形除外:

(一)经自然人书面同意且在约定范围内公开;

(二)为促进社会公共利益且在必要范围内;

(三)学校、科研机构等基于公共利益为学术研究或者统计的目的,经自然人书面同意,且公开的方式不足以识别特定自然人;

(四)自然人自行在网络上公开的信息或者其他已合法公开的个人信息;

(五)以合法渠道获取的个人信息;

(六)法律或者行政法规另有规定。

网络用户或者网络服务提供者以违反社会公共利益、社会公德的方式公开前款第四项、第五项规定的个人信息，或者公开该信息侵害权利人值得保护的重大利益，权利人请求网络用户或者网络服务提供者承担侵权责任的，人民法院应予支持。

国家机关行使职权公开个人信息的，不适用本条规定。

第一百一十二条　【因婚姻、家庭关系等产生的人身权利受法律保护】自然人因婚姻、家庭关系等产生的人身权利受法律保护。

名词解释

婚姻，在法律上是指男女双方以共同生活为目的，以产生配偶之间的权利义务为内容的两性结合。

婚姻家庭关系，是婚姻关系和家庭关系的合称，主要包括夫妻之间的人身和财产关系以及围绕家庭所产生的人身和财产关系。

条文注解

本条分两部分：(1)自然人因婚姻关系产生的人身权利。如夫妻有互相扶养的义务。一方不履行扶养义务时，需要扶养的一方，有要求对方付给扶养费的权利。(2)自然人因家庭关系产生的人身权利。例如，父母是未成年人的监护人，监护人依法履行监护职责产生的权利，受法律保护。父母有保护和教育未成年子女的权利和义务。未成年的或不能独立生活的子女有要求父母给付抚养费的权利。无劳动能力的或生活困难的父母有要求子女给付赡养费的权利。父母对子女有抚养教育的义务；子女对父母有赡养扶助的义务。父母不履行抚养义务时，未成年的或不能独立生活的子女，可以有要求父母给付抚养费。子女不履行赡养义务时，无劳动能力的或生活困难的父母，可以有要求子女给付赡养费。

文书范本　**39　人身安全保护令申请书**

人身安全保护令申请书

申请人：________，男/女，________年____月____日出生，____族，系________________(写明工作单位和职务或者职业)，现住________________(具体到门牌号)。联系方式：________________。

法定代理人/指定代理人：____。

委托诉讼代理人：____。

被申请人：________，男/女，________年____月____日出生，____族，系____________(写明工作单位和职务或者职业)，现住________________(具体到门牌号)。联系方式：________________。

……

（以上写明当事人和其他诉讼参加人的姓名或者名称等基本信息）

请求事项：

________________________________（写明保护申请人人身安全的措施）。

事实和理由：

____（写明有遭受家庭暴力或者面临家庭暴力现实危险的情形以及其他事实和理由）。

此致

________人民法院

申请人（签名或者盖章）

________年____月____日

应用指引

1. 本样式根据《反家庭暴力法》第二十三条、第二十四条、第二十五条、第二十七条制定，供当事人或者其近亲属、相关单位向申请人或者被申请人居住地、家庭暴力发生地的基层人民法院申请人身安全保护令用。

2. 当事人因遭受家庭暴力或者面临家庭暴力的现实危险，可以向人民法院申请人身安全保护令。当事人是无民事行为能力人、限制民事行为能力人，或者因受到强制、威吓等原因无法申请人身安全保护令的，其近亲属、公安机关、妇女联合会、居民委员会、村民委员会、救助管理机构可以代为申请。

3. 申请人身安全保护令应当以书面方式提出；书面申请确有困难的，可以口头申请，由人民法院记入笔录。

4. 本申请书的请求事项可以写明以下人身安全保护令措施：（1）禁止被申请人实施家庭暴力；（2）禁止被申请人骚扰、跟踪、接触申请人和其相关近亲属；（3）责令被申请人迁出申请人住所；（4）保护申请人人身安全的其他措施。

文书范本 ▶▶ 40 对驳回人身安全保护令复议申请书

对驳回人身安全保护令复议申请书

复议申请人：________，男/女，________年____月____日出生，______族，系______________（写明工作单位和职务或者职业），现住______________（具体到门牌号）。联系方式：______________。

法定代理人/指定代理人：____。

委托诉讼代理人：____。

被申请人：__________，男/女，________年____月____日出生，______族，系______________（写明工作单位和职务或者职业），现住______________（具体到门牌号）。联系方式：______________。

……

（以上写明当事人和其他诉讼参加人的姓名或者名称等基本信息）

请求事项：

1. 撤销你院（______）____民保令____号驳回申请民事裁定；

2. __________________________（写明保护申请人人身安全的措施）。

事实和理由：

复议申请人________与被申请人________申请人身安全保护令一案，不服你院________年____月____日作出（______）____民保令____号驳回申请裁定，申请复议。

____（写明申请复议的事实和理由）。

此致

________人民法院

附：（______）____民保令____号驳回申请民事裁定

复议申请人（签名或者盖章）

________年____月____日

应用指引

1. 本样式根据《反家庭暴力法》第三十一条制定，供对驳回人身安全保护令申请的裁定不服的申请人，向作出裁定的人民法院申请复议用。

2. 申请人对驳回人身安全保护令申请不服的，可以自裁定生效之日起五日内向作出裁定的人民法院申请复议一次。

3. 本申请书的请求事项应当写明撤销驳回申请的原裁定，并写明申请采取以下人身安全保护令措施：(1)禁止被申请人实施家庭暴力；(2)禁止被申请人骚扰、跟踪、接触申请人和其相关近亲属；(3)责令被申请人迁出申请人住所；(4)保护申请人人身安全的其他措施。

文书范本 ▶▶ 41 对作出人身安全保护令复议申请书

对作出人身安全保护令复议申请书

复议申请人：________，男/女，________年____月____日出生，____族，系______________（写明工作单位和职务或者职业），现住______________（具体到门牌号）。联系方式：______________。

法定代理人/指定代理人：____。

委托诉讼代理人：____。

被申请人：________，男/女，________年____月____日出生，____族，系____________（写明工作单位和职务或者职业），现住______________（具体到门牌号）。联系方式：______________。

……

（以上写明当事人和其他诉讼参加人的姓名或者名称等基本信息）

请求事项：

撤销你院(______)____民保令____号人身安全保护令民事裁定。

事实和理由：

复议申请人________因与________申请人身安全保护令一案，不服你院于________年____月____日作出(______)____民保令____号人身安全保护令裁定：________________________（写明裁定结果）。申请复议。

____（写明申请复议的事实和理由）。

此致

________人民法院

附：________人民法院(______)____民保令____号民事裁定书

复议申请人(签名或者盖章)
________年____月____日

应用指引

1. 本样式根据《反家庭暴力法》第三十一条制定,供对作出人身安全保护令裁定不服的被申请人,向作出裁定的人民法院申请复议用。

2. 被申请人对人身安全保护令不服的,可以自裁定生效之日起五日内向作出裁定的人民法院申请复议一次。人民法院依法作出人身安全保护令的,复议期间不停止人身安全保护令的执行。

文书范本 42 撤销/变更/延长人身安全保护令申请书

撤销/变更/延长人身安全保护令申请书

申请人:________,男/女,________年____月____日出生,____族,系________________(写明工作单位和职务或者职业),现住________________(具体到门牌号)。联系方式:________________。

法定代理人/指定代理人:____。

委托诉讼代理人:____。

被申请人:________,男/女,________年____月____日出生,____族,系________________(写明工作单位和职务或者职业),现住________________(具体到门牌号)。联系方式:________________。

……

(以上写明当事人和其他诉讼参加人的姓名或者名称等基本信息)

请求事项:

____。

〔请求撤销的,写明:撤销你院(______)____民保令____号人身安全保护令民事裁定。〕

〔请求变更的,写明:1. 撤销你院(______)____民保令____号人身安全保护令民事裁定第____项;2. ________________(写明变更的人身安全保护令的措施)。〕

〔请求延长的,写明延长人身安全保护令的措施和期限:延长你院(____)____民保令____号人身安全保护令民事裁定第____项____个月。〕

事实和理由:

申请人________因与被申请人________申请人身安全保护令一案,你院于________年____月____日作出(______)____民保令____号人身安全保护令裁定:

____(写明裁定结果)。

____(写明申请人主张撤销/变更/延长的事实和理由)。

此致

________人民法院

附:________人民法院(______)____民保令____号民事裁定书

申请人(签名或者盖章)

________年____月____日

应用指引

1. 本样式根据《反家庭暴力法》第三十条制定,供申请人在人身安全保护令失效前,向作出人身安全保护令裁定的人民法院申请撤销、变更或者延长用。

2. 人身安全保护令的有效期不超过六个月,自作出之日起生效。人身安全保护令失效前,申请人可以申请撤销、变更或者延长。

关联法规

《婚姻法》(2001.4.28 修正)

第二十条 夫妻有互相扶养的义务。

一方不履行扶养义务时,需要扶养的一方,有要求对方付给扶养费的权利。

第二十一条 父母对子女有抚养教育的义务;子女对父母有赡养扶助的义务。

父母不履行抚养义务时,未成年的或不能独立生活的子女,有要求父母付给抚养费的权利。

子女不履行赡养义务时,无劳动能力的或生活困难的父母,有要求子女付给赡养费的权利。

禁止溺婴、弃婴和其他残害婴儿的行为。

第二十二条 子女可以随父姓,可以随母姓。

第二十三条 父母有保护和教育未成年子女的权利和义务。在未成年子女对国家、集体或他人造成损害时，父母有承担民事责任的义务。

第二十四条 夫妻有相互继承遗产的权利。

父母和子女有相互继承遗产的权利。

第二十五条 非婚生子女享有与婚生子女同等的权利，任何人不得加以危害和歧视。

不直接抚养非婚生子女的生父或生母，应当负担子女的生活费和教育费，直至子女能独立生活为止。

第二十六条 国家保护合法的收养关系。养父母和养子女间的权利和义务，适用本法对父母子女关系的有关规定。

养子女和生父母间的权利和义务，因收养关系的成立而消除。

第二十七条 继父母与继子女间，不得虐待或歧视。

继父或继母和受其抚养教育的继子女间的权利和义务，适用本法对父母子女关系的有关规定。

第二十八条 有负担能力的祖父母、外祖父母，对于父母已经死亡或父母无力抚养的未成年的孙子女、外孙子女，有抚养的义务。有负担能力的孙子女、外孙子女，对于子女已经死亡或子女无力赡养的祖父母、外祖父母，有赡养的义务。

第二十九条 有负担能力的兄、姐，对于父母已经死亡或父母无力抚养的未成年的弟、妹，有扶养的义务。由兄、姐扶养长大的有负担能力的弟、妹，对于缺乏劳动能力又缺乏生活来源的兄、姐，有扶养的义务。

第三十条 子女应当尊重父母的婚姻权利，不得干涉父母再婚以及婚后的生活。子女对父母的赡养义务，不因父母的婚姻关系变化而终止。

《反家庭暴力法》(2015.12.27)

第二十一条 监护人实施家庭暴力严重侵害被监护人合法权益的，人民法院可以根据被监护人的近亲属、居民委员会、村民委员会、县级人民政府民政部门等有关人员或者单位的申请，依法撤销其监护人资格，另行指定监护人。

被撤销监护人资格的加害人，应当继续负担相应的赡养、扶养、抚养费用。

第二十三条 当事人因遭受家庭暴力或者面临家庭暴力的现实危险，向人民法院申请人身安全保护令的，人民法院应当受理。

当事人是无民事行为能力人、限制民事行为能力人，或者因受到强制、威吓等原因无法申请人身安全保护令的，其近亲属、公安机关、妇女联合会、居民委员会、村民委员会、救助管理机构可以代为申请。

第二十九条 人身安全保护令可以包括下列措施：

(一)禁止被申请人实施家庭暴力；

(二)禁止被申请人骚扰、跟踪、接触申请人及其相关近亲属；

(三)责令被申请人迁出申请人住所；

(四)保护申请人人身安全的其他措施。

第一百一十三条 【财产权利平等保护】民事主体的财产权利受法律平等保护。

条文注解

民事主体的财产权利受法律平等保护是由民法调整的社会关系的性质决定的。本法第二条规定，民法调整平等主体的自然人、法人和非法人组织之间的人身关系和财产关系。第四条规定，民事主体在民事活动中的法律地位一律平等。平等集中反映了民事法律关系的本质属性，是民事法律关系区别于其他法律关系的主要标志。本条在本法规定平等原则的基础上，进一步规定了民事主体的财产权利受法律平等保护。

关联法规

《物权法》(2007.3.16)

第四条 国家、集体、私人的物权和其他权利人的物权受法律保护，任何单位和个人不得侵犯。

第一百一十四条 【民事主体依法享有物权】民事主体依法享有物权。

物权是权利人依法对特定的物享有直接支配和排他的权利，包括所有权、用益物权和担保物权。

条文注解

物权的主要特征是：(1)权利人对物享有直接支配的权利。“直接”即权利人实现其权利不必借助于他人，在法律规定的范围内，完全可以按照自己的意愿行使权利。“支配”有安排、利用的意思，包括占有、使用、收益和处分的权能总和。与此同时，直接支配还有排除他人干涉的含义，其他人负有不妨碍、不干涉物权人行使权利的义务。(2)物权的排他性。是指一物之上不能有相互冲突的物权，如所有权，一物之上只能有一个所有权，此物归属是清晰的(区分所有权等是特例)。即使一物之上可以设定若干个抵押权，但由于是按照抵押权设定的先后顺序优先受偿，其间也不存在冲突。

根据我国法律，物权具体包括以下类型：

(1)所有权。这是指权利人依法对自己的不动产和动产享有全面支配的权利。所有权具有四项权能，即占有、使用、收益和处分。其一，占有是对于财产的实际管理或控制，拥有一个物的一般前提就是占有，这是财产所有者直接行使所有权的表现。其二，使用是权利主体对财产的运用，发挥财产的使用价值。其三，收益是通过财产的占有、使用等方式取得的经济效益。其四，处分是指财产所有人对其财产在事实上和法律上的处置。

(2)用益物权。这是权利人对他人所有的不动产或者动产,依法享有占有、使用和收益的权利。其由所有权派生,是受限制的物权,但用益物权一经设立,便具有独立于所有权而存在的特性。《物权法》中规定了土地承包经营权、建设用地使用权、宅基地使用权和地役权这几种用益物权。

(3)担保物权。这是为了确保债务履行而设立的物权,当债务人不履行债务时,债权人就担保财产依法享有优先受偿的权利。主要包括抵押权、质权、留置权。

第一百一十五条 【物权客体】物包括不动产和动产。法律规定权利作为物权客体的,依照其规定。

名词解释

不动产,是不可移动的物,如土地以及房屋、林木等土地附着物。

动产,是不动产以外的可移动的物,如机动车、洗衣机等。

条文注解

本条是关于物权客体的规定。法律上所指的物,主要是不动产和动产。这样分类便于根据不动产和动产各自的特点分别予以规范。物权法上的物指有体物或者有形物,是物理上的物,包括固体、液体、气体,也包括如电等没有形状的物。这是与精神产品相对而言的,著作、商标、专利等是精神产品,是无体物或者无形物,通常不是物权制度规范的对象。随着科学技术的发展,一些原来无法控制、无法利用的物也可以控制和利用了,也纳入了物权制度的调整范围,物权制度规范的物的范围也在不断扩大。

精神产品不属于物权制度的调整范围,但是有些情况下,财产权利可以作为担保物权的标的,比如可以转让的注册商标专用权、专利权、著作权等知识产权中的财产权,可以出质作为担保物权的标的,形成权利质权,由此权利也成了物权的客体。因此,本条规定"法律规定权利作为物权客体的,依照其规定。"

关联法规

《物权法》(2007.3.16)

第二条 因物的归属和利用而产生的民事关系,适用本法。

本法所称物,包括不动产和动产。法律规定权利作为物权客体的,依照其规定。

本法所称物权,是指权利人依法对特定的物享有直接支配和排他的权利,包括所有权、用益物权和担保物权。

第一百一十六条 【物权法定原则】物权的种类和内容,由法律规定。

条文注解

本条规定了物权法定原则。应注意理解物权法定原则的以下两个方面:(1)设立哪些物权的种类,只能由法律规定,当事人之间不能创立。物权的权利内容,一般也只能由法律规定。物权法定中的"法",指法律,即全国人大及其常委会制定的法律,除法律明确规定可以由行政法规、地方性法规规定的外,一般不包括行政法规和地方性法规。这些法律既包括《物权法》,也包括《土地管理法》《城市房地产管理法》《矿产资源法》《草原法》《森林法》《海域使用管理法》《渔业法》《海商法》《民用航空法》等。法律规定多是强制性规范,当事人应当严格遵守,不能由当事人约定排除,除非法律规定了"有约定的按照约定""当事人另有约定的除外"这些例外情形。(2)违背物权法定原则,所设"物权"没有法律效力。

第一百一十七条 【征收、征用】为了公共利益的需要,依照法律规定的权限和程序征收、征用不动产或者动产的,应当给予公平、合理的补偿。

名词解释

征收,是国家以行政权取得集体、单位和个人的财产所有权的行为。征收的主体是国家,通常是政府以行政命令的方式从集体、单位和个人手中取得土地、房屋等财产。

征用,是国家为了抢险、救灾等公共利益需要,在紧急情况下强制性地使用单位、个人的不动产或者动产。征用的目的只在获得使用权,征用不导致所有权移转,被征用的不动产或者动产使用后,应当返还被征用人。

条文注解

本条是关于征用、征收的规定。根据相关法律法规尤其是《国有土地上房屋征收与补偿条例》,征收和征用应当遵循以下三项原则:(1)实施征收、征用,必须是出于公共利益的需要,这是征收、征用的前提条件。要注意的是:一要同商业利益相区别;二要同部门、单位和小集体的利益相区别。(2)征收和征用必须严格依照法律规定的程序进行。(3)尽管征收和征用是为了公共利益需要,但都不能采取无偿剥夺的方式,必须依法给予补偿。

2016年《中共中央、国务院关于完善产权保护制度依法保护产权的意见》指出,完善土地、房屋等财产征收征用法律制度,合理界定征收征用适用的公共利益范围,不将公共利益扩大化,细化规范征收征用法定权限和程序。遵循及时合理补偿原则,完善国家补偿制度,进一步明确补偿的范围、形式和标准,给予被征收征用者公平合理补偿。

关联法规

《物权法》(2007.3.16)

第四十二条 为了公共利益的需要,依照法律规定的权限和程序可以征收集体所有的土地和单位、个人的房屋及其他不动产。

征收集体所有的土地,应当依法足额支付土地补偿费、安置补助费、地上附着物和青苗的补偿费等费用,安排被征地农民的社会保障费用,保障被征地农民的生活,维护被征地农民的合法权益。

征收单位、个人的房屋及其他不动产,应当依法给予拆迁补偿,维护被征收人的合法权益;征收个人住宅的,还应当保障被征收人的居住条件。

任何单位和个人不得贪污、挪用、私分、截留、拖欠征收补偿费等费用。

《土地管理法》(2004.8.28修正)

第二条第四款 国家为了公共利益的需要,可以依法对土地实行征收或者征用并给予补偿。

《国有土地上房屋征收与补偿条例》(2011.1.20)

第八条 为了保障国家安全、促进国民经济和社会发展等公共利益的需要,有下列情形之一,确需征收房屋的,由市、县级人民政府作出房屋征收决定:

(一)国防和外交的需要;

(二)由政府组织实施的能源、交通、水利等基础设施建设的需要;

(三)由政府组织实施的科技、教育、文化、卫生、体育、环境和资源保护、防灾减灾、文物保护、社会福利、市政公用等公共事业的需要;

(四)由政府组织实施的保障性安居工程建设的需要;

(五)由政府依照城乡规划法有关规定组织实施的对危房集中、基础设施落后等地段进行旧城区改建的需要;

(六)法律、行政法规规定的其他公共利益的需要。

第一百一十八条 【民事主体依法享有债权】民事主体依法享有债权。

债权是因合同、侵权行为、无因管理、不当得利以及法律的其他规定,权利人请求特定义务人为或者不为一定行为的权利。

条文注解

根据本条规定,债的发生原因包括以下几种情况:

(1)合同。合同是平等主体的自然人、法人、非法人组织之间设立、变更、终止民事权利义务关系的协议。合同依法成立后,即在当事人之间产生债权债务关系。

(2)侵权行为。这是指侵害他人民事权益的行为。民事权益受到侵害的,被侵权人有权请求侵权人承担侵权责任。因侵权行为,侵权人与被侵权人之间形成债权债务关系。

(3)无因管理。这是指没有法定的或者约定的义务,为避免他人利益受损失进行管理的行为。因无因管理产生的债称为无因管理之债。无因管理之债并不是基于当事人的意愿设定的,而是根据法律的规定,为法定之债。

(4)不当得利。这是指没有法律根据,取得不当利益,造成他人损失的情形。不当得利之债既不同于合同之债,也不同于无因管理之债。不当得利不是当事人双方间的合意,并非是当事人寻求的法律目的,也不以当事人的意志为转移,而是法律为纠正不当得利,直接赋予当事人的权利义务,也是法定之债。

(5)法律的其他规定。例如,根据《婚姻法》的规定,基于婚姻、家庭关系,未成年的或不能独立生活的子女,以及无劳动能力的或生活困难的父母依据法律的规定享有债权。

第一百一十九条 【合同的约束力】依法成立的合同,对当事人具有法律约束力。

名词解释

合同,是平等主体的自然人、法人及其他组织之间设立、变更、终止民事权利义务关系的协议。

法律约束力,是指当事人应当按照合同的约定履行自己的义务,非依法律规定或者取得对方同意,不得擅自变更或者解除合同。如果不履行合同义务或者履行合同义务不符合约定,应当承担违约责任。

条文注解

本条规定的是合同的约束力。合同是债权的重要发生原因之一。合同具有以下特征:(1)合同是一种民事法律行为,以意思表示为要素并依意思表示的内容发生相应的法律后果。(2)合同是两方以上当事人意思表示一致的民事法律行为,是平等当事人之间的一种协议或合意。(3)合同以设立、变更、终止民事权利义务关系为目的。

关联法规

《合同法》(1999.3.15)

第八条 依法成立的合同,对当事人具有法律约束力。当事人应当按照约定履行自己的义务,不得擅自变更或者解除合同。

依法成立的合同,受法律保护。

第一百二十条 【侵权责任的承担】民事权益受到侵害的,被侵权人有权请求侵权人承担侵权责任。

名词解释

请求权,是指请求他人为一定行为或不为一定行为的权利。在侵权人的行为构成侵权,侵害了被侵权人的民事权益时,被侵权人有权请求侵权人承担侵权责任。

侵权责任,是指行为人因其侵权行为而依法应当承担的民事法律责任。

条文注解

在侵权法律关系中,侵权人是承担侵权责任的主体,在诉讼中为被告。被侵权人可以是所有具有民事权利能力的民事主体,只要具有实体法上的民事权利能力,又因侵权行为而使其民事权益受到侵害的人,就具有被侵权人的资格,包括自然人、法人和非法人组织。被侵权人的资格不在于其是否具有民事行为能力,但是有无民事行为能力关系到其是否可以自己行使请求侵权人承担侵权责任的权利。我国一些现行司法解释(如《最高人民法院关于确定民事侵权精神损害赔偿责任若干问题的解释》和《最高人民法院关于审理人身损害赔偿案件适用法律若干问题的解释》)对请求权的主体也有规定。

关联法规

《侵权责任法》(2009.12.26)

第十五条 承担侵权责任的方式主要有:

(一)停止侵害;

(二)排除妨碍;

(三)消除危险;

(四)返还财产;

(五)恢复原状;

(六)赔偿损失;

(七)赔礼道歉;

(八)消除影响、恢复名誉。

以上承担侵权责任的方式,可以单独适用,也可以合并适用。

《最高人民法院关于审理利用信息网络侵害人身权益民事纠纷案件适用法律若干问题的规定》(2014.8.21)

第十一条 网络用户或者网络服务提供者采取诽谤、诋毁等手段,损害公众对经营主体的信赖，降低其产品或者服务的社会评价，经营主体请求网络用户或者网络服务提供者承担侵权责任的，人民法院应依法予以支持。

《最高人民法院关于审理道路交通事故损害赔偿案件适用法律若干问题的解释》(2012.11.27)

第一条 机动车发生交通事故造成损害，机动车所有人或者管理人有下列情形之一，人民法院应当认定其对损害的发生有过错，并适用侵权责任法第四十九条的规定确定其相应的赔偿责任：

（一）知道或者应当知道机动车存在缺陷，且该缺陷是交通事故发生原因之一的；

（二）知道或者应当知道驾驶人无驾驶资格或者未取得相应驾驶资格的；

（三）知道或者应当知道驾驶人因饮酒、服用国家管制的精神药品或者麻醉药品，或者患有妨碍安全驾驶机动车的疾病等依法不能驾驶机动车的；

（四）其它应当认定机动车所有人或者管理人有过错的。

第二条 未经允许驾驶他人机动车发生交通事故造成损害，当事人依照侵权责任法第四十九条的规定请求由机动车驾驶人承担赔偿责任的，人民法院应予支持。机动车所有人或者管理人有过错的，承担相应的赔偿责任，但具有侵权责任法第五十二条规定情形的除外。

第三条 以挂靠形式从事道路运输经营活动的机动车发生交通事故造成损害，属于该机动车一方责任，当事人请求由挂靠人和被挂靠人承担连带责任的，人民法院应予支持。

第四条 被多次转让但未办理转移登记的机动车发生交通事故造成损害，属于该机动车一方责任，当事人请求由最后一次转让并交付的受让人承担赔偿责任的，人民法院应予支持。

第五条 套牌机动车发生交通事故造成损害，属于该机动车一方责任，当事人请求由套牌机动车的所有人或者管理人承担赔偿责任的，人民法院应予支持；被套牌机动车所有人或者管理人同意套牌的，应当与套牌机动车的所有人或者管理人承担连带责任。

第六条 拼装车、已达到报废标准的机动车或者依法禁止行驶的其他机动车被多次转让，并发生交通事故造成损害，当事人请求由所有的转让人和受让人承担连带责任的，人民法院应予支持。

第七条 接受机动车驾驶培训的人员，在培训活动中驾驶机动车发生交通事故造成损害，属于该机动车一方责任，当事人请求驾驶培训单位承担赔偿责任的，人民法院应予支持。

第八条 机动车试乘过程中发生交通事故造成试乘人损害，当事人请求提供试乘服务者承担赔偿责任的，人民法院应予支持。试乘人有过错的，应当减轻提供试乘服务者的赔偿责任。

第九条 因道路管理维护缺陷导致机动车发生交通事故造成损害，当事人请求道路管理者承担相应赔偿责任的，人民法院应予支持，但道路管理者能够证明已按照法律、法规、规章、国家标准、行业标准或者地方标准尽到安全防护、警示等管理维护义务的除外。

依法不得进入高速公路的车辆、行人，进入高速公路发生交通事故造成自身损害，当事人请求高速公路管理者承担赔偿责任的，适用侵权责任法第七十六条的规定。

第十条 因在道路上堆放、倾倒、遗撒物品等妨碍通行的行为，导致交通事故造成损害，当事人请求行为人承担赔偿责任的，人民法院应予支持。道路管理者不能证明已按照法律、法规、规章、国家标准、行业标准或者地方标准尽到清理、防护、警示等义务的，应当承担相应的赔偿责任。

第十一条 未按照法律、法规、规章或者国家标准、行业标准、地方标准的强制性规定设计、施工，致使道路存在缺陷并造成交通事故，当事人请求建设单位与施工单位承担相应赔偿责任的，人民法院应予支持。

第十二条 机动车存在产品缺陷导致交通事故造成损害，当事人请求生产者或者销售者依照侵权责任法第五章的规定承担赔偿责任的，人民法院应予支持。

第十三条 多辆机动车发生交通事故造成第三人损害，当事人请求多个侵权人承担赔偿责任的，人民法院应当区分不同情况，依照侵权责任法第十条、第十一条或者第十二条的规定，确定侵权人承担连带责任或者按份责任。

《最高人民法院关于审理人身损害赔偿案件适用法律若干问题的解释》(2003.12.26)

第一条 因生命、健康、身体遭受侵害，赔偿权利人起诉请求赔偿义务人赔偿财产损失和精神损害的，人民法院应予受理。

本条所称“赔偿权利人”，是指因侵权行为或者其他致害原因直接遭受人身损害的受害人、依法由受害人承担扶养义务的被扶养人以及死亡受害人的近亲属。

本条所称“赔偿义务人”，是指因自己或者他人的侵权行为以及其他致害原因依法应当承担民事责任的自然人、法人或者其他组织。

《最高人民法院关于确定民事侵权精神损害赔偿责任若干问题的解释》(2001.3.8)

第一条 自然人因下列人格权利遭受非法侵害，向人民法院起诉请求赔偿精神损害的，人民法院应当依法予以受理：

(一)生命权、健康权、身体权；

(二)姓名权、肖像权、名誉权、荣誉权；

(三)人格尊严权、人身自由权。

违反社会公共利益、社会公德侵害他人隐私或者其他人格利益，受害人以侵权为由向人民法院起诉请求赔偿精神损害的，人民法院应当依法予以受理。

第二条 非法使被监护人脱离监护，导致亲子关系或者近亲属间的亲属关系遭受严重损害，监护人向人民法院起诉请求赔偿精神损害的，人民法院应当依法予以受理。

第三条 自然人死亡后，其近亲属因下列侵权行为遭受精神痛苦，向人民法院起诉请求赔偿精神损害的，人民法院应当依法予以受理：

(一)以侮辱、诽谤、贬损、丑化或者违反社会公共利益、社会公德的其他方式，侵害死者姓名、肖像、名誉、荣誉；

(二)非法披露、利用死者隐私，或者以违反社会公共利益、社会公德的其他方式侵害死者隐私；

（三）非法利用、损害遗体、遗骨，或者以违反社会公共利益、社会公德的其他方式侵害遗体、遗骨。

第四条 具有人格象征意义的特定纪念物品，因侵权行为而永久性灭失或者毁损，物品所有人以侵权为由，向人民法院起诉请求赔偿精神损害的，人民法院应当依法予以受理。

第五条 法人或者其他组织以人格权利遭受侵害为由，向人民法院起诉请求赔偿精神损害的，人民法院不予受理。

第六条 当事人在侵权诉讼中没有提出赔偿精神损害的诉讼请求，诉讼终结后又基于同一侵权事实另行起诉请求赔偿精神损害的，人民法院不予受理。

《最高人民法院关于审理名誉权案件若干问题的解释》(1998.8.31)

二、问：有关机关和组织编印的仅供领导部门内部参阅的刊物、资料等刊登来信或者文章引起的名誉权纠纷，以及机关、社会团体、学术机构、企事业单位分发本单位、本系统或者其他一定范围内的一般内部刊物和内部资料所载内容引起的名誉权纠纷，人民法院是否受理？

答：有关机关和组织编印的仅供领导部门内部参阅的刊物、资料等刊登的来信或者文章，当事人以其内容侵害名誉权向人民法院提起诉讼的，人民法院不予受理。

机关、社会团体、学术机构、企事业单位分发本单位、本系统或者其他一定范围内的内部刊物和内部资料，所载内容引起名誉权纠纷的，人民法院应当受理。

三、问：新闻媒介和出版机构转载作品引起的名誉纠纷，人民法院是否受理？

答：新闻媒介和出版机构转载作品，当事人以转载者侵害其名誉权向人民法院提起诉讼的，人民法院应当受理。

四、问：国家机关、社会团体、企事业单位等部门依职权对其管理的人员作出的结论引起的名誉权纠纷，人民法院是否受理？

答：国家机关、社会团体、企事业单位等部门对其管理的人员作出的结论或者处理决定，当事人以其侵害名誉权向人民法院提起诉讼的，人民法院不予受理。

五、问：因检举、控告引起的名誉权纠纷，人民法院是否受理？

答：公民依法向有关部门检举、控告他人的违法违纪行为，他人以检举、控告侵害其名誉权向人民法院提起诉讼的，人民法院不予受理。如果借检举、控告之名侮辱、诽谤他人，造成他人名誉损害，当事人以其名誉权受到侵害向人民法院提起诉讼的，人民法院应当受理。

第一百二十一条 【无因管理】没有法定的或者约定的义务，为避免他人利益受损失而进行管理的人，有权请求受益人偿还由此支出的必要费用。

条文注解

构成无因管理，有以下三个要件：(1)管理他人事务，即为他人进行管理，这是成立无因管理的首要条件。(2)为避免他人利益受损失。(3)没有法定的或者约定的义务。如果行为人负有法定的或者约定的义务进行管理,则应当分别依照法律规定或合同进行处理。

关联法规

《最高人民法院关于贯彻执行〈中华人民共和国民法通则〉若干问题的意见(试行)》(1988.4.2)

94. 拾得物灭失、毁损,拾得人没有故意的,不承担民事责任。拾得人将拾得物据为己有,拒不返还而引起诉讼的,按照侵权之诉处理。

132. 民法通则第九十三条规定的管理人或者服务人可以要求受益人偿付的必要费用,包括在管理或者服务活动中直接支出的费用,以及在该活动中受到的实际损失。

第一百二十二条 【不当得利】因他人没有法律根据,取得不当利益,受损失的人有权请求其返还不当利益。

条文注解

构成不当得利,有以下四个要件:(1)民事主体一方取得利益。取得利益,是指财产利益的增加。既包括积极的增加,即财产总额的增加,也包括消极的增加,即财产总额应减少而未减少,如本应支付的费用没有支付等。(2)民事主体他方受到损失。受到损失,是指财产利益的减少。既包括积极损失,即财产总额的减少,也包括消费损失,即应当增加的利益没有增加。(3)一方取得利益与他方受到损失之间有因果关系。(4)没有法律根据。如果一方取得利益和他方受到损失之间有法律根据,民事主体之间的关系就受到法律的认可和保护,不构成不当得利。

不当得利在民法中产生的情况主要有以下几种:一是民事法律行为不成立、无效及被撤销所产生的不当得利。二是履行不存在的债务所引起的不当得利。三是因合同解除产生的不当得利。四是基于受益人、受害人或第三人行为而产生的不当得利。五是基于事件而产生的不当得利。

关联法规

《最高人民法院关于贯彻执行〈中华人民共和国民法通则〉若干问题的意见(试行)》(1988.4.2)

131. 返还的不当利益,应当包括原物和原物所生的孳息。利用不当得利所取得的其他利益,扣除劳务管理费用后,应当予以收缴。

《合同法》(1999.3.15)

第五十八条 合同无效或者被撤销后,因该合同取得的财产,应当予以返还;不能返还或者没有必要返还的,应当折价补偿。有过错的一方应当赔偿对方因此所受到的损失,双方都有过错的,应当各自承担相应的责任。

第一百二十三条 【民事主体依法享有知识产权】民事主体依法享有知识产权。

知识产权是权利人依法就下列客体享有的专有的权利:

(一)作品;

(二)发明、实用新型、外观设计;

(三)商标;

(四)地理标志;

(五)商业秘密;

(六)集成电路布图设计;

(七)植物新品种;

(八)法律规定的其他客体。

条文注解

根据本条规定,知识产权的客体包括但不限于:

(1)作品。其主要规定在著作权相关法律法规中。权利人依法就作品享有的专有权利是著作权,包括著作权人对其作品享有的人身权和财产权。

(2)发明、实用新型、外观设计。其主要规定在专利法律法规中。发明,是指对产品、方法或者其改进所提出的新的技术方案。实用新型,是指对产品的形状、构造或者其结合所提出的适于实用的新的技术方案。外观设计,是指对产品的形状、图案或者其结合以及色彩与形状、图案的结合所作出的富有美感并适于工业应用的新设计。

(3)商标。其主要规定在商标法律法规中。经商标局核准注册的商标为注册商标,包括商品商标、服务商标和集体商标、证明商标。就商标享有的专有权利是商标专用权。

(4)地理标志。这是指标示某商品来源于某地区,该商品的特定质量、信誉或者其他特征,主要由该地区的自然因素或者人文因素所决定的标志。权利人依法就地理标志享有专有权。

(5)商业秘密。这是指不为公众所知悉、能为权利人带来经济利益、具有实用性并经权利人采取保密措施的技术信息和经营信息。权利人依法对商业秘密享有专有权。对其保护的规定相对较为分散,可以参见《反不正当竞争法》《合同法》等法律中的相关规定。

(6)集成电路布图设计。这是指集成电路中至少有一个是有源元件的两个以上元件和部分或者全部互联线路的三维配置，或者为制造集成电路而准备的上述三维配置。权利人依法对集成电路布图设计享有专有权。

（7）植物新品种。这是指植物品种保护名录内经过人工选育或者发现的野生植物加以改良，具备新颖性、特异性、一致性、稳定性和适当命名的植物品种。对其保护主要规定在《种子法》《农业法》等相关法律法规中。

文书范本 ▶▶ 43 图书出版合同

图书出版合同

甲方：______（著作权人姓名） 地址：________________

乙方：______（出版者名称） 地址：________________

作品名称：________________

作者姓名：________________

甲乙双方就上述作品的出版达成如下协议：

第一条 甲方授予乙方在合同有效期限内，在地区以图书形式出版上述作品文本的专有使用权。

第二条 甲方保证拥有第一条授予乙方的权利。如因上述权利的行使侵害他人的利益，甲方承担全部责任并赔偿由此给乙方造成的损失，乙方可以终止合同。

第三条 上述作品的内容、篇幅、图表、附录等应符合下列要求：

（一）……

（二）……（写明具体的要求）

第四条 甲方应于________年____月____日前将上述作品的誊清稿交付乙方。甲方因故不能按期限交稿的，应在交稿期限期满前____日通知乙方。双方另行约定交稿期限。甲方到期仍不能交稿的，乙方可以终止合同。

甲方交付的稿件应有作者的签名。

第五条 乙方应于________年____月____日前出版上述作品。因故不能按时出版，应在出版期满前____日通知甲方，双方另行约定出版日期。乙方到期仍不能出版的，甲方可以终止合同。乙方应按本合同的第九条约定报酬标准的____%向甲方支付赔偿金。

第六条 在合同有效期限内，未经双方同意，任何一方不得将第一条约定的权利许可第三方使用。如有违反，另一方有权要求经济赔偿并终止合同。一方经对方同意许可第三方使用上述权利，应将所得报酬的____%交付对方。

第七条　乙方尊重甲方的署名方式。乙方不得更动上述作品的名称,不得对作品进行修改、删节、增加图表及前言、后记(也可以约定:乙方可以更动上述作品的名称,不得对作品进行修改、删节、增加图表及前言、后记,但需经过乙方的认可)。

第八条　上述作品的校样由乙方审校(也可以约定:上述作品的校样由甲方审校。甲方应在____日内签字后退还乙方。甲方未按期审校,乙方可以自行审校,并按计划付印。因甲方修改造成版面改动超过____%或者未能按期出版,甲方承担改版费用或者推迟出版的责任)。

第九条　乙方向甲方支付报酬的方式和标准为:

(一)基本稿酬加印数稿酬:____元/每千字×____千字+印数(以千册为单位)×基本稿酬的____%。或

(二)一次性付酬:________元。或

(三)版税:________元(图书定价)×____%(版税率)×________(印数)(按规定计算)。

(四)最低印数为________册。

第十条　乙方在合同签字后____日内,向甲方预付上述报酬的____%,剩余部分于出版后一次付清(也可以约定:上述报酬应在出版后的30日内付清)。

第十一条　甲方交付的稿件未达到合同第三条约定的要求,而且甲方拒绝按照合同的约定修改,乙方有权终止合同并要求甲方返还报酬的____%。如经反复修改仍未达到合同第三条规定的要求,预付报酬不返还乙方(如未支付报酬,可以约定:乙方按照合同第九条约定报酬的____%向甲方支付酬金)。

第十二条　上述作品首次出版____年内,乙方可以自行决定重新印刷。首次出版____年后,乙方重印应事先通知甲方。如果甲方需要对作品进行修改,应于收到通知后____日内答复乙方,否则乙方可按原版重印。

第十三条　乙方重印、再版,应将印数通知,并在重印、再版____日内按第九条的约定向甲方支付报酬。

第十四条　甲方有权核查图书的印数。如甲方指定第三方进行核查,需提供书面授权书。如乙方隐瞒印数,除向甲方补齐应付报酬外,还应支付全部报酬的____%赔偿金并承担核查的费用。如核查结果与乙方提供的数字相符,核查费用由甲方承担。

第十五条　在合同有效内,如图书脱销,甲方有权要求乙方重印、再版。如甲方收到乙方拒绝重印、再版的书面答复,或乙方收到甲方重印、再版的书面要求后____月内未重印、再版,甲方可以终止合同。

第十六条　上述作品出版后：

乙方应于____日内将作品原稿退还甲方。如有损坏，应赔偿甲方________元；如有丢失，赔偿________元（也可以约定：作品原稿由乙方自行处理）。

第十七条　上述作品首次出版后____日内，乙方向甲方赠样书____册，并以____%的折扣售予甲方图书________册。每次再版后____日内，乙方向甲方赠送样书________册。

第十八条　乙方许可报社、杂志社刊载上述作品，须另行取得甲方书面授权（也可以约定：甲方授权乙方许可报社、杂志社刊载上述作品，乙方应及时将报刊使用作品的情况通知甲方，并将所得报酬的____%交付甲方）。

第十九条　双方因合同的解释或者履行发生争议，由双方协商解决。协商不成时，可以向________仲裁委员会申请仲裁（也可以约定：向________人民法院提起诉讼）。

第二十条　合同的变更、续签及其他未尽事宜，由双方另行商定。

第二十一条　本合同自签字之日起生效，有效期为____年。

第二十二条　本合同一式____份，双方各执____份。

甲方：________（签字）　　　　乙方：________（签字）

________年____月____日　　　　________年____月____日

应用指引

图书出版合同，是指著作权人与出版者之间达成的旨在明确双方出版权利义务关系的协议。根据该协议，出版者享有一定期限内出版该著作的专有权；著作权人享有获得报酬的权利。

签订图书出版合同时应当注意以下问题：

（1）合同的主要条款包括：著作权的姓名或者名称；作品名称；作品形式；作品交稿期限；稿费及其支付方式；作品是否可以删改以及双方约定的其他内容。

（2）签订图书出版合同时要遵循合法、自愿的原则。

（3）签订图书出版合同尽量使用国家版权局印制的标准合同范本。双方当事人对出版另有要求的，当事人可以自行约定。

关联法规指引

《著作权法》；《商标法》；《专利法》；《最高人民法院关于审理著作权民事纠纷案件适用法律若干问题的解释》；《最高人民法院关于审理侵害信息网络传播权民事纠纷案件适用法律若干问题的规定》；《最高人民法院关于审理商标民事纠纷案件适用法律若干问题的

解释》;《最高人民法院关于审理涉及驰名商标保护的民事纠纷案件应用法律若干问题的解释》;《最高人民法院关于审理侵犯专利权纠纷案件应用法律若干问题的解释(一)》;《最高人民法院关于审理专利纠纷案件适用法律问题的若干规定》;《最高人民法院关于审理侵犯专利权纠纷案件应用法律若干问题的解释(二)》;《著作权法实施条例》;《商标法实施条例》;《专利法实施细则》;《信息网络传播权保护条例》;《反不正当竞争法》;《集成电路布图设计保护条例》;《植物新品种保护条例》

第一百二十四条 【自然人依法享有继承权】自然人依法享有继承权。

自然人合法的私有财产,可以依法继承。

名词解释

继承权,是指自然人依照法律的规定或者被继承人生前立下的合法有效的遗嘱而取得被继承人遗产的权利。

遗产,是公民死亡时遗留的个人合法财产。

条文注解

本条是关于继承权的规定。继承权是民事主体的基本财产权利之一,是指自然人按照被继承人所立的合法有效遗嘱或法律的直接规定而享有的继承被继承人财产的权利。《宪法》第十三条第二款明确规定,国家依照法律规定保护公民的私有财产权和继承权。《民法通则》及《侵权责任法》均将"继承权"列为法律保护的财产权利,本条在此基础上明确:自然人依法享有继承权。继承权具有以下特征:(1)继承权是自然人基于一定身份关系享有的权利,其主体限于与被继承人生前存在婚姻和血缘关系的自然人;(2)继承权的产生是基于法律的规定或有效遗嘱的指定;(3)继承权的标的是遗产;(4)继承权是于被继承人死亡后才可行使的权利。

自然人可以继承的被继承人的财产范围为自然人的合法私有财产。私人的合法储蓄、投资及其收益受法律保护。国家依照法律规定保护自然人的继承权及其他合法权益。根据《继承法》第三条的规定,遗产是自然人死亡时遗留的个人合法财产,具体包括:(1)公民的收入。(2)公民的房屋、储蓄和生活用品。(3)公民的林木、牲畜和家禽。(4)公民的文物、图书资料。(5)法律允许公民所有的生产资料。(6)公民的著作权、专利权中的财产权利。(7)公民的其他合法财产,包括有价证券以及以财产为履行标的的债权等。此外,个人承包应得的个人收益,可以依法进行继承。

文书范本 44 自书遗嘱

遗 嘱

本人因____________,特立以下遗嘱,具体内容如下:

1. 遗产的范围:

____

____

____

__________________(写明遗产的范围,具体包括个人遗产的名称、数额、价值、存放处所)。

2. 个人遗产的具体分配方案:

____

____

____

__________________(写明对个人遗产的具体处分意见:由哪个继承人继承哪一部分财产;若继承人是数人的,应分别写明各自的继承份额)。

3. 其他事项:

____

____

____

__________________(写明其他需要嘱托或说明的问题。如要求遗嘱继承人承担立遗嘱人丧葬的义务、指定遗嘱执行人等)。

本遗嘱一式____份,由________保存,由________具体执行。

立遗嘱人:________

立遗嘱地点:________

________年____月____日

应用指引

自书遗嘱是立遗嘱人亲自书写,对其个人所有的财产进行处分,并于其死亡时发生效力的法律文书。

遗嘱继承,是指被继承人死亡以后,继承人按照被继承人生前所立的合法有效的遗嘱继承被继承人遗产的继承方式。遗嘱继承是与法定继承相对应的一种继承方式。

在遗嘱继承中，生前立有遗嘱的被继承人称为遗嘱人或立遗嘱人，依照遗嘱的指定享有遗产继承权的人为遗嘱继承人。遗嘱依据书写人的不同分为自书遗嘱和代书遗嘱。自书遗嘱，是指由立遗嘱人亲笔书写的遗嘱，因此又称为亲笔遗嘱。

制作本文书时应当注意：自书遗嘱，须由遗嘱人亲笔书写遗嘱的全部内容。自书遗嘱既不能由他人代笔，也不能用打字机打印，不得以铅笔及其他易于涂改的笔书写。并且要注明年、月、日。遗嘱中未注明日期的，或者所注的日期不具体的，如只注明年、月，而未写日，遗嘱不能生效。

文书范本 ▶▶ 45 代书遗嘱

遗　嘱

立遗嘱人：________（写明立遗嘱人的基本情况，应写明其姓名、性别、出生年月日、民族、籍贯、职业、住址等项）。

立遗嘱的原因：________________

遗嘱的具体内容：

1. 遗产的范围：

____

____

____

________________（写明遗产的范围，具体包括个人遗产的名称、数额、价值、存放处所）。

2. 个人遗产的具体分配方案：

____

____

____

________________（写明对个人遗产的具体处分意见：由哪个继承人继承哪一部分财产；若继承人是数人的，应分别写明各自的继承份额）。

3. 其他事项：

____

____

____

________________（写明其他需要嘱托或说明的问题。如要求遗嘱继承人承担立遗嘱人丧葬的义务、指定遗嘱执行人等）。

本遗嘱一式____份，由________保存，由________具体执行。

立遗嘱人：________
见证人：________
代书人：________
________年____月____日
立遗嘱地点：________

应用指引

代书遗嘱，是立遗嘱人委托他人代为书写遗嘱，对其个人所有的财产进行处分，并于其死亡时发生效力的法律文书。在遗嘱人自己不能书写或者不愿亲笔书写的情况下，可以由他人代笔制作书面遗嘱。

制作本文书时应当注意，代书遗嘱须有两个以上的见证人在场见证。见证人中的一人可为代书人。对见证人人数的要求，是为了保证代书的遗嘱确为遗嘱人的真实意思表示。因此，没有两个以上的见证人在场见证，而只有代书人一人在场代书的代书遗嘱，不具有代书遗嘱的法律效力。代书人、其他见证人和遗嘱人须在遗嘱上签名。

还应当注意的是，根据相关规定，有些人员是不可以作为见证人的，具体包括：(1)无民事行为能力人和限制民事行为能力人；(2)继承人、受遗赠人；(3)与继承人、受遗赠人有利害关系的人。

文书范本 ▶▶ 46　遗嘱公证书

遗嘱公证书

(______)____字第____号

兹证明________(应写明立遗嘱人的姓名、性别、出生年月日等基本信息)于________年____月____日在________(地点或者公证处)，在我和________(可以是其他公证员，也可以是见证人)的面前，立下了前面的遗嘱，并在遗嘱上签名(或者盖章)。

经查，立遗嘱人的行为和遗嘱的内容符合《中华人民共和国继承法》第十六条的规定，是合法有效的。

________市________公证处
公证员：________(签名)
________年____月____日

应用指引

遗嘱公证书是国家公证机关根据立遗嘱人的申请，依法证明其立遗嘱的行为真实、合法时所使用的法律文书。

经过公证的遗嘱是方式最为严格的遗嘱，较之其他的遗嘱方式更能保障立遗嘱人意思表示的真实性。因此，在当事人发生继承纠纷时，公证遗嘱是证明立遗嘱人处分财产的意思表示的最有力和最可靠的证据。公证遗嘱由立遗嘱人经公证机关办理。办理遗嘱公证需遵守一定的程序：(1)立遗嘱人亲自申请办理公证；(2)立遗嘱人在公证人员面前亲自书写遗嘱或者口授遗嘱，公证人员在办理公证遗嘱时应当遵守回避的规定；(3)公证人员应在对相关事项的真实性、合法性等予以审查的基础上依法作出公证。

制作本文书时应当注意审查立遗嘱人的行为能力是否与其作出的遗嘱行为相适应，并且注意审查立遗嘱人的身份证明、财产所有权证明等材料的真实性。公证机关应当为立遗嘱人的遗嘱内容保密。

关联法规

《物权法》(2007.3.16)

第六十四条 私人对其合法的收入、房屋、生活用品、生产工具、原材料等不动产和动产享有所有权。

第六十五条 私人合法的储蓄、投资及其收益受法律保护。

国家依照法律规定保护私人的继承权及其他合法权益。

《农村土地承包法》(2009.8.27 修正)

第三十一条 承包人应得的承包收益，依照继承法的规定继承。

林地承包的承包人死亡，其继承人可以在承包期内继续承包。

第五十条 土地承包经营权通过招标、拍卖、公开协商等方式取得的，该承包人死亡，其应得的承包收益，依照继承法的规定继承；在承包期内，其继承人可以继续承包。

《继承法》(1985.10.1)

第二条 继承从被继承人死亡时开始。

第三条 遗产是公民死亡时遗留的个人合法财产，包括：

(一)公民的收入；

(二)公民的房屋、储蓄和生活用品；

(三)公民的林木、牲畜和家禽；

(四)公民的文物、图书资料；

(五)法律允许公民所有的生产资料；

(六)公民的著作权、专利权中的财产权利；

(七)公民的其他合法财产。

第四条 个人承包应得的个人收益，依照本法规定继承。个人承包，依照法律允许由继承人继续承包的，按照承包合同办理。

第五条 继承开始后，按照法定继承办理；有遗嘱的，按照遗嘱继承或者遗赠办理；有遗赠扶养协议的，按照协议办理。

第六条 无行为能力人的继承权、受遗赠权，由他的法定代理人代为行使。

限制行为能力人的继承权、受遗赠权，由他的法定代理人代为行使，或者征得法定代理人同意后行使。

第七条 继承人有下列行为之一的，丧失继承权：

（一）故意杀害被继承人的；

（二）为争夺遗产而杀害其他继承人的；

（三）遗弃被继承人的，或者虐待被继承人情节严重的；

（四）伪造、篡改或者销毁遗嘱，情节严重的。

《保险法》（2015.4.24 修正）

第四十二条 被保险人死亡后，有下列情形之一的，保险金作为被保险人的遗产，由保险人依照《中华人民共和国继承法》的规定履行给付保险金的义务：

（一）没有指定受益人，或者受益人指定不明无法确定的；

（二）受益人先于被保险人死亡，没有其他受益人的；

（三）受益人依法丧失受益权或者放弃受益权，没有其他受益人的。

受益人与被保险人在同一事件中死亡，且不能确定死亡先后顺序的，推定受益人死亡在先。

第一百二十五条 【民事主体依法享有投资性权利】民事主体依法享有股权和其他投资性权利。

名词解释

股权，是指民事主体因投资于公司，成为公司股东而享有的权利。

条文注解

股权根据行使目的和方式的不同可分为自益权和共益权两部分：（1）自益权指股东基于自身利益诉求而享有的权利，可以单独行使，包括资产收益权、剩余财产分配请求权、股份转让权、新股优先认购权等。（2）共益权指股东基于全体股东或者公司团体的利益诉求而享有的权利，包括股东会表决权、股东会召集权、提案权、质询权、公司章程及账册的查阅权、股东会决议撤销请求权等。

其他投资性权利是指民事主体通过投资享有的权利。如民事主体通过购买证券、基金、保险等进行投资，享有的民事权利。这些投资性权利的具体权利内容根据《证券法》《证券投资基金法》等具体法律规定依法享有。

关联法规

《公司法》(2013.12.28修正)

第四条 公司股东依法享有资产收益、参与重大决策和选择管理者等权利。

《证券投资基金法》(2015.4.24修正)

第四十六条 基金份额持有人享有下列权利:

(一)分享基金财产收益;

(二)参与分配清算后的剩余基金财产;

(三)依法转让或者申请赎回其持有的基金份额;

(四)按照规定要求召开基金份额持有人大会或者召集基金份额持有人大会;

(五)对基金份额持有人大会审议事项行使表决权;

(六)对基金管理人、基金托管人、基金服务机构损害其合法权益的行为依法提起诉讼;

(七)基金合同约定的其他权利。

公开募集基金的基金份额持有人有权查阅或者复制公开披露的基金信息资料;非公开募集基金的基金份额持有人对涉及自身利益的情况,有权查阅基金的财务会计账簿等财务资料。

第一百二十六条 【其他民事权益】民事主体享有法律规定的其他民事权利和利益。

第一百二十七条 【数据、网络虚拟财产的保护】法律对数据、网络虚拟财产的保护有规定的,依照其规定。

名词解释

网络虚拟财产,广义的网络虚拟财产是指一切存在于网络虚拟空间内的虚拟财产,包括电子邮箱、网络账户、虚拟货币、网络游戏中虚拟物品及装备、经注册的域名等。狭义的网络虚拟财产是指网络游戏中存在的虚拟财产,包括游戏账号的等级、游戏货币、游戏人物等。

条文注解

目前存在与数据相关联的法律概念,其中联系最密切的是汇编作品和数据库。对数据的保护区分情况可以依据《著作权法》(具有独创性的数据构成汇编作品)、《反不正当竞争法》(商业秘密)来保护。

第一百二十八条 【弱势群体民事权利的特别保护】法律对未成年人、老年人、残疾人、妇女、消费者等的民事权利保护有特别规定的，依照其规定。

条文注解

法律对未成年人、老年人、残疾人、妇女、消费者等的民事权利有特别保护规定。本条是对弱势群体民事权利的特别保护的衔接性规定。如《消费者权益保护法》通过规定消费者的权利和经营者的义务来保护消费者的合法权益，规定消费者的知情权、选择权等权利，规定经营者负有保障消费者安全、质量保证、告知和召回等义务。《未成年人保护法》《老年人权益保障法》《残疾人保障法》《妇女权益保障法》对未成年人、老年人、残疾人、妇女的民事权利有特别保护规定。

关联法规

《消费者权益保护法》(2013.10.25 修正)

第四十条 消费者在购买、使用商品时，其合法权益受到损害的，可以向销售者要求赔偿。销售者赔偿后，属于生产者的责任或者属于向销售者提供商品的其他销售者的责任的，销售者有权向生产者或者其他销售者追偿。

消费者或者其他受害人因商品缺陷造成人身、财产损害的，可以向销售者要求赔偿，也可以向生产者要求赔偿。属于生产者责任的，销售者赔偿后，有权向生产者追偿。属于销售者责任的，生产者赔偿后，有权向销售者追偿。

消费者在接受服务时，其合法权益受到损害的，可以向服务者要求赔偿。

《未成年人保护法》(2012.10.26 修正)

第十三条 父母或者其他监护人应当尊重未成年人受教育的权利，必须使适龄未成年人依法入学接受并完成义务教育，不得使接受义务教育的未成年人辍学。

《老年人权益保障法》(2015.4.24 修正)

第十四条 赡养人应当履行对老年人经济上供养、生活上照料和精神上慰藉的义务，照顾老年人的特殊需要。

赡养人是指老年人的子女以及其他依法负有赡养义务的人。

赡养人的配偶应当协助赡养人履行赡养义务。

《残疾人保障法》(2008.4.24 修订)

第三十三条 国家实行按比例安排残疾人就业制度。

国家机关、社会团体、企业事业单位、民办非企业单位应当按照规定的比例安排残疾人就业，并为其选择适当的工种和岗位。达不到规定比例的，按照国家有关规定履行保障残疾人就业义务。国家鼓励用人单位超过规定比例安排残疾人就业。

残疾人就业的具体办法由国务院规定。

《妇女权益保障法》(2005.8.28 修正)

第十二条 国家积极培养和选拔女干部。

国家机关、社会团体、企业事业单位培养、选拔和任用干部,必须坚持男女平等的原则,并有适当数量的妇女担任领导成员。

国家重视培养和选拔少数民族女干部。

第一百二十九条 【民事权利的取得方式】民事权利可以依据民事法律行为、事实行为、法律规定的事件或者法律规定的其他方式取得。

条文注解

根据本条规定,民事权利可以依据下列方式取得:

(1)民事法律行为。这是指民事主体通过意思表示设立、变更、终止民事法律关系的行为。《民法总则》第六章专门作出了规定。

(2)事实行为。这是指行为人主观上没有引起民事法律关系发生、变更或者消灭的意思,而依照法律的规定产生一定民事法律后果的行为,如自建房屋、拾得遗失物、无因管理行为、劳动生产等。

(3)法律规定的事件。这是指与人的意志无关而根据法律规定能引起民事法律关系变动的客观情况,如自然人的出生、死亡,自然灾害,生产事故、果实自落以及事件经过等。民事权利可以依据法律规定的事件取得。如民事主体因出生取得继承权等。

(4)法律规定的其他方式。例如,根据《物权法》的规定,因人民法院、仲裁委员会的法律文书或者人民政府的征收决定等,可以导致物权设立、变更、转让或者消灭;为了公共利益的需要,依照法律规定的权限和程序可以征收集体所有的土地和单位、个人的房屋及其他不动产。

第一百三十条 【按照自己意愿依法行使民事权利】民事主体按照自己的意愿依法行使民事权利,不受干涉。

条文注解

本条规定是民法自愿原则在行使民事权利中的体现。本法第五条在第一章"基本规定"中规定了民法自愿原则,民事主体从事民事活动,应当遵循自愿原则,按照自己的意思设立、变更、终止民事法律关系。一是民事主体有权按照自己的意愿依法行使民事权利或者不行使民事权利。二是民事主体有权按照自己的意愿依法行使民事权利的内容。三是民事主体有权按照自己的意愿依法行使民事权利的方式。

第一百三十一条 【权利义务一致】民事主体行使权利时,应当履行法律规定的和当事人约定的义务。

第一百三十二条 【不得滥用民事权利】民事主体不得滥用民事权利损害国家利益、社会公共利益或者他人合法权益。

条文注解

民事主体行使权利,一是应当履行义务,即负担法律规定的或者当事人约定的义务;二是不得滥用该民事权利。不得滥用民事权利,指民事权利的行使不得损害国家利益、社会公共利益或者他人合法权益。权利的行使,有一定界限,行使民事权利损害国家利益、社会公共利益或者他人合法权益为滥用民事权利。

还应注意滥用民事权利和侵权的区别:(1)权利滥用的前提是有正当权利存在,且是权利行使或与权利行使有关的行为,侵权行为一般事先没有正当权利存在。(2)权利不得滥用原则是对民事主体行使民事权利的一定限制,通过限制民事主体不得滥用权利损害国家利益、社会公共利益或者他人合法权益达到各种权益的平衡;而侵权责任制度是为保护民事主体的权利。

关联法规

《物权法》(2007.3.16)

第七条 物权的取得和行使,应当遵守法律,尊重社会公德,不得损害公共利益和他人合法权益。

《合同法》(1999.3.15)

第七条 当事人订立、履行合同,应当遵守法律、行政法规,尊重社会公德,不得扰乱社会经济秩序,损害社会公共利益。

第六章 民事法律行为

第一节 一般规定

第一百三十三条 【民事法律行为定义】民事法律行为是民事主体通过意思表示设立、变更、终止民事法律关系的行为。

条文注解

根据本条的规定，民事法律行为具有以下特征：

(1)民事法律行为作为一种法律事实，其必须是由自然人、法人和非法人组织这些民事主体实施的行为，非民事主体实施的行为不是民事法律行为。

(2)只有以设立、变更、终止民事法律关系为目的行为才是民事法律行为，其最终结果是让民事主体具体地享受民事权利、承担民事义务。所谓设立民事法律关系，是指民事主体通过民事法律行为形成某种法律关系。所谓变更民事法系关系，是指民事主体在保持原有民事法律关系效力的基础上，通过民事法律行为对其内容作出一些调整。所谓消灭民事法律关系，是指民事主体通过民事法律行为消灭原民事法律关系，终止其效力。

(3)民事法律行为是以意思表示为核心要素的行为。意思表示是指民事主体意欲发生一定法律效果的内心意思的外在表达，其是民事法律行为最为核心的内容。民事法律行为之所以能对民事主体产生法律约束力，就是因为其是民事主体按照自己的意思作出的。这也是民事法律行为与事实行为最为根本的区别。

关联法规

《合同法》(1999.3.15)

第二条第一款 本法所称合同是平等主体的自然人、法人、其他组织之间设立、变更、终止民事权利义务关系的协议。

第一百三十四条 【民事法律行为成立】民事法律行为可以基于双方或者多方的意思表示一致成立，也可以基于单方的意思表示成立。

法人、非法人组织依照法律或者章程规定的议事方式和表决程序作出决议的，该决议行为成立。

条文注解

本条第一款根据不同的民事法律行为类型对其不同的成立条件和成立时间作了规定:(1)双方民事法律行为,是指双方当事人意思表示一致才能成立的民事法律行为。(2)多方民事法律行为,是指根据两个以上的民事主体的意思表示一致而成立的行为。如订立公司章程、签订合伙协议。(3)单方民事法律行为,是指根据一方的意思表示就能够成立的行为。其具体可分为:一是行使个人权利而进行的单方行为,如所有权人抛弃所有权的行为等;二是涉及他人权利变动的单方行为,如立遗嘱,授予代理权,行使撤销权、解除权、选择权等处分形成权的行为。

本条第二款规定了一种较为特殊的民事法律行为,即决议行为。决议行为是两个或者两个以上的当事人基于共同的意思表示而意图实现一定法律效果而实施的行为。其特殊性体现在:(1)一般并不需要所有当事人意思表示一致才能成立,而是多数人意思表示一致就可以成立。(2)应当依照法律或者章程规定的议事方式和表决程序。(3)原则上仅限于法人或者非法人组织内部的决议行为。

第一百三十五条 【民事法律行为形式】民事法律行为可以采用书面形式、口头形式或者其他形式;法律、行政法规规定或者当事人约定采用特定形式的,应当采用特定形式。

名词解释

书面形式,是指以文字等可以有形再现内容的方式达成的协议,包括合同书、书信、电报、电传、传真等形式。为了减少争议和解决纠纷,法律、行政法规经常规定某种类型合同应当使用书面形式,如房地产转让合同、船舶买卖合同、技术合同等。

口头形式,是指当事人面对面地谈话或者以通信设备如电话交谈达成协议。这种合同形式特点是直接、简捷。数额较小或者现款交易通常采用口头形式,如在自由市场买菜、在商店买衣服等。

其他形式主要是指推定形式,即当事人未用语言、文字表达,而仅用行为甚至沉默等方式向对方表示其意思,如某人通过自动售货机购买商品。根据司法解释规定,双方从事民事行为能够推定双方有订立合同意愿的,可认定为此处的“其他形式”。

条文注解

本条是关于民事法律行为的形式的规定。民事法律行为的形式,是当事人合意的外在表现形式,是民事法律行为内容的载体。除了法律、行政法规有特别规定的以外,当事人可以自由约定选择民事法律行为的形式,是意思自治原则的具体体现。根据本条的规定,民事法律行为的形式可以分为书面形式、口头形式和其他形式三种。

至于未采用特殊形式的民事法律行为的后果问题,应当区分情况:第一,如果法律、行政法规明确规定或者当事人明确约定不采用特殊形式的后果的,则民事法律行为的后果从法律、行政法规的规定或者当事人的约定。第二,如果法律、行政法规只明确要求或者当事人约定采用特殊形式,但没有对不采用该形式的民事法律行为的后果作出明确规定的,则从鼓励交易的角度出发,原则上不宜轻易否定民事法律行为的效力。

关联法规

《合同法》(1999.3.15)

第十条 当事人订立合同,有书面形式、口头形式和其他形式。

法律、行政法规规定采用书面形式的,应当采用书面形式。当事人约定采用书面形式的,应当采用书面形式。

第十一条 书面形式是指合同书、信件和数据电文(包括电报、电传、传真、电子数据交换和电子邮件)等可以有形地表现所载内容的形式。

第三十二条 当事人采用合同书形式订立合同的,自双方当事人签字或者盖章时合同成立。

第三十三条 当事人采用信件、数据电文等形式订立合同的,可以在合同成立之前要求签订确认书。签订确认书时合同成立。

第三十六条 法律、行政法规规定或者当事人约定采用书面形式订立合同,当事人未采用书面形式但一方已经履行主要义务,对方接受的,该合同成立。

第三十七条 采用合同书形式订立合同,在签字或者盖章之前,当事人一方已经履行主要义务,对方接受的,该合同成立。

《最高人民法院关于适用〈中华人民共和国合同法〉若干问题的解释(二)》(2009.4.24)

第二条 当事人未以书面形式或者口头形式订立合同,但从双方从事的民事行为能够推定双方有订立合同意愿的,人民法院可以认定是以合同法第十条第一款中的"其他形式"订立的合同。但法律另有规定的除外。

第一百三十六条 【民事法律行为生效时间】民事法律行为自成立时生效,但是法律另有规定或者当事人另有约定的除外。

行为人非依法律规定或者未经对方同意,不得擅自变更或者解除民事法律行为。

条文注解

民事法律行为的生效,是指民事法律行为产生法律约束力。这种约束力主要体现在:对当事人本身产生法律拘束力;任何第三人不得侵犯当事人的权利,不得非法阻挠当事人履行义务;当事人违反民事法律行为的,应当依法承担民事责任。

本条第一款需要注意以下两点:(1)成立时就生效的民事法律行为必须是具备一般有效要件的民事法律行为,即必须是依法成立的民事法律行为。不具备一般有效要件的民事法律行为在成立时可能会有三种后果:一是无效,如该民事法律行为违背法律、行政法规的强制规定的就无效;二是被撤销,如该民事法律行为因一方当事人欺诈或者重大误解被撤销的,就发生被撤销的法律后果;三是效力待定,如限制民事行为能力实施的超出其年龄、智力、精神健康状况的民事法律行为在被其法定代理人追认前处于效力待定状态。(2)一些特殊的民事法律行为即使具备一般有效要件,在成立时也不立即生效,只有满足特殊生效要件后才生效。其主要包括:附条件、附期限的民事法律行为在成立时并不立即生效;遗嘱行为只有在遗嘱人死亡后才生效;法律、行政法规规定合同应当办理批准、登记等手续生效的,应当依照其规定;当事人另有约定。

本条第二款实际上表达了两个层次的要求:(1)已成立生效的民事法律行为对当事人当然具有法律拘束力。这时的法律拘束力对当事人来说既包括全面积极地履行民事法律行为所设定的义务,也包括履行不擅自解除或者变更民事法律行为的不作为义务。(2)对于具备一般有效要件且成立,但还不具备特殊生效要件的民事法律行为,在特殊生效要件尚不具备前,除非当事人另有约定或者法律另有规定,任意一方当事人也不得擅自变更或者解除民事法律行为。

关联法规 ▶▶

《合同法》(1999.3.15)

第八条 依法成立的合同,对当事人具有法律约束力。当事人应当按照约定履行自己的义务,不得擅自变更或者解除合同。

依法成立的合同,受法律保护。

第四十四条 依法成立的合同,自成立时生效。

法律、行政法规规定应当办理批准、登记等手续生效的,依照其规定。

《最高人民法院关于适用〈中华人民共和国合同法〉若干问题的解释(一)》(1999.12.19)

第九条 依照合同法第四十四条第二款的规定,法律、行政法规规定合同应当办理批准手续,或者办理批准、登记等手续才生效,在一审法庭辩论终结前当事人仍未办理批准手续的,或者仍未办理批准、登记等手续的,人民法院应当认定该合同未生效;法律、行政法规规定合同应当办理登记手续,但未规定登记后生效的,当事人未办理登记手续不影响合同的效力,合同标的物所有权及其他物权不能转移。

合同法第七十七条第二款、第八十七条、第九十六条第二款所列合同变更、转让、解除等情形,依照前款规定处理。

《物权法》(2007.3.16)

第十五条 当事人之间订立有关设立、变更、转让和消灭不动产物权的合同,除法律另有规定或者合同另有约定外,自合同成立时生效;未办理物权登记的,不影响合同效力。

《最高人民法院关于审理商品房买卖合同纠纷案件适用法律若干问题的解释》(2003.4.28)

第六条 当事人以商品房预售合同未按照法律、行政法规规定办理登记备案手续为由,请求确认合同无效的,不予支持。

当事人约定以办理登记备案手续为商品房预售合同生效条件的,从其约定,但当事人一方已经履行主要义务,对方接受的除外。

《最高人民法院关于审理城镇房屋租赁合同纠纷案件具体应用法律若干问题的解释》(2009.7.30)

第四条 当事人以房屋租赁合同未按照法律、行政法规规定办理登记备案手续为由,请求确认合同无效的,人民法院不予支持。

当事人约定以办理登记备案手续为房屋租赁合同生效条件的,从其约定。但当事人一方已经履行主要义务,对方接受的除外。

《最高人民法院关于审理外商投资企业纠纷案件若干问题的规定(一)》(2010.8.5)

第一条 当事人在外商投资企业设立、变更等过程中订立的合同,依法律、行政法规的规定应当经外商投资企业审批机关批准后才生效的,自批准之日起生效;未经批准的,人民法院应当认定该合同未生效。当事人请求确认该合同无效的,人民法院不予支持。

前款所述合同因未经批准而被认定未生效的,不影响合同中当事人履行报批义务条款及因该报批义务而设定的相关条款的效力。

第二节 意思表示

第一百三十七条 【有相对人的意思表示生效时间】以对话方式作出的意思表示,相对人知道其内容时生效。

以非对话方式作出的意思表示,到达相对人时生效。以非对话方式作出的采用数据电文形式的意思表示,相对人指定特定系统接收数据电文的,该数据电文进入该特定系统时生效;未指定特定系统的,相对人知道或者应当知道该数据电文进入其系统时生效。当事人对采用数据电文形式的意思表示的生效时间另有约定的,按照其约定。

第一百三十八条 【无相对人的意思表示生效时间】无相对人的意思表示,表示完成时生效。法律另有规定的,依照其规定。

条文注解

第一百三十七条是关于有相对人的意思表示生效时间的规定。第一百三十八条是关于无相对人的意思表示生效时间的规定。意思表示是指行为人为了产生一定民法上的效果而将其内心意思通过一定方式表达于外部的行为。意思表示中的“意思”是指设立、变更、终止民事法律关系的内心意图,“表示”是指将内心意思以适当方式向适当对象表示出来的行为。

关联法规

《合同法》(1999.3.15)

第十六条 要约到达受要约人时生效。

采用数据电文形式订立合同,收件人指定特定系统接收数据电文的,该数据电文进入该特定系统的时间,视为到达时间;未指定特定系统的,该数据电文进入收件人的任何系统的首次时间,视为到达时间。

第一百三十九条 【以公告方式作出的意思表示生效时间】以公告方式作出的意思表示,公告发布时生效。

条文注解

本条规定,对于以公告方式作出的意思表示,公告发布时生效。这里的“公告方式”既可以是在有关机构的公告栏,如人民法院的公告栏;也可以是在报纸上刊登公告的方式。以公告方式作出的意思表示,表意人一旦发出公告能够为社会公众所知道,就认为意思表示已经到达,即发生效力。

理解本条还需要注意以下两点:(1)本条所规定的表意人并不是在任何情况都可以采用公告方式作出意思表示,只有在表意人非因自己的过错而不知相对人的下落或者地址的情况下才可以采用公告方式作出意思表示,否则对相对人很不公平。(2)在表意人知道相对人下落的情况下,表意人不得采用公告方式作出意思表示,除非相对人同意。

第一百四十条 【作出意思表示的方式】行为人可以明示或者默示作出意思表示。

沉默只有在有法律规定、当事人约定或者符合当事人之间的交易习惯时,才可以视为意思表示。

条文注解

以默示方式作出的意思表示,这种方式又称为行为默示,是指行为人虽没有以语言或文字等明示方式作出意思表示,但以行为的方式作出了意思表示。

以沉默的方式作出的意思表示,沉默是一种既无语言表示也无行为表示的纯粹的缄默,是一种完全的不作为,沉默原则上不得作为意思表示的方式。只有在有法律规定、当事人约定或者符合当事人交易习惯时,才可以视为意思表示。

关联法规

《合同法》(1999.3.15)

第二十二条 承诺应当以通知的方式作出,但根据交易习惯或者要约表明可以通过行为作出承诺的除外。

第一百七十一条 试用买卖的买受人在试用期间内可以购买标的物,也可以拒绝购买。试用期间届满,买受人对是否购买标的物未作表示的,视为购买。

《物权法》(2007.3.16)

第一百一十六条 天然孳息,由所有权人取得;既有所有权人又有用益物权人的,由用益物权人取得。当事人另有约定的,按照约定。

法定孳息,当事人有约定的,按照约定取得;没有约定或者约定不明确的,按照交易习惯取得。

第一百四十一条 【意思表示撤回】行为人可以撤回意思表示。撤回意思表示的通知应当在意思表示到达相对人前或者与意思表示同时到达相对人。

条文注解

意思表示的撤回,是指在意思表示作出之后但在发生法律效力之前,意思表示的行为人欲使该意思表示不发生效力而作出的意思表示。理解本条需要注意以下两点:

(1)意思表示的撤回原则上只有在该意思表示有相对人的情况下才有意义,若是无相对人的意思表示则不存在撤回与否的问题。无相对人的意思表示,表示完成时生效。也就是说,无相对人的意思表示在表示作出时就发生效力,不可能撤回,只可能撤销。

(2)基于前面一点,要注意区分意思表示的撤回与撤销。意思表示的撤回是在意思表示未生效前使其不发生效力,而意思表示的撤销是指在意思表示作出并生效之后,行为人又作出取消其意思表示的表示。行为人能否在意思表示生效后取消其意思表示,需要考虑保障相对人合理信赖的问题。这与意思表示撤回中仅考虑保护意思表示行为人对其意思表示的自由处分权利存在较大区别。根据《合同法》的规定,要约

（意思表示）可以撤销，但撤销要约的通知应当在受要约人发出承诺通知之前到达受要约人。同时还规定，有下列情形之一的，要约不得撤销：一是要约人确定了承诺期限或者以其他形式明示要约不可撤销；二是受要约人有理由认为要约是不可撤销的，并已经为履行合同做了准备工作。

关联法规

《合同法》（1999.3.15）

第十七条　要约可以撤回。撤回要约的通知应当在要约到达受要约人之前或者与要约同时到达受要约人。

第二十七条　承诺可以撤回。撤回承诺的通知应当在承诺通知到达要约人之前或者与承诺通知同时到达要约人。

第一百四十二条　【意思表示解释】有相对人的意思表示的解释，应当按照所使用的词句，结合相关条款、行为的性质和目的、习惯以及诚信原则，确定意思表示的含义。

无相对人的意思表示的解释，不能完全拘泥于所使用的词句，而应当结合相关条款、行为的性质和目的、习惯以及诚信原则，确定行为人的真实意思。

条文注解

根据本条第一款的规定，对有相对人的意思表示的解释，应当遵循以下规则：（1）首先要按照意思表示所使用的词句进行解释。法理上，这种解释方法又被称为文义解释。对词句的解释应当按照一个合理人通常的理解来进行，即应当考虑一个合理的人在通常情况下对有争议的意思表示用语所能理解的含义作为解释词句含义的标准。对于何谓“合理人”应当结合具体情况来判断：如果是一般的民事活动，则“合理人”就是社会一般的人；如果是某种特殊交易，则“合理人”就是该领域内的人。（2）如果按通常的理解对有相对人的意思表示所使用的词句进行解释比较困难或者不合理的，则应当结合相关条款、行为的性质和目的、习惯以及诚实信用原则，确定意思表示的含义。

本条第二款对无相对人的意思表示的解释规则作了规定。根据本款规定，无相对人的意思表示的解释，不能完全拘泥于所使用的词句，而应当结合相关条款、行为的性质和目的、习惯以及诚实信用原则，确定行为人的真实意思。与有相对人的意思表示解释规则相比，无相对人的意思表示解释规则最大的不同就是：无相对人的意思表示因无相对人，因此对这种意思表示的解释就主要探究表意人的内心真实意思，对客观情况考虑较少。但还应注意，“不能完全拘泥于所使用的词句”，并不是说完全抛开意思表示所使用的词句。

关联法规

《合同法》(1999.3.15)

第一百二十五条第一款 当事人对合同条款的理解有争议的，应当按照合同所使用的词句、合同的有关条款、合同的目的、交易习惯以及诚实信用原则，确定该款的真实意思。

第三节 民事法律行为的效力

第一百四十三条 【民事法律行为有效要件】具备下列条件的民事法律行为有效：

（一）行为人具有相应的民事行为能力；

（二）意思表示真实；

（三）不违反法律、行政法规的强制性规定，不违背公序良俗。

条文注解

根据本条规定，民事法律行为应当具备的有效条件包括：

（1）行为人具有相应的民事行为能力。这里的“相应”，强调行为人所实施的民事法律行为应当与其行为能力相匹配：对于完全民事行为能力人而言，可以从事一切民事法律行为，其行为能力不受限制；对于限制行为能力人而言，只能实施与其年龄、智力、精神健康状况等相适应的民事法律行为，实施其他行为需要经过法定代理人的同意或者追认。而无行为能力人由于不具备行为能力，其实施的民事法律行为是无效的。

（2）意思表示真实。应当注意，此处的真实应作扩大解释，实际上还包含了传统民法理论意思表示自由的含义。例如，在因欺诈、胁迫实施民事法律行为的情形中，受欺诈人、受胁迫人的意思表示虽然从表面看是真实的，但实际上并非其内心自由意志的体现。

（3）不违反法律、行政法规的强制性规定，不违背公序良俗。《合同法》的规定是，违反法律、行政法规的强制性规定的合同无效。与《民法通则》将一切违法行为均认定无效的规定相比，《合同法》将违反任意性规范的合同排除在无效范围之外，且将《民法通则》中的“法律”修改为“法律、行政法规”。合同法司法解释进一步对“强制性规定”作出限定，即《合同法》所规定的“强制性规定”，是指效力性强制性规定。此外，还应联系《民法总则》第一百五十三条来理解。

第一百四十四条　【无民事行为能力人实施的民事法律行为的效力】无民事行为能力人实施的民事法律行为无效。

条文注解

无民事行为能力人，包括不满八周岁的未成年人以及不能辨认自己行为的成年人。无民事行为能力人由其法定代理人代理实施民事法律行为。无民事行为能力人尽管在民事权利能力方面同其他民事主体一律平等，但由于其不具备自己实施民事行为的能力，因此在法律上规定由其法定代理人代理其实施民事法律行为，而将其自身实施的民事法律行为则一律规定为无效。

第一百四十五条　【限制民事行为能力人实施的民事法律行为的效力】限制民事行为能力人实施的纯获利益的民事法律行为或者与其年龄、智力、精神健康状况相适应的民事法律行为有效；实施的其他民事法律行为经法定代理人同意或者追认后有效。

相对人可以催告法定代理人自收到通知之日起一个月内予以追认。法定代理人未作表示的，视为拒绝追认。民事法律行为被追认前，善意相对人有撤销的权利。撤销应当以通知的方式作出。

条文注解

本条第一款是关于限制民事行为能力人从事的民事法律行为效力的规定，具体包括两层含义：

(1)原则上，限制民事行为能力人所从事的民事法律行为，须经法定代理人同意或者追认才能有效。同意，指的是法定代理人事先对限制民事行为能力人实施某种民事法律行为予以明确认可。追认，指的是法定代理人事后明确无误地对限制民事行为能力人实施某种民事法律行为表示同意。无论是事先的同意还是事后的追认，都是法定代理人的单方意思表示，无须行为相对人的同意即可发生效力。此外，同意或者追认应当采用明示的方式作出，同时应当为行为相对人所知晓。

(2)作为例外，部分民事法律行为无须经法定代理人同意或者追认即可有效。这些行为主要包括两类：一是纯获利益的民事法律行为。所谓“纯获利益”，一般是指限制民事行为能力人在某种民事法律行为中只享有权利或者利益，不承担任何义务，如限制民事行为能力人接受赠与、奖励、报酬等。二是与限制民事行为能力人的年龄、智力、精神健康状态相适应的民事法律行为，这些民事法律行为多与日常生活相关。

本条第二款规定了相对人的催告权和善意相对人的撤销权。其一,所谓催告,是指民事法律行为的相对人要求法定代理人在一定期限内就是否认可限制民事行为能力人所实施民事法律行为的效力作出表示,逾期不作表示的,视为法定代理人拒绝承认行为的效力。其二,这里的"撤销权",是指民事法律行为的善意相对人在法定代理人追认限制民事行为能力人实施的民事法律行为前,以明示的、明确的通知方式撤销自己在该民事法律行为中所作的意思表示。所谓善意,是指相对人实施民事法律行为时并不知晓对方为限制民事行为能力人,且此种不知晓不构成重大过失。

关联法规

《合同法》(1999.3.15)

第四十七条 限制民事行为能力人订立的合同,经法定代理人追认后,该合同有效,但纯获利益的合同或者与其年龄、智力、精神健康状况相适应而订立的合同,不必经法定代理人追认。

相对人可以催告法定代理人在一个月内予以追认。法定代理人未作表示的,视为拒绝追认。合同被追认之前,善意相对人有撤销的权利。撤销应当以通知的方式作出。

第一百四十六条 【虚假表示与隐藏行为效力】行为人与相对人以虚假的意思表示实施的民事法律行为无效。

以虚假的意思表示隐藏的民事法律行为的效力,依照有关法律规定处理。

条文注解

本条第一款是对双方以虚假意思表示作出的民事法律行为效力的规定。这一规定的含义是:双方通过虚假的意思表示实施的民事法律行为是无效的。

本条第二款是对隐藏行为效力的规定。根据虚伪表示与隐藏行为的对应关系,有虚伪表示,未必存在隐藏行为;但有隐藏行为,则一定存在虚伪表示。前者如以逃避债务为目的的假赠与,赠与行为是通过虚伪表示而实施的行为,但并不存在隐藏行为;后者如名为赠与实为买卖,赠与行为是通过虚伪表示实施的行为,而买卖则是掩盖在虚伪表示之下的隐藏行为。根据本条规定,当同时存在虚伪表示与隐藏行为时,虚伪表示无效,隐藏行为并不因此无效,其效力如何,应当依据有关法律规定处理。具体而言,如果这种隐藏行为本身符合该行为的生效要件,那么就可以生效。

第一百四十七条 【重大误解实施的民事法律行为的效力】基于重大误解实施的民事法律行为,行为人有权请求人民法院或者仲裁机构予以撤销。

条文注解

认定重大误解需满足以下几个条件:(1)行为人主观上存在错误认识,这种错误可以是关于行为的性质,也可以是关于行为的相对人、交易标的的质量、数量等;(2)行为的结果与行为人的意思相悖;(3)行为人的错误认识与行为后果之间存在因果关系,即如果没有这种错误认识,将不会产生该行为后果;(4)行为人在客观上遭受了较大损失。如果没有损失或者损失较小,也不能构成重大误解。

本条规定的撤销权的行使将彻底改变民事法律行为的效力,关涉当事人的重大利益,《民法通则》及《合同法》均规定撤销权须经诉讼或者仲裁,《民法总则》维持这样的规定。

关联法规

《合同法》(1999.3.15)

第五十四条 下列合同,当事人一方有权请求人民法院或者仲裁机构变更或者撤销:

(一)因重大误解订立的;

(二)在订立合同时显失公平的。

一方以欺诈、胁迫的手段或者乘人之危,使对方在违背真实意思的情况下订立的合同,受损害方有权请求人民法院或者仲裁机构变更或者撤销。

当事人请求变更的,人民法院或者仲裁机构不得撤销。

《最高人民法院关于贯彻执行〈中华人民共和国民法通则〉若干问题的意见(试行)》(1988.4.2)

71.行为人因对行为的性质、对方当事人、标的物的品种、质量、规格和数量等的错误认识,使行为的后果与自己的意思相悖,并造成较大损失的,可以认定为重大误解。

第一百四十八条 【以欺诈手段实施的民事法律行为的效力】一方以欺诈手段,使对方在违背真实意思的情况下实施的民事法律行为,受欺诈方有权请求人民法院或者仲裁机构予以撤销。

条文注解

欺诈的构成要件一般包括以下四项:(1)行为人须有欺诈的故意。这种故意既包括使对方陷入错误判断的故意,也包括诱使对方基于此错误判断而作出意思表示的故意。(2)行为人须有欺诈的行为。这种行为既可以是故意虚构虚假事实,也可以是故意隐瞒应当告知的真实情况等。(3)受欺诈人因行为人的欺诈行为陷入错误判断,即欺诈行为与错误判断之间存在因果关系。(4)受欺诈人基于错误判断作出意思表示。

关于欺诈的法律后果,《民法通则》规定的是无效,《合同法》则区分欺诈行为是否损害国家利益而分别规定，如损害国家利益，则无效；如不损害，则为可变更或者可撤销。应当说，《合同法》在《民法通则》规定的基础上，修正了凡欺诈一律无效的规定。《民法总则》将欺诈的后果规定为可撤销。但同时，《民法总则》没有延续《合同法》对欺诈行为可变更的规定。

第一百四十九条 【第三人欺诈的民事法律行为的效力】第三人实施欺诈行为，使一方在违背真实意思的情况下实施的民事法律行为，对方知道或者应当知道该欺诈行为的，受欺诈方有权请求人民法院或者仲裁机构予以撤销。

条文注解

本条针对第三人欺诈的行为作了规定，主要内容包括：(1)当事人以外的第三人对一方当事人实施了欺诈行为，并致使该当事人陷入错误判断且据此作出了意思表示。欺诈行为的具体形式，有可能是故意告知虚假信息，或者故意隐瞒真实情况，也可能存在其他不同形式，但其根本目的在于使受欺诈人陷入错误认识，作出若了解真实情况便不会作出的意思表示。(2)受欺诈人享有对民事法律行为的撤销权，前提是受欺诈人的相对方非属于善意，这种"非善意"，即表现为其知道或者应当知道第三人的欺诈行为。(3)撤销权的行使仍须通过人民法院或者仲裁机构行使。

关联法规

《最高人民法院关于贯彻执行〈中华人民共和国民法通则〉若干问题的意见(试行)》(1988.4.2)

68. 一方当事人故意告知对方虚假情况，或者故意隐瞒真实情况，诱使对方当事人作出错误意思表示的，可以认定为欺诈行为。

第一百五十条 【以胁迫手段实施的民事法律行为的效力】一方或者第三人以胁迫手段，使对方在违背真实意思的情况下实施的民事法律行为，受胁迫方有权请求人民法院或者仲裁机构予以撤销。

条文注解

所谓胁迫，是指行为人通过威胁、恐吓等不法手段对他人思想上施加强制，由此使他人产生恐惧心理并基于恐惧心理作出意思表示的行为。胁迫的构成要件一般应当包括：(1)胁迫人主观上有胁迫的故意，即故意实施胁迫行为使他人陷入恐惧以及基于此恐惧心理作出意思表示。(2)胁迫人客观上实施了胁迫的加害行为。这种加害既可以是对受胁迫人自身的人身、财产权益的加害,也可以是对受胁迫人的亲友甚至与之有关的其他人的人身、财产权益的加害,客观上使受胁迫人产生了恐惧心理。(3)胁迫须具有不法性,包括手段或者目的的不法性,反之则不成立胁迫。(4)受胁迫人基于胁迫产生的恐惧心理作出意思表示。即意思表示的作出与胁迫之间存在因果关系。

第一百五十一条 【显失公平的民事法律行为的效力】一方利用对方处于危困状态、缺乏判断能力等情形,致使民事法律行为成立时显失公平的,受损害方有权请求人民法院或者仲裁机构予以撤销。

条文注解

显失公平,需要同时具备客观和主观两项要件:(1)主观上,民事法律行为的一方当事人利用了对方处于危困状态、缺乏判断能力等情形。所谓危困状态,一般指因陷入某种暂时性的急迫困境而对于金钱、物的需求极为迫切等。所谓缺乏判断能力,是指缺少基于理性考虑而实施民事法律行为或对民事法律行为的后果予以评估的能力。(2)客观上,民事法律行为成立时,双方当事人在民事法律行为中的权利义务明显失衡、显著不相称。

应注意,我国《民法通则》和《合同法》均对显失公平作了规定。除显失公平外,我国《民法通则》和《合同法》还同时规定了乘人之危的民事法律行为。《民法总则》将前述"显失公平"和"乘人之危"合并规定,赋予显失公平以新的内涵。

关联法规

《合同法》(1999.3.15)

第五十四条 下列合同,当事人一方有权请求人民法院或者仲裁机构变更或者撤销:

(一)因重大误解订立的;

(二)在订立合同时显失公平的。

一方以欺诈、胁迫的手段或者乘人之危,使对方在违背真实意思的情况下订立的合同,受损害方有权请求人民法院或者仲裁机构变更或者撤销。

当事人请求变更的,人民法院或者仲裁机构不得撤销。

《最高人民法院关于贯彻执行〈中华人民共和国民法通则〉若干问题的意见(试行)》(1988.4.2)

70. 一方当事人乘对方处于危难之机,为牟取不正当利益,迫使对方作出不真实的意思表示,严重损害对方利益的,可以认定为乘人之危。

72. 一方当事人利用优势或者利用对方没有经验,致使双方的权利义务明显违反公平、等价有偿原则的,可以认定为显失公平。

第一百五十二条 【撤销权消灭期间】有下列情形之一的,撤销权消灭:

(一)当事人自知道或者应当知道撤销事由之日起一年内、重大误解的当事人自知道或者应当知道撤销事由之日起三个月内没有行使撤销权;

(二)当事人受胁迫,自胁迫行为终止之日起一年内没有行使撤销权;

(三)当事人知道撤销事由后明确表示或者以自己的行为表明放弃撤销权。

当事人自民事法律行为发生之日起五年内没有行使撤销权的,撤销权消灭。

条文注解

民事法律行为因不同事由被撤销的,其撤销权应当在一定期间内行使。这一点是由撤销权的性质所决定的。撤销权属于形成权,行为人可以通过自己的行为直接行使权利,实现权利目的。但是,撤销权的行使将使可撤销的民事法律行为效力终局性地归于无效,这将对相对人的利益产生重大影响。因此,享有撤销权的权利人必须在一定期间内决定是否行使这一权利。

关联法规

《合同法》(1999.3.15)

第五十五条 有下列情形之一的,撤销权消灭:

(一)具有撤销权的当事人自知道或者应当知道撤销事由之日起一年内没有行使撤销权;

(二)具有撤销权的当事人知道撤销事由后明确表示或者以自己的行为放弃撤销权。

第一百五十三条 【违反强制性规定与违背公序良俗的民事法律行为的效力】违反法律、行政法规的强制性规定的民事法律行为无效,但是该强制性规定不导致该民事法律行为无效的除外。

违背公序良俗的民事法律行为无效。

条文注解

《民法总则》第一百四十三条规定了民事法律行为的有效要件。其中,根据该条第三项规定,民事法律行为不得违反法律、行政法规的强制性规定,不得违背公序良俗。从立法技术和逻辑来看,应当同时从反面规定违反法律、行政法规以及违背公序良俗的民事法律行为的法律后果。本条即明确规定了违反法律、行政法规以及违背公序良俗的民事法律行为无效。本条属于可以直接判定行为效力的裁判性规范。

本条第一款应当注意的是,民事法律行为违反强制性规定无效有一种例外,即当该强制性规定本身并不导致民事法律行为无效时,民事法律行为并不无效。这里实际上涉及对具体强制性规定的性质判断问题。某些强制性规定尽管要求民事主体不得违反,但其并不导致民事法律行为无效。违反该法律规定的后果应由违法一方承担,对没有违法的当事人不应承受相对方违法的不利后果。

本条第二款规定的“公序良俗”,包括但不限于以下内容:危害国家政治、经济、财政、税收、金融、治安等秩序;违反人权和人格尊重;危害家庭关系;限制经济自由、违反公正竞争;违反消费者保护、劳动者保护等特殊群体保护。

关联法规

《合同法》(1999.3.15)

第七条 当事人订立、履行合同,应当遵守法律、行政法规,尊重社会公德,不得扰乱社会经济秩序,损害社会公共利益。

第五十二条 有下列情形之一的,合同无效:

(一)一方以欺诈、胁迫的手段订立合同,损害国家利益;

(二)恶意串通,损害国家、集体或者第三人利益;

(三)以合法形式掩盖非法目的;

(四)损害社会公共利益;

(五)违反法律、行政法规的强制性规定。

《最高人民法院关于适用〈中华人民共和国合同法〉若干问题的解释(一)》(1999.12.19)

第四条 合同法实施以后,人民法院确认合同无效,应当以全国人大及其常委会制定的法律和国务院制定的行政法规为依据,不得以地方性法规、行政规章为依据。

《最高人民法院关于适用〈中华人民共和国合同法〉若干问题的解释(二)》(2009.4.24)

第十四条 合同法第五十二条第(五)项规定的“强制性规定”,是指效力性强制性规定。

第一百五十四条 【恶意串通的民事法律行为的效力】行为人与相对人恶意串通,损害他人合法权益的民事法律行为无效。

名词解释

恶意串通,是指行为人与相对人互相勾结,为牟取私利而实施的损害他人合法权益的民事法律行为。恶意串通的民事法律行为在主观上要求双方有互相串通、为满足私利而损害他人合法权益的目的,客观上表现为实施了一定形式的行为来达到这一目的。

条文注解

我国《民法通则》和《合同法》都对恶意串通作了规定。对于恶意串通的民事法律行为,无论是《民法通则》还是《合同法》,始终将其规定为无效。《民法总则》延续了这种精神。同时还应注意,《民法总则》中区分了虚伪表示和恶意串通两种情形。在虚伪表示的民事法律行为中,行为人与相对人所表示出的意思均非真意,而恶意串通的双方当事人所表达的都是内心真意,二者尽管在法律后果上相同,但不可混淆。因此,在实际情况中应区别对待。

关联法规

《最高人民法院关于审理商品房买卖合同纠纷案件适用法律若干问题的解释》(2003.4.28)

第十条 买受人以出卖人与第三人恶意串通,另行订立商品房买卖合同并将房屋交付使用,导致其无法取得房屋为由,请求确认出卖人与第三人订立的商品房买卖合同无效的,应予支持。

第一百五十五条 【无效、被撤销的民事法律行为自始无效】无效的或者被撤销的民事法律行为自始没有法律约束力。

第一百五十六条 【民事法律行为部分无效】民事法律行为部分无效,不影响其他部分效力的,其他部分仍然有效。

条文注解

综合前述条文的规定,民事法律行为的效力形态包括有效、无效、可撤销、效力待定等。基于第一百五十五条的规定,无效的民事法律行为自始无效,而且是当然无效、绝对无效。所谓当然无效,是指只要民事法律行为具备无效条件,其便当然产生无效的法律后果,无须经过特定程序的确认才无效;所谓绝对无效,是指这种民事法律行为的无效是绝对而非相对的,对包括当事人在内的其他任何人而言均是无效的。至于被撤销的民事法律行为,也仍坚持无效溯及既往的规定。

在民事法律行为无效部分与其他部分效力可分的情况下,第一百五十六条规定,在部分无效不影响其他部分效力的情况下,其他部分仍然有效。这实际上体现了民法尽可能尊重双方意思自治、承认民事法律行为效力的原则。当然,如果无效部分属于整体民事法律行为成立生效的必要条款,或者无效部分事实上与其他部分不可分割,那么这种部分无效当然会同时导致其他部分的无效,并进而影响整体的行为效力。

关联法规

《合同法》(1999.3.15)

第五十六条 无效的合同或者被撤销的合同自始没有法律约束力。合同部分无效,不影响其他部分效力的,其他部分仍然有效。

《最高人民法院关于审理商品房买卖合同纠纷案件适用法律若干问题的解释》(2003.4.28)

第二条 出卖人未取得商品房预售许可证明,与买受人订立的商品房预售合同,应当认定无效,但是在起诉前取得商品房预售许可证明的,可以认定有效。

《最高人民法院关于审理城镇房屋租赁合同纠纷案件具体应用法律若干问题的解释》(2009.7.30)

第二条 出租人就未取得建设工程规划许可证或者未按照建设工程规划许可证的规定建设的房屋,与承租人订立的租赁合同无效。但在一审法庭辩论终结前取得建设工程规划许可证或者经主管部门批准建设的,人民法院应当认定有效。

第三条 出租人就未经批准或者未按照批准内容建设的临时建筑,与承租人订立的租赁合同无效。但在一审法庭辩论终结前经主管部门批准建设的,人民法院应当认定有效。

租赁期限超过临时建筑的使用期限,超过部分无效。但在一审法庭辩论终结前经主管部门批准延长使用期限的,人民法院应当认定延长使用期限内的租赁期间有效。

《最高人民法院关于适用〈中华人民共和国婚姻法〉若干问题的解释(一)》(2001.12.25)

第八条 当事人依据婚姻法第十条规定向人民法院申请宣告婚姻无效的,申请时,法定的无效婚姻情形已经消失的,人民法院不予支持。

《收养法》(1998.11.4修正)

第二十五条 违反《中华人民共和国民法通则》第五十五条和本法规定的收养行为无法律效力。

收养行为被人民法院确认无效的,从行为开始时起就没有法律效力。

《婚姻法》(2001.4.28修正)

第十二条 无效或被撤销的婚姻,自始无效。当事人不具有夫妻的权利和义务。同居期间所得的财产,由当事人协议处理;协议不成时,由人民法院根据照顾无过错方的原则判决。对重婚导致的婚姻无效的财产处理,不得侵害合法婚姻当事人的财产权益。当事人所生的子女,适用本法有关父母子女的规定。

第一百五十七条 【民事法律行为无效、被撤销及确定不发生效力的后果】民事法律行为无效、被撤销或者确定不发生效力后,行为人因该行为取得的财产,应当予以返还;不能返还或者没有必要返还的,应当折价补偿。有过错的一方应当赔偿对方由此所受到的损失;各方都有过错的,应当各自承担相应的责任。法律另有规定的,依照其规定。

条文注解

返还财产，是指民事法律行为被确认无效、被撤销或者确定不发生效力后，行为人因民事法律行为所取得的财产应当予以返还，相对人亦享有对已交付财产的返还请求权。

对于不能返还财产，或者没有必要返还的，应当折价补偿。具体而言：(1)财产不能返还，包括法律上的不能返还和事实上的不能返还。前者是指财产返受到善意取得制度的影响，即一方当事人将通过民事法律行为取得的财产转让给第三人，第三人取得财产时符合善意取得制度的各项要件，此时该第三人因善意取得制度成为财产的所有权人，该财产又是不可替代的。后者是指因标的物已经灭失，造成客观上无法返还，且原物又是不可替代物。(2)没有必要返还财产，主要指接受的财产是劳务或者利益，在性质上不能恢复原状，或者是通过使用对方的知识产权获得的利益。

至于赔偿损失，本条规定的是一种过错责任，行为人只有主观上对民事法律行为无效、被撤销以及确定不发生效力的情形存在过错时才予以承担。

至于法律另有的规定，如在民事法律行为因违法被宣告无效后，并不存在双方当事人相互返还财产的问题，而是需要根据相关法律、行政法规的规定对其予以没收、收缴等。

关联法规

《合同法》(1999.3.15)

第五十八条 合同无效或者被撤销后，因该合同取得的财产，应当予以返还；不能返还或者没有必要返还的，应当折价补偿。有过错的一方应当赔偿对方因此所受到的损失，双方都有过错的，应当各自承担相应的责任。

第五十九条 当事人恶意串通，损害国家、集体或者第三人利益的，因此取得的财产收归国家所有或者返还集体、第三人。

第四节 民事法律行为的附条件和附期限

第一百五十八条 【附条件的民事法律行为】民事法律行为可以附条件，但是按照其性质不得附条件的除外。附生效条件的民事法律行为，自条件成就时生效。附解除条件的民事法律行为，自条件成就时失效。

第一百五十九条 【条件成就和不成就的拟制】附条件的民事法律行为，当事人为自己的利益不正当地阻止条件成就的，视为条件已成就；不正当地促成条件成就的，视为条件不成就。

条文注解

所附条件具有以下特点:(1)条件系当事人共同约定,并作为民事法律行为的一部分内容。(2)条件是未来可能发生的事实。(3)所附条件是当事人用以限定民事法律行为效力的附属意思表示。(4)所附条件中的事实应为合法事实,违法事实不能作为民事法律行为的附条件。

生效条件,是指使民事法律行为效力发生或者不发生的条件。生效条件具备之前,民事法律行为虽已成立但未生效,其效力是否发生处于不确定状态。条件具备,民事法律行为生效;条件不具备,民事法律行为就不生效。

解除条件,又称消灭条件,是指对已经生效的民事法律行为,当条件具备时,该民事法律行为失效;如果该条件确定不具备,则该民事法律行为将继续有效。

此外还应注意,诸如票据行为,或者撤销权、解除权等形成权的行使,不得附条件。

关联法规

《合同法》(1999.3.15)

第四十五条　当事人对合同的效力可以约定附条件。附生效条件的合同,自条件成就时生效。附解除条件的合同,自条件成就时失效。

当事人为自己的利益不正当地阻止条件成就的,视为条件已成就;不正当地促成条件成就的,视为条件不成就。

《最高人民法院关于贯彻执行〈中华人民共和国民法通则〉若干问题的意见(试行)》(1988.4.2)

75.附条件的民事行为,如果所附的条件是违背法律规定或者不可能发生的,应当认定该民事行为无效。

第一百六十条　【附期限的民事法律行为】民事法律行为可以附期限,但是按照其性质不得附期限的除外。附生效期限的民事法律行为,自期限届至时生效。附终止期限的民事法律行为,自期限届满时失效。

条文注解

所附期限具有以下特点:(1)期限的到来则是确定发生的事实。(2)附期限的民事法律行为体现了当事人对民事法律行为生效或失效的期限约定。(3)期限的到来是必然确定的,但到来的具体时日却未必十分确定。(4)不同于民事法律行为的履行期限。生效期限和履行期限二者存在民事法律行为并未生效与已经生效但未履行的区别。(5)依民事法律行为的性质不得附期限的除外。

生效期限,是指决定民事法律行为效力发生的期限。期限届至,民事法律行为生效；期限届至前，民事法律行为虽已成立但并未生效。

终止期限，是指决定民事法律行为效力消灭的期限。期限届至，民事法律行为失效；期限届至前，民事法律行为始终有效。

关联法规

《合同法》（1999.3.15）

第四十六条 当事人对合同的效力可以约定附期限。附生效期限的合同，自期限届至时生效。附终止期限的合同，自期限届满时失效。

《最高人民法院关于贯彻执行〈中华人民共和国民法通则〉若干问题的意见（试行）》（1988.4.2）

76. 附期限的民事法律行为，在所附期限到来时生效或者解除。

第七章 代 理

第一节 一般规定

第一百六十一条 【代理适用范围】民事主体可以通过代理人实施民事法律行为。

依照法律规定、当事人约定或者民事法律行为的性质,应当由本人亲自实施的民事法律行为,不得代理。

名词解释

代理,是指代理人在代理权限范围内,以被代理人的名义与第三人独立为法律行为,而法律效果直接由被代理人承担的法律制度。

条文注解

依本条规定,三类民事法律行为不得代理:(1)依照法律规定应当由本人亲自实施的民事法律行为,如《婚姻法》规定的结婚登记、离婚登记行为。(2)依照当事人约定应当由本人亲自实施的民事法律行为。(3)依照民事法律行为的性质,应当由本人亲自实施的民事法律行为。这主要是指具有人身性质的身份行为,如结婚、离婚、收养、遗嘱、遗赠等。

关联法规

《最高人民法院关于贯彻执行〈中华人民共和国民法通则〉若干问题的意见(试行)》(1988.4.2)

78. 凡是依法或者依双方的约定必须由本人亲自实施的民事行为,本人未亲自实施的,应当认定行为无效。

第一百六十二条 【代理效力】代理人在代理权限内,以被代理人名义实施的民事法律行为,对被代理人发生效力。

条文注解

本条规定的"对被代理人发生效力",是指民事法律行为产生的法律效果归属于被代理人，即代理人实施的民事法律行为所设立、变更、终止民事法律关系的一切结果都归属于被代理人。一方面，代理的民事法律行为有效时，形成的权利义务应当由被代理人承受；另一方面，代理的民事法律行为无效时，引起的赔偿损失等民事责任也应当由被代理人承担。

关联法规

《合同法》(1999.3.15)

第四百零二条 受托人以自己的名义，在委托人的授权范围内与第三人订立的合同，第三人在订立合同时知道受托人与委托人之间的代理关系的，该合同直接约束委托人和第三人，但有确切证据证明该合同只约束受托人和第三人的除外。

第四百零三条 受托人以自己的名义与第三人订立合同时，第三人不知道受托人与委托人之间的代理关系的，受托人因第三人的原因对委托人不履行义务，受托人应当向委托人披露第三人，委托人因此可以行使受托人对第三人的权利，但第三人与受托人订立合同时如果知道该委托人就不会订立合同的除外。

受托人因委托人的原因对第三人不履行义务，受托人应当向第三人披露委托人，第三人因此可以选择受托人或者委托人作为相对人主张其权利，但第三人不得变更选定的相对人。

委托人行使受托人对第三人的权利的，第三人可以向委托人主张其对受托人的抗辩。第三人选定委托人作为其相对人的，委托人可以向第三人主张其对受托人的抗辩以及受托人对第三人的抗辩。

第一百六十三条 【代理类型】代理包括委托代理和法定代理。

委托代理人按照被代理人的委托行使代理权。法定代理人依照法律的规定行使代理权。

名词解释

委托代理，是指基于被代理人的委托授权而发生代理权的代理。委托的形式包括：口头形式和书面形式。

法定代理，是指基于法律的直接规定而产生的代理，主要适用于被代理人为无民事行为能力或者限制行为能力的情况。

条文注解

根据本法和其他法律的规定，法定代理人的类型主要有：(1)监护人。其包括未成年子女的父母，无民事行为能力人、限制民事行为能力人在父母之外的监护人。(2)失踪人的财产代管人。失踪人的财产由其配偶、成年子女、父母或者其他愿意担任财产代管人的人代管。代管有争议，没有前述规定的人，或者前述规定的人无代管能力的，由人民法院指定的人代管。(3)清算组。如《公司法》规定，有限责任公司的清算组由股东组成，股份有限公司的清算组由董事或者股东大会确定的人员组成。逾期不成立清算组进行清算的，债权人可以申请人民法院指定有关人员组成清算组进行清算。

第一百六十四条 【不当履职与恶意串通的民事责任】代理人不履行或者不完全履行职责，造成被代理人损害的，应当承担民事责任。

代理人和相对人恶意串通，损害被代理人合法权益的，代理人和相对人应当承担连带责任。

条文注解

本条第一款是关于代理人不当履职的民事责任的规定。代理人行使代理权完全是为了被代理人的利益，应当在代理权限内忠实履行代理职责，如果不履行或者不完全履行代理职责，造成被代理人损害的，应承担民事责任。具体区分情况而言：(1)委托代理时，被代理人对于代理事项、权限和期间等一般都有明确授权，代理人首先应当根据被代理人的授权来行使代理权。被代理人授予代理权的范围规定不十分具体明确的，代理人就应当根据诚信原则来从事代理行为。法律为了保护被代理人的合法权益，还对一些滥用代理权的行为作了明确规制。(2)法定代理时，法律会对代理人的权限及相关职责作明确规定，代理人必须根据法律规定来行使代理权。

本条第二款是关于代理人和相对人恶意串通的民事责任的规定。代理人和相对人承担连带责任的前提是恶意串通。串通是指双方在主观上有共同的意思联络。恶意是指双方都明知或者应知其实施的行为会造成被代理人合法权益的损害还故意为之。恶意串通就是双方串通在一起，共同实施某种行为来损害被代理人的合法权益。但是，如果双方当事人或者一方当事人不知且不应知其行为的损害后果，就不构成恶意串通，不能适用本款连带责任的规定。

关联法规

《民法通则》(2009.8.27 修正)

第六十六条第二款至第四款 代理人不履行职责而给被代理人造成损害的，应当承担民事责任。

代理人和第三人串通，损害被代理人的利益的，由代理人和第三人负连带责任。

第三人知道行为人没有代理权、超越代理权或者代理权已终止还与行为人实施民事行为给他人造成损害的，由第三人和行为人负连带责任。

第二节 委托代理

第一百六十五条 【授权委托书】委托代理授权采用书面形式的，授权委托书应当载明代理人的姓名或者名称、代理事项、权限和期间，并由被代理人签名或者盖章。

条文注解

委托代理是指按照代理人的委托来行使代理权的代理。此时，代理人行使的代理权称为委托代理权，是基于被代理人的意思而产生的。被代理人授予代理人委托代理权的行为，称为授权行为。根据本法第一百三十五条的规定，在法律、行政法规没有特别规定或者当事人没有约定的情况下，委托代理授权可以采取书面形式、口头形式或者其他形式中的任何一种。其中，书面形式是最主要的一种授权形式，称为授权委托书。

文书范本 47 授权委托书（一）

授权委托书

（公民个人用）

委托人：________，男/女，________年____月____日出生，____族，系________________（写明工作单位和职务或者职业），现住________________（具体到门牌号）。联系方式：________________。

受委托人：________，________律师事务所律师，联系方式：________。

受委托人：________，男/女，________年____月____日出生，____族，系________________（写明工作单位和职务或者职业），现住________________（具体到门牌号）。联系方式：____________。受托人系委托人的____________（写明受托人与委托人的关系）。

现委托____________、____________在我与________________（写明当事人和案由）一案中，作为我方参加诉讼的委托诉讼代理人。

委托事项与权限如下：

委托诉讼代理人____________的代理事项和权限：

1. ____

2. ____

委托诉讼代理人________的代理事项和权限：

1. ____

2. ____

委托人（签名）

受委托人（签名）

________年____月____日

文书范本 ▶▶ 48 授权委托书（二）

授权委托书

（法人或者其他组织委托诉讼代理人用）

委托单位：____________________，住所____________________________________。

法定代表人或主要负责人：_________，任__________________职务，联系方式：________________。

受委托人：_________，______________律师事务所律师，联系方式：______________。

受委托人：_________，______________（写明受托人所在单位及职务），联系方式：______________。

现委托________、________在我单位与________________（写明当事人和案由）一案中，作为我单位参加诉讼的委托诉讼代理人。

委托诉讼代理人____________的代理事项和权限：

1. ____

2. ____

委托诉讼代理人____________的代理事项和权限：

1. ____

2. ____

委托单位（公章和签名）

受委托人（签名）

________年____月____日

应用指引

1. 授权委托书样式根据《民事诉讼法》第四十九条、第五十八条、第五十九条以及《最高人民法院关于适用〈中华人民共和国民事诉讼法〉的解释》第七十八条、第八十五条、第八十六条制定，供公民当事人、法定代理人、共同诉讼代表人、法人或者其他组织当事人委托诉讼代理人参加诉讼用。

2. 当事人、法定代理人、共同诉讼代表人可以委托一至二人作为诉讼代理人。当事人有权委托诉讼代理人，提出回避申请，收集、提供证据，进行辩论，请求调解，提出上诉，申请执行。

3. 下列人员可以被委托为诉讼代理人：（一）律师、基层法律服务工作者；（二）当事人的近亲属或者工作人员；（三）当事人所在社区、单位及有关社会团体推荐的公民。

4. 与当事人有夫妻、直系血亲、三代以内旁系血亲、近姻亲关系以及其他有抚养、赡养关系的亲属，可以当事人近亲属的名义作为诉讼代理人。

5. 与当事人有合法劳动人事关系的职工，可以当事人工作人员的名义作为诉讼代理人。

6. 根据《民事诉讼法》第五十八条第二款第三项的规定，有关社会团体推荐公民担任诉讼代理人的，应当符合下列条件：（一）社会团体属于依法登记设立或者依法免予登记设立的非营利性法人组织；（二）被代理人属于该社会团体的成员，或者当事人一方住所地位于该社会团体的活动地域；（三）代理事务属于该社会团体章程载明的业务范围；（四）被推荐的公民是该社会团体的负责人或者与该社会团体有合法劳动人事关系的工作人员。专利代理人经中华全国专利代理人协会推荐，可以在专利纠纷案件中担任诉讼代理人。

7. 诉讼代理人除根据《民事诉讼法》第五十九条规定提交授权委托书外，还应当按照下列规定向人民法院提交相关材料：（一）律师应当提交律师执业证、律师事务所证明材料；（二）基层法律服务工作者应当提交法律服务工作者执业证、基层法律服务所出具的介绍信以及当事人一方位于本辖区内的证明材料；（三）当事人的近亲属应当提交身份证件和与委托人有近亲属关系的证明材料；（四）当事人的工作人员应当提交身份证件和与当事人有合法劳动人事关系的证明材料；（五）当事人所在社区、单位推荐的公民应当提交身份证件、推荐材料和当事人属于该社区、单位的证明材料；（六）有关社会团体推荐的公民应当提交身份证件和其他与诉讼相关的证明材料。

8. 授权委托书必须记明委托事项和权限。诉讼代理人代为承认、放弃、变更诉讼请求，进行和解，提起反诉或者上诉，必须有委托人的特别授权。

关联法规

《民法通则》（2009.8.27修正）

第六十五条 民事法律行为的委托代理，可以用书面形式，也可以用口头形式。法律规定用书面形式的，应当用书面形式。

书面委托代理的授权委托书应当载明代理人的姓名或者名称、代理事项、权限和期间，并由委托人签名或者盖章。

委托书授权不明的,被代理人应向第三人承担民事责任,代理人负连带责任。

《民事诉讼法》(2017.6.27修正)

第五十九条 委托他人代为诉讼,必须向人民法院提交由委托人签名或者盖章的授权委托书。

授权委托书必须记明委托事项和权限。诉讼代理人代为承认、放弃、变更诉讼请求,进行和解,提起反诉或者上诉,必须有委托人的特别授权。

侨居在国外的中华人民共和国公民从国外寄交或者托交的授权委托书,必须经中华人民共和国驻该国的使领馆证明;没有使领馆的,由与中华人民共和国有外交关系的第三国驻该国的使领馆证明,再转由中华人民共和国驻该第三国使领馆证明,或者由当地的爱国华侨团体证明。

第六十二条 离婚案件有诉讼代理人的,本人除不能表达意志的以外,仍应出庭;确因特殊情况无法出庭的,必须向人民法院提交书面意见。

《最高人民法院关于适用〈中华人民共和国民事诉讼法〉的解释》(2015.1.30)

第八十九条 当事人向人民法院提交的授权委托书,应当在开庭审理前送交人民法院。授权委托书仅写"全权代理"而无具体授权的,诉讼代理人无权代为承认、放弃、变更诉讼请求,进行和解,提出反诉或者提起上诉。

适用简易程序审理的案件,双方当事人同时到庭并径行开庭审理的,可以当场口头委托诉讼代理人,由人民法院记入笔录。

第一百六十六条 【共同代理】数人为同一代理事项的代理人的,应当共同行使代理权,但是当事人另有约定的除外。

条文注解

本条对被代理人就同一代理事项确定了数个代理人的,推定为共同代理的情况。所谓共同代理,是指数个代理人共同行使一项代理权的代理。共同代理有以下几个特征:(1)有数个代理人。如果只有一个代理人,属于单独代理,而不是共同代理。(2)只有一个代理权。如果数个代理人有数个代理权,属于集合代理,而不是共同代理。(3)共同行使代理权。共同行使是指只有经过全体代理人的共同同意才能行使代理权,即数人应当共同实施代理行为,享有共同的权利义务。任何一个代理人单独行使代理权,均属于无权代理。

关联法规

《最高人民法院关于贯彻执行〈中华人民共和国民法通则〉若干问题的意见(试行)》(1988.4.2)

79.数个委托代理人共同行使代理权的,如果其中一人或者数人未与其他委托代理人协商,所实施的行为侵害被代理人权益的,由实施行为的委托代理人承担民事责任。

被代理人为数人时，其中一人或者数人未经其他被代理人同意而提出解除代理关系，因此造成损害的，由提出解除代理关系的被代理人承担。

《合同法》(1999.3.15)

第四百零九条 两个以上的受托人共同处理委托事务的，对委托人承担连带责任。

第一百六十七条 【代理违法的民事责任】代理人知道或者应当知道代理事项违法仍然实施代理行为，或者被代理人知道或者应当知道代理人的代理行为违法未作反对表示的，被代理人和代理人应当承担连带责任。

条文注解

本条是关于代理违法的民事责任的规定。应当分情况讨论：

1. 代理事项本身违法。其具体可分为两种情况：(1)代理事项违法，但代理人不知道或者不应当知道该代理事项违法，此时应由被代理人承担民事责任。(2)代理事项违法，代理人知道或者应当知道该代理事项违法仍然实施了代理行为，此时代理人与被代理人应当承担连带责任。

2. 代理事项不违法，但代理人实施的代理行为违法。其具体也可分为两种情况：(1)代理事项不违法，但代理人实施了违法的代理行为，被代理人不知道或者不应当知道该行为违法，或者知道后表示反对的，此时应由代理人承担民事责任。(2)代理事项不违法，但代理人实施了违法的代理行为，被代理人知道或者应当知道该行为违法未作反对表示的，此时被代理人应与代理人承担连带责任。

第一百六十八条 【禁止自己代理和双方代理】代理人不得以被代理人的名义与自己实施民事法律行为，但是被代理人同意或者追认的除外。

代理人不得以被代理人的名义与自己同时代理的其他人实施民事法律行为，但是被代理的双方同意或者追认的除外。

条文注解

本条是关于禁止自己代理和双方代理的规定。

自己代理，是指代理人以被代理人的名义与自己实施民事法律行为。实践中，自己代理主要有两种情况：一是代理人以自己的名义向被代理人发出要约且代理人以被代理人的名义予以承诺；二是代理人以被代理人的名义向自己发出要约且以自己的名义予以承诺。

双方代理，是指代理人同时代理被代理人和相对人实施同一民事法律行为。构成双方代理，必须符合两个条件：一是代理人必须既获得被代理人的委托代理授权，又获得相对人的委托代理授权。二是代理人同时代理双方为同一民事法律行为的当事人。

本条规定上述两种代理的禁止情形，同时均规定了例外：(1)对于自己代理，如果被代理人事先同意的，或者被代理人虽然没有事先同意，但事后经权衡后，追认了代理人的自己代理行为，法律自然要尊重被代理人的选择，认可自己代理行为的效力。(2)对于双方代理，如果这两方都觉得没有损害其利益或者愿意承受这种不利益，即被代理的双方同意或者追认，便认可其效力。

关联法规

《律师法》(2017.9.1修正)

第三十九条 律师不得在同一案件中为双方当事人担任代理人，不得代理与本人或者其近亲属有利益冲突的法律事务。

第一百六十九条 【复代理】代理人需要转委托第三人代理的，应当取得被代理人的同意或者追认。

转委托代理经被代理人同意或者追认的，被代理人可以就代理事务直接指示转委托的第三人，代理人仅就第三人的选任以及对第三人的指示承担责任。

转委托代理未经被代理人同意或者追认的，代理人应当对转委托的第三人的行为承担责任，但是在紧急情况下代理人为了维护被代理人的利益需要转委托第三人代理的除外。

条文注解

本条是关于复代理的规定。复代理，又称再代理、转代理或者次代理，是指代理人为了实施其代理权限内的行为，而以自己的名义为被代理人选任代理人的代理。复代理具有以下几个特征：(1)以本代理的存在为前提。(2)复代理人是原代理人以自己的名义选任的代理人。(3)复代理人行使的代理权是原代理人的代理权，但原代理人的代理权并不因此丧失。(4)复代理人是被代理人的代理人，而不是原代理人的代理人。

本条实际上明确了只有在两种情况下才允许复代理：(1)被代理人的允许，这包括事先同意和事后追认。(2)出现紧急情况。结合民通意见的规定，由于急病、通信联络中断等特殊原因，委托代理人自己不能办理代理事项，又不能与被代理人及时取得联系，如不及时转托他人代理，会给被代理人的利益造成损失或者扩大损失的，属于紧急情况。

本条还规定了复代理的法律效果，具体为：

（1）对于被代理人和复代理人而言，一方面，代理人经被代理人同意、追认或者紧急情况下选任了复代理人，复代理人就成了被代理人的代理人，可以被代理人的名义实施民事法律行为，该民事法律行为直接对被代理人发生效力；而另一方面，复代理人是被代理人的代理人，被代理人就代理事务可以越过原代理人直接指示复代理人，复代理人应当按照被代理人的指示实施民事法律行为。

（2）对被代理人和原代理人而言，原代理人选任了复代理人后，复代理人所实施的民事法律行为的效力直接对被代理人发生，如果出现问题造成被代理人损害的，原则上原代理人不再承担任何责任。但根据本条第二款的规定，在两种情况下原代理人仍然需要承担责任：一是原代理人在选任复代理人上存在过错，比如明知复代理人的品德或者能力难以胜任代理工作仍然选任其担任复代理人的；二是复代理人的不当行为是根据原代理人的指示来实施的。

（3）对原代理人和复代理人而言，原代理人以自己的名义选任了复代理人，其可以基于自己的判断指示复代理人实施民事法律行为。

（4）转为无权代理的情形：在原代理人未经被代理人同意或者追认而选任复代理人时，复代理人实施的代理行为就构成无权代理（本法第一百七十一条），除非符合本法第一百七十二条规定的表见代理外，其行为对被代理人不发生效力，原代理人应当对复代理人的行为承担责任。

关联法规

《合同法》（1999.3.15）

第四百条 受托人应当亲自处理委托事务。经委托人同意，受托人可以转委托。转委托经同意的，委托人可以就委托事务直接指示转委托的第三人，受托人仅就第三人的选人及其对第三人的指示承担责任。转委托未经同意的，受托人应当对转委托的第三人的行为承担责任，但在紧急情况下受托人为维护委托人的利益需要转委托的除外。

第一百七十条 【职务代理】执行法人或者非法人组织工作任务的人员，就其职权范围内的事项，以法人或者非法人组织的名义实施民事法律行为，对法人或者非法人组织发生效力。

法人或者非法人组织对执行其工作任务的人员职权范围的限制，不得对抗善意相对人。

条文注解

本条是关于职务代理的规定。理解职务代理制度，应注意以下几点：（1）被代理人须是法人或者非法人组织。（2）代理人须是执行法人或者非法人组织工作任务的人员。既包括基于劳动、雇佣关系而产生的法人、非法人组织的工作人员;也包括其他执行法人或者非法人组织工作任务的人员,如劳务派遣单位派到用工单位的工作人员。(3)代理事项须是职权范围内的事项。但是,法人或者非法人组织对执行其工作任务的人员职权范围的限制,不得对抗善意相对人。

关联法规

《民法通则》(2009.8.27修正)

第四十三条 企业法人对它的法定代表人和其他工作人员的经营活动,承担民事责任。

《侵权责任法》(2009.12.26)

第三十四条 用人单位的工作人员因执行工作任务造成他人损害的,由用人单位承担侵权责任。

劳务派遣期间,被派遣的工作人员因执行工作任务造成他人损害的,由接受劳务派遣的用工单位承担侵权责任;劳务派遣单位有过错的,承担相应的补充责任。

第一百七十一条 【无权代理】行为人没有代理权、超越代理权或者代理权终止后,仍然实施代理行为,未经被代理人追认的,对被代理人不发生效力。

相对人可以催告被代理人自收到通知之日起一个月内予以追认。被代理人未作表示的,视为拒绝追认。行为人实施的行为被追认前,善意相对人有撤销的权利。撤销应当以通知的方式作出。

行为人实施的行为未被追认的,善意相对人有权请求行为人履行债务或者就其受到的损害请求行为人赔偿,但是赔偿的范围不得超过被代理人追认时相对人所能获得的利益。

相对人知道或者应当知道行为人无权代理的,相对人和行为人按照各自的过错承担责任。

条文注解

本条是关于无权代理的规定。其主要分为三种类型:(1)没有代理权的无权代理。(2)超越代理权的无权代理。(3)代理权终止后的无权代理。其法定情形主要指本法第一百七十三条规定的情形,包括代理期限届满、代理事务完成或者被代理人取消委托等。

根据本条第一款、第二款,具体分析各方当事人权利,有以下几方面:

1. 被代理人方面

(1)追认权。追认是指被代理人对无权代理行为事后予以承认的一种单方意思表示。追认使得无权代理就变成有权代理,行为人实施的民事法律行为就从成立时对被代理人产生法律效力。

(2)拒绝权。行使拒绝权有两种方式:一是被代理人在知道无权代理行为后,明确地向相对人表示拒绝承认该无权代理行为;二是被代理人在收到相对人催告的通知之日起一个月内未作表示的,则视为拒绝追认。拒绝使无权代理行为确定为无效。

2. 相对人方面

(1)相对人的催告权。这里的"催告权",是指相对人向被代理人催促,让被代理人在一定期限(一个月)内明确答复是否承认无权代理行为。

(2)善意相对人的撤销权。其行使必须满足以下条件:一是必须在被代理人作出追认之前作出,如果被代理人已经对无权代理行为作出了追认,该民事法律行为就对被代理人产生了效力,相对人就不能再撤销其意思表示了。二是相对人在行为人实施民事法律行为时必须是善意的,也就是说,相对人在作出意思表示时,并不知道对方是无权代理的。如果明知对方是无权代理而仍与对方共同实施民事法律行为,那么相对人就无权撤销其意思表示。三是撤销应当以通知的方式作出。

根据本条第三款、第四款的规定,行为人承担的责任基于相对人是否善意而有所区别:(1)相对人为善意时,即允许相对人进行选择,一是让行为人直接承担行为后果;二是让行为人承担损害赔偿责任。(2)相对人为恶意时,相对人和行为人按照各自的过错承担责任。

关联法规 ▶▶

《合同法》(1999.3.15)

第四十八条 行为人没有代理权、超越代理权或者代理权终止后以被代理人名义订立的合同,未经被代理人追认,对被代理人不发生效力,由行为人承担责任。

相对人可以催告被代理人在一个月内予以追认。被代理人未作表示的,视为拒绝追认。合同被追认之前,善意相对人有撤销的权利。撤销应当以通知的方式作出。

第一百七十二条 【表见代理】行为人没有代理权、超越代理权或者代理权终止后,仍然实施代理行为,相对人有理由相信行为人有代理权的,代理行为有效。

条文注解 ▶▶

本条是关于表见代理的规定。根据本条规定,构成表见代理需要满足以下条件:(1)行为人并没有获得被代理人的授权就以被代理人的名义与相对人实施民事法律行为,情形分别是没有代理权、超越代理权或者代理权终止。(2)相对人在主观上必须是善意、无过失的。所谓善意,是指相对人不知道或者不应当知道行为人实际上是无权代理;所谓无过失,是指相对人的这种不知道不是因为其大意造成的。如果不具备善意、无过失条件，则转化为无权代理。

关联法规

《合同法》(1999.3.15)

第四十九条 行为人没有代理权、超越代理权或者代理权终止后以被代理人名义订立合同，相对人有理由相信行为人有代理权的，该代理行为有效。

《最高人民法院关于适用〈中华人民共和国合同法〉若干问题的解释(二)》(2009.4.24)

第十三条 被代理人依照合同法第四十九条的规定承担有效代理行为所产生的责任后，可以向无权代理人追偿因代理行为而遭受的损失。

第三节 代理终止

第一百七十三条 【委托代理终止】有下列情形之一的，委托代理终止：

(一)代理期间届满或者代理事务完成；

(二)被代理人取消委托或者代理人辞去委托；

(三)代理人丧失民事行为能力；

(四)代理人或者被代理人死亡；

(五)作为代理人或者被代理人的法人、非法人组织终止。

第一百七十四条 【委托代理终止例外】被代理人死亡后，有下列情形之一的，委托代理人实施的代理行为有效：

(一)代理人不知道并且不应当知道被代理人死亡；

(二)被代理人的继承人予以承认；

(三)授权中明确代理权在代理事务完成时终止；

(四)被代理人死亡前已经实施，为了被代理人的继承人的利益继续代理。

作为被代理人的法人、非法人组织终止的，参照适用前款规定。

第一百七十五条 【法定代理终止】有下列情形之一的，法定代理终止：

(一)被代理人取得或者恢复完全民事行为能力；

(二)代理人丧失民事行为能力；

(三)代理人或者被代理人死亡；

(四)法律规定的其他情形。

关联法规

《民法通则》(2009.8.27 修正)

第六十九条 有下列情形之一的,委托代理终止:

(一)代理期间届满或者代理事务完成;

(二)被代理人取消委托或者代理人辞去委托;

(三)代理人死亡;

(四)代理人丧失民事行为能力;

(五)作为被代理人或者代理人的法人终止。

《合同法》(1999.3.15)

第四百一十条 委托人或者受托人可以随时解除委托合同。因解除合同给对方造成损失的,除不可归责于该当事人的事由以外,应当赔偿损失。

第四百一十一条 委托人或者受托人死亡、丧失民事行为能力或者破产的,委托合同终止,但当事人另有约定或者根据委托事务的性质不宜终止的除外。

第四百一十二条 因委托人死亡、丧失民事行为能力或者破产,致使委托合同终止将损害委托人利益的,在委托人的继承人、法定代理人或者清算组织承受委托事务之前,受托人应当继续处理委托事务。

《最高人民法院关于贯彻执行〈中华人民共和国民法通则〉若干问题的意见(试行)》(1988.4.2)

82.被代理人死亡后有下列情况之一的,委托代理人实施的代理行为有效:(1)代理人不知道被代理人死亡的;(2)被代理人的继承人均予承认的;(3)被代理人与代理人约定到代理事项完成时代理权终止的;(4)在被代理人死亡前已经进行、而在被代理人死亡后为了被代理人的继承人的利益继续完成的。

第八章 民事责任

第一百七十六条 【民事主体依法承担民事责任】民事主体依照法律规定和当事人约定,履行民事义务,承担民事责任。

条文注解

民事责任是指由于违反民事义务所应承担的责任。民事责任的基本特征有两个方面:(1)民事责任是民事主体违反民事义务所应承担的责任,是以民事义务为基础的。民事义务分为两类:一是法律直接规定的义务。例如,本法第八条规定:"民事主体从事民事活动,不得违反法律、不得违背公序良俗。""不得违反法律、不得违背公序良俗",就是每个民事主体的法律义务。二是在法律允许的范围内民事主体自行约定的义务。(2)民事责任具有强制性。民事责任的强制性表现在对不履行民事义务的行为予以制裁,要求民事主体承担民事责任。

第一百七十七条 【按份责任】二人以上依法承担按份责任,能够确定责任大小的,各自承担相应的责任;难以确定责任大小的,平均承担责任。

条文注解

本条是关于按份责任的规定。按份责任,是指责任人为多人时,各责任人按照一定的份额向权利人承担民事责任,各责任人之间无连带关系。适用本条规定应当符合下列构成要件:(1)主体的复数性。必须是二个或者二个以上的民事主体,可以是自然人,也可以是法人,或者是非法人组织。(2)造成同一法律后果。

基于按份责任,每个民事主体应当承担的份额,又具体分为以下两种情形:(1)能够确定责任大小的。二个或者二个以上的民事主体没有依照法律规定或者当事人的约定履行民事义务,可以根据每个民事主体对造成损害的后果的可能性来确定责任份额。判断这种可能性,也即考察"原因力"。原因力指在构成不依照法律规定或者当事人约定履行民事义务产生的共同原因中,每一个原因对于结果的发生或扩大所产生的作用力。具体可以综合考察每个民事主体的过错程度、未依照法律规定或者当事人约定履行义务的具体行为与法律后果之间的因果关系的紧密程度、公平原则、诚信原则等因素。(2)难以确定责任大小的,则由每个行为人平均承担民事责任。

关联法规

《侵权责任法》(2009.12.26)

第十二条 二人以上分别实施侵权行为造成同一损害,能够确定责任大小的,各自承担相应的责任;难以确定责任大小的,平均承担赔偿责任。

第一百七十八条 【连带责任】二人以上依法承担连带责任的,权利人有权请求部分或者全部连带责任人承担责任。

连带责任人的责任份额根据各自责任大小确定;难以确定责任大小的,平均承担责任。实际承担责任超过自己责任份额的连带责任人,有权向其他连带责任人追偿。

连带责任,由法律规定或者当事人约定。

条文注解

本条是关于连带责任的规定。连带责任是法定责任,连带责任人不能约定改变责任的性质,对于内部责任份额的约定对外不发生效力。

连带责任人对外承担了责任后,需要在内部确定各自的责任。责任大小一般依据以下原则规定:(1)根据各自的过错。确定责任份额时,应当对每个责任主体在不履行民事义务时的过错进行比较,区分故意、重大过失、轻微过失等。(2)对原因力进行比较。原因力是指在构成不履行义务的多个原因中,每一个原因对于结果的发生或者扩大所起的作用。原因力也是确定连带责任人责任数额的一个方面,特别是在无过错责任的情况下,需要对各责任主体在不履行民事义务时所起的作用进行比较,所起的作用较大的,应当承担较大的责任份额;所起的作用较小的,可以分担较小的责任份额。(3)平均分担责任份额。应注意其前提是根据过错和原因力难以确定连带责任人责任大小。

关联法规

《侵权责任法》(2009.12.26)

第八条 二人以上共同实施侵权行为,造成他人损害的,应当承担连带责任。

第十条 二人以上实施危及他人人身、财产安全的行为,其中一人或者数人的行为造成他人损害,能够确定具体侵权人的,由侵权人承担责任;不能确定具体侵权人的,行为人承担连带责任。

第十一条 二人以上分别实施侵权行为造成同一损害,每个人的侵权行为都足以造成全部损害的,行为人承担连带责任。

第十三条 法律规定承担连带责任的，被侵权人有权请求部分或者全部连带责任人承担责任。

第十四条 连带责任人根据各自责任大小确定相应赔偿数额；难以确定责任大小的，平均承担责任。

支付超出自己赔偿数额的连带责任人，有权向其他连带责任人追偿。

第一百七十九条 【承担民事责任方式】承担民事责任的方式主要有：

（一）停止侵害；

（二）排除妨碍；

（三）消除危险；

（四）返还财产；

（五）恢复原状；

（六）修理、重作、更换；

（七）继续履行；

（八）赔偿损失；

（九）支付违约金；

（十）消除影响、恢复名誉；

（十一）赔礼道歉。

法律规定惩罚性赔偿的，依照其规定。

本条规定的承担民事责任的方式，可以单独适用，也可以合并适用。

条文注解

根据本条规定，承担民事责任的方式主要有：

（1）停止侵害。采用这种责任方式以不履行民事义务正在进行或者仍在延续为条件，对于未发生或者已经终止的不履行义务的情形不适用。

（2）排除妨碍。这是指行为人实施的行为使他人无法行使或者不能正常行使人身、财产权益，受害人可以要求行为人排除妨碍权益实施的障碍。另外，行为人若是正当行使权利，可以拒绝受害人排除该“妨碍”行为的请求。

（3）消除危险。这是指行为人的行为对他人人身、财产权益造成现实威胁，他人有权要求行为人采取有效措施消除这种现实威胁。适用这种责任方式必须是危险确实存在，对他人人身、财产安全造成现实威胁。

（4）返还财产。适用返还财产责任方式的前提是该财产还存在，如果该财产已经灭失，就不可能适用该责任方式，受害人只能要求赔偿损失；该财产虽然存在，但已经损坏的,权利人可以根据自己的意愿,请求返还财产、恢复原状或者赔偿损失等责任方式。

(5)恢复原状。这是指行为人通过修理等手段使受到损坏的财产恢复到损坏发生前的状况的一种责任方式。该责任方式应当以受到损坏的财产仍然存在且有恢复原状的可能性、必要性为前提。

(6)修理、重作、更换。主要是违反合同应当承担的民事责任形式,是违反相应履行义务后所采取的补救措施。修理包括对产品、工作成果等标的物质量瑕疵的修补,也包括对服务质量瑕疵的改善。在存在严重的质量瑕疵,以致不能通过修理达到约定的或者法定的质量情形下,受损害方可以选择更换或者重作的补救方式。还应注意,修理、重作、更换不是恢复原状,如果违法行为将损坏的财产修理复原,则是承担恢复原状的责任。

(7)继续履行。《合同法》规定,当事人一方不履行合同义务或者履行合同义务不符合约定的,应当承担继续履行等违约责任。

(8)赔偿损失。这是指行为人向受害人支付一定额数的金钱以弥补其损失的责任方式。

(9)支付违约金。违约金是当事人在合同中约定的或者由法律直接规定的一方违反合同时应向对方支付一定数额的金钱。只适用于合同当事人有违约金约定或者法律规定违反合同应支付违约金的情形。

(10)消除影响、恢复名誉。这是指人民法院、仲裁庭或者人民调解委员会根据受害人的请求,责令行为人在一定范围内采取适当方式消除对受害人名誉的不利影响以使其名誉得到恢复的一种责任方式。

(11)赔礼道歉。这是指行为人通过口头、书面或者其他方式向受害人进行道歉,以取得谅解的一种责任方式。赔礼道歉主要适用于侵害名誉权、荣誉权、隐私权、姓名权、肖像权等人格权益的情形。赔礼道歉可以是公开的,也可以私下进行;可以口头方式进行,也可以书面方式进行,具体采用什么形式由法院依据案件的具体情况作出。

此外,本条第二款规定了惩罚性赔偿。惩罚性赔偿是指当侵权人(义务人)以恶意、故意、欺诈或放任的方式实施加害行为而致使权利人受到损害的,权利人可以获得实际损害赔偿之外的增加赔偿。相关法律有《消费者权益保护法》《食品安全法》《侵权责任法》等。

本条规定了十一种承担民事责任的方式,各有特点,可以单独采用一种方式,也可以采用多种方式。例如,对单纯的财产损失,可以单独采用赔偿损失的方式;对侵害名誉权、隐私权等人格权的,既可以单独采用消除影响、恢复名誉的责任方式,也可以并用消除影响、恢复名誉和损害赔偿的责任方式。具体适用民事责任的方式掌握的原则是,如果一种方式不足以救济权利人的,就应当同时适用其他方式。

文书范本 ▶▶ 49 起诉状

起 诉 状

原告：__________（自然人写明姓名、性别、年龄、民族、职业、工作单位、住所及联系方式；法人或者非法人组织写明名称、住所和法定代表人或主要负责人的姓名、职务及联系方式）。

被告：__________（自然人写明姓名、性别、年龄、民族、职业、工作单位、住所及联系方式；法人或者非法人组织写明名称、住所和法定代表人或主要负责人的姓名、职务及联系方式）。

诉讼请求：____。

事实与理由：____。

证据和证据来源、证人姓名和住址：____。

此致

________人民法院

起诉人：________

________年____月____日

附：本诉状副本____份。

注：

1. 本诉状供自然人、法人或非法人组织提起民事诉讼用，用黑色钢笔、签字笔书写或印制。原告是自然人的，应写明其姓名、性别、年龄、民族、职业、工作单位、住所及联系方式。原告是法人或者其他组织的，应写明其法人或者非法人组织的名称、住所和法定代表人或者主要负责人的姓名、职务及联系方式。

2. 被告是自然人的，应写明其姓名、性别、出生年月日（或年龄）、民族、籍贯、职业或工作单位和职务、住址等。被告是法人、非法人组织的，应写明其名称和所在地址以及法定代表人或主要负责人的姓名、职务等。

3. 原告有委托代理人的，应写明委托代理人的姓名、单位、职务、联系方式等。

4. 起诉人为法人或非法人组织的，“起诉人”署名栏应由法人或非法人组织的法定代表人或主要负责人签章，并加盖单位公章。

应用指引

起诉状，也称起诉书、诉状，是原告为维护自己的合法权益，对侵害自己权益的侵权人或者争议的其他当事人，依法向人民法院提出诉讼请求的法律文书，起诉是民事诉讼程序的开始。

当事人之间的民事事务发生纠纷而要向人民法院诉请解决的，均需向人民法院提出起诉书。民事纠纷通常包括民事侵权纠纷、民事合同纠纷、婚姻家庭纠纷、继承纠纷、财产侵害纠纷、人身损害赔偿纠纷等。不管是何种纠纷形式，都要按照民事诉状的要求书写起诉状。

书写起诉状要求诉讼请求明确、事实清楚、证据充分，需要注意的问题是：

(1)起诉要符合规定的条件。起诉的条件是：第一，原告是与本案有直接利害关系的公民、法人和其他组织；第二，有明确的被告；第三，有具体的诉讼请求和事实、理由；第四，属于人民法院受案范围和受诉人民法院管辖。

(2)主体要合法。民事诉讼的主体，也就是诉讼当事人，包括原告、被告、诉讼中第三人、共同诉讼人。原告是指提起诉讼的人。被告是指被原告起诉的人。诉讼中第三人是指对当事人双方的诉讼标的，第三人认为有独立请求权的，有权提起诉讼；对当事人双方的诉讼标的，第三人虽然没有独立请求权，但案件处理结果同他有法律上的利害关系的，可以申请参加诉讼，或者由人民法院通知他参加诉讼。共同诉讼人是当事人一方或者双方为二人以上，其诉讼标的是共同的，或者诉讼标的为同一种类，人民法院认为可以合并审理并经当事人同意的共同诉讼中的当事人，共同诉讼的一方当事人对诉讼标的有共同权利义务的，其中一人的诉讼行为经其他共同诉讼人承认，对其他共同诉讼人发生效力；对诉讼标的没有共同权利义务的，其中一人的诉讼行为对其他共同诉讼人不发生效力。

(3)应当写明诉讼请求和所根据的事实与理由。书写起诉状时，诉讼请求必须具体，事实与理由应尽量真实详尽。写明原告请求通过审判程序解决的问题，对被告的权利主张，双方当事人纠纷发生、发展的事实经过，诉讼请求所根据的事实和理由，对适用法律的意见和所根据的事实和理由。

(4)必须写明证据和证据来源、证人姓名和住所。证据包括物证、书证、视听资料等，如果是证人证言，必须注明证人的详尽情况，包括证人姓名、住所。

(5)当事人在书写起诉状时，应客观、全面，不能感情用事，在书写起诉状时不能用谩骂和人身攻击及其他污秽语言，以免矛盾激化。

(6)书写起诉状时，当事人是公民个人的，要写明其姓名、性别、年龄、民族、职业、工作单位、住所，当事人如果是法人，应写明法人全称，住所及其法定代表人姓名、职务，如系非法人组织，应写明全称、住所，主要负责人姓名、职务。在起诉状的最后，要签署起诉人的姓名或者名称及起诉日期。

本起诉状范本主要适用于民事诉讼。

文书范本 50 答辩状

答 辩 状

答辩人：__________（自然人写明姓名、性别、年龄、民族、职业、工作单位、住所及联系方式；法人或者非法人组织写明名称、住所和法定代表人或主要负责人的姓名、职务及联系方式）。

被答辩人：__________（自然人写明姓名、性别、年龄、民族、职业、工作单位、住所及联系方式；法人或者非法人组织写明名称、住所和法定代表人或主要负责人的姓名、职务及联系方式）。

答辩人因与______________（写明当事人及案由）一案，提出答辩如下：___

____

____（写明答辩人的理由）。

证据和证据来源，证人姓名及住所______________________________

此致

________人民法院

答辩人：__________

________年____月____日

附：本答辩状副本____份。

注：

1. 本答辩状供自然人或法人和非法人组织对民事起诉提出答辩用，用黑色钢笔或签字笔书写。
2. “答辩人”栏，如系自然人，应当写明姓名、性别、出生年月日、民族、籍贯、职业或工作单位和职务、住址等；如系法人和非法人组织，应当写明单位名称、地址、法定代表人或主要负责人的姓名和职务等。
3. 答辩人有委托代理人的，应写明委托代理人的姓名、单位、职务、联系方式等。
4. 答辩状副本份数，应按原告的人数提交。

应用指引

答辩状，也称答辩书，是指民事纠纷案件的被告针对原告起诉或者被上诉人针对上诉人的上诉状所作出的书面回答。因此，写好答辩状，对维护被告或者被上诉人的合法权益非常重要。

书写答辩状时应注意的问题是：

第一，答辩状必须在法定期间内提出，根据《民事诉讼法》的相关规定，被告在收到起诉状副本之日起15日内提出答辩状。被告提出答辩状的，人民法院应当在收到之日起5日内将答辩状副本发送原告。答辩是被告的诉讼权利，被告可以答辩，也可以不答辩，既可以在准备阶段答辩，也可以在诉讼进行中答辩，被告不提出答辩状不影响人民法院审理案件。

第二，答辩状中应写清楚答辩人的姓名、性别、年龄、民族、职业及工作单位、法人及其他组织的全称。

第三，答辩人如果是法人或非法人组织的，要由法定代表人或主要负责人签章、加盖单位公章。

第四，起草答辩状，除写明具体证据和证据来源、证人姓名及其住所外，还要运用事实、证据和法律，反驳对方的论点和论据。同时，还可以提出新事实和理由，进行必要的论辩。

第五，答辩人应按原告人数提交答辩状副本。

本答辩状范本主要适用于民事诉讼案件。

文书范本 ▶▶ 51 反诉状

反 诉 状

反诉人（本诉被告）：__________（自然人写明姓名、性别、年龄、民族、职业、工作单位、住所及联系方式；法人或者非法人组织写明名称、住所和法定代表人或主要负责人的姓名、职务及联系方式）。

被反诉人（本诉原告）：__________（自然人写明姓名、性别、年龄、民族、职业、工作单位、住所及联系方式；法人或者非法人组织写明名称、住所和法定代表人或主要负责人的姓名、职务及联系方式）。

反诉请求：____
____
____
____（写明请求的具体内容）。

事实和理由：____
____
____
______________________________（写明具体的时间、地点、经过、见证人等）。

证据和证据来源______________________________________

____

____

________________________________(如有证人,应当写明证人姓名和住址)。

此致

________人民法院

反诉人:__________

________年____月____日

附:本反诉书副本____份。

应用指引

反诉,是被告人的一项诉讼权利,是在已经开始的诉讼程序中,被告向本诉的原告提出的,目的在于抵消或吞并本诉原告的诉讼请求的一种独立的反请求。因此,它具有起诉的性质。反诉状就是为反诉而使用的法律文书。

起草反诉状时应当注意的问题有:

第一,只有本诉的被告才能提起反诉,反诉的对象是本诉的原告。

第二,反诉的提起必须以本诉的存在为前提条件,如果没有本诉,反诉就无从谈起。

第三,反诉的目的在于吞并、抵消原告提出的诉讼请求,而且只能在一审判决前提出。

第四,反诉应当向本诉人民法院提出。

第五,反诉有其独立性,反诉提出之后,如果本诉撤诉,不影响反诉的继续审理。

文书范本 ▶▶ 52 上诉状

上 诉 状

上诉人:________(自然人写明姓名、性别、年龄、民族、职业、工作单位、住所及联系方式;法人或者非法人组织写明名称、住所和法定代表人或主要负责人的姓名、职务及联系方式)。

被上诉人:________(自然人写明姓名、性别、年龄、民族、职业、工作单位、住所及联系方式;法人或者非法人组织写明名称、住所和法定代表人或主要负责人的姓名、职务及联系方式)。

(如果一审原告、被告都不服判决,提起上诉,则都列为上诉人)

上诉人因________________一案(写明当事人及一审判决或者裁定书所列的案由),不服________人民法院________年____月____日(____)字第____号判决

(或者裁定),现提出上诉。

上诉请求:____

____

____

__________________(写明要求上诉审法院解决的事由,如撤销原判,重新判决等)。

上诉理由:____

____

____

______________________(写明一审判决或者裁定不正确的事实根据和法律依据)。

此致

_________人民法院

上诉人:__________

________年____月____日

附:本上诉书副本____份。

应用指引

上诉是指当事人不服一审判决或者裁定,依照法律规定的条件,在法定期限内向上一级人民法院提起的诉讼。上诉引起二审程序的开始。例如,根据我国《民事诉讼法》第一百六十四条的规定,提起上诉的期限是:当事人不服地方人民法院第一审判决的,有权在判决书送达之日起15日内向上一级人民法院提起上诉,当事人不服地方人民法院第一审裁定的,有权在裁定书送达之日起10日内向上一级人民法院提起上诉。

上诉应当递交上诉状,书写和递交上诉状时应当注意的问题是:

第一,上诉状必须写明当事人的姓名、法人的名称及其法定代表人的姓名或者非法人组织的名称及主要负责人的姓名;原审人民法院名称,案件的编号和案由;上诉的请求事项和理由。

第二,上诉状应当通过原审人民法院提出,并按照对方当事人或者代表人的人数提出副本,当事人直接向第二审人民法院上诉的,第二审人民法院应当在5日内将上诉状移交原审人民法院。

第三,原审人民法院收到上诉状,应当在5日内将上诉状副本送达对方当事人,对方当事人在收到之日起15日内提出答辩状,人民法院应当在收到答辩状之日起5日内将副本送达上诉人。对方当事人不提出答辩状的,不影响人民法院审理。原审人民法院收到上诉状、答辩状，应当在5日内连同全部案卷和证据，报送第二审人民法院。

第四，上诉状必须在法定上诉期限内提交，逾期判决或者裁定即发生法律效力，判决、裁定的内容必须执行。

第五，上诉必须向有管辖权的上级人民法院提出。上诉状的内容必须明确，一般应针对一审判决的内容阐述自己观点，提出一审所认定的事实、适用法律错误的地方，以便要求上级人民法院予以纠正。

文书范本 53 撤诉状(一)

撤 诉 状

(撤回起诉时使用)

申请人：__________(自然人写明姓名、性别、年龄、民族、职业、工作单位、住所及联系方式；法人或者非法人组织写明名称、住所和法定代表人或主要负责人的姓名、职务及联系方式)。

申请人因________________(写明当事人及案由)一案，于________年____月____日向你院起诉，业经你院立案受理。现因____(说明撤诉的理由)。

特此申请撤回起诉，请予核准。

原告在起诉时，附送证据材料__________(材料名称)共____件，请予发还。

此致

________人民法院

申请人：__________

________年____月____日

注：

1. 本撤诉状供自然人、法人或非法人组织撤回起诉时使用，用黑色钢笔、签字笔书写或印刷。

2. "申请人"栏，应写明自然人、法人或其他组织的姓名/名称、住所等基本信息。

3. 申请人有委托代理人的，应写明委托代理人的姓名、单位和职务。

4. "申请人"署名栏，应写明全名或全称。申请人为法人或非法人组织的，由法定代表人或主要负责人签章，加盖单位公章。

文书范本 ▶▶ 54 撤诉状(二)

撤 诉 状

(撤回上诉时使用)

申请人:__________(自然人写明姓名、性别、年龄、民族、职业、工作单位、住所及联系方式;法人或者非法人组织写明名称、住所和法定代表人或主要负责人的姓名、职务及联系方式)。

申请人因________________(写明当事人及案由)一案,不服________人民法院________年____月____日(年度)________字第________号的一审判决(或裁定),于____月____日向你院提起上诉。现因____(说明撤诉的理由)。

特此申请撤回上诉,请予核准。

原告在起诉时,附送证据材料________(材料名称)共____件,请予发还。

此致

________人民法院

申请人:__________

________年____月____日

注:

1. 本撤诉状供自然人、法人或非法人组织撤回上诉时使用,用黑色钢笔、签字笔书写或印制。
2. “申请人”栏,应写明自然人、法人或其他组织的姓名/名称、住所等基本信息。
3. 申请人有委托代理人的,应写明委托代理人的姓名、单位和职务。
4. “申请人”署名栏,应写明全称。申请人为法人或非法人组织的,由法定代表人或主要负责人签章,加盖单位公章。

应用指引

撤诉,是指原告在宣判前,申请撤回起诉。撤诉可以是在第一审程序中,原告向人民法院提出撤回起诉的请求,也可以是在第二审程序中,上诉人申请撤回上诉,不再要求人民法院对案件进行审理和裁判。

撤诉是当事人的诉讼权利,当事人撤诉,必须向人民法院提交撤诉状,而且撤诉必须在法律规定的范围内进行,具体言之,申请撤诉必须符合下列条件:(1)申请人必须是原告，上诉人及其法定代理人，原告特别授权的诉讼代理人；有独立请求权的第三人在不影响原告和被告之间的诉讼正常进行的条件下也可以申请撤诉；(2)必须出自于当事人的自愿，任何人不得胁迫、动员申请人撤诉；(3)撤诉申请必须在人民法院宣判前提出，撤诉的目的意在结束诉讼程序，不再要求法院审判，如果人民法院已经宣判，撤诉就失去实际意义，所以，撤诉应在宣判之前提出；(4)撤诉的后果必须不损害国家利益和其他公民的合法权益，并且不得规避法律。

人民法院对撤诉申请经审查，认为符合上述条件的，应当裁定准许撤诉；认为不符合条件的，应当裁定不准许撤诉，驳回申请，诉讼继续进行。对于撤诉申请处理的裁定，既可以是书面的，也可以是口头的，但准许撤诉的裁定应以书面形式作出。

本撤诉状主要适用于民事诉讼案件。

关联法规 ▶▶

《消费者权益保护法》(2013.10.25 修正)

第五十五条　经营者提供商品或者服务有欺诈行为的，应当按照消费者的要求增加赔偿其受到的损失，增加赔偿的金额为消费者购买商品的价款或者接受服务的费用的三倍；增加赔偿的金额不足五百元的，为五百元。法律另有规定的，依照其规定。

经营者明知商品或者服务存在缺陷，仍然向消费者提供，造成消费者或者其他受害人死亡或者健康严重损害的，受害人有权要求经营者依照本法第四十九条、第五十一条等法律规定赔偿损失，并有权要求所受损失二倍以下的惩罚性赔偿。

《食品安全法》(2015.4.24 修订)

第一百四十八条第二款　生产不符合食品安全标准的食品或者经营明知是不符合食品安全标准的食品，消费者除要求赔偿损失外，还可以向生产者或者经营者要求支付价款十倍或者损失三倍的赔偿金；增加赔偿的金额不足一千元的，为一千元。但是，食品的标签、说明书存在不影响食品安全且不会对消费者造成误导的瑕疵的除外。

《侵权责任法》(2009.12.26)

第四十七条　明知产品存在缺陷仍然生产、销售，造成他人死亡或者健康严重损害的，被侵权人有权请求相应的惩罚性赔偿。

第一百八十条　【不可抗力】因不可抗力不能履行民事义务的，不承担民事责任。法律另有规定的，依照其规定。

不可抗力是指不能预见、不能避免且不能克服的客观情况。

条文注解 ▶▶

对“不可抗力”的理解，应是根据现有的技术水平，一般对某事件发生没有预知能力。应当以一般人的预知能力作为标准。如何认识“不能避免且不能克服”,应是指当事人已经尽到最大努力和采取一切可以采取的措施,仍不能避免某种事件的发生并不能克服事件所造成的后果。“不能避免并不能克服”表明某个事件的发生和事件所造成的后果具有必然性。

通常情况下,因不可抗力不能履行民事义务的,不承担民事责任。但法律规定因不可抗力不能履行民事义务,也要承担民事责任的则需要依法承担民事责任,如《民用航空法》《邮政法》等。

关联法规

《合同法》(1999.3.15)

第九十四条 有下列情形之一的,当事人可以解除合同:

(一)因不可抗力致使不能实现合同目的;

(二)在履行期限届满之前,当事人一方明确表示或者以自己的行为表明不履行主要债务;

(三)当事人一方迟延履行主要债务,经催告后在合理期限内仍未履行;

(四)当事人一方迟延履行债务或者有其他违约行为致使不能实现合同目的;

(五)法律规定的其他情形。

第一百一十七条 因不可抗力不能履行合同的,根据不可抗力的影响,部分或者全部免除责任,但法律另有规定的除外。当事人迟延履行后发生不可抗力的,不能免除责任。

本法所称不可抗力,是指不能预见、不能避免并不能克服的客观情况。

第一百一十八条 当事人一方因不可抗力不能履行合同的,应当及时通知对方,以减轻可能给对方造成的损失,并应当在合理期限内提供证明。

第三百零二条第一款 承运人应当对运输过程中旅客的伤亡承担损害赔偿责任,但伤亡是旅客自身健康原因造成的或者承运人证明伤亡是旅客故意、重大过失造成的除外。

第三百一十四条 货物在运输过程中因不可抗力灭失,未收取运费的,承运人不得要求支付运费;已收取运费的,托运人可以要求返还。

《侵权责任法》(2009.12.26)

第二十九条 因不可抗力造成他人损害的,不承担责任。法律另有规定的,依照其规定。

第七十条 民用核设施发生核事故造成他人损害的,民用核设施的经营者应当承担侵权责任,但能够证明损害是因战争等情形或者受害人故意造成的,不承担责任。

第七十一条 民用航空器造成他人损害的,民用航空器的经营者应当承担侵权责任,但能够证明损害是因受害人故意造成的,不承担责任。

第七十二条 占有或者使用易燃、易爆、剧毒、放射性等高度危险物造成他人损害的,占有人或者使用人应当承担侵权责任,但能够证明损害是因受害人故意或者不可抗力造成的,不承担责任。被侵权人对损害的发生有重大过失的,可以减轻占有人或者使用人的责任。

第七十三条 从事高空、高压、地下挖掘活动或者使用高速轨道运输工具造成他人损害的，经营者应当承担侵权责任，但能够证明损害是因受害人故意或者不可抗力造成的，不承担责任。被侵权人对损害的发生有过失的，可以减轻经营者的责任。

第一百八十一条 【正当防卫】因正当防卫造成损害的，不承担民事责任。

正当防卫超过必要的限度，造成不应有的损害的，正当防卫人应当承担适当的民事责任。

名词解释

正当防卫，是指本人、他人的人身权利、财产权利遭受不法侵害时，行为人所采取的一种防卫措施。

条文注解

正当防卫应当同时具备以下六个要件：(1)必须是为了使本人、他人的人身、财产权利免受不法侵害而实施的。(2)必须有不法侵害行为发生，是指对某种权利或者利益的侵害为法律所明文禁止，既包括犯罪行为，也包括其他违法的侵害行为。(3)必须是正在进行的不法侵害，而不是尚未开始，或者已经实施完毕，或者实施者确已自动停止。(4)必须是本人、他人的人身权利、财产权利遭受不法侵害，来不及请求有关国家机关救助的情况下，才能实施的防卫行为。(5)必须是针对不法侵害者本人实行。不能对没有实施不法侵害行为的第三者(包括不法侵害者的家属)造成损害。(6)不能明显超过必要限度造成损害。判断上应以足以制止不法侵害为限。

正当防卫造成的损害，其主体一般仅指侵害人。即“造成损害”仅是指对侵害人造成的损害。另外，“造成损害”既包括对侵害人人身权利的损害，也包括对侵害人财产权利的损害。

本条第二款规定了防卫过当的责任。“适当的民事责任”是指不对侵害人的全部损失赔偿，而是根据正当防卫人过错的程度，由正当防卫人在损失范围内承担一部分责任。

关联法规

《刑法》(2017.11.4 修正)

第二十条 为了使国家、公共利益、本人或者他人的人身、财产和其他权利免受正在进行的不法侵害，而采取的制止不法侵害的行为，对不法侵害人造成损害的，属于正当防卫，不负刑事责任。

正当防卫明显超过必要限度造成重大损害的,应当负刑事责任,但是应当减轻或者免除处罚。

对正在进行行凶、杀人、抢劫、强奸、绑架以及其他严重危及人身安全的暴力犯罪,采取防卫行为,造成不法侵害人伤亡的,不属于防卫过当,不负刑事责任。

《侵权责任法》(2009.12.26)

第三十条 因正当防卫造成损害的,不承担责任。正当防卫超过必要的限度,造成不应有的损害的,正当防卫人应当承担适当的责任。

第一百八十二条 【紧急避险】因紧急避险造成损害的,由引起险情发生的人承担民事责任。

危险由自然原因引起的,紧急避险人不承担民事责任,可以给予适当补偿。

紧急避险采取措施不当或者超过必要的限度,造成不应有的损害的,紧急避险人应当承担适当的民事责任。

名词解释

紧急避险,是指为了使本人或者他人的人身、财产和其他权利免受正在发生的危险,不得已采取的紧急避险行为,造成损害的,不承担责任或者减轻责任的情形。

条文注解

构成紧急避险的要件是:(1)必须是为了使本人、他人的人身、财产权利免受危险的损害。(2)必须是对正在发生的危险采取的紧急避险行为。倘若危险已经消除或者尚未发生,或者虽然已经发生但不会对合法权益造成损害,则不得采取紧急避险措施。(3)必须是在不得已情况下采取避险措施,以保全更大的利益,且这个利益是法律所保护的。(4)避险行为不能超过必要的限度。超过必要的限度,是指采取紧急避险采取措施没有减轻损害,或者紧急避险所造成的损害大于所保全的利益,即紧急避险行为所引起的损害应轻于危险所可能带来的损害。

关于紧急避险造成的损害,遭受损害的主体方面,既可能造成第三人的损害,也包括对避险人本人造成的损害。客体方面,这里的"造成损害"既包括对避险者本人、第三人财产权利的损害,也包括人身权利的损害。

关于法律责任,应区分不同情形对待:(1)紧急避险人造成本人或者他人损害的,由引起险情发生的人承担责任。(2)如果危险是由自然原因引起的,紧急避险人是为了他人的利益而采取了避险行为,造成第三人利益损害的,紧急避险人免予对第三人承担责任。(3)如果危险是由自然原因引起的,紧急避险人是为了本人的利益而采取了避险行为,造成第三人利益损害的,紧急避险人本人作为受益人,应当对第三人的损害给予补偿。(4)因紧急避险采取措施不当或者超过必要的限度，造成不应有的损害的，紧急避险人应当承担适当的责任。紧急避险"采取措施不当"，是指在当时的情况下能够采取可能减少或者避免损害的措施而未采取，或者采取的措施并非排除险情所必须。紧急避险"超过必要的限度"，是指采取紧急避险采取措施没有减轻损害，或者紧急避险所造成的损害大于所保全的利益。

关联法规

《刑法》(2017.11.4 修正)

第二十一条 为了使国家、公共利益、本人或者他人的人身、财产和其他权利免受正在发生的危险，不得已采取的紧急避险行为，造成损害的，不负刑事责任。

紧急避险超过必要限度造成不应有的损害的，应当负刑事责任，但是应当减轻或者免除处罚。

第一款中关于避免本人危险的规定，不适用于职务上、业务上负有特定责任的人。

《侵权责任法》(2009.12.26)

第三十一条 因紧急避险造成损害的，由引起险情发生的人承担责任。如果危险是由自然原因引起的，紧急避险人不承担责任或者给予适当补偿。紧急避险采取措施不当或者超过必要的限度，造成不应有的损害的，紧急避险人应当承担适当的责任。

《监狱法》(2012.10.26 修正)

第四十六条 人民警察和人民武装警察部队的执勤人员遇有下列情形之一，非使用武器不能制止的，按照国家有关规定，可以使用武器：

(一)罪犯聚众骚乱、暴乱的；

(二)罪犯脱逃或者拒捕的；

(三)罪犯持有凶器或者其他危险物，正在行凶或者破坏，危及他人生命、财产安全的；

(四)劫夺罪犯的；

(五)罪犯抢夺武器的。

使用武器的人员，应当按照国家有关规定报告情况。

《看守所条例》(1990.3.17)

第十八条 看守人员和武警遇有下列情形之一，采取其他措施不能制止时，可以按照有关规定开枪射击：

(一)人犯越狱或者暴动的；

(二)人犯脱逃不听制止，或者在追捕中抗拒逮捕的；

(三)劫持人犯的；

(四)人犯持有管制刀具或者其他危险物，正在行凶或者破坏的；

(五)人犯暴力威胁看守人员、武警的生命安全的。

需要开枪射击时，除遇到特别紧迫的情况外，应当先鸣枪警告，人犯有畏服表示，应当立即停止射击。开枪射击后，应当保护现场，并立即报告主管公安机关和人民检察院。

第一百八十三条 【因保护他人民事权益受损时的责任承担】因保护他人民事权益使自己受到损害的，由侵权人承担民事责任，受益人可以给予适当补偿。没有侵权人、侵权人逃逸或者无力承担民事责任，受害人请求补偿的，受益人应当给予适当补偿。

条文注解

本条规定了因保护他人民事权益而使自己受到损害者的请求权和承担民事责任的主体。本条应注意：(1)因保护他人民事权益而使自己受到损害。首先，受到损害的人不是为了自己的民事权益，而是为了他人的民事权益不受侵害而为的行为。其次，受到的损害包括人身受到的伤害与财产受到的损害。(2)一般后果是由侵权人承担责任，受益者可以给予适当补偿。(3)特殊情况下受益者应当给予适当补偿。适用前提是：其一，确实没有侵权人，或者侵权人逃逸确实找不到，或者侵权人确实没有承担民事责任的能力；其二，有明确的受益人；其三，被害人明确提出请求。补偿不是赔偿，赔偿一般是填平原则，即损失多少赔偿多少，而补偿仅是其中的一部分。本条规定是"给予适当的补偿"，表明是要根据受害人受损情况，受益人的受益情况等因素决定补偿的数额。

关联法规

《最高人民法院关于贯彻执行〈中华人民共和国民法通则〉若干问题的意见(试行)》(1988.4.2)

142. 为了维护国家、集体或者他人合法权益而使自己受到损害，在侵害人无力赔偿或者没有侵害人的情况下，如果受害人提出请求的，人民法院可以根据受益人受益的多少及其经济状况，责令受益人给予适当补偿。

《最高人民法院关于审理人身损害赔偿案件适用法律若干问题的解释》(2003.12.26)

第十五条 为维护国家、集体或者他人的合法权益而使自己受到人身损害，因没有侵权人、不能确定侵权人或者侵权人没有赔偿能力，赔偿权利人请求受益人在受益范围内予以适当补偿的，人民法院应予支持。

第一百八十四条 【自愿实施紧急救助行为】因自愿实施紧急救助行为造成受助人损害的，救助人不承担民事责任。

条文注解

本条规定包括以下几个方面：(1)救助人自愿实施紧急救助行为。这是指一般所称的见义勇为或者乐于助人的行为,不包括专业救助行为。本条所称的"救助人",是指非专业人员,即一般所称的见义勇为或者乐于助人的志愿人员。专业救助人员通常掌握某一领域内的专业知识、专业技能,并根据其工作性质有义务救助并专门从事救助工作。专业救助人员经过专业学习或者训练,在实施紧急救助行为时应该有知识和能力避免因救助行为造成受助人不应有的损害。因此,为与专业救助人员实施救助行为相区别,本条明确了"自愿"的前提条件。(2)救助人以救助为目的实施紧急救助行为。(3)受助人的损害与救助人的行为有因果关系,即在紧急救助过程中,因为救助人的行为造成受助人的损害。(4)救助人对因救助行为造成受助人的损害不承担民事责任。

第一百八十五条　【侵害英雄烈士等的姓名、肖像、名誉、荣誉的民事责任】侵害英雄烈士等的姓名、肖像、名誉、荣誉,损害社会公共利益的,应当承担民事责任。

条文注解

本条保护的对象是英雄烈士等,既包括为了人民利益英勇斗争而牺牲,堪为楷模的人,还包括在保卫国家和国家建设中作出巨大贡献、建立卓越功勋,已经故去的人。本条的保护对象是英雄烈士等相关人格利益。类似规定是,《最高人民法院关于确定民事侵权精神损害赔偿责任若干问题的解释》第三条规定,自然人死亡后,其近亲属因下列侵权行为遭受精神痛苦,向人民法院起诉请求赔偿精神损害的,人民法院应当依法予以受理:(1)以侮辱、诽谤、贬损、丑化或者违反社会公共利益、社会公德的其他方式,侵害死者姓名、肖像、名誉、荣誉;(2)非法披露、利用死者隐私,或者以违反社会公共利益、社会公德的其他方式侵害死者隐私;(3)非法利用、损害遗体、遗骨,或者以违反社会公共利益、社会公德的其他方式侵害遗体、遗骨。

关联法规

《最高人民法院关于确定民事侵权精神损害赔偿责任若干问题的解释》(2001.3.8)

第三条　自然人死亡后,其近亲属因下列侵权行为遭受精神痛苦,向人民法院起诉请求赔偿精神损害的,人民法院应当依法予以受理:

(一)以侮辱、诽谤、贬损、丑化或者违反社会公共利益、社会公德的其他方式,侵害死者姓名、肖像、名誉、荣誉;

(二)非法披露、利用死者隐私,或者以违反社会公共利益、社会公德的其他方式侵害死者隐私;

(三)非法利用、损害遗体、遗骨,或者以违反社会公共利益、社会公德的其他方式侵害遗体、遗骨。

第七条 自然人因侵权行为致死,或者自然人死亡后其人格或者遗体遭受侵害,死者的配偶、父母和子女向人民法院起诉请求赔偿精神损害的,列其配偶、父母和子女为原告;没有配偶、父母和子女的,可以由其他近亲属提起诉讼,列其他近亲属为原告。

《烈士褒扬条例》(2011.7.26)

第八条 公民牺牲符合下列情形之一的,评定为烈士:

(一)在依法查处违法犯罪行为、执行国家安全工作任务、执行反恐怖任务和处置突发事件中牺牲的;

(二)抢险救灾或者其他为了抢救、保护国家财产、集体财产、公民生命财产牺牲的;

(三)在执行外交任务或者国家派遣的对外援助、维持国际和平任务中牺牲的;

(四)在执行武器装备科研试验任务中牺牲的;

(五)其他牺牲情节特别突出,堪为楷模的。

现役军人牺牲,预备役人员、民兵、民工以及其他人员因参战、参加军事演习和军事训练、执行军事勤务牺牲应当评定烈士的,依照《军人抚恤优待条例》的有关规定评定。

《军人抚恤优待条例》(2011.7.29)

第八条 现役军人死亡,符合下列情形之一的,批准为烈士:

(一)对敌作战死亡,或者对敌作战负伤在医疗终结前因伤死亡的;

(二)因执行任务遭敌人或者犯罪分子杀害,或者被俘、被捕后不屈遭敌人杀害或者被折磨致死的;

(三)为抢救和保护国家财产、人民生命财产或者执行反恐怖任务和处置突发事件死亡的;

(四)因执行军事演习、战备航行飞行、空降和导弹发射训练、试航试飞任务以及参加武器装备科研试验死亡的;

(五)在执行外交任务或者国家派遣的对外援助、维持国际和平任务中牺牲的;

(六)其他死难情节特别突出,堪为楷模的。

现役军人在执行对敌作战、边海防执勤或者抢险救灾任务中失踪,经法定程序宣告死亡的,按照烈士对待。

批准烈士,属于因战死亡的,由军队团级以上单位政治机关批准;属于非因战死亡的,由军队军级以上单位政治机关批准;属于本条第一款第六项规定情形的,由中国人民解放军总政治部批准。

第一百八十六条 【责任竞合】因当事人一方的违约行为,损害对方人身权益、财产权益的,受损害方有权选择请求其承担违约责任或者侵权责任。

条文注解

违约责任与侵权责任的竞合,是指义务人的违约行为既符合违约要件,又符合侵权要件，导致违约责任与侵权责任一并产生。根据公平原则，本条规定，受损方可以在两种请求权中选择行使一种请求权。如果受害方选择行使一种请求权并得到实现，那么另一种请求权即告消灭。但是，如果受损害方行使一种请求权未果，而另一种请求权并未因时效而消灭，则受损害方仍可行使另一种请求权。

关联法规

《合同法》（1999.3.15）

第一百二十二条　因当事人一方的违约行为，侵害对方人身、财产权益的，受损害方有权选择依照本法要求其承担违约责任或者依照其他法律要求其承担侵权责任。

《最高人民法院关于适用〈中华人民共和国合同法〉若干问题的解释（一）》（1999.12.19）

第三十条　债权人依照合同法第一百二十二条的规定向人民法院起诉时作出选择后，在一审开庭以前又变更诉讼请求的，人民法院应当准许。对方当事人提出管辖权异议，经审查异议成立的，人民法院应当驳回起诉。

《最高人民法院关于审理旅游纠纷案件适用法律若干问题的规定》（2010.10.26）

第三条　因旅游经营者方面的同一原因造成旅游者人身损害、财产损失，旅游者选择要求旅游经营者承担违约责任或者侵权责任的，人民法院应当根据当事人选择的案由进行审理。

第二十一条　旅游者提起违约之诉，主张精神损害赔偿的，人民法院应告知其变更为侵权之诉；旅游者仍坚持提起违约之诉的，对于其精神损害赔偿的主张，人民法院不予支持。

第一百八十七条　【财产优先承担民事责任】民事主体因同一行为应当承担民事责任、行政责任和刑事责任的，承担行政责任或者刑事责任不影响承担民事责任；民事主体的财产不足以支付的，优先用于承担民事责任。

条文注解

法律责任竞合，是指行为人的同一行为符合两种或两种以上不同性质的法律责任的构成要件，依法应当承担多种不同性质的法律责任制度。民事责任、行政责任和刑事责任虽然是三种性质不同的法律责任，却可能因为同一法律行为而同时产生。一个行为既违反了民法又违反了行政法或者刑法，由此同时产生民事责任、行政责任或者刑事责任，即发生责任竞合。

我国《刑法》《侵权责任法》《食品安全法》《产品质量法》《消费者权益保护法》《公司法》《证券法》《证券投资基金法》等法律对民事责任优先原则都有所规定，规定了财产不足以同时支付民事责任、行政责任和刑事责任时民事责任优先适用。

应注意,民事责任优先原则的适用也是有条件的。第一,责任主体所承担的民事责任须合法有效,其发生的依据或者基于法律的规定或基于约定。第二,责任主体的财产不足以同时满足民事责任、行政责任和刑事责任,如果都能满足,则三种责任并行不悖,责任人同时承担三种责任。

关联法规

《侵权责任法》(2009.12.26)

第四条 侵权人因同一行为应当承担行政责任或者刑事责任的,不影响依法承担侵权责任。

因同一行为应当承担侵权责任和行政责任、刑事责任,侵权人的财产不足以支付的,先承担侵权责任。

《刑法》(2017.11.4 修正)

第三十六条第二款 承担民事赔偿责任的犯罪分子,同时被判处罚金,其财产不足以全部支付的,或者被判处没收财产的,应当先承担对被害人的民事赔偿责任。

《食品安全法》(2015.4.24 修订)

第一百四十七条 违反本法规定,造成人身、财产或者其他损害的,依法承担赔偿责任。生产经营者财产不足以同时承担民事赔偿责任和缴纳罚款、罚金时,先承担民事赔偿责任。

《消费者权益保护法》(2013.10.25 修正)

第五十八条 经营者违反本法规定,应当承担民事赔偿责任和缴纳罚款、罚金,其财产不足以同时支付的,先承担民事赔偿责任。

《公司法》(2013.12.28 修正)

第二百一十四条 公司违反本法规定,应当承担民事赔偿责任和缴纳罚款、罚金的,其财产不足以支付时,先承担民事赔偿责任。

第九章 诉讼时效

第一百八十八条 【普通诉讼时效、最长权利保护期间】向人民法院请求保护民事权利的诉讼时效期间为三年。法律另有规定的，依照其规定。

诉讼时效期间自权利人知道或者应当知道权利受到损害以及义务人之日起计算。法律另有规定的，依照其规定。但是自权利受到损害之日起超过二十年的，人民法院不予保护；有特殊情况的，人民法院可以根据权利人的申请决定延长。

名词解释

诉讼时效，是权利人在法定期间内不行使权利，该期间届满后发生义务人可以拒绝履行其给付义务效果的法律制度。诉讼时效制度目的在于督促权利人及时行使权利，不能"在权利上睡觉"。

条文注解

关于普通诉讼时效期间，应注意以下两个问题：(1)在商事领域可能需要短于普通诉讼时效期间的情形。法律另有规定时，根据特别法优于普通法的原则，优先适用特别法的规定。(2)关于普通诉讼时效期间的起算，"知道或者应当知道权利受到损害"和"知道或者应当知道义务人"两个条件应当同时具备。

关联法规

《环境保护法》(2014.4.24 修订)

第六十六条 提起环境损害赔偿诉讼的时效期间为三年，从当事人知道或者应当知道其受到损害时起计算。

《合同法》(1999.3.15)

第一百二十九条 因国际货物买卖合同和技术进出口合同争议提起诉讼或者申请仲裁的期限为四年，自当事人知道或者应当知道其权利受到侵害之日起计算。因其他合同争议提起诉讼或者申请仲裁的期限，依照有关法律的规定。

《保险法》(2015.4.24 修正)

第二十六条 人寿保险以外的其他保险的被保险人或者受益人，向保险人请求赔偿或者给付保险金的诉讼时效期间为二年，自其知道或者应当知道保险事故发生之日起计算。

人寿保险的被保险人或者受益人向保险人请求给付保险金的诉讼时效期间为五年，自其知道或者应当知道保险事故发生之日起计算。

《最高人民法院关于审理民事案件适用诉讼时效制度若干问题的规定》(2008.8.21)

第六条 未约定履行期限的合同,依照合同法第六十一条、第六十二条的规定,可以确定履行期限的,诉讼时效期间从履行期限届满之日起计算;不能确定履行期限的,诉讼时效期间从债权人要求债务人履行义务的宽限期届满之日起计算,但债务人在债权人第一次向其主张权利之时明确表示不履行义务的,诉讼时效期间从债务人明确表示不履行义务之日起计算。

第八条 返还不当得利请求权的诉讼时效期间,从当事人一方知道或者应当知道不当得利事实及对方当事人之日起计算。

第九条 管理人因无因管理行为产生的给付必要管理费用、赔偿损失请求权的诉讼时效期间,从无因管理行为结束并且管理人知道或者应当知道本人之日起计算。

本人因不当无因管理行为产生的赔偿损失请求权的诉讼时效期间,从其知道或者应当知道管理人及损害事实之日起计算。

《专利法》(2008.12.27 修正)

第六十八条 侵犯专利权的诉讼时效为二年,自专利权人或者利害关系人得知或者应当得知侵权行为之日起计算。

发明专利申请公布后至专利权授予前使用该发明未支付适当使用费的,专利权人要求支付使用费的诉讼时效为二年,自专利权人得知或者应当得知他人使用其发明之日起计算,但是,专利权人于专利权授予之日前即已得知或者应当得知的,自专利权授予之日起计算。

《拍卖法》(2015.4.24 修正)

第六十一条 拍卖人、委托人违反本法第十八条第二款、第二十七条的规定,未说明拍卖标的的瑕疵,给买受人造成损害的,买受人有权向拍卖人要求赔偿;属于委托人责任的,拍卖人有权向委托人追偿。

拍卖人、委托人在拍卖前声明不能保证拍卖标的的真伪或者品质的,不承担瑕疵担保责任。

因拍卖标的存在瑕疵未声明的,请求赔偿的诉讼时效期间为一年,自当事人知道或者应当知道权利受到损害之日起计算。

因拍卖标的存在缺陷造成人身、财产损害请求赔偿的诉讼时效期间,适用《中华人民共和国产品质量法》和其他法律的有关规定。

第一百八十九条 【分期履行债务的诉讼时效】当事人约定同一债务分期履行的,诉讼时效期间自最后一期履行期限届满之日起计算。

条文注解

分期履行债务是按照当事人事先约定,分批分次完成一个债务履行的情况。分期付款买卖合同是最典型的分期履行债务。分期履行债务具有整体性和唯一性，系本条规定的“同一债务”。

对分期履行债务诉讼时效期间的起算，《最高人民法院关于审理民事案件适用诉讼时效制度若干问题的规定》（法释〔2008〕11号）第五条规定，当事人约定同一债务分期履行的，诉讼时效期间从最后一期履行期限届满之日起计算。《民法总则》沿用了此规定。

关联法规

《最高人民法院关于审理民事案件适用诉讼时效制度若干问题的规定》（2008.8.21）

第五条 当事人约定同一债务分期履行的，诉讼时效期间从最后一期履行期限届满之日起计算。

第一百九十条 【对法定代理人请求权的诉讼时效】无民事行为能力人或者限制民事行为能力人对其法定代理人的请求权的诉讼时效期间，自该法定代理终止之日起计算。

条文注解

本条规定实质上旨在保障无民事行为能力人或者限制民事行为能力人对其法定代理人行使请求权。本法第一百七十五条规定了法定代理关系终止的主要情形：被代理人取得或者恢复完全民事行为能力；代理人丧失民事行为能力；代理人或者被代理人死亡；法律规定的其他情形。认定本条规定的法定代理终止，应当依照本法第一百七十五条的规定。

第一百九十一条 【未成年人遭受性侵害的损害赔偿请求权的诉讼时效】未成年人遭受性侵害的损害赔偿请求权的诉讼时效期间，自受害人年满十八周岁之日起计算。

条文注解

理解本条规定时应注意以下两点：

（1）诉讼时效是权利人在法定期间内不行使权利，该期间届满后，义务人拒绝履行其给付义务的法律制度，即诉讼时效期间是权利人可以行使权利的“最晚”期间。在权利受到损害后、诉讼时效期间届满前的时间范围内，权利人都可以主张权利。因此，未成年人遭受性侵害的，在年满十八周岁之前，其法定代理人当然可以代为行使请求权。

此处的请求权应当认为是法定代理人代为向人民法院的请求，人民法院依法作出的生效判决具有既判力，受害人在年满十八周岁之后对相关处理不满意要求再次处理的，应当符合《民事诉讼法》等法律的规定。如果年满十八周岁之前，其法定代理人选择与侵害人“私了”的方式解决纠纷，受害人在年满十八周岁之后，可以依据本条的规定请求损害赔偿。

(2)未成年人遭受性侵害的损害赔偿请求权的诉讼时效期间，自受害人年满十八周岁之日起计算。其具体的诉讼时效期间，适用本法第一百八十八条三年的普通诉讼时效期间的规定，即从年满十八周岁之日起计算三年；符合本法第一百九十四条、第一百九十五条诉讼时效中止、中断情形的，可以相应中止、中断。

第一百九十二条 【诉讼时效期间届满法律效果】诉讼时效期间届满的，义务人可以提出不履行义务的抗辩。

诉讼时效期间届满后，义务人同意履行的，不得以诉讼时效期间届满为由抗辩；义务人已自愿履行的，不得请求返还。

条文注解

《民法通则》虽未明确采纳抗辩权产生主义，仅规定超过诉讼时效期间，当事人自愿履行的，不受诉讼时效限制。但我国民通意见、《最高人民法院关于审理民事案件适用诉讼时效制度若干问题的规定》、《最高人民法院关于适用〈中华人民共和国民事诉讼法〉的解释》均采取抗辩权产生主义的模式。该种立法模式意味着，如果义务人援引抗辩权，权利人的权利将转化为自然权利，法院不予保护；如果义务人不援引抗辩权，权利人仍然享有完整的权利，法院予以保护。本法第一百九十三条规定的人民法院不得主动适用诉讼时效、第一百九十七条第二款规定的当事人对诉讼时效利益的预先放弃无效等具体规定，都是抗辩权发生主义立法模式的题中之义。

根据本条第二款的规定，诉讼时效期间届满后，权利人虽不能请求法律的强制性保护，但法律并不否定其权利的存在。若义务人放弃时效利益自愿履行的，权利人可以受领并保持，受领不属于不当得利，义务人不得请求返还。诉讼时效期间届满后，义务人同意履行的，不得以诉讼时效期间届满为由抗辩。此时义务人同意履行义务，属于对时效利益的放弃（应注意，义务人放弃时效利益的行为属于单方法律行为，并且是处分行为，自义务人放弃时效利益的意思表示到达权利人时即发生时效利益放弃的法律效果，不以权利人同意为条件）。对于义务人已自愿履行的情况，自愿履行意味着义务人自愿解除了债务的自然债务属性，恢复了原本可以获得司法强制执行的可能性，使权利人因时效完成而转化为自然权利回升为法律权利。因此，自愿履行的，不能再请求返还。

关联法规

《最高人民法院关于审理民事案件适用诉讼时效制度若干问题的规定》(2008.8.21)

第三条 当事人未提出诉讼时效抗辩,人民法院不应对诉讼时效问题进行释明及主动适用诉讼时效的规定进行裁判。

第四条 当事人在一审期间未提出诉讼时效抗辩,在二审期间提出的,人民法院不予支持,但其基于新的证据能够证明对方当事人的请求权已过诉讼时效期间的情形除外。

当事人未按照前款规定提出诉讼时效抗辩,以诉讼时效期间届满为由申请再审或者提出再审抗辩的,人民法院不予支持。

第二十二条 诉讼时效期间届满,当事人一方向对方当事人作出同意履行义务的意思表示或者自愿履行义务后,又以诉讼时效期间届满为由进行抗辩的,人民法院不予支持。

第一百九十三条 【诉讼时效援引】人民法院不得主动适用诉讼时效的规定。

条文注解

《民法总则》将诉讼时效的客体明确为抗辩权,诉讼时效期间届满的直接效果是义务人取得抗辩权。抗辩权属于私权的一种,可以选择行使,也可以选择不行使。义务人对时效利益的处分不违反法律的规定,也没有侵犯国家、集体及他人的合法权益,人民法院不应当主动干预。因此,遵循私权利的意思自治原则和处分原则,在义务人不提出诉讼时效抗辩的情形下,人民法院不应主动援引诉讼时效的规定进行裁判。

关联法规

《最高人民法院关于适用〈中华人民共和国民事诉讼法〉的解释》(2015.1.30)

第二百一十九条 当事人超过诉讼时效期间起诉的,人民法院应予受理。受理后对方当事人提出诉讼时效抗辩,人民法院经审理认为抗辩事由成立的,判决驳回原告的诉讼请求。

第一百九十四条 【诉讼时效中止】在诉讼时效期间的最后六个月内,因下列障碍,不能行使请求权的,诉讼时效中止:

(一)不可抗力;

(二)无民事行为能力人或者限制民事行为能力人没有法定代理人,或者法定代理人死亡、丧失民事行为能力、丧失代理权;

(三)继承开始后未确定继承人或者遗产管理人;

(四)权利人被义务人或者其他人控制;

（五）其他导致权利人不能行使请求权的障碍。

自中止时效的原因消除之日起满六个月，诉讼时效期间届满。

条文注解

诉讼时效中止，是因法定事由的存在使诉讼时效停止进行，待法定事由消除后继续进行的制度。在诉讼时效进行中的某一时间内，出现了权利人主张权利的客观障碍，导致权利人无法在诉讼时效期间内行使权利，可能产生不公平的结果，因此法律规定了诉讼时效中止制度。

关联法规

《最高人民法院关于审理民事案件适用诉讼时效制度若干问题的规定》（2008.8.21）

第二十条 有下列情形之一的，应当认定为民法通则第一百三十九条规定的“其他障碍”，诉讼时效中止：

（一）权利被侵害的无民事行为能力人、限制民事行为能力人没有法定代理人，或者法定代理人死亡、丧失代理权、丧失行为能力；

（二）继承开始后未确定继承人或者遗产管理人；

（三）权利人被义务人或者其他人控制无法主张权利；

（四）其他导致权利人不能主张权利的客观情形。

第一百九十五条 【诉讼时效中断】有下列情形之一的，诉讼时效中断，从中断、有关程序终结时起，诉讼时效期间重新计算：

（一）权利人向义务人提出履行请求；

（二）义务人同意履行义务；

（三）权利人提起诉讼或者申请仲裁；

（四）与提起诉讼或者申请仲裁具有同等效力的其他情形。

名词解释

诉讼时效期间中断，是指诉讼时效期间进行过程中，出现了权利人积极行使权利的法定事由，从而使已经经过的诉讼时效期间归于消灭，重新计算期间的制度。

仲裁，是指当事人根据他们之间订立的仲裁协议，自愿将其争议提交由非司法机构的仲裁员组成的仲裁庭进行裁判，并受该裁判约束的一种制度，是解决民事争议的方式之一。

条文注解

诉讼时效中断的特征表现为:(1)发生于诉讼时效的进行中,诉讼时效尚未开始计算或者已经届满的情况下排除其适用。(2)发生了一定的法定事由导致诉讼时效存在的基础被推翻。(3)它使已经进行的诉讼时效重新起算,以前经过的期间归于消灭。

根据本条规定,引起诉讼时效中断的情形主要有:

1. 权利人向义务人提出履行请求。请求有诉讼请求和诉外请求两种,诉讼请求主要是起诉,诉外请求是权利人对其义务人在诉外行使权利的意思表示。《最高人民法院关于审理民事案件适用诉讼时效制度若干问题的规定》第十条第一款规定,具有下列情形之一的,应当认定为《民法通则》第一百四十条规定的当事人一方提出要求,产生诉讼时效中断的效力:(1)当事人一方直接向对方当事人送交主张权利文书,对方当事人在文书上签字、盖章或者虽未签字、盖章但能够以其他方式证明该文书到达对方当事人的;(2)当事人一方以发送信件或者数据电文方式主张权利,信件或者数据电文到达或者应当到达对方当事人的;(3)当事人一方为金融机构,依照法律规定或者当事人约定从对方当事人账户中扣收欠款本息的;(4)当事人一方下落不明,对方当事人在国家级或者下落不明的当事人一方住所地的省级有影响的媒体上刊登具有主张权利内容的公告的,但法律和司法解释另有特别规定的,适用其规定。

2. 义务人同意履行义务。前述司法解释第十六条规定,义务人作出分期履行、部分履行、提供担保、请求延期履行、制定清偿债务计划等承诺或者行为的,应当认定为同意履行义务。

3. 权利人提起诉讼或者申请仲裁。前述司法解释第十二条规定,当事人一方向人民法院提交起诉状或者口头起诉的,诉讼时效从提交起诉状或者口头起诉之日起中断。这一规定符合诉讼时效中断制度的目的。

4. 与提起诉讼或者申请仲裁具有同等效力的其他情形。(1)调解是与提起诉讼或者申请仲裁具有同等效力的典型情形之一。前述司法解释第十四条规定,权利人向人民调解委员会以及其他依法有权解决相关民事纠纷的国家机关、事业单位、社会团体等社会组织提出保护相应民事权利的请求,诉讼时效从提出请求之日起中断。(2)控告也是一种与提起诉讼或者申请仲裁具有同等效力的情形,可以引起诉讼时效中断。上述司法解释第十五条第一款规定,权利人向公安机关、人民检察院、人民法院报案或者控告,请求保护其民事权利的,诉讼时效从其报案或者控告之日起中断。(3)此外,上述司法解释第十条第一款、第十三条规定的申请仲裁,申请支付令,申请破产、申报破产债权,为主张权利而申请宣告义务人失踪或死亡,申请诉前财产保全、诉前临时禁令等诉前措施,申请强制执行,申请追加当事人或者被通知参加诉讼,在诉讼中主张抵销等,都属于与提起诉讼或者申请仲裁具有同等效力的情形,可以引起诉讼时效中断。

关联法规

《最高人民法院关于审理民事案件适用诉讼时效制度若干问题的规定》(2008.8.21)

第十条 具有下列情形之一的,应当认定为民法通则第一百四十条规定的"当事人一方提出要求",产生诉讼时效中断的效力:

(一)当事人一方直接向对方当事人送交主张权利文书,对方当事人在文书上签字、盖章或者虽未签字、盖章但能够以其他方式证明该文书到达对方当事人的;

(二)当事人一方以发送信件或者数据电文方式主张权利,信件或者数据电文到达或者应当到达对方当事人的;

(三)当事人一方为金融机构,依照法律规定或者当事人约定从对方当事人账户中扣收欠款本息的;

(四)当事人一方下落不明,对方当事人在国家级或者下落不明的当事人一方住所地的省级有影响的媒体上刊登具有主张权利内容的公告的,但法律和司法解释另有特别规定的,适用其规定。

前款第(一)项情形中,对方当事人为法人或者其他组织的,签收人可以是其法定代表人、主要负责人、负责收发信件的部门或者被授权主体;对方当事人为自然人的,签收人可以是自然人本人、同住的具有完全行为能力的亲属或者被授权主体。

第十一条 权利人对同一债权中的部分债权主张权利,诉讼时效中断的效力及于剩余债权,但权利人明确表示放弃剩余债权的情形除外。

第十二条 当事人一方向人民法院提交起诉状或者口头起诉的,诉讼时效从提交起诉状或者口头起诉之日起中断。

第十三条 下列事项之一,人民法院应当认定与提起诉讼具有同等诉讼时效中断的效力:

(一)申请仲裁;

(二)申请支付令;

(三)申请破产、申报破产债权;

(四)为主张权利而申请宣告义务人失踪或死亡;

(五)申请诉前财产保全、诉前临时禁令等诉前措施;

(六)申请强制执行;

(七)申请追加当事人或者被通知参加诉讼;

(八)在诉讼中主张抵销;

(九)其他与提起诉讼具有同等诉讼时效中断效力的事项。

第十四条 权利人向人民调解委员会以及其他依法有权解决相关民事纠纷的国家机关、事业单位、社会团体等社会组织提出保护相应民事权利的请求,诉讼时效从提出请求之日起中断。

第十五条 权利人向公安机关、人民检察院、人民法院报案或者控告,请求保护其民事权利的,诉讼时效从其报案或者控告之日起中断。

上述机关决定不立案、撤销案件、不起诉的，诉讼时效期间从权利人知道或者应当知道不立案、撤销案件或者不起诉之日起重新计算；刑事案件进入审理阶段，诉讼时效期间从刑事裁判文书生效之日起重新计算。

第十六条 义务人作出分期履行、部分履行、提供担保、请求延期履行、制定清偿债务计划等承诺或者行为的，应当认定为民法通则第一百四十条规定的当事人一方“同意履行义务。”

第十七条 对于连带债权人中的一人发生诉讼时效中断效力的事由，应当认定对其他连带债权人也发生诉讼时效中断的效力。

对于连带债务人中的一人发生诉讼时效中断效力的事由，应当认定对其他连带债务人也发生诉讼时效中断的效力。

第十八条 债权人提起代位权诉讼的，应当认定对债权人的债权和债务人的债权均发生诉讼时效中断的效力。

第十九条 债权转让的，应当认定诉讼时效从债权转让通知到达债务人之日起中断。

债务承担情形下，构成原债务人对债务承认的，应当认定诉讼时效从债务承担意思表示到达债权人之日起中断。

第一百九十六条 【不适用诉讼时效的情形】下列请求权不适用诉讼时效的规定：

（一）请求停止侵害、排除妨碍、消除危险；

（二）不动产物权和登记的动产物权的权利人请求返还财产；

（三）请求支付抚养费、赡养费或者扶养费；

（四）依法不适用诉讼时效的其他请求权。

条文注解

根据本条规定，不适用诉讼时效的请求权包括：

（1）请求停止侵害、排除妨碍、消除危险。停止侵害、排除妨碍和消除危险是所有权和其他物权的功能，其目的是解决对物权权能的障碍、发挥物的效用，回复权利人对权利客体的支配为目的。根据物权的理论，无论经过多长时间，法律不可能任侵害物权的行为取得合法性。如果请求停止侵害、排除妨碍、消除危险的权利适用诉讼时效，将会发生物权人必须容忍他人对其行使物权进行侵害的结果，这对权利人不公平，也违反物权法基本理论。

（2）不动产物权和登记的动产物权的权利人请求返还财产。对于不动产物权，一般用登记作为不动产物权享有和变动的公示方法。不动产登记部门是国家机关，不动产一经登记具有强大的公示公信力，也就意味不动产物权的权利人请求返还财产适用诉讼时效已不可能。动产以占有和交付为所有权享有和变动的公示方法。法律对船舶、航空器和机动车等动产的登记采取登记对抗主义。如果进行了登记,与不动产登记一样,产生强有力的公示公信效力,登记动产物权的权利人请求返还财产不适用诉讼时效。

(3)请求支付抚养费、赡养费或者扶养费。抚养费指义务人基于抚养义务所支付的费用,支付对象一般是晚辈,如子女、孙子女、外孙子女等。赡养费指义务人基于赡养义务所支付的费用,支付对象一般是长辈,如父母、祖父母、外祖父母等。扶养费指义务人基于扶养义务所支付的费用,支付对象一般是平辈,如配偶、兄弟姐妹等。

关联法规

《最高人民法院关于审理民事案件适用诉讼时效制度若干问题的规定》(2008.8.21)

第一条 当事人可以对债权请求权提出诉讼时效抗辩,但对下列债权请求权提出诉讼时效抗辩的,人民法院不予支持:

(一)支付存款本金及利息请求权;

(二)兑付国债、金融债券以及向不特定对象发行的企业债券本息请求权;

(三)基于投资关系产生的缴付出资请求权;

(四)其他依法不适用诉讼时效规定的债权请求权。

第一百九十七条 【诉讼时效法定、时效利益不得预先放弃】诉讼时效的期间、计算方法以及中止、中断的事由由法律规定,当事人约定无效。

当事人对诉讼时效利益的预先放弃无效。

条文注解

本条是关于诉讼时效法定性及时效利益不得预先放弃的规定。诉讼时效的法定性具体可以包括:(1)诉讼时效的期间和计算方法法定。诉讼时效法定还意味着只能由法律对诉讼时效作出规定,法规、规章都不得对此进行规定。(2)诉讼时效中止、中断的事由法定。诉讼时效可以通过中止、中断进行法定变更,但相应情形由法律明确作出规定,当事人不可以创设法律没有规定的情形。(3)当事人擅自约定诉讼时效的效果由法律明确规定为无效。

诉讼时效放弃可以分为两种:一种是时效届满前预先放弃,另一种是诉讼时效届满后放弃。诉讼时效利益不得在时效期间届满前预先放弃。但是,诉讼时效期间届满后,义务人取得拒绝履行义务的抗辩权。根据私法自治原则,当事人有权在法律规定的范围内,自由处分其权利或者利益,选择是否放弃诉讼时效利益。

关联法规

《最高人民法院关于审理民事案件适用诉讼时效制度若干问题的规定》(2008.8.21)

第二条 当事人违反法律规定,约定延长或者缩短诉讼时效期间、预先放弃诉讼时效利益的,人民法院不予认可。

第一百九十八条 【仲裁时效】法律对仲裁时效有规定的,依照其规定;没有规定的,适用诉讼时效的规定。

条文注解

《仲裁法》也规定,法律对仲裁时效有规定的,适用该规定。法律对仲裁时效没有规定的,适用诉讼时效的规定。关于仲裁时效的特别规定主要有:(1)劳动争议调解仲裁法对于劳动仲裁时效有明确规定(一年)。(2)《合同法》对仲裁时效有明确规定,即因国际货物买卖合同和技术进出口合同争议提起诉讼或者申请仲裁的期限为四年。(3)农村土地承包经营纠纷调解仲裁法对仲裁时效有明确规定(二年)。

关联法规

《仲裁法》(2017.9.1修正)

第七十四条 法律对仲裁时效有规定的,适用该规定。法律对仲裁时效没有规定的,适用诉讼时效的规定。

《劳动争议调解仲裁法》(2007.12.29)

第二十七条 劳动争议申请仲裁的时效期间为一年。仲裁时效期间从当事人知道或者应当知道其权利被侵害之日起计算。

前款规定的仲裁时效,因当事人一方向对方当事人主张权利,或者向有关部门请求权利救济,或者对方当事人同意履行义务而中断。从中断时起,仲裁时效期间重新计算。

因不可抗力或者有其他正当理由,当事人不能在本条第一款规定的仲裁时效期间申请仲裁的,仲裁时效中止。从中止时效的原因消除之日起,仲裁时效期间继续计算。

劳动关系存续期间因拖欠劳动报酬发生争议的,劳动者申请仲裁不受本条第一款规定的仲裁时效期间的限制;但是,劳动关系终止的,应当自劳动关系终止之日起一年内提出。

第一百九十九条 【除斥期间】法律规定或者当事人约定的撤销权、解除权等权利的存续期间,除法律另有规定外,自权利人知道或者应当知道权利产生之日起计算,不适用有关诉讼时效中止、中断和延长的规定。存续期间届满,撤销权、解除权等权利消灭。

条文注解

本条是关于除斥期间的一般规定。除斥期间是指法律规定某种民事实体权利存在的期间。权利人在此期间内不行使相应的民事权利,则在该法定期间届满时导致该民事权利的消灭。

我国民事立法一贯采用“诉讼时效”的表述;而对除斥期间,虽然在法律条文中没有明确体现“除斥期间”的表述,但常常使用“撤销权消灭”“作为自愿放弃权益”“不行使而消灭”“视为放弃”“视为拒绝追认”“视为权利消灭”等表述。

第十章 期间计算

第二百条 【期间计算单位】民法所称的期间按照公历年、月、日、小时计算。

名词解释

期间,是指从起始的时间到终止时间所经过的时之区间。期间是民事法律关系产生、变更和终止的时间维度。

条文注解

本条是关于期间的计算单位的规定。我国民法中规定的期间计算单位共有四种,分别是年、月、日和小时。期日为不可分的特定时间点,不发生计算的问题,但期间为一定的时间段,存在计算的问题。期间计算一般采取历法计算法和自然计算法相结合的方式。在本法规定的四种期间计算单位中,年、月采用公历的历法规则,这样每年的时间差距相差不大,既符合我国的社会实际,又符合国际通用规则,便于生产生活和国际交往。日、小时采用自然计算法,一日为二十四小时。本条规定继承自《民法通则》第一百五十四条的规定:民法所称的期间按照公历年、月、日、小时计算。

第二百零一条 【期间起算】按照年、月、日计算期间的,开始的当日不计入,自下一日开始计算。

按照小时计算期间的,自法律规定或者当事人约定的时间开始计算。

条文注解

本条是关于期间起算的规定。其具体包括:1. 按照年、月、日计算期间的,期间开始的当日不计入,自下一日开始计算。2. 按照小时计算期间,可以有两种起算方法:(1)自法律规定的时间开始计算。例如,从8:00开始计算三个小时,则期间应该到11:00结束。又如,从8:30开始计算二十六个小时,则期间应该到第二日10:30结束。(2)自当事人约定的时间开始计算。这即是允许当时人根据商业交易习惯或者双方都认可的方式约定期间起算方式,如整数计算法,不论期间从何时开始计算,都约定按照最近将要到达的整数时间点开始计算，如9:36达成交易合同，则从10:00开始计算期间。

第二百零二条 【期间结束】按照年、月计算期间的，到期月的对应日为期间的最后一日；没有对应日的，月末日为期间的最后一日。

条文注解

本条是关于期间结束的规定。其具体包括：1. 在以日定期间的情况下，算足该期间之日即为期间最后一日。2. 在按照年、月计算期间的情况下，期间结束日根据是否按照整月计算，会有两种不同的结果：(1) 如果不按照整月计算：例如，甲、乙二人于某年2月15日签订合同，约定一个月的履行期，则期间开始日为该年2月16日，期间结束日为该年3月15日。由此可见，期间最后一日总是到期月的签订合同的对应日。(2) 如果按照整月计算：例如，甲、乙二人于某年2月28日签订劳务合同，约定一个月的履行期，则期间开始日为某年3月1日，期间结束日为某年3月31日。由此可见，期间最后一日总是月末日。

第二百零三条 【期间结束日顺延和末日结束点】期间的最后一日是法定休假日的，以法定休假日结束的次日为期间的最后一日。

期间的最后一日的截止时间为二十四时；有业务时间的，停止业务活动的时间为截止时间。

条文注解

本条是关于期间结束日顺延和期间末日结束点的规定。具体情况是：1. 按照本法第二百零二条的规定计算出期间最后一日，如果该日是法定休假日，对民事法律行为的产生、变更或者消灭会产生重大影响，因此法律规定期间顺延到法定休假日结束后的第一日届满。例如，5月1日是劳动节假期，当年劳动节放假为5月1日至3日，则诉讼时效期间从5月1日顺延到5月4日，即劳动节假期结束后的第一日届满。2. 对于期间最后一日的截止时间，又分为两种情况：(1) 一般而言，期间的最后一日的截止时间为24:00；(2) 如果有业务时间，则停止业务活动的时间为截止时间。例如，某机构于17:00暂停营业，则截止时间为17:00。

第二百零四条 【期间的法定或约定】期间的计算方法依照本法的规定，但是法律另有规定或者当事人另有约定的除外。

条文注解

《民法总则》规定期间的计算单位、期间的起算与结束、期间结束日的顺延等基本内容。单行法对期间的计算方法如果有不同规定的，根据特殊优于一般的法理，应当适用特别法的规定。同时，民法需要充分尊重当事人的意思自治，当事人有特定交易习惯或者对期间的计算方法能够达成一致约定的，可以依照当事人的约定。例如，当事人可以约定采用周、半月等计算单位计算期间。

此外，本条规定与本法第二百零一条第二款的规定既有区别又有联系。在适用范围上，本条相比第二百零一条第二款更为广泛。第二百零一条第二款的规定仅指在按照小时计算期间的情况下，当事人可以约定期间开始的计算点。而本条的规定是指当事人可以约定期间的计算方法，不仅是起算点，还是结束点。

第十一章　附　　则

第二百零五条　【法律术语含义】民法所称的“以上”“以下”“以内”“届满”，包括本数；所称的“不满”“超过”“以外”，不包括本数。

第二百零六条　【施行时间】本法自 2017 年 10 月 1 日起施行。

条文注解

《民法总则》自 2017 年 10 月 1 日起施行。从该日起，《民法总则》发生法律效力，以后发生的民事事实和行为应依照《民法总则》的规定；该日之前发生的民事事实和行为，《民法总则》不发生法律效力，即没有溯及力。但是，这些事实和行为在 2017 年 10 月 1 日后仍处于延续状态的，可以适用《民法总则》的规定。

此外，还应注意以下两个问题：

（1）《民法通则》规定的合同、所有权及其他财产权、知识产权、民事责任等具体内容还需要国家立法机构在下一步编纂民法典各分编时进行系统整合。基于此，《民法总则》通过后暂不宜废止《民法通则》，待民法典各编内容进行系统整合后，再予以废止。《民法通则》与《民法总则》的规定不一致的，根据新法优于旧法的原则，适用《民法总则》的规定。

（2）国家立法机构下一步将进行民法典的合同编、物权编、侵权责任编等各分编的编纂工作。在各分编编纂工作完成前，《合同法》《物权法》《侵权责任法》等民事单行法的规定与《民法总则》不一致的，根据新法优于旧法的原则，适用《民法总则》的规定。

附 录

中华人民共和国民法通则

（1986 年 4 月 12 日第六届全国人民代表大会第四次会议通过 根据 2009 年 8 月 27 日第十一届全国人民代表大会常务委员会第十次会议《关于修改部分法律的决定》修正）

第一章 基 本 原 则

第一条 【立法目的】为了保障公民、法人的合法的民事权益，正确调整民事关系，适应社会主义现代化建设事业发展的需要，根据宪法和我国实际情况，总结民事活动的实践经验，制定本法。

第二条 【调整范围】中华人民共和国民法调整平等主体的公民之间、法人之间、公民和法人之间的财产关系和人身关系。

第三条 【平等原则】当事人在民事活动中的地位平等。

第四条 【自愿、公平、等价有偿、诚实信用原则】民事活动应当遵循自愿、公平、等价有偿、诚实信用的原则。

第五条 【民事权益受法律保护原则】公民、法人的合法的民事权益受法律保护，任何组织和个人不得侵犯。

第六条 【遵守法律和政策原则】民事活动必须遵守法律，法律没有规定的，应当遵守国家政策。

第七条 【禁止权利滥用原则】民事活动应当尊重社会公德，不得损害社会公共利益，扰乱社会经济秩序。

第八条 【适用范围】在中华人民共和国领域内的民事活动，适用中华人民共和国法律，法律另有规定的除外。

本法关于公民的规定，适用于在中华人民共和国领域内的外国人、无国籍人，法律另有规定的除外。

第二章 公民（自然人）

第一节 民事权利能力和民事行为能力

第九条 【公民民事权利能力的开始与终止】公民从出生时起到死亡时止，具有民事权利能力,依法享有民事权利,承担民事义务。

第十条 【公民民事权利能力平等】公民的民事权利能力一律平等。

第十一条 【完全民事行为能力人】十八周岁以上的公民是成年人,具有完全民事行为能力,可以独立进行民事活动,是完全民事行为能力人。

十六周岁以上不满十八周岁的公民,以自己的劳动收入为主要生活来源的,视为完全民事行为能力人。

第十二条 【未成年人的民事行为能力】十周岁以上的未成年人是限制民事行为能力人,可以进行与他的年龄、智力相适应的民事活动;其他民事活动由他的法定代理人代理,或者征得他的法定代理人的同意。

不满十周岁的未成年人是无民事行为能力人,由他的法定代理人代理民事活动。

第十三条 【精神病人的民事行为能力】不能辨认自己行为的精神病人是无民事行为能力人,由他的法定代理人代理民事活动。

不能完全辨认自己行为的精神病人是限制民事行为能力人,可以进行与他的精神健康状况相适应的民事活动;其他民事活动由他的法定代理人代理,或者征得他的法定代理人的同意。

第十四条 【法定代理人】无民事行为能力人、限制民事行为能力人的监护人是他的法定代理人。

第十五条 【公民的住所】公民以他的户籍所在地的居住地为住所,经常居住地与住所不一致的,经常居住地视为住所。

第二节 监 护

第十六条 【未成年人的监护人】未成年人的父母是未成年人的监护人。

未成年人的父母已经死亡或者没有监护能力的,由下列人员中有监护能力的人担任监护人:

(一)祖父母、外祖父母;

(二)兄、姐;

(三)关系密切的其他亲属、朋友愿意承担监护责任,经未成年人的父、母的所在单位或者未成年人住所地的居民委员会、村民委员会同意的。

对担任监护人有争议的,由未成年人的父、母的所在单位或者未成年人住所地的居民委员会、村民委员会在近亲属中指定。对指定不服提起诉讼的,由人民法院裁决。

没有第一款、第二款规定的监护人的,由未成年人的父、母的所在单位或者未成年人住所地的居民委员会、村民委员会或者民政部门担任监护人。

第十七条 【精神病人的监护人】无民事行为能力或者限制民事行为能力的精神病人,由下列人员担任监护人:

(一)配偶;

(二)父母;

(三)成年子女;

(四)其他近亲属;

(五)关系密切的其他亲属、朋友愿意承担监护责任,经精神病人的所在单位或者住所地的居民委员会、村民委员会同意的。

对担任监护人有争议的,由精神病人的所在单位或者住所地的居民委员会、村民委员会在近亲属中指定。对指定不服提起诉讼的,由人民法院裁决。

没有第一款规定的监护人的,由精神病人的所在单位或者住所地的居民委员会、村民委员会或者民政部门担任监护人。

第十八条 【监护人的职责权利与民事责任】监护人应当履行监护职责,保护被监护人的人身、财产及其他合法权益,除为被监护人的利益外,不得处理被监护人的财产。

监护人依法履行监护的权利,受法律保护。

监护人不履行监护职责或者侵害被监护人的合法权益的,应当承担责任;给被监护人造成财产损失的,应当赔偿损失。人民法院可以根据有关人员或者有关单位的申请,撤销监护人的资格。

第十九条 【精神病人民事行为能力的宣告】精神病人的利害关系人,可以向人民法院申请宣告精神病人为无民事行为能力人或者限制民事行为能力人。

被人民法院宣告为无民事行为能力人或者限制民事行为能力人的,根据他健康恢复的状况,经本人或者利害关系人申请,人民法院可以宣告他为限制民事行为能力人或者完全民事行为能力人。

第三节 宣告失踪和宣告死亡

第二十条 【宣告失踪的条件】公民下落不明满二年的,利害关系人可以向人民法院申请宣告他为失踪人。

战争期间下落不明的,下落不明的时间从战争结束之日起计算。

第二十一条 【宣告失踪的法律后果】失踪人的财产由他的配偶、父母、成年子女或者关系密切的其他亲属、朋友代管。代管有争议的,没有以上规定的人或者以上规定的人无能力代管的,由人民法院指定的人代管。

失踪人所欠税款、债务和应付的其他费用,由代管人从失踪人的财产中支付。

第二十二条 【宣告失踪的撤销】被宣告失踪的人重新出现或者确知他的下落,经本人或者利害关系人申请,人民法院应当撤销对他的失踪宣告。

第二十三条 【宣告死亡的条件】公民有下列情形之一的,利害关系人可以向人民法院申请宣告他死亡:

(一)下落不明满四年的;

(二)因意外事故下落不明,从事故发生之日起满二年的。

战争期间下落不明的，下落不明的时间从战争结束之日起计算。

第二十四条 【死亡宣告的撤销】被宣告死亡的人重新出现或者确知他没有死亡，经本人或者利害关系人申请，人民法院应当撤销对他的死亡宣告。

有民事行为能力人在被宣告死亡期间实施的民事法律行为有效。

第二十五条 【死亡宣告撤销后的财产返还】被撤销死亡宣告的人有权请求返还财产。依照继承法取得他的财产的公民或者组织，应当返还原物；原物不存在的，给予适当补偿。

第四节 个体工商户、农村承包经营户

第二十六条 【个体工商户的定义】公民在法律允许的范围内，依法经核准登记，从事工商业经营的，为个体工商户。个体工商户可以起字号。

第二十七条 【农村承包经营户的定义】农村集体经济组织的成员，在法律允许的范围内，按照承包合同规定从事商品经营的，为农村承包经营户。

第二十八条 【“两户”合法权益的保护】个体工商户、农村承包经营户的合法权益，受法律保护。

第二十九条 【“两户”民事责任的承担】个体工商户、农村承包经营户的债务，个人经营的，以个人财产承担；家庭经营的，以家庭财产承担。

第五节 个人合伙

第三十条 【个人合伙的定义】个人合伙是指两个以上公民按照协议，各自提供资金、实物、技术等，合伙经营、共同劳动。

第三十一条 【合伙合同】合伙人应当对出资数额、盈余分配、债务承担、入伙、退伙、合伙终止等事项，订立书面协议。

第三十二条 【合伙财产】合伙人投入的财产，由合伙人统一管理和使用。

合伙经营积累的财产，归合伙人共有。

第三十三条 【合伙字号与经营范围】个人合伙可以起字号，依法经核准登记，在核准登记的经营范围内从事经营。

第三十四条 【合伙的内部关系】个人合伙的经营活动，由合伙人共同决定，合伙人有执行和监督的权利。

合伙人可以推举负责人。合伙负责人和其他人员的经营活动，由全体合伙人承担民事责任。

第三十五条 【合伙的民事责任】合伙的债务，由合伙人按照出资比例或者协议的约定，以各自的财产承担清偿责任。

合伙人对合伙的债务承担连带责任，法律另有规定的除外。偿还合伙债务超过自己应当承担数额的合伙人，有权向其他合伙人追偿。

第三章 法　　人

第一节 一 般 规 定

第三十六条 【法人的定义及其权利能力和行为能力】法人是具有民事权利能力和民事行为能力，依法独立享有民事权利和承担民事义务的组织。

法人的民事权利能力和民事行为能力，从法人成立时产生，到法人终止时消灭。

第三十七条 【法人的条件】法人应当具备下列条件：

（一）依法成立；

（二）有必要的财产或者经费；

（三）有自己的名称、组织机构和场所；

（四）能够独立承担民事责任。

第三十八条 【法定代表人】依照法律或者法人组织章程规定，代表法人行使职权的负责人，是法人的法定代表人。

第三十九条 【法人的住所】法人以它的主要办事机构所在地为住所。

第四十条 【法人的清算】法人终止，应当依法进行清算，停止清算范围外的活动。

第二节 企 业 法 人

第四十一条 【企业法人资格的取得】全民所有制企业、集体所有制企业有符合国家规定的资金数额，有组织章程、组织机构和场所，能够独立承担民事责任，经主管机关核准登记，取得法人资格。

在中华人民共和国领域内设立的中外合资经营企业、中外合作经营企业和外资企业，具备法人条件的，依法经工商行政管理机关核准登记，取得中国法人资格。

第四十二条 【经营范围】企业法人应当在核准登记的经营范围内从事经营。

第四十三条 【企业法人的民事责任】企业法人对它的法定代表人和其他工作人员的经营活动，承担民事责任。

第四十四条 【企业法人的变更】企业法人分立、合并或者有其他重要事项变更，应当向登记机关办理登记并公告。

企业法人分立、合并，它的权利和义务由变更后的法人享有和承担。

第四十五条 【企业法人的终止】企业法人由于下列原因之一终止：

（一）依法被撤销；

（二）解散；

（三）依法宣告破产；

（四）其他原因。

第四十六条 【注销登记】企业法人终止，应当向登记机关办理注销登记并公告。

第四十七条 【清算】企业法人解散,应当成立清算组织,进行清算。企业法人被撤销、被宣告破产的,应当由主管机关或者人民法院组织有关机关和有关人员成立清算组织,进行清算。

第四十八条 【承担责任的财产范围】全民所有制企业法人以国家授予它经营管理的财产承担民事责任。集体所有制企业法人以企业所有的财产承担民事责任。中外合资经营企业法人、中外合作经营企业法人和外资企业法人以企业所有的财产承担民事责任,法律另有规定的除外。

第四十九条 【法定代表人的法律责任】企业法人有下列情形之一的,除法人承担责任外,对法定代表人可以给予行政处分、罚款,构成犯罪的,依法追究刑事责任:

(一)超出登记机关核准登记的经营范围从事非法经营的;

(二)向登记机关、税务机关隐瞒真实情况、弄虚作假的;

(三)抽逃资金、隐匿财产逃避债务的;

(四)解散、被撤销、被宣告破产后,擅自处理财产的;

(五)变更、终止时不及时申请办理登记和公告,使利害关系人遭受重大损失的;

(六)从事法律禁止的其他活动,损害国家利益或者社会公共利益的。

第三节 机关、事业单位和社会团体法人

第五十条 【法人资格的取得】有独立经费的机关从成立之日起,具有法人资格。

具备法人条件的事业单位、社会团体,依法不需要办理法人登记的,从成立之日起,具有法人资格;依法需要办理法人登记的,经核准登记,取得法人资格。

第四节 联 营

第五十一条 【法人型联营】企业之间或者企业、事业单位之间联营,组成新的经济实体,独立承担民事责任、具备法人条件的,经主管机关核准登记,取得法人资格。

第五十二条 【合伙型联营】企业之间或者企业、事业单位之间联营,共同经营、不具备法人条件的,由联营各方按照出资比例或者协议的约定,以各自所有的或者经营管理的财产承担民事责任。依照法律的规定或者协议的约定负连带责任的,承担连带责任。

第五十三条 【合同型联营】企业之间或者企业、事业单位之间联营,按照合同的约定各自独立经营的,它的权利和义务由合同约定,各自承担民事责任。

第四章 民事法律行为和代理

第一节 民事法律行为

第五十四条 【民事法律行为】民事法律行为是公民或者法人设立、变更、终止民事权利和民事义务的合法行为。

第五十五条 【实质要件】民事法律行为应当具备下列条件：

（一）行为人具有相应的民事行为能力；

（二）意思表示真实；

（三）不违反法律或者社会公共利益。

第五十六条 【形式要件】民事法律行为可以采取书面形式、口头形式或者其他形式。法律规定用特定形式的，应当依照法律规定。

第五十七条 【法律效力】民事法律行为从成立时起具有法律约束力。行为人非依法律规定或者取得对方同意，不得擅自变更或者解除。

第五十八条 【无效民事行为】下列民事行为无效：

（一）无民事行为能力人实施的；

（二）限制民事行为能力人依法不能独立实施的；

（三）一方以欺诈、胁迫的手段或者乘人之危，使对方在违背真实意思的情况下所为的；

（四）恶意串通，损害国家、集体或者第三人利益的；

（五）违反法律或者社会公共利益的；

（六）经济合同违反国家指令性计划的；（2009 年 8 月 27 日删除）

（七）以合法形式掩盖非法目的的。

无效的民事行为，从行为开始起就没有法律约束力。

第五十九条 【可变更、可撤销的民事行为】下列民事行为，一方有权请求人民法院或者仲裁机关予以变更或者撤销：

（一）行为人对行为内容有重大误解的；

（二）显失公平的。

被撤销的民事行为从行为开始起无效。

第六十条 【部分无效】民事行为部分无效，不影响其他部分的效力的，其他部分仍然有效。

第六十一条 【无效、撤销的法律后果】民事行为被确认为无效或者被撤销后，当事人因该行为取得的财产，应当返还给受损失的一方。有过错的一方应当赔偿对方因此所受的损失，双方都有过错的，应当各自承担相应的责任。

双方恶意串通，实施民事行为损害国家的、集体的或者第三人的利益的，应当追缴双方取得的财产，收归国家、集体所有或者返还第三人。

第六十二条 【附条件的民事行为】民事法律行为可以附条件，附条件的民事法律行为在符合所附条件时生效。

第二节 代　　理

第六十三条 【代理及其适用范围】公民、法人可以通过代理人实施民事法律行为。

代理人在代理权限内，以被代理人的名义实施民事法律行为。被代理人对代理人的代理行为,承担民事责任。

依照法律规定或者按照双方当事人约定,应当由本人实施的民事法律行为,不得代理。

第六十四条 【代理的种类】代理包括委托代理、法定代理和指定代理。

委托代理人按照被代理人的委托行使代理权,法定代理人依照法律的规定行使代理权,指定代理人按照人民法院或者指定单位的指定行使代理权。

第六十五条 【委托代理的形式】民事法律行为的委托代理,可以用书面形式,也可以用口头形式。法律规定用书面形式的,应当用书面形式。

书面委托代理的授权委托书应当载明代理人的姓名或者名称、代理事项、权限和期间,并由委托人签名或者盖章。

委托书授权不明的,被代理人应当向第三人承担民事责任,代理人负连带责任。

第六十六条 【无权代理及其法律后果】没有代理权、超越代理权或者代理权终止后的行为,只有经过被代理人的追认,被代理人才承担民事责任。未经追认的行为,由行为人承担民事责任。本人知道他人以本人名义实施民事行为而不作否认表示的,视为同意。

代理人不履行职责而给被代理人造成损害的,应当承担民事责任。

代理人和第三人串通,损害被代理人的利益的,由代理人和第三人负连带责任。

第三人知道行为人没有代理权、超越代理权或者代理权已终止还与行为人实施民事行为给他人造成损害的,由第三人和行为人负连带责任。

第六十七条 【违法代理及法律后果】代理人知道被委托代理的事项违法仍然进行代理活动的,或者被代理人知道代理人的代理行为违法不表示反对的,由被代理人和代理人负连带责任。

第六十八条 【转委托】委托代理人为被代理人的利益需要转托他人代理的,应当事先取得被代理人的同意。事先没有取得被代理人同意的,应当在事后及时告诉被代理人,如果被代理人不同意,由代理人对自己所转托的人的行为负民事责任,但在紧急情况下,为了保护被代理人的利益而转托他人代理的除外。

第六十九条 【委托代理的终止】有下列情形之一的,委托代理终止:

(一)代理期间届满或者代理事务完成;

(二)被代理人取消委托或者代理人辞去委托;

(三)代理人死亡;

(四)代理人丧失民事行为能力;

(五)作为被代理人或者代理人的法人终止。

第七十条 【法定代理或指定代理的终止】有下列情形之一的,法定代理或者指定代理终止:

(一)被代理人取得或者恢复民事行为能力;

(二)被代理人或者代理人死亡;

(三)代理人丧失民事行为能力;

(四)指定代理的人民法院或者指定单位取消指定;

(五)由其他原因引起的被代理人和代理人之间的监护关系消灭。

第五章 民 事 权 利

第一节 财产所有权和与财产所有权有关的财产权

第七十一条 【财产所有权的定义】财产所有权是指所有人依法对自己的财产享有占有、使用、收益和处分的权利。

第七十二条 【所有权的取得】财产所有权的取得,不得违反法律规定。

按照合同或者其他合法方式取得财产的,财产所有权从财产交付时起转移,法律另有规定或者当事人另有约定的除外。

第七十三条 【国家财产所有权】国家财产属于全民所有。

国家财产神圣不可侵犯,禁止任何组织或者个人侵占、哄抢、私分、截留、破坏。

第七十四条 【集体财产所有权】劳动群众集体组织的财产属于劳动群众集体所有,包括:

(一)法律规定为集体所有的土地和森林、山岭、草原、荒地、滩涂等;

(二)集体经济组织的财产;

(三)集体所有的建筑物、水库、农田水利设施和教育、科学、文化、卫生、体育等设施;

(四)集体所有的其他财产。

集体所有的土地依照法律属于村农民集体所有,由村农业生产合作社等农业集体经济组织或者村民委员会经营、管理。已经属于乡(镇)农民集体经济组织所有的,可以属于乡(镇)农民集体所有。

集体所有的财产受法律保护,禁止任何组织或者个人侵占、哄抢、私分、破坏或者非法查封、扣押、冻结、没收。

第七十五条 【个人财产所有权】公民的个人财产,包括公民的合法收入、房屋、储蓄、生活用品、文物、图书资料、林木、牲畜和法律允许公民所有的生产资料以及其他合法财产。

公民的合法财产受法律保护,禁止任何组织或者个人侵占、哄抢、破坏或者非法查封、扣押、冻结、没收。

第七十六条 【财产继承权】公民依法享有财产继承权。

第七十七条 【社团财产】社会团体包括宗教团体的合法财产受法律保护。

第七十八条 【共有】财产可以由两个以上的公民、法人共有。

共有分为按份共有和共同共有。按份共有人按照各自的份额,对共有财产分享权利,分担义务。共同共有人对共有财产享有权利,承担义务。

按份共有财产的每个共有人有权要求将自己的份额分出或者转让。但在出售时,其他共有人在同等条件下,有优先购买的权利。

第七十九条 【埋藏物与拾得物的归属】所有人不明的埋藏物、隐藏物，归国家所有。接收单位应当对上缴的单位或者个人，给予表扬或者物质奖励。

拾得遗失物、漂流物或者失散的饲养动物，应当归还失主，因此而支出的费用由失主偿还。

第八十条 【土地使用权与承包经营权】国家所有的土地，可以依法由全民所有制单位使用，也可以依法确定由集体所有制单位使用，国家保护它的使用、收益的权利；使用单位有管理、保护、合理利用的义务。

公民、集体依法对集体所有的或者国家所有由集体使用的土地的承包经营权，受法律保护。承包双方的权利和义务，依照法律由承包合同规定。

土地不得买卖、出租、抵押或者以其他形式非法转让。

第八十一条 【自然资源使用权及承包经营权】国家所有的森林、山岭、草原、荒地、滩涂、水面等自然资源，可以依法由全民所有制单位使用，也可以依法确定由集体所有制单位使用，国家保护它的使用、收益的权利；使用单位有管理、保护、合理利用的义务。

国家所有的矿藏，可以依法由全民所有制单位和集体所有制单位开采，也可以依法由公民采挖。国家保护合法的采矿权。

公民、集体依法对集体所有的或者国家所有由集体使用的森林、山岭、草原、荒地、滩涂、水面的承包经营权，受法律保护。承包双方的权利和义务，依照法律由承包合同规定。

国家所有的矿藏、水流，国家所有的和法律规定属于集体所有的林地、山岭、草原、荒地、滩涂不得买卖、出租、抵押或者以其他形式非法转让。

第八十二条 【经营权】全民所有制企业对国家授予它经营管理的财产依法享有经营权，受法律保护。

第八十三条 【相邻关系】不动产的相邻各方，应当按照有利生产、方便生活、团结互助、公平合理的精神，正确处理截水、排水、通行、通风、采光等方面的相邻关系。给相邻方造成妨碍或者损失的，应当停止侵害，排除妨碍，赔偿损失。

第二节 债 权

第八十四条 【债的定义】债是按照合同的约定或者依照法律的规定，在当事人之间产生的特定的权利和义务关系。享有权利的人是债权人，负有义务的人是债务人。

债权人有权要求债务人按照合同的约定或者依照法律的规定履行义务。

第八十五条 【合同的定义】合同是当事人之间设立、变更、终止民事关系的协议。依法成立的合同，受法律保护。

第八十六条 【按份之债】债权人为二人以上的，按照确定的份额分享权利。债务人为二人以上的，按照确定的份额分担义务。

第八十七条 【连带之债】债权人或者债务人一方人数为二人以上的，依照法律的规定或者当事人的约定，享有连带权利的每个债权人，都有权要求债务人履行义务；负有连带义务的每个债务人，都负有清偿全部债务的义务，履行了义务的人，有权要求其他负有连带义务的人偿付他应当承担的份额。

第八十八条 【合同的履行】合同的当事人应当按照合同的约定，全部履行自己的义务。

合同中有关质量、期限、地点或者价款约定不明确，按照合同有关条款内容不能确定，当事人又不能通过协商达成协议的，适用下列规定：

（一）质量要求不明确的，按照国家质量标准履行，没有国家质量标准的，按照通常标准履行。

（二）履行期限不明确的，债务人可以随时向债权人履行义务，债权人也可以随时要求债务人履行义务，但应当给对方必要的准备时间。

（三）履行地点不明确，给付货币的，在接受给付一方的所在地履行，其他标的在履行义务一方的所在地履行。

（四）价款约定不明确的，按照国家规定的价格履行；没有国家规定价格的，参照市场价格或者同类物品的价格或者同类劳务的报酬标准履行。

合同对专利申请权没有约定的，完成发明创造的当事人享有申请权。

合同对科技成果的使用权没有约定的，当事人都有使用的权利。

第八十九条 【债的担保】依照法律的规定或者按照当事人的约定，可以采用下列方式担保债务的履行：

（一）保证人向债权人保证债务人履行债务，债务人不履行债务的，按照约定由保证人履行或者承担连带责任；保证人履行债务后，有权向债务人追偿。

（二）债务人或者第三人可以提供一定的财产作为抵押物。债务人不履行债务的，债权人有权依照法律的规定以抵押物折价或者以变卖抵押物的价款优先得到偿还。

（三）当事人一方在法律规定的范围内可以向对方给付定金。债务人履行债务后，定金应当抵作价款或者收回。给付定金的一方不履行债务的，无权要求返还定金；接受定金的一方不履行债务的，应当双倍返还定金。

（四）按照合同约定一方占有对方的财产，对方不按照合同给付应付款项超过约定期限的，占有人有权留置该财产，依照法律的规定以留置财产折价或者以变卖该财产的价款优先得到偿还。

第九十条 【借贷之债】合法的借贷关系受法律保护。

第九十一条 【合同的转让】合同一方将合同的权利、义务全部或者部分转让给第三人的，应当取得合同另一方的同意，并不得牟利。依照法律规定应当由国家批准的合同，需经原批准机关批准。但是，法律另有规定或者原合同另有约定的除外。

第九十二条 【不当得利】没有合法根据，取得不当利益，造成他人损失的，应当将取得的不当利益返还受损失的人。

第九十三条 【无因管理】没有法定的或者约定的义务，为避免他人利益受损失进行管理或者服务的，有权要求受益人偿付由此而支付的必要费用。

第三节 知识产权

第九十四条 【著作权】公民、法人享有著作权(版权),依法有署名、发表、出版、获得报酬等权利。

第九十五条 【专利权】公民、法人依法取得的专利权受法律保护。

第九十六条 【商标权】法人、个体工商户、个人合伙依法取得的商标专用权受法律保护。

第九十七条 【发现权、发明权及其他科技成果权】公民对自己的发现享有发现权。发现人有权申请领取发现证书、奖金或者其他奖励。

公民对自己的发明或者其他科技成果,有权申请领取荣誉证书、奖金或者其他奖励。

第四节 人身权

第九十八条 【生命健康权】公民享有生命健康权。

第九十九条 【姓名权、名称权】公民享有姓名权,有权决定、使用和依照规定改变自己的姓名,禁止他人干涉、盗用、假冒。

法人、个体工商户、个人合伙享有名称权。企业法人、个体工商户、个人合伙有权使用、依法转让自己的名称。

第一百条 【肖像权】公民享有肖像权,未经本人同意,不得以营利为目的使用公民的肖像。

第一百零一条 【名誉权】公民、法人享有名誉权,公民的人格尊严受法律保护,禁止用侮辱、诽谤等方式损害公民、法人的名誉。

第一百零二条 【荣誉权】公民、法人享有荣誉权,禁止非法剥夺公民、法人的荣誉称号。

第一百零三条 【婚姻自主权】公民享有婚姻自主权,禁止买卖、包办婚姻和其他干涉婚姻自由的行为。

第一百零四条 【婚姻、家庭、老人、母亲、儿童和残疾人合法权益的保护】婚姻、家庭、老人、母亲和儿童受法律保护。

残疾人的合法权益受法律保护。

第一百零五条 【男女平等】妇女享有同男子平等的民事权利。

第六章 民事责任

第一节 一般规定

第一百零六条 【归责原则】公民、法人违反合同或者不履行其他义务的,应当承担民事责任。

公民、法人由于过错侵害国家的、集体的财产,侵害他人财产、人身的,应当承担民事责任。

没有过错,但法律规定应当承担民事责任的,应当承担民事责任。

第一百零七条 【民事责任的免除】因不可抗力不能履行合同或者造成他人损害的,不承担民事责任,法律另有规定的除外。

第一百零八条 【债务的清偿】债务应当清偿。暂时无力偿还的,经债权人同意或者人民法院裁决,可以由债务人分期偿还。有能力偿还拒不偿还的,由人民法院判决强制偿还。

第一百零九条 【因保护公益或他人私益受损时的赔偿和补偿】因防止、制止国家的、集体的财产或者他人的财产、人身遭受侵害而使自己受到损害的,由侵害人承担赔偿责任,受益人也可以给予适当的补偿。

第一百一十条 【法律责任的重合】对承担民事责任的公民、法人需要追究行政责任的,应当追究行政责任;构成犯罪的,对公民、法人的法定代表人应当依法追究刑事责任。

第二节 违反合同的民事责任

第一百一十一条 【违约责任的一般条款】当事人一方不履行合同义务或者履行合同义务不符合约定条件的,另一方有权要求履行或者采取补救措施,并有权要求赔偿损失。

第一百一十二条 【赔偿责任与违约金】当事人一方违反合同的赔偿责任,应当相当于另一方因此所受到的损失。

当事人可以在合同中约定,一方违反合同时,向另一方支付一定数额的违约金;也可以在合同中约定对于违反合同而产生的损失赔偿额的计算方法。

第一百一十三条 【双方违约】当事人双方都违反合同的,应当分别承担各自应负的民事责任。

第一百一十四条 【防止损失扩大】当事人一方因另一方违反合同受到损失的,应当及时采取措施防止损失的扩大;没有及时采取措施致使损失扩大的,无权就扩大的损失要求赔偿。

第一百一十五条 【合同变更或解除时的违约责任】合同的变更或者解除,不影响当事人要求赔偿损失的权利。

第一百一十六条 【因上级机关的原因违约时的责任承担】当事人一方由于上级机关的原因,不能履行合同义务的,应当按照合同约定向另一方赔偿损失或者采取其他补救措施,再由上级机关对它因此受到的损失负责处理。

第三节 侵权的民事责任

第一百一十七条 【侵害财产权的民事责任】侵占国家的、集体的财产或者他人财产的,应当返还财产,不能返还财产的,应当折价赔偿。

损坏国家的、集体的财产或者他人财产的,应当恢复原状或者折价赔偿。

受害人因此遭受其他重大损失的,侵害人并应当赔偿损失。

第一百一十八条 【侵害知识产权的民事责任】公民、法人的著作权(版权)、专利权、商标专用权、发现权、发明权和其他科技成果权受到剽窃、篡改、假冒等侵害的,有权要求停止侵害,消除影响,赔偿损失。

第一百一十九条 【侵害生命健康权的民事责任】侵害公民身体造成伤害的,应当赔偿医疗费、因误工减少的收入、残废者生活补助费等费用;造成死亡的,并应当支付丧葬费、死者生前扶养的人必要的生活费等费用。

第一百二十条 【侵害人格权的民事责任】公民的姓名权、肖像权、名誉权、荣誉权受到侵害的,有权要求停止侵害,恢复名誉,消除影响,赔礼道歉,并可以要求赔偿损失。

法人的名称权、名誉权、荣誉权受到侵害的,适用前款规定。

第一百二十一条 【职务侵权】国家机关或者国家机关工作人员在执行职务中,侵犯公民、法人的合法权益造成损害的,应当承担民事责任。

第一百二十二条 【产品责任】因产品质量不合格造成他人财产、人身损害的,产品制造者、销售者应当依法承担民事责任。运输者、仓储者对此负有责任的,产品制造者、销售者有权要求赔偿损失。

第一百二十三条 【高度危险作业致人损害的民事责任】从事高空、高压、易燃、易爆、剧毒、放射性、高速运输工具等对周围环境有高度危险的作业造成他人损害的,应当承担民事责任;如果能够证明损害是由受害人故意造成的,不承担民事责任。

第一百二十四条 【环境污染致人损害的民事责任】违反国家保护环境防止污染的规定,污染环境造成他人损害的,应当依法承担民事责任。

第一百二十五条 【地面施工致人损害的民事责任】在公共场所、道旁或者通道上挖坑、修缮安装地下设施等,没有设置明显标志和采取安全措施造成他人损害的,施工人应当承担民事责任。

第一百二十六条 【物件致人损害的民事责任】建筑物或者其他设施以及建筑物上的搁置物、悬挂物发生倒塌、脱落、坠落造成他人损害的,它的所有人或者管理人应当承担民事责任,但能够证明自己没有过错的除外。

第一百二十七条 【动物致人损害的民事责任】饲养的动物造成他人损害的,动物饲养人或者管理人应当承担民事责任;由于受害人的过错造成损害的,动物饲养人或者管理人不承担民事责任;由于第三人的过错造成损害的,第三人应当承担民事责任。

第一百二十八条 【正当防卫】因正当防卫造成损害的,不承担民事责任。正当防卫超过必要的限度,造成不应有的损害的,应当承担适当的民事责任。

第一百二十九条 【紧急避险】因紧急避险造成损害的,由引起险情发生的人承担民事责任。如果危险是由自然原因引起的,紧急避险人不承担民事责任或者承担适当的民事责任。因紧急避险采取措施不当或者超过必要的限度,造成不应有的损害的,紧急避险人应当承担适当的民事责任。

第一百三十条 【共同侵权】二人以上共同侵权造成他人损害的,应当承担连带责任。

第一百三十一条 【混合过错】受害人对于损害的发生也有过错的，可以减轻侵害人的民事责任。

第一百三十二条 【公平责任】当事人对造成损害都没有过错的，可以根据实际情况，由当事人分担民事责任。

第一百三十三条 【无行为能力人和限制行为能力人致人损害的民事责任】无民事行为能力人、限制民事行为能力人造成他人损害的，由监护人承担民事责任。监护人尽了监护责任的，可以适当减轻他的民事责任。

有财产的无民事行为能力人、限制民事行为能力人造成他人损害的，从本人财产中支付赔偿费用。不足部分，由监护人适当赔偿，但单位担任监护人的除外。

第四节 承担民事责任的方式

第一百三十四条 【承担民事责任的方式】承担民事责任的方式主要有：

（一）停止侵害；

（二）排除妨碍；

（三）消除危险；

（四）返还财产；

（五）恢复原状；

（六）修理、重作、更换；

（七）赔偿损失；

（八）支付违约金；

（九）消除影响、恢复名誉；

（十）赔礼道歉。

以上承担民事责任的方式，可以单独适用，也可以合并适用。

人民法院审理民事案件，除适用上述规定外，还可以予以训诫、责令具结悔过、收缴进行非法活动的财物和非法所得，并可以依照法律规定处以罚款、拘留。

第七章 诉讼时效

第一百三十五条 【普通诉讼时效】向人民法院请求保护民事权利的诉讼时效期间为二年，法律另有规定的除外。

第一百三十六条 【短期诉讼时效】下列的诉讼时效期间为一年：

（一）身体受到伤害要求赔偿的；

（二）出售质量不合格的商品未声明的；

（三）延付或者拒付租金的；

（四）寄存财物被丢失或者损毁的。

第一百三十七条 【长期诉讼时效】诉讼时效期间从知道或者应当知道权利被侵害时起

计算。但是,从权利被侵害之日起超过二十年的,人民法院不予保护。有特殊情况的,人民法院可以延长诉讼时效期间。

第一百三十八条 【当事人自愿履行】超过诉讼时效期间,当事人自愿履行的,不受诉讼时效限制。

第一百三十九条 【诉讼时效的中止】在诉讼时效期间的最后六个月内,因不可抗力或者其他障碍不能行使请求权的,诉讼时效中止。从中止时效的原因消除之日起,诉讼时效期间继续计算。

第一百四十条 【诉讼时效的中断】诉讼时效因提起诉讼、当事人一方提出要求或者同意履行义务而中断。从中断时起,诉讼时效期间重新计算。

第一百四十一条 【特殊规定】法律对诉讼时效另有规定的,依照法律规定。

第八章 涉外民事关系的法律适用

第一百四十二条 【一般规定】涉外民事关系的法律适用,依照本章的规定确定。

中华人民共和国缔结或者参加的国际条约同中华人民共和国的民事法律有不同规定的,适用国际条约的规定,但中华人民共和国声明保留的条款除外。

中华人民共和国法律和中华人民共和国缔结或者参加的国际条约没有规定的,可以适用国际惯例。

第一百四十三条 【涉外民事行为能力的法律适用】中华人民共和国公民定居国外的,他的民事行为能力可以适用定居国法律。

第一百四十四条 【不动产所有权的法律适用】不动产的所有权,适用不动产所在地法律。

第一百四十五条 【涉外合同的法律适用】涉外合同的当事人可以选择处理合同争议所适用的法律,法律另有规定的除外。

涉外合同的当事人没有选择的,适用与合同有最密切联系的国家的法律。

第一百四十六条 【侵权行为的法律适用】侵权行为的损害赔偿,适用侵权行为地法律。当事人双方国籍相同或者在同一国家有住所的,也可以适用当事人本国法律或者住所地法律。

中华人民共和国法律不认为在中华人民共和国领域外发生的行为是侵权行为的,不作为侵权行为处理。

第一百四十七条 【涉外婚姻关系的法律适用】中华人民共和国公民和外国人结婚适用婚姻缔结地法律,离婚适用受理案件的法院所在地法律。

第一百四十八条 【涉外扶养关系的法律适用】扶养适用与被扶养人有最密切联系的国家的法律。

第一百四十九条 【涉外继承关系的法律适用】遗产的法定继承,动产适用被继承人死亡时住所地法律,不动产适用不动产所在地法律。

第一百五十条 【公共秩序保留】依照本章规定适用外国法律或者国际惯例的，不得违背中华人民共和国的社会公共利益。

第九章 附 则

第一百五十一条 【民族自治地方的变通或补充规定】民族自治地方的人民代表大会可以根据本法规定的原则，结合当地民族的特点，制定变通的或者补充的单行条例或者规定。自治区人民代表大会制定的，依照法律规定报全国人民代表大会常务委员会批准或者备案；自治州、自治县人民代表大会制定的，报省、自治区人民代表大会常务委员会批准。

第一百五十二条 【本法生效前的国企法人资格】本法生效以前，经省、自治区、直辖市以上主管机关批准开办的全民所有制企业，已经向工商行政管理机关登记的，可以不再办理法人登记，即具有法人资格。

第一百五十三条 【不可抗力的定义】本法所称的“不可抗力”，是指不能预见、不能避免并不能克服的客观情况。

第一百五十四条 【期间的计算】民法所称的期间按照公历年、月、日、小时计算。

规定按照小时计算期间的，从规定时开始计算。规定按照日、月、年计算期间的，开始的当天不算入，从下一天开始计算。

期间的最后一天是星期日或者其他法定休假日的，以休假日的次日为期间的最后一天。

期间的最后一天的截止时间为二十四点。有业务时间的，到停止业务活动的时间截止。

第一百五十五条 【法律术语的含义】民法所称的“以上”、“以下”、“以内”、“届满”，包括本数；所称的“不满”、“以外”，不包括本数。

第一百五十六条 【生效日期】本法自 1987 年 1 月 1 日起施行。

最高人民法院关于贯彻执行《中华人民共和国民法通则》若干问题的意见（试行）①

（1988 年 4 月 2 日公布 法（办）发〔1988〕6 号）

《中华人民共和国民法通则》（以下简称民法通则）已于 1987 年 1 月 1 日起施行。现就民法通则在贯彻执行中遇到的问题提出以下意见。

---

① 根据《最高人民法院关于废止 2007 年底以前发布的有关司法解释（第七批）的决定》（法释〔2008〕15 号），本意见第 88、94、115、117、118、177 条现已废止。——编者注

一、公　　民

（一）关于民事权利能力和民事行为能力问题

1. 公民的民事权利能力自出生时开始。出生的时间以户籍证明为准；没有户籍证明的，以医院出具的出生证明为准。没有医院证明的，参照其他有关证明认定。

2. 十六周岁以上不满十八周岁的公民，能够以自己的劳动取得收入，并能维持当地群众一般生活水平的，可以认定为以自己的劳动收入为主要生活来源的完全民事行为能力人。

3. 十周岁以上的未成年人进行的民事活动是否与其年龄、智力状况相适应，可以从行为与本人生活相关联的程度、本人的智力能否理解其行为，并预见相应的行为后果，以及行为标的数额等方面认定。

4. 不能完全辨认自己行为的精神病人进行的民事活动，是否与其精神健康状态相适应，可以从行为与本人生活相关联的程度、本人的精神状态能否理解其行为，并预见相应的行为后果，以及行为标的数额等方面认定。

5. 精神病人（包括痴呆症人）如果没有判断能力和自我保护能力，不知其行为后果的，可以认定为不能辨认自己行为的人；对于比较复杂的事物或者比较重大的行为缺乏判断能力和自我保护能力，并且不能预见其行为后果的，可以认定为不能完全辨认自己行为的人。

6. 无民事行为能力人、限制民事行为能力人接受奖励、赠与、报酬，他人不得以行为人无民事行为能力、限制民事行为能力为由，主张以上行为无效。

7. 当事人是否患有精神病，人民法院应当根据司法精神病学鉴定或者参照医院的诊断、鉴定确认。在不具备诊断、鉴定条件的情况下，也可以参照群众公认的当事人的精神状态认定，但应以利害关系人没有异议为限。

8. 在诉讼中，当事人及利害关系人提出一方当事人患有精神病（包括痴呆症），人民法院认为确有必要认定的，应当按照民事诉讼法（试行）规定的特别程序，先作出当事人有无民事行为能力的判决。

确认精神病人（包括痴呆症人）为限制民事行为能力人的，应当比照民事诉讼法（试行）规定的特别程序进行审理。

9. 公民离开住所地最后连续居住一年以上的地方，为经常居住地。但住医院治病的除外。

公民由其户籍所在地迁出后至迁入另一地之前，无经常居住地的，仍以其原户籍所在地为住所。

（二）关于监护问题

10. 监护人的监护职责包括：保护被监护人的身体健康，照顾被监护人的生活，管理和保护被监护人的财产，代理被监护人进行民事活动，对被监护人进行管理和教育，在被监护人合法权益受到侵害或者与人发生争议时，代理其进行诉讼。

11. 认定监护人的监护能力，应当根据监护人的身体健康状况、经济条件，以及与被监护人在生活上的联系状况等因素确定。

12. 民法通则中规定的近亲属，包括配偶、父母、子女、兄弟姐妹、祖父母、外祖父母、孙子女、外孙子女。

13. 为患有精神病的未成年人设定监护人，适用民法通则第十六条的规定。

14. 人民法院指定监护人时，可以将民法通则第十六条第二款中的（一）、（二）、（三）项或者第十七条第一款中的（一）、（二）、（三）、（四）、（五）项规定视为指定监护人的顺序。前一顺序有监护资格的人无监护能力或者对被监护人明显不利的，人民法院可以根据对被监护人有利的原则，从后一顺序有监护资格的人中择优确定。被监护人有识别能力的，应视情况征求被监护人的意见。

监护人可以是一人，也可以是同一顺序中的数人。

15. 有监护资格的人之间协议确定监护人的，应当由协议确定的监护人对被监护人承担监护责任。

16. 对于担任监护人有争议的，应当按照民法通则第十六条第三款或者第十七条第二款的规定，由有关组织予以指定。未经指定而向人民法院起诉的，人民法院不予受理。

17. 有关组织依照民法通则规定指定监护人，以书面或者口头通知了被指定人的，应当认定指定成立。被指定人不服的，应当在接到通知的次日起三十日内向人民法院起诉。逾期起诉的，按变更监护关系处理。

18. 监护人被指定后，不得自行变更。擅自变更的，由原被指定的监护人和变更后的监护人承担监护责任。

19. 被指定人对指定不服提起诉讼的，人民法院应当根据本意见第十四条的规定，作出维持或者撤销指定监护人的判决。如果判决是撤销原指定的，可以同时另行指定监护人。此类案件，比照民事诉讼法（试行）规定的特别程序进行审理。

在人民法院作出判决前的监护责任，一般应当按照指定监护人的顺序，由有监护资格的人承担。

20. 监护人不履行监护职责，或者侵害了被监护人的合法权益，民法通则第十六条、第十七条规定的其他有监护资格的人或者单位向人民法院起诉，要求监护人承担民事责任的，按照普通程序审理；要求变更监护关系的，按照特别程序审理；既要求承担民事责任，又要求变更监护关系的，分别审理。

21. 夫妻离婚后，与子女共同生活的一方无权取消对方对该子女的监护权；但是，未与该子女共同生活的一方，对该子女有犯罪行为、虐待行为或者对该子女明显不利的，人民法院认为可以取消的除外。

22. 监护人可以将监护职责部分或者全部委托给他人。因被监护人的侵权行为需要承担民事责任的，应当由监护人承担，但另有约定的除外；被委托人确有过错的，负连带责任。

23. 夫妻一方死亡后，另一方将子女送给他人收养，如收养对子女的健康成长并无不利，又办了合法收养手续的，认定收养关系成立；其他有监护资格的人不得以收养未经其同意而主张收养关系无效。

（三）关于宣告失踪、宣告死亡问题

24. 申请宣告失踪的利害关系人，包括被申请宣告失踪人的配偶、父母、子女、兄弟姐妹、祖父母、外祖父母、孙子女、外孙子女以及其他与被申请人有民事权利义务关系的人。

25. 申请宣告死亡的利害关系人的顺序是：

（一）配偶；

（二）父母、子女；

（三）兄弟姐妹、祖父母、外祖父母、孙子女、外孙子女；

（四）其他有民事权利义务关系的人。

申请撤销死亡宣告不受上列顺序限制。

26. 下落不明是指公民离开最后居住地后没有音讯的状况。对于在台湾或者在国外，无法正常通讯联系的，不得以下落不明宣告死亡。

27. 战争期间下落不明的，申请宣告死亡的期间适用民法通则第二十三条第一款第一项的规定。

28. 民法通则第二十条第一款、第二十三条第一款第一项中的下落不明的起算时间，从公民音讯消失之次日起算。

宣告失踪的案件，由被宣告失踪人住所地的基层人民法院管辖。住所地与居住地不一致的，由最后居住地的基层人民法院管辖。

29. 宣告失踪不是宣告死亡的必经程序。公民下落不明，符合申请宣告死亡的条件，利害关系人可以不经申请宣告失踪而直接申请宣告死亡。但利害关系人只申请宣告失踪的，应当宣告失踪；同一顺序的利害关系人，有的申请宣告死亡，有的不同意宣告死亡，则应当宣告死亡。

30. 人民法院指定失踪人的财产代管人，应当根据有利于保护失踪人财产的原则指定。没有民法通则第二十一条规定的代管人，或者他们无能力作代管人，或者不宜作代管人的，人民法院可以指定公民或者有关组织为失踪人的财产代管人。

无民事行为能力人、限制民事行为能力人失踪的，其监护人即为财产代管人。

31. 民法通则第二十一条第二款中的“其他费用”，包括赡养费、扶养费、抚育费和因代管财产所需的管理费等必要的费用。

32. 失踪人的财产代管人拒绝支付失踪人所欠的税款、债务和其他费用，债权人提起诉讼的，人民法院应当将代管人列为被告。

失踪人的财产代管人向失踪人的债务人要求偿还债务的，可以作为原告提起诉讼。

33. 债务人下落不明，但未被宣告失踪，债权人起诉要求清偿债务的，人民法院可以在

公告传唤后缺席判决或者按中止诉讼处理。

34. 人民法院审理宣告失踪的案件，比照民事诉讼法（试行）规定的特别程序进行。

人民法院审理宣告失踪的案件，应当查清被申请宣告失踪人的财产，指定临时管理人或者采取诉讼保全措施，发出寻找失踪人的公告。公告期间为半年。公告期间届满，人民法院根据被宣告失踪人失踪的事实是否得到确认，作出宣告失踪的判决或者终结审理的裁定。如果判决宣告为失踪人，应当同时指定失踪人的财产代管人。

35. 失踪人的财产代管人以无力履行代管职责，申请变更代管人的，人民法院比照特别程序进行审理。

失踪人的财产代管人不履行代管职责或者侵犯失踪人财产权益的，失踪人的利害关系人可以向人民法院请求财产代管人承担民事责任。如果同时申请人民法院变更财产代管人的，变更之诉比照特别程序单独审理。

36. 被宣告死亡的人，判决宣告之日为其死亡的日期。判决书除发给申请人外，还应当在被宣告死亡的人住所地和人民法院所在地公告。

被宣告死亡和自然死亡的时间不一致的，被宣告死亡所引起的法律后果仍然有效，但自然死亡前实施的民事法律行为与被宣告死亡引起的法律后果相抵触的，则以其实施的民事法律行为为准。

37. 被宣告死亡的人与配偶的婚姻关系，自死亡宣告之日起消灭。死亡宣告被人民法院撤销，如果其配偶尚未再婚的，夫妻关系从撤销死亡宣告之日起自行恢复；如果其配偶再婚后又离婚或者再婚后配偶又死亡的，则不得认定夫妻关系自行恢复。

38. 被宣告死亡的人在被宣告死亡期间，其子女被他人依法收养，被宣告死亡的人在死亡宣告被撤销后，仅以未经本人同意而主张收养关系无效的，一般不应准许，但收养人和被收养人同意的除外。

39. 利害关系人隐瞒真实情况使他人被宣告死亡而取得其财产的，除应返还原物及孳息外，还应对造成的损失予以赔偿。

40. 被撤销死亡宣告的人请求返还财产，其原物已被第三人合法取得的，第三人可不予返还。但依继承法取得原物的公民或者组织，应当返还原物或者给予适当补偿。

（四）关于个体工商户、农村承包经营户、个人合伙问题

41. 起字号的个体工商户，在民事诉讼中，应以营业执照登记的户主（业主）为诉讼当事人，在诉讼文书中注明系某字号的户主。

42. 以公民个人名义申请登记的个体工商户和个人承包的农村承包经营户，用家庭共有财产投资，或者收益的主要部分供家庭成员享用的，其债务应以家庭共有财产清偿。

43. 在夫妻关系存续期间，一方从事个体经营或者承包经营的，其收入为夫妻共有财产，债务亦应以夫妻共有财产清偿。

44. 个体工商户、农村承包经营户的债务，如以其家庭共有财产承担责任时，应当保留

家庭成员的生活必需品和必要的生产工具。

45. 起字号的个人合伙，在民事诉讼中，应当以依法核准登记的字号为诉讼当事人，并由合伙负责人为诉讼代表人。合伙负责人的诉讼行为，对全体合伙人发生法律效力。

未起字号的个人合伙，合伙人在民事诉讼中为共同诉讼人。合伙人人数众多的，可以推举诉讼代表人参加诉讼。诉讼代表人的诉讼行为，对全体合伙人发生法律效力。推举诉讼代表人，应当办理书面手续。

46. 公民按照协议提供资金或者实物，并约定参与合伙盈余分配，但不参与合伙经营、劳动的，或者提供技术性劳务而不提供资金、实物，但约定参与盈余分配的，视为合伙人。

47. 全体合伙人对合伙经营的亏损额，对外应当负连带责任；对内则应按照协议约定的债务承担比例或者出资比例分担；协议未规定债务承担比例或者出资比例的，可以按照约定的或者实际的盈余分配比例承担。但是对造成合伙经营亏损有过错的合伙人，应当根据其过错程度相应的多承担责任。

48. 只提供技术性劳务，不提供资金、实物的合伙人，对于合伙经营的亏损额，对外也应当承担连带责任；对内则应当按照协议约定的债务承担比例或者技术性劳务折抵的出资比例承担；协议未规定债务承担比例或者出资比例的，可以按照约定的或者合伙人实际的盈余分配比例承担；没有盈余分配比例的，按照其余合伙人平均投资比例承担。

49. 个人合伙或者个体工商户，虽经工商行政管理部门错误地登记为集体所有制的企业，但实际为个人合伙或者个体工商户的，应当按个人合伙或者个体工商户对待。

50. 当事人之间没有书面合伙协议，又未经工商行政管理部门核准登记，但具备合伙的其他条件，又有两个以上无利害关系人证明有口头合伙协议的，人民法院可以认定为合伙关系。

51. 在合伙经营过程中增加合伙人，书面协议有约定的，按照协议处理；书面协议未约定的，须经全体合伙人同意；未经全体合伙人同意的，应当认定入伙无效。

52. 合伙人退伙，书面协议有约定的，按书面协议处理；书面协议未约定的，原则上应予准许。但因其退伙给其他合伙人造成损失的，应当考虑退伙的原因、理由以及双方当事人的过错等情况，确定其应当承担的赔偿责任。

53. 合伙经营期间发生亏损，合伙人退出合伙时未按约定分担或者未合理分担合伙债务的，退伙人对原合伙的债务，应当承担清偿责任；退伙人已分担合伙债务的，对其参加合伙期间的全部债务仍负连带责任。

54. 合伙人退伙时分割的合伙财产，应当包括合伙时投入的财产和合伙期间积累的财产，以及合伙期间的债权和债务。入伙的原物退伙时原则上应予退还；一次清退有困难的，可以分批分期清退；退还原物确有困难的，可以折价处理。

55. 合伙终止时，对合伙财产的处理，有书面协议的，按协议处理；没有书面协议，又协商不成的，如果合伙人出资额相等，应当考虑多数人意见酌情处理；合伙人出资额不等的，可以按出资额占全部合伙额多的合伙人的意见处理，但要保护其他合伙人的利益。

56. 合伙人互相串通逃避合伙债务的，除应责令其承担清偿责任外，还可以按照民法通则第一百三十四条第三款的规定处理。

57. 民法通则第三十五条第一款中关于“以各自的财产承担清偿责任”，是指合伙人以个人财产出资的，以合伙人的个人财产承担；合伙人以其家庭共有财产出资的，以其家庭共有财产承担；合伙人以个人财产出资，合伙的盈余分配所得用于其家庭成员生活的，应先以合伙人的个人财产承担，不足部分以合伙人的家庭共有财产承担。

二、法　　人

58. 企业法人的法定代表人和其他工作人员，以法人名义从事的经营活动，给他人造成经济损失的，企业法人应当承担民事责任。

59. 企业法人解散或者被撤销的，应当由其主管机关组织清算小组进行清算。企业法人被宣告破产的，应当由人民法院组织有关机关和有关人员成立清算组织进行清算。

60. 清算组织是以清算企业法人债权、债务为目的而依法成立的组织。它负责对终止的企业法人的财产进行保管、清理、估价、处理和清偿。

对于涉及终止的企业法人债权、债务的民事诉讼，清算组织可以用自己的名义参加诉讼。

以逃避债务责任为目的而成立的清算组织，其实施的民事行为无效。

61. 人民法院审理案件时，如果查明企业法人有民法通则第四十九条所列的六种情形之一的，除企业法人承担责任外，还可以根据民法通则第四十九条和第一百三十四条第三款的规定，对企业法定代表人直接给予罚款的处罚；对需要给予行政处分的，可以向有关部门提出司法建议，由有关部门决定处理；对构成犯罪需要依法追究刑事责任的，应当依法移送公安、检察机关。

62. 人民法院在审理案件中，依法对企业法定代表人或者其他人采用罚款、拘留制裁措施，必须经院长批准，另行制作民事制裁决定书。被制裁人对决定不服的，在收到决定书的次日起十日内可以向上一级人民法院申请复议一次。复议期间，决定暂不执行。

63. 对法定代表人直接处以罚款的数额一般在二千元以下。法律另有规定的除外。

64. 以提供土地使用权作为联营条件的一方，对联营企业的债务，应当按照书面协议的约定承担；书面协议未约定的，可以按照出资比例或者盈余分配比例承担。

三、民事法律行为和代理

65. 当事人以录音、录像等视听资料形式实施的民事行为，如有两个以上无利害关系人作为证人或者有其他证据证明该民事行为符合民法通则第五十五条的规定，可以认定有效。

66. 一方当事人向对方当事人提出民事权利的要求，对方未用语言或者文字明确表示意见，但其行为表明已接受的，可以认定为默示。不作为的默示只有在法律有规定或者当事人双方有约定的情况下，才可以视为意思表示。

67. 间歇性精神病人的民事行为,确能证明是在发病期间实施的,应当认定无效。

行为人在神志不清的状态下所实施的民事行为,应当认定无效。

68. 一方当事人故意告知对方虚假情况,或者故意隐瞒真实情况,诱使对方当事人作出错误意思表示的,可以认定为欺诈行为。

69. 以给公民及其亲友的生命健康、荣誉、名誉、财产等造成损害,或者以给法人的荣誉、名誉、财产等造成损害为要挟,迫使对方作出违背真实的意思表示的,可以认定为胁迫行为。

70. 一方当事人乘对方处于危难之机,为牟取不正当利益,迫使对方作出不真实的意思表示,严重损害对方利益的,可以认定为乘人之危。

71. 行为人因对行为的性质、对方当事人、标的物的品种、质量、规格和数量等的错误认识,使行为的后果与自己的意思相悖,并造成较大损失的,可以认定为重大误解。

72. 一方当事人利用优势或者利用对方没有经验,致使双方的权利与义务明显违反公平、等价有偿原则的,可以认定为显失公平。

73. 对于重大误解或者显失公平的民事行为,当事人请求变更的,人民法院应当予以变更;当事人请求撤销的,人民法院可以酌情予以变更或者撤销。

可变更或者可撤销的民事行为,自行为成立时起超过一年当事人才请求变更或者撤销的,人民法院不予保护。

74. 民法通则第六十一条第二款中的"双方取得的财产",应当包括双方当事人已经取得和约定取得的财产。

75. 附条件的民事行为,如果所附的条件是违背法律规定或者不可能发生的,应当认定该民事行为无效。

76. 附期限的民事法律行为,在所附期限到来时生效或者解除。

77. 意思表示由第三人义务转达,而第三人由于过失转达错误或者没有转达,使他人造成损失的,一般可由意思表示人负赔偿责任。但法律另有规定或者双方另有约定的除外。

78. 凡是依法或者依双方的约定必须由本人亲自实施的民事行为,本人未亲自实施的,应当认定行为无效。

79. 数个委托代理人共同行使代理权的,如果其中一人或者数人未与其他委托代理人协商,所实施的行为侵害被代理人权益的,由实施行为的委托代理人承担民事责任。

被代理人为数人时,其中一人或者数人未经其他被代理人同意而提出解除代理关系,因此造成损害的,由提出解除代理关系的被代理人承担。

80. 由于急病、通讯联络中断等特殊原因,委托代理人自己不能办理代理事项,又不能与被代理人及时取得联系,如不及时转托他人代理,会给被代理人的利益造成损失或者扩大损失的,属于民法通则第六十八条中的"紧急情况"。

81. 委托代理人转托他人代理的,比照民法通则第六十五条规定的条件办理转托手续。因委托代理人转托不明,给第三人造成损失的,第三人可以直接要求被代理人赔偿损失;被代理人承担民事责任后,可以要求委托代理人赔偿损失,转托代理人有过错的,应当负连带责任。

82. 被代理人死亡后有下列情况之一的,委托代理人实施的代理行为有效:(1)代理人不知道被代理人死亡的;(2)被代理人的继承人均予承认的;(3)被代理人与代理人约定到代理事项完成时代理权终止的;(4)在被代理人死亡前已经进行、而在被代理人死亡后为了被代理人的继承人的利益继续完成的。

83. 代理人和被代理人对已实施的民事行为负连带责任的,在民事诉讼中,可以列为共同诉讼人。

四、民 事 权 利

(一)关于财产所有权和与财产所有权有关的财产权问题

84. 财产已经交付,但当事人约定财产所有权转移附条件的,在所附条件成就时,财产所有权方为转移。

85. 财产所有权合法转移后,一方翻悔的,不予支持。财产所有权尚未按原协议转移,一方翻悔并无正当理由,协议又能够履行的,应当继续履行;如果协议不能履行,给对方造成损失的,应当负赔偿责任。

86. 非产权人在使用他人的财产上增添附属物,财产所有人同意增添,并就财产返还时附属物如何处理有约定的,按约定办理;没有约定又协商不成,能够拆除的,可以责令拆除;不能拆除的,也可以折价归财产所有人;造成财产所有人损失的,应当负赔偿责任。

87. 有附属物的财产,附属物随财产所有权的转移而转移。但当事人另有约定又不违法的,按约定处理。

88. 对于共有财产,部分共有人主张按份共有,部分共有人主张共同共有,如果不能证明财产是按份共有的,应当认定为共同共有。

89. 共同共有人对共有财产享有共同的权利,承担共同的义务。在共同共有关系存续期间,部分共有人擅自处分共有财产的,一般认定无效。但第三人善意、有偿取得该项财产的,应当维护第三人的合法权益;对其他共有人的损失,由擅自处分共有财产的人赔偿。

90. 在共同共有关系终止时,对共有财产的分割,有协议的,按协议处理;没有协议的,应当根据等分原则处理,并且考虑共有人对共有财产的贡献大小,适当照顾共有人生产、生活的实际需要等情况。但分割夫妻共有财产,应当根据婚姻法的有关规定处理。

91. 共有财产是特定物,而且不能分割或者分割有损其价值的,可以折价处理。

92. 共同共有财产分割后,一个或者数个原共有人出卖自己分得的财产时,如果出卖的财产与其他原共有人分得的财产属于一个整体或者配套使用,其他原共有人主张优先购买权的,应当予以支持。

93. 公民、法人对于挖掘、发现的埋藏物、隐藏物,如果能够证明属其所有,而且根据现行的法律、政策又可以归其所有的,应当予以保护。

94. 拾得物灭失、毁损，拾得人没有故意的，不承担民事责任。拾得人将拾得物据为己有，拒不返还而引起诉讼的，按照侵权之诉处理。

95. 公民和集体依法对集体所有的或者国家所有由集体使用的森林、土地、山岭、草原、荒地、滩涂、水面等承包经营的权利和义务。按承包合同的规定处理。承包人未经发包人同意擅自转包或者转让的无效。

96. 因土地、山岭、森林、草原、荒地、滩涂、水面等自然资源的所有权或者使用权发生权属争议的，应当由有关行政部门处理。对行政处理不服的，当事人可以依据有关法律和行政法规的规定，向人民法院提起诉讼；因侵权纠纷起诉的，人民法院可以直接受理。

97. 相邻一方因施工临时占用他方使用的土地，占用的一方如未按照双方约定的范围、用途和期限使用的，应当责令其及时清理现场，排除妨碍，恢复原状，赔偿损失。

98. 一方擅自堵截或者独占自然流水，影响他方正常生产、生活的，他方有权请求排除妨碍；造成他方损失的，应负赔偿责任。

99. 相邻一方必须使用另一方的土地排水的，应当予以准许；但应在必要限度内使用并采取适当的保护措施排水，如仍造成损失的，由受益人合理补偿。

相邻一方可以采取其他合理的措施排水而未采取，向他方土地排水毁损或者可能毁损他方财产，他方要求致害人停止侵害、消除危险、恢复原状、赔偿损失的，应当予以支持。

100. 一方必须在相邻一方使用的土地上通行的，应当予以准许；因此造成损失的，应当给予适当补偿。

101. 对于一方所有的或者使用的建筑物范围内历史形成的必经通道，所有权人或者使用权人不得堵塞。因堵塞影响他人生产、生活，他人要求排除妨碍或者恢复原状的，应当予以支持。但有条件另开通道的，也可以另开通道。

102. 处理相邻房屋滴水纠纷时，对有过错的一方造成他方损害的，应当责令其排除妨碍、赔偿损失。

103. 相邻一方在自己使用的土地上挖水沟、水池、地窖等或者种植的竹木根枝伸延，危及另一方建筑物的安全和正常使用的，应当分别情况，责令其消除危险，恢复原状，赔偿损失。

（二）关于债权问题

104. 债权人无正当理由拒绝债务人履行义务，债务人将履行的标的物向有关部门提存的，应当认定债务已经履行。因提存所支出的费用，应当由债权人承担。提存期间，财产收益归债权人所有，风险责任由债权人承担。

105. 依据民法通则第八十八条第二款第（一）项规定，合同对产品质量要求不明确，当事人未能达成协议，又没有国家质量标准的，按部颁标准或者专业标准处理；没有部颁标准或者专业标准的，按经过批准的企业标准处理；没有经过批准的企业标准的，按标的物产地同行业其他企业经过批准的同类产品质量标准处理。

106. 保证人应当是具有代偿能力的公民、企业法人以及其他经济组织。保证人即使不具备完全代偿能力,仍应以自己的财产承担保证责任。

国家机关不能担任保证人。

107. 不具有法人资格的企业法人的分支机构,以自己的名义对外签订的保证合同,一般应当认定无效。但因此产生的财产责任,分支机构如有偿付能力的,应当自行承担;如无偿付能力的,应由企业法人承担。

108. 保证人向债权人保证债务人履行债务的,应当与债权人订立书面保证合同,确定保证人对主债务的保证范围和保证期限。虽未单独订立书面保证合同,但在主合同中写明保证人的保证范围和保证期限,并由保证人签名盖章的,视为书面保证合同成立。公民间的口头保证,有两个以上无利害关系人证明的,也视为保证合同成立,法律另有规定的除外。

保证范围不明确的,推定保证人对全部主债务承担保证责任。

109. 在保证期限内,保证人的保证范围,可因主债务的减少而减少。新增加的债务,未经保证人同意担保的,保证人不承担保证责任。

110. 保证人为二人以上的,相互之间负连带保证责任。但是保证人与债权人约定按份承担保证责任的除外。

111. 被担保的经济合同确认无效后,如果被保证人应当返还财产或者赔偿损失的,除有特殊约定外,保证人仍应承担连带责任。

112. 债务人或者第三人向债权人提供抵押物时,应当订立书面合同或者在原债权文书中写明。没有书面合同,但是其他证据证明抵押物或者其权利证书已交给抵押权人的,可以认定抵押关系成立。

113. 以自己不享有所有权或者经营管理权的财产作抵押物的,应当认定抵押无效。

以法律限制流通的财产作为抵押物的,在清偿债务时,应当由有关部门收购,抵押权人可以从价款中优先受偿。

114. 抵押物在抵押权人保管期间灭失、毁损的,抵押权人如有过错,应当承担民事责任。

抵押物在抵押人处灭失、毁损的,应当认定抵押关系存在,并责令抵押人以其他财产代替抵押物。

115. 抵押物如由抵押人自己占有并负责保管,在抵押期间,非经债权人同意,抵押人将同一抵押物转让他人,或者就抵押物价值已设置抵押部分再作抵押的,其行为无效。

债务人以抵押物清偿债务时,如果一项抵押物有数个抵押权人的,应当按照设定抵押权的先后顺序受偿。

116. 有要求清偿银行贷款和其他债权等数个债权人的,有抵押权的债权人应享有优先受偿的权利;法律、法规另有规定的除外。

117. 债权人因合同关系占有债务人财物的,如果债务人到期不履行义务,债权人可以将相应的财物留置。经催告,债务人在合理期限内仍不履行义务,债权人依法将留置的财物以合理的价格变卖,并以变卖财物的价款优先受偿的,应予保护。

118. 出租人出卖出租房屋,应提前三个月通知承租人。承租人在同等条件下,享有优先购买权;出租人未按此规定出卖房屋的,承租人可以请求人民法院宣告该房屋买卖无效。

119. 承租户以一人名义承租私有房屋,在租赁期内,承租人死亡,该户共同居住人要求按原租约履行的,应当准许。

私有房屋在租赁期内,因买卖、赠与或者继承发生房屋产权转移的,原租赁合同对承租人和新房主继续有效。

未定租期,房主要求收回房屋自住的,一般应当准许。承租人有条件搬迁的,应责令其搬迁;如果承租人搬迁确有困难的,可给一定期限让其找房或者腾让部分房屋。

120. 在房屋出典期间或者典期届满时,当事人之间约定延长典期或者增减典价的,应当准许。承典人要求出典人高于原典价回赎的,一般不予支持。以合法流通物作典价的,应当按照回赎时市场零售价格折算。

121. 公民之间的借贷,双方对返还期限有约定的,一般应按约定处理;没有约定的,出借人随时可以请求返还,借方应当根据出借人的请求及时返还;暂时无力返还的,可以根据实际情况责令其分期返还。

122. 公民之间的生产经营性借贷的利率,可以适当高于生活性借贷利率。如因利率发生纠纷,应本着保护合法借贷关系,考虑当地实际情况,有利于生产和稳定经济秩序的原则处理。

123. 公民之间的无息借款,有约定偿还期限而借款人不按期偿还,或者未约定偿还期限但经出借人催告后,借款人仍不偿还的,出借人要求借款人偿付逾期利息,应当予以准许。

124. 借款双方因利率发生争议,如果约定不明,又不能证明的,可以比照银行同类贷款利率计息。

125. 公民之间的借贷,出借人将利息计入本金计算复利的,不予保护;在借款时将利息扣除的,应当按实际出借款数计息。

126. 借用实物的,出借人要求归还原物或者同等数量、质量的实物,应当予以支持;如果确实无法归还实物的,可以按照或者适当高于归还时市场零售价格折价给付。

127. 借用人因管理、使用不善造成借用物毁损的,借用人应当负赔偿责任;借用物自身有缺陷的,可以减轻借用人的赔偿责任。

128. 公民之间赠与关系的成立;以赠与物的交付为准。赠与房屋,如根据书面赠与合同办理了过户手续的,应当认定赠与关系成立;未办理过户手续,但赠与人根据书面赠与合同已将产权证书交与受赠人,受赠人根据赠与合同已占有、使用该房屋的,可以认定赠与有效,但应令其补办过户手续。

129. 赠与人明确表示将赠与物赠给未成年人个人的,应当认定该赠与物为未成年人的个人财产。

130. 赠与人为了逃避应履行的法定义务，将自己的财产赠与他人，如果利害关系人主张权利的，应当认定赠与无效。

131. 返还的不当利益，应当包括原物和原物所生的孳息。利用不当得利所取得的其他利益，扣除劳务管理费用后，应当予以收缴。

132. 民法通则第九十三条规定的管理人或者服务人可以要求受益人偿付的必要费用，包括在管理或者服务活动中直接支出的费用，以及在该活动中受到的实际损失。

（三）关于知识产权、人身权问题

133. 作品不论是否发表，作者均享有著作权（版权）。

134. 二人以上按照约定共同创作作品的，不论各人的创作成果在作品中被采用多少，应当认定该项作品为共同创作。

135. 合著的作品，著作权（版权）应当认定为全体合著人共同享有；其中各组成部分可以分别独立存在的，各组成部分的著作权（版权）由各组成部分的作者分别享有。

136. 作者死亡后，著作权（版权）中由继承人继承的财产权利在法律规定的保护期限内受到侵犯，继承人依法要求保护的，人民法院应当予以支持。

137. 公民、法人通过申请专利取得的专利权，或者通过继承、受赠、受让等方式取得的专利权，应当予以保护。

转让专利权应当由国家专利局登记并公告，专利权自国家专利局公告之日起转移。

138. 法人、个体工商户、个人合伙通过申请商标注册或者受让等方式取得的商标专用权，除依法定程序撤销者外，应当予以保护。

转让商标专用权应当由国家工商行政管理局商标局核准，商标专用权自核准之日起转移。

139. 以营利为目的，未经公民同意利用其肖像做广告、商标、装饰橱窗等，应当认定为侵犯公民肖像权的行为。

140. 以书面、口头等形式宣扬他人的隐私，或者捏造事实公然丑化他人人格，以及用侮辱、诽谤等方式损害他人名誉，造成一定影响的，应当认定为侵害公民名誉权的行为。

以书面、口头等形式诋毁、诽谤法人名誉，给法人造成损害的，应当认定为侵害法人名誉权的行为。

141. 盗用、假冒他人姓名、名称造成损害的，应当认定为侵犯姓名权、名称权的行为。

五、民 事 责 任

142. 为维护国家、集体或者他人合法权益而使自己受到损害，在侵害人无力赔偿或者没有侵害人的情况下，如果受害人提出请求的，人民法院可以根据受益人受益的多少及其经济状况，责令受益人给予适当补偿。

143. 受害人的误工日期，应当按其实际损害程度、恢复状况并参照治疗医院出具的证明或者法医鉴定等认定。赔偿费用的标准,可以按照受害人的工资标准或者实际收入的数额计算。

受害人是承包经营户或者个体工商户的,其误工费的计算标准,可以参照受害人一定期限内的平均收入酌定。如果受害人承包经营的种植、养殖业季节性很强,不及时经营会造成更大损失的,除受害人应当采取措施防止损失扩大外,还可以裁定侵害人采取措施防止扩大损失。

144. 医药治疗费的赔偿,一般应以所在地治疗医院的诊断证明和医药费、住院费的单据为凭。应经医务部门批准而未获批准擅自另找医院治疗的费用,一般不予赔偿;擅自购买与损害无关的药品或者治疗其他疾病的,其费用则不予赔偿。

145. 经医院批准专事护理的人,其误工补助费可以按收入的实际损失计算。应得奖金一般可以计算在应赔偿的数额内。本人没有工资收入的,其补偿标准应以当地的一般临时工的工资标准为限。

146. 侵害他人身体致使其丧失全部或者部分劳动能力的,赔偿的生活补助费一般应补足到不低于当地居民基本生活费的标准。

147. 侵害他人身体致人死亡或者丧失劳动能力的,依靠受害人实际扶养而又没有其他生活来源的人要求侵害人支付必要生活费的,应当予以支持,其数额根据实际情况确定。

148. 教唆、帮助他人实施侵权行为的人,为共同侵权人,应当承担连带民事责任。

教唆、帮助无民事行为能力人实施侵权行为的人,为侵权人,应当承担民事责任。

教唆、帮助限制民事行为能力人实施侵权行为的人,为共同侵权人,应当承担主要民事责任。

149. 盗用、假冒他人名义,以函、电等方式进行欺骗或者愚弄他人,并使其财产、名誉受到损害的,侵权人应当承担民事责任。

150. 公民的姓名权、肖像权、名誉权、荣誉权和法人的名称权、名誉权、荣誉权受到侵害,公民或者法人要求赔偿损失的,人民法院可以根据侵权人的过错程度、侵权行为的具体情节、后果和影响确定其赔偿责任。

151. 侵害他人的姓名权、名称权、肖像权、名誉权、荣誉权而获利的,侵权人除依法赔偿受害人的损失外,其非法所得应当予以收缴。

152. 国家机关工作人员在执行职务中,给公民、法人的合法权益造成损害的,国家机关应当承担民事责任。

153. 消费者、用户因为使用质量不合格的产品造成本人或者第三人人身伤害、财产损失的,受害人可以向产品制造者或者销售者要求赔偿。因此提起的诉讼,由被告所在地或者侵权行为地人民法院管辖。

运输者和仓储者对产品质量负有责任,制造者或者销售者请求赔偿损失的,可以另案处理,也可以将运输者和仓储者列为第三人,一并处理。

154. 从事高度危险作业,没有按有关规定采取必要的安全防护措施,严重威胁他人人身、财产安全的，人民法院应当根据他人的要求，责令作业人消除危险。

155. 因堆放物品倒塌造成他人损害的，如果当事人均无过错，应当根据公平原则酌情处理。

156. 因紧急避险造成他人损失的，如果险情是由自然原因引起，行为人采取的措施又无不当，则行为人不承担民事责任。受害人要求补偿的，可以责令受益人适当补偿。

157. 当事人对造成损害均无过错，但一方是在为对方的利益或者共同的利益进行活动的过程中受到损害的，可以责令对方或者受益人给予一定的经济补偿。

158. 夫妻离婚后，未成年子女侵害他人权益的，同该子女共同生活的一方应当承担民事责任；如果独立承担民事责任确有困难的，可以责令未与该子女共同生活的一方共同承担民事责任。

159. 被监护人造成他人损害的，有明确的监护人时，由监护人承担民事责任；监护人不明确的，由顺序在前的有监护能力的人承担民事责任。

160. 在幼儿园、学校生活、学习的无民事行为能力人或者在精神病院治疗的精神病人，受到伤害或者给他人造成损害，单位有过错的，可以责令这些单位适当给予赔偿。

161. 侵权行为发生时行为人不满十八周岁，在诉讼时已满十八周岁，并有经济能力的，应当承担民事责任；行为人没有经济能力的，应当由原监护人承担民事责任。

行为人致人损害时年满十八周岁的，应当由本人承担民事责任；没有经济收入的，由扶养人垫付；垫付有困难的，也可以判决或者调解延期给付。

162. 在诉讼中遇有需要停止侵害、排除妨碍、消除危险的情况时，人民法院可以根据当事人的申请或者依职权先行作出裁定。

当事人在诉讼中用赔礼道歉方式承担了民事责任的，应当在判决中叙明。

163. 在诉讼中发现与本案有关的违法行为需要给予制裁的，可适用民法通则第一百三十四条第三款规定，予以训诫、责令具结悔过、收缴进行非法活动的财物和非法所得，或者依照法律规定处以罚款、拘留。

采用收缴、罚款、拘留制裁措施，必须经院长批准，另行制作民事制裁决定书。被制裁人对决定不服的，在收到决定书的次日起十日内可以向上一级人民法院申请复议一次。复议期间，决定暂不执行。

164. 适用民法通则第一百三十四条第三款对公民处以罚款的数额为五百元以下，拘留为十五日以下。

依法对法定代表人处以拘留制裁措施，为十五日以下。

以上两款，法律另有规定的除外。

六、诉讼时效

165. 在民法通则实施前，权利人知道或者应当知道其民事权利被侵害，民法通则实施后，向人民法院请求保护的诉讼时效期间，应当适用民法通则第一百三十五条和第一百三十六条的规定,从1987年1月1日起算。

166. 民法通则实施前,民事权利被侵害超过二十年的,民法通则实施后,权利人向人民法院请求保护的诉讼时效期间,分别为民法通则第一百三十五条规定的二年或者第一百三十六条规定的一年,从1987年1月1日起算。

167. 民法通则实施后,属于民法通则第一百三十五条规定的二年诉讼时效期间,权利人自权利被侵害时起的第十八年后至第二十年期间才知道自己的权利被侵害的,或者属于民法通则第一百三十六条规定的一年诉讼时效期间,权利人自权利被侵害时起的第十九年后至第二十年期间才知道自己的权利被侵害的,提起诉讼请求的权利,应当在权利被侵害之日起的二十年内行使;超过二十年的,不予保护。

168. 人身损害赔偿的诉讼时效期间,伤害明显的,从受伤害之日起算;伤害当时未曾发现,后经检查确诊并能证明是由侵害引起的,从伤势确诊之日起算。

169. 权利人由于客观的障碍在法定诉讼时效期间不能行使请求权的,属于民法通则第一百三十七条规定的“特殊情况”。

170. 未授权给公民、法人经营、管理的国家财产受到侵害的,不受诉讼时效期间的限制。

171. 过了诉讼时效期间,义务人履行义务后,又以超过诉讼时效为由翻悔的,不予支持。

172. 在诉讼时效期间的最后六个月内,权利被侵害的无民事行为能力人、限制民事行为能力人没有法定代理人,或者法定代理人死亡、丧失代理权,或者法定代理人本人丧失行为能力的,可以认定为因其他障碍不能行使请求权,适用诉讼时效中止。

173. 诉讼时效因权利人主张权利或者义务人同意履行义务而中断后,权利人在新的诉讼时效期间内,再次主张权利或者义务人再次同意履行义务的,可以认定为诉讼时效再次中断。

权利人向债务保证人、债务人的代理人或者财产代管人主张权利的,可以认定诉讼时效中断。

174. 权利人向人民调解委员会或者有关单位提出保护民事权利的请求,从提出请求时起,诉讼时效中断。经调处达不成协议的,诉讼时效期间即重新起算;如调处达成协议,义务人未按协议所定期限履行义务的,诉讼时效期间应从期限届满时重新起算。

175. 民法通则第一百三十五条、第一百三十六条规定的诉讼时效期间,可以适用民法通则有关中止、中断和延长的规定。

民法通则第一百三十七条规定的“二十年”诉讼时效期间,可以适用民法通则有关延长的规定,不适用中止、中断的规定。

176. 法律、法规对索赔时间和对产品质量等提出异议的时间有特殊规定的,按特殊规定办理。

177. 继承的诉讼时效按继承法的规定执行。但继承开始后,继承人未明确表示放弃继承的，视为接受继承，遗产未分割的，即为共同共有。诉讼时效的中止、中断、延长，均适用民法通则的有关规定。

七、涉外民事关系的法律适用

178. 凡民事关系的一方或者双方当事人是外国人、无国籍人、外国法人的；民事关系的标的物在外国领域内的；产生、变更或者消灭民事权利义务关系的法律事实发生在外国的，均为涉外民事关系。

人民法院在审理涉外民事关系的案件时，应当按照民法通则第八章的规定来确定应适用的实体法。

179. 定居国外的我国公民的民事行为能力，如其行为是在我国境内所为，适用我国法律；在定居国所为，可以适用其定居国法律。

180. 外国人在我国领域内进行民事活动，如依其本国法律为无民事行为能力，而依我国法律为有民事行为能力，应当认定为有民事行为能力。

181. 无国籍人的民事行为能力，一般适用其定居国法律；如未定居的，适用其住所地国法律。

182. 有双重或者多重国籍的外国人，以其有住所或者与其有最密切联系的国家的法律为其本国法。

183. 当事人的住所不明或者不能确定的，以其经常居住地为住所。当事人有几个住所的，以与产生纠纷的民事关系有最密切联系的住所为住所。

184. 外国法人以其注册登记地国家的法律为其本国法，法人的民事行为能力依其本国法确定。

外国法人在我国领域内进行的民事活动，必须符合我国的法律规定。

185. 当事人有二个以上营业所的，应以与产生纠纷的民事关系有最密切联系的营业所为准；当事人没有营业所的，以其住所或者经常居住地为准。

186. 土地、附着于土地的建筑物及其他定着物、建筑物的固定附属设备为不动产。不动产的所有权、买卖、租赁、抵押、使用等民事关系，均应适用不动产所在地法律。

187. 侵权行为地的法律包括侵权行为实施地法律和侵权结果发生地法律。如果两者不一致时，人民法院可以选择适用。

188. 我国法院受理的涉外离婚案件，离婚以及因离婚而引起的财产分割，适用我国法律。认定其婚姻是否有效，适用婚姻缔结地法律。

189. 父母子女相互之间的扶养、夫妻相互之间的扶养以及其他有扶养关系的人之间的扶养，应当适用与被扶养人有最密切联系国家的法律。扶养人和被扶养人的国籍、住所以及供养被扶养人的财产所在地，均可视为与被扶养人有最密切的联系。

190. 监护的设立、变更和终止，适用被监护人的本国法律。但是，被监护人在我国境内有住所的，适用我国的法律。

191. 在我国境内死亡的外国人，遗留在我国境内的财产如果无人继承又无人受遗赠的，依照我国法律处理，两国缔结或者参加的国际条约另有规定的除外。

192. 依法应当适用的外国法律，如果该外国不同地区实施不同的法律的，依据该国法律关于调整国内法律冲突的规定，确定应适用的法律。该国法律未作规定的，直接适用与该民事关系有最密切联系的地区的法律。

193. 对于应当适用的外国法律，可通过下列途径查明：(1)由当事人提供；(2)由与我国订立司法协助协定的缔约对方的中央机关提供；(3)由我国驻该国使领馆提供；(4)由该国驻我国使馆提供；(5)由中外法律专家提供。通过以上途径仍不能查明的，适用中华人民共和国法律。

194. 当事人规避我国强制性或者禁止性法律规范的行为，不发生适用外国法律的效力。

195. 涉外民事法律关系的诉讼时效，依冲突规范确定的民事法律关系的准据法确定。

八、其　　他

196. 1987 年 1 月 1 日以后受理的案件，如果民事行为发生在 1987 年以前，适用民事行为发生时的法律、政策；当时的法律、政策没有具体规定的，可以比照民法通则处理。

197. 处理申诉案件和按审判监督程序再审的案件，适用原审审结时应当适用的法律或者政策。

198. 当事人约定的期间不是以月、年第一天起算的，一个月为三十日，一年为三百六十五日。

期间的最后一天是星期日或者其他法定休假日，而星期日或者其他法定休假日有变通的，以实际休假日的次日为期间的最后一天。

199. 按照日、月、年计算期间，当事人对起算时间有约定的，按约定办。

200. 最高人民法院以前的有关规定，与民法通则和本意见抵触的，各级人民法院今后在审理一、二审民事案件和经济纠纷案件中不再适用。

最高人民法院关于审理民事案件适用诉讼时效制度若干问题的规定

(2008 年 8 月 11 日最高人民法院审判委员会第 1450 次会议通过
2008 年 8 月 21 日公布　法释〔2008〕11 号　自 2008 年 9 月 1 日起施行)

为正确适用法律关于诉讼时效制度的规定，保护当事人的合法权益，依照《中华人民共和国民法通则》、《中华人民共和国物权法》、《中华人民共和国合同法》、《中华人民共和国民事诉讼法》等法律的规定，结合审判实践，制定本规定。

第一条 当事人可以对债权请求权提出诉讼时效抗辩，但对下列债权请求权提出诉讼时效抗辩的，人民法院不予支持：

（一）支付存款本金及利息请求权；

（二）兑付国债、金融债券以及向不特定对象发行的企业债券本息请求权；

（三）基于投资关系产生的缴付出资请求权；

（四）其他依法不适用诉讼时效规定的债权请求权。

第二条 当事人违反法律规定，约定延长或者缩短诉讼时效期间、预先放弃诉讼时效利益的，人民法院不予认可。

第三条 当事人未提出诉讼时效抗辩，人民法院不应对诉讼时效问题进行释明及主动适用诉讼时效的规定进行裁判。

第四条 当事人在一审期间未提出诉讼时效抗辩，在二审期间提出的，人民法院不予支持，但其基于新的证据能够证明对方当事人的请求权已过诉讼时效期间的情形除外。

当事人未按照前款规定提出诉讼时效抗辩，以诉讼时效期间届满为由申请再审或者提出再审抗辩的，人民法院不予支持。

第五条 当事人约定同一债务分期履行的，诉讼时效期间从最后一期履行期限届满之日起计算。

第六条 未约定履行期限的合同，依照合同法第六十一条、第六十二条的规定，可以确定履行期限的，诉讼时效期间从履行期限届满之日起计算；不能确定履行期限的，诉讼时效期间从债权人要求债务人履行义务的宽限期届满之日起计算，但债务人在债权人第一次向其主张权利之时明确表示不履行义务的，诉讼时效期间从债务人明确表示不履行义务之日起计算。

第七条 享有撤销权的当事人一方请求撤销合同的，应适用合同法第五十五条关于一年除斥期间的规定。

对方当事人对撤销合同请求权提出诉讼时效抗辩的，人民法院不予支持。

合同被撤销，返还财产、赔偿损失请求权的诉讼时效期间从合同被撤销之日起计算。

第八条 返还不当得利请求权的诉讼时效期间，从当事人一方知道或者应当知道不当得利事实及对方当事人之日起计算。

第九条 管理人因无因管理行为产生的给付必要管理费用、赔偿损失请求权的诉讼时效期间，从无因管理行为结束并且管理人知道或者应当知道本人之日起计算。

本人因不当无因管理行为产生的赔偿损失请求权的诉讼时效期间，从其知道或者应当知道管理人及损害事实之日起计算。

第十条 具有下列情形之一的，应当认定为民法通则第一百四十条规定的“当事人一方提出要求”，产生诉讼时效中断的效力：

（一）当事人一方直接向对方当事人送交主张权利文书，对方当事人在文书上签字、盖章或者虽未签字、盖章但能够以其他方式证明该文书到达对方当事人的；

（二）当事人一方以发送信件或者数据电文方式主张权利，信件或者数据电文到达或者应当到达对方当事人的；

（三）当事人一方为金融机构，依照法律规定或者当事人约定从对方当事人账户中扣收欠款本息的；

（四）当事人一方下落不明，对方当事人在国家级或者下落不明的当事人一方住所地的省级有影响的媒体上刊登具有主张权利内容的公告的，但法律和司法解释另有特别规定的，适用其规定。

前款第（一）项情形中，对方当事人为法人或者其他组织的，签收人可以是其法定代表人、主要负责人、负责收发信件的部门或者被授权主体；对方当事人为自然人的，签收人可以是自然人本人、同住的具有完全行为能力的亲属或者被授权主体。

第十一条 权利人对同一债权中的部分债权主张权利，诉讼时效中断的效力及于剩余债权，但权利人明确表示放弃剩余债权的情形除外。

第十二条 当事人一方向人民法院提交起诉状或者口头起诉的，诉讼时效从提交起诉状或者口头起诉之日起中断。

第十三条 下列事项之一，人民法院应当认定与提起诉讼具有同等诉讼时效中断的效力：

（一）申请仲裁；

（二）申请支付令；

（三）申请破产、申报破产债权；

（四）为主张权利而申请宣告义务人失踪或死亡；

（五）申请诉前财产保全、诉前临时禁令等诉前措施；

（六）申请强制执行；

（七）申请追加当事人或者被通知参加诉讼；

（八）在诉讼中主张抵销；

（九）其他与提起诉讼具有同等诉讼时效中断效力的事项。

第十四条 权利人向人民调解委员会以及其他依法有权解决相关民事纠纷的国家机关、事业单位、社会团体等社会组织提出保护相应民事权利的请求，诉讼时效从提出请求之日起中断。

第十五条 权利人向公安机关、人民检察院、人民法院报案或者控告，请求保护其民事权利的，诉讼时效从其报案或者控告之日起中断。

上述机关决定不立案、撤销案件、不起诉的，诉讼时效期间从权利人知道或者应当知道不立案、撤销案件或者不起诉之日起重新计算；刑事案件进入审理阶段，诉讼时效期间从刑事裁判文书生效之日起重新计算。

第十六条 义务人作出分期履行、部分履行、提供担保、请求延期履行、制定清偿债务计划等承诺或者行为的,应当认定为民法通则第一百四十条规定的当事人一方“同意履行义务。”

第十七条 对于连带债权人中的一人发生诉讼时效中断效力的事由,应当认定对其他连带债权人也发生诉讼时效中断的效力。

对于连带债务人中的一人发生诉讼时效中断效力的事由,应当认定对其他连带债务人也发生诉讼时效中断的效力。

第十八条 债权人提起代位权诉讼的,应当认定对债权人的债权和债务人的债权均发生诉讼时效中断的效力。

第十九条 债权转让的,应当认定诉讼时效从债权转让通知到达债务人之日起中断。

债务承担情形下,构成原债务人对债务承认的,应当认定诉讼时效从债务承担意思表示到达债权人之日起中断。

第二十条 有下列情形之一的,应当认定为民法通则第一百三十九条规定的“其他障碍”,诉讼时效中止:

(一)权利被侵害的无民事行为能力人、限制民事行为能力人没有法定代理人,或者法定代理人死亡、丧失代理权、丧失行为能力;

(二)继承开始后未确定继承人或者遗产管理人;

(三)权利人被义务人或者其他人控制无法主张权利;

(四)其他导致权利人不能主张权利的客观情形。

第二十一条 主债务诉讼时效期间届满,保证人享有主债务人的诉讼时效抗辩权。

保证人未主张前述诉讼时效抗辩权,承担保证责任后向主债务人行使追偿权的,人民法院不予支持,但主债务人同意给付的情形除外。

第二十二条 诉讼时效期间届满,当事人一方向对方当事人作出同意履行义务的意思表示或者自愿履行义务后,又以诉讼时效期间届满为由进行抗辩的,人民法院不予支持。

第二十三条 本规定施行后,案件尚在一审或者二审阶段的,适用本规定;本规定施行前已经终审的案件,人民法院进行再审时,不适用本规定。

第二十四条 本规定施行前本院作出的有关司法解释与本规定相抵触的,以本规定为准。

中华人民共和国民事诉讼法

（1991年4月9日第七届全国人民代表大会第四次会议通过　根据2007年10月28日第十届全国人民代表大会常务委员会第三十次会议《关于修改〈中华人民共和国民事诉讼法〉的决定》第一次修正　根据2012年8月31日第十一届全国人民代表大会常务委员会第二十八次会议《关于修改〈中华人民共和国民事诉讼法〉的决定》第二次修正　根据2017年6月27日第十二届全国人民代表大会常务委员会第二十八次会议《关于修改〈中华人民共和国民事诉讼法〉和〈中华人民共和国行政诉讼法〉的决定》第三次修正）

第一编　总　　则

第一章　任务、适用范围和基本原则

第一条　【立法依据】中华人民共和国民事诉讼法以宪法为根据，结合我国民事审判工作的经验和实际情况制定。

第二条　【立法任务】中华人民共和国民事诉讼法的任务，是保护当事人行使诉讼权利，保证人民法院查明事实，分清是非，正确适用法律，及时审理民事案件，确认民事权利义务关系，制裁民事违法行为，保护当事人的合法权益，教育公民自觉遵守法律，维护社会秩序、经济秩序，保障社会主义建设事业顺利进行。

第三条　【适用范围】人民法院受理公民之间、法人之间、其他组织之间以及他们相互之间因财产关系和人身关系提起的民事诉讼，适用本法的规定。

第四条　【空间效力】凡在中华人民共和国领域内进行民事诉讼，必须遵守本法。

第五条　【涉外民诉同等原则、对等原则】外国人、无国籍人、外国企业和组织在人民法院起诉、应诉，同中华人民共和国公民、法人和其他组织有同等的诉讼权利义务。

外国法院对中华人民共和国公民、法人和其他组织的民事诉讼权利加以限制的，中华人民共和国人民法院对该国公民、企业和组织的民事诉讼权利，实行对等原则。

第六条　【审判权】民事案件的审判权由人民法院行使。

人民法院依照法律规定对民事案件独立进行审判，不受行政机关、社会团体和个人的干涉。

第七条　【审理原则】人民法院审理民事案件，必须以事实为根据，以法律为准绳。

第八条　【诉讼权利平等原则】民事诉讼当事人有平等的诉讼权利。人民法院审理民事

案件,应当保障和便利当事人行使诉讼权利,对当事人在适用法律上一律平等。

第九条 【调解原则】人民法院审理民事案件,应当根据自愿和合法的原则进行调解;调解不成的,应当及时判决。

第十条 【审判制度】人民法院审理民事案件,依照法律规定实行合议、回避、公开审判和两审终审制度。

第十一条 【语言文字】各民族公民都有用本民族语言、文字进行民事诉讼的权利。

在少数民族聚居或者多民族共同居住的地区,人民法院应当用当地民族通用的语言、文字进行审理和发布法律文书。

人民法院应当对不通晓当地民族通用的语言、文字的诉讼参与人提供翻译。

第十二条 【辩论权】人民法院审理民事案件时,当事人有权进行辩论。

第十三条 【诚实信用原则、当事人处分原则】民事诉讼应当遵循诚实信用原则。

当事人有权在法律规定的范围内处分自己的民事权利和诉讼权利。

第十四条 【法律监督权】人民检察院有权对民事诉讼实行法律监督。

第十五条 【支持起诉】机关、社会团体、企业事业单位对损害国家、集体或者个人民事权益的行为,可以支持受损害的单位或者个人向人民法院起诉。

第十六条 【变通规定】民族自治地方的人民代表大会根据宪法和本法的原则,结合当地民族的具体情况,可以制定变通或者补充的规定。自治区的规定,报全国人民代表大会常务委员会批准。自治州、自治县的规定,报省或者自治区的人民代表大会常务委员会批准,并报全国人民代表大会常务委员会备案。

第二章 管 辖

第一节 级别管辖

第十七条 【基层法院管辖】基层人民法院管辖第一审民事案件,但本法另有规定的除外。

第十八条 【中级法院管辖】中级人民法院管辖下列第一审民事案件:

(一)重大涉外案件;

(二)在本辖区有重大影响的案件;

(三)最高人民法院确定由中级人民法院管辖的案件。

第十九条 【高级法院管辖】高级人民法院管辖在本辖区有重大影响的第一审民事案件。

第二十条 【最高法院管辖】最高人民法院管辖下列第一审民事案件:

(一)在全国有重大影响的案件;

(二)认为应当由本院审理的案件。

第二节 地域管辖

第二十一条 【一般地域管辖】对公民提起的民事诉讼,由被告住所地人民法院管辖;被告住所地与经常居住地不一致的,由经常居住地人民法院管辖。

对法人或者其他组织提起的民事诉讼,由被告住所地人民法院管辖。

同一诉讼的几个被告住所地、经常居住地在两个以上人民法院辖区的,各该人民法院都有管辖权。

第二十二条 【特别规定】下列民事诉讼,由原告住所地人民法院管辖;原告住所地与经常居住地不一致的,由原告经常居住地人民法院管辖:

(一)对不在中华人民共和国领域内居住的人提起的有关身份关系的诉讼;

(二)对下落不明或者宣告失踪的人提起的有关身份关系的诉讼;

(三)对被采取强制性教育措施的人提起的诉讼;

(四)对被监禁的人提起的诉讼。

第二十三条 【合同纠纷管辖】因合同纠纷提起的诉讼,由被告住所地或者合同履行地人民法院管辖。

第二十四条 【保险合同纠纷管辖】因保险合同纠纷提起的诉讼,由被告住所地或者保险标的物所在地人民法院管辖。

第二十五条 【票据纠纷管辖】因票据纠纷提起的诉讼,由票据支付地或者被告住所地人民法院管辖。

第二十六条 【公司诉讼管辖】因公司设立、确认股东资格、分配利润、解散等纠纷提起的诉讼,由公司住所地人民法院管辖。

第二十七条 【运输合同纠纷管辖】因铁路、公路、水上、航空运输和联合运输合同纠纷提起的诉讼,由运输始发地、目的地或者被告住所地人民法院管辖。

第二十八条 【侵权纠纷管辖】因侵权行为提起的诉讼,由侵权行为地或者被告住所地人民法院管辖。

第二十九条 【交通事故管辖】因铁路、公路、水上和航空事故请求损害赔偿提起的诉讼,由事故发生地或者车辆、船舶最先到达地、航空器最先降落地或者被告住所地人民法院管辖。

第三十条 【海损事故管辖】因船舶碰撞或者其他海事损害事故请求损害赔偿提起的诉讼,由碰撞发生地、碰撞船舶最先到达地、加害船舶被扣留地或者被告住所地人民法院管辖。

第三十一条 【海难救助费用管辖】因海难救助费用提起的诉讼,由救助地或者被救助船舶最先到达地人民法院管辖。

第三十二条 【共同海损管辖】因共同海损提起的诉讼,由船舶最先到达地、共同海损理算地或者航程终止地的人民法院管辖。

第三十三条 【专属管辖】下列案件,由本条规定的人民法院专属管辖:

（一）因不动产纠纷提起的诉讼，由不动产所在地人民法院管辖；

（二）因港口作业中发生纠纷提起的诉讼，由港口所在地人民法院管辖；

（三）因继承遗产纠纷提起的诉讼，由被继承人死亡时住所地或者主要遗产所在地人民法院管辖。

第三十四条 【协议管辖】合同或者其他财产权益纠纷的当事人可以书面协议选择被告住所地、合同履行地、合同签订地、原告住所地、标的物所在地等与争议有实际联系的地点的人民法院管辖，但不得违反本法对级别管辖和专属管辖的规定。

第三十五条 【共同管辖】两个以上人民法院都有管辖权的诉讼，原告可以向其中一个人民法院起诉；原告向两个以上有管辖权的人民法院起诉的，由最先立案的人民法院管辖。

第三节 移送管辖和指定管辖

第三十六条 【移送管辖】人民法院发现受理的案件不属于本院管辖的，应当移送有管辖权的人民法院，受移送的人民法院应当受理。受移送的人民法院认为受移送的案件依照规定不属于本院管辖的，应当报请上级人民法院指定管辖，不得再自行移送。

第三十七条 【指定管辖】有管辖权的人民法院由于特殊原因，不能行使管辖权的，由上级人民法院指定管辖。

人民法院之间因管辖权发生争议，由争议双方协商解决；协商解决不了的，报请它们的共同上级人民法院指定管辖。

第三十八条 【管辖权转移】上级人民法院有权审理下级人民法院管辖的第一审民事案件；确有必要将本院管辖的第一审民事案件交下级人民法院审理的，应当报请其上级人民法院批准。

下级人民法院对它所管辖的第一审民事案件，认为需要由上级人民法院审理的，可以报请上级人民法院审理。

第三章 审 判 组 织

第三十九条 【一审审判组织】人民法院审理第一审民事案件，由审判员、陪审员共同组成合议庭或者由审判员组成合议庭。合议庭的成员人数，必须是单数。

适用简易程序审理的民事案件，由审判员一人独任审理。

陪审员在执行陪审职务时，与审判员有同等的权利义务。

第四十条 【二审、重审、再审审判组织】人民法院审理第二审民事案件，由审判员组成合议庭。合议庭的成员人数，必须是单数。

发回重审的案件，原审人民法院应当按照第一审程序另行组成合议庭。

审理再审案件，原来是第一审的，按照第一审程序另行组成合议庭；原来是第二审的或者是上级人民法院提审的，按照第二审程序另行组成合议庭。

第四十一条 【审判长】合议庭的审判长由院长或者庭长指定审判员一人担任；院长或

者庭长参加审判的,由院长或者庭长担任。

第四十二条 【评议原则】合议庭评议案件,实行少数服从多数的原则。评议应当制作笔录,由合议庭成员签名。评议中的不同意见,必须如实记入笔录。

第四十三条 【依法办案】审判人员应当依法秉公办案。

审判人员不得接受当事人及其诉讼代理人请客送礼。

审判人员有贪污受贿,徇私舞弊,枉法裁判行为的,应当追究法律责任;构成犯罪的,依法追究刑事责任。

第四章 回 避

第四十四条 【回避情形】审判人员有下列情形之一的,应当自行回避,当事人有权用口头或者书面方式申请他们回避:

(一)是本案当事人或者当事人、诉讼代理人近亲属的;

(二)与本案有利害关系的;

(三)与本案当事人、诉讼代理人有其他关系,可能影响对案件公正审理的。

审判人员接受当事人、诉讼代理人请客送礼,或者违反规定会见当事人、诉讼代理人的,当事人有权要求他们回避。

审判人员有前款规定的行为的,应当依法追究法律责任。

前三款规定,适用于书记员、翻译人员、鉴定人、勘验人。

第四十五条 【回避申请】当事人提出回避申请,应当说明理由,在案件开始审理时提出;回避事由在案件开始审理后知道的,也可以在法庭辩论终结前提出。

被申请回避的人员在人民法院作出是否回避的决定前,应当暂停参与本案的工作,但案件需要采取紧急措施的除外。

第四十六条 【回避决定权人】院长担任审判长时的回避,由审判委员会决定;审判人员的回避,由院长决定;其他人员的回避,由审判长决定。

第四十七条 【回避申请决定程序】人民法院对当事人提出的回避申请,应当在申请提出的三日内,以口头或者书面形式作出决定。申请人对决定不服的,可以在接到决定时申请复议一次。复议期间,被申请回避的人员,不停止参与本案的工作。人民法院对复议申请,应当在三日内作出复议决定,并通知复议申请人。

第五章 诉讼参加人

第一节 当 事 人

第四十八条 【诉讼当事人】公民、法人和其他组织可以作为民事诉讼的当事人。

法人由其法定代表人进行诉讼。其他组织由其主要负责人进行诉讼。

第四十九条 【诉讼权利义务】当事人有权委托代理人,提出回避申请,收集、提供证据,进行辩论，请求调解，提起上诉，申请执行。

当事人可以查阅本案有关材料，并可以复制本案有关材料和法律文书。查阅、复制本案有关材料的范围和办法由最高人民法院规定。

当事人必须依法行使诉讼权利，遵守诉讼秩序，履行发生法律效力的判决书、裁定书和调解书。

第五十条 【和解】双方当事人可以自行和解。

第五十一条 【诉讼请求、反诉】原告可以放弃或者变更诉讼请求。被告可以承认或者反驳诉讼请求，有权提起反诉。

第五十二条 【共同诉讼】当事人一方或者双方为二人以上，其诉讼标的是共同的，或者诉讼标的是同一种类、人民法院认为可以合并审理并经当事人同意的，为共同诉讼。

共同诉讼的一方当事人对诉讼标的有共同权利义务的，其中一人的诉讼行为经其他共同诉讼人承认，对其他共同诉讼人发生效力；对诉讼标的没有共同权利义务的，其中一人的诉讼行为对其他共同诉讼人不发生效力。

第五十三条 【人数确定的代表人诉讼】当事人一方人数众多的共同诉讼，可以由当事人推选代表人进行诉讼。代表人的诉讼行为对其所代表的当事人发生效力，但代表人变更、放弃诉讼请求或者承认对方当事人的诉讼请求，进行和解，必须经被代表的当事人同意。

第五十四条 【人数不确定的代表人诉讼】诉讼标的是同一种类、当事人一方人数众多在起诉时人数尚未确定的，人民法院可以发出公告，说明案件情况和诉讼请求，通知权利人在一定期间向人民法院登记。

向人民法院登记的权利人可以推选代表人进行诉讼；推选不出代表人的，人民法院可以与参加登记的权利人商定代表人。

代表人的诉讼行为对其所代表的当事人发生效力，但代表人变更、放弃诉讼请求或者承认对方当事人的诉讼请求，进行和解，必须经被代表的当事人同意。

人民法院作出的判决、裁定，对参加登记的全体权利人发生效力。未参加登记的权利人在诉讼时效期间提起诉讼的，适用该判决、裁定。

第五十五条 【民事公益诉讼】对污染环境、侵害众多消费者合法权益等损害社会公共利益的行为，法律规定的机关和有关组织可以向人民法院提起诉讼。

人民检察院在履行职责中发现破坏生态环境和资源保护、食品药品安全领域侵害众多消费者合法权益等损害社会公共利益的行为，在没有前款规定的机关和组织或者前款规定的机关和组织不提起诉讼的情况下，可以向人民法院提起诉讼。前款规定的机关或者组织提起诉讼的，人民检察院可以支持起诉。

第五十六条 【诉讼第三人、第三人撤销之诉】对当事人双方的诉讼标的，第三人认为有独立请求权的，有权提起诉讼。

对当事人双方的诉讼标的，第三人虽然没有独立请求权，但案件处理结果同他有法律上的利害关系的，可以申请参加诉讼，或者由人民法院通知他参加诉讼。人民法院判决承担民事责任的第三人，有当事人的诉讼权利义务。

前两款规定的第三人，因不能归责于本人的事由未参加诉讼，但有证据证明发生法律效力的判决、裁定、调解书的部分或者全部内容错误，损害其民事权益的，可以自知道或者应当知道其民事权益受到损害之日起六个月内，向作出该判决、裁定、调解书的人民法院提起诉讼。人民法院经审理，诉讼请求成立的，应当改变或者撤销原判决、裁定、调解书；诉讼请求不成立的，驳回诉讼请求。

第二节 诉讼代理人

第五十七条 【法定代理人】无诉讼行为能力人由他的监护人作为法定代理人代为诉讼。法定代理人之间互相推诿代理责任的，由人民法院指定其中一人代为诉讼。

第五十八条 【委托代理人】当事人、法定代理人可以委托一至二人作为诉讼代理人。

下列人员可以被委托为诉讼代理人：

（一）律师、基层法律服务工作者；

（二）当事人的近亲属或者工作人员；

（三）当事人所在社区、单位以及有关社会团体推荐的公民。

第五十九条 【委托程序】委托他人代为诉讼，必须向人民法院提交由委托人签名或者盖章的授权委托书。

授权委托书必须记明委托事项和权限。诉讼代理人代为承认、放弃、变更诉讼请求，进行和解，提起反诉或者上诉，必须有委托人的特别授权。

侨居在国外的中华人民共和国公民从国外寄交或者托交的授权委托书，必须经中华人民共和国驻该国的使领馆证明；没有使领馆的，由与中华人民共和国有外交关系的第三国驻该国的使领馆证明，再转由中华人民共和国驻该第三国使领馆证明，或者由当地的爱国华侨团体证明。

第六十条 【代理权变更、解除】诉讼代理人的权限如果变更或者解除，当事人应当书面告知人民法院，并由人民法院通知对方当事人。

第六十一条 【诉讼代理人权利】代理诉讼的律师和其他诉讼代理人有权调查收集证据，可以查阅本案有关材料。查阅本案有关材料的范围和办法由最高人民法院规定。

第六十二条 【离婚诉讼代理】离婚案件有诉讼代理人的，本人除不能表达意思的以外，仍应出庭；确因特殊情况无法出庭的，必须向人民法院提交书面意见。

第六章 证 据

第六十三条 【证据种类】证据包括：

（一）当事人的陈述；

（二）书证；

（三）物证；

（四）视听资料；

（五）电子数据；

（六）证人证言；

（七）鉴定意见；

（八）勘验笔录。

证据必须查证属实，才能作为认定事实的根据。

第六十四条 【举证责任】当事人对自己提出的主张，有责任提供证据。

当事人及其诉讼代理人因客观原因不能自行收集的证据，或者人民法院认为审理案件需要的证据，人民法院应当调查收集。

人民法院应当按照法定程序，全面地、客观地审查核实证据。

第六十五条 【及时提供证据义务】当事人对自己提出的主张应当及时提供证据。

人民法院根据当事人的主张和案件审理情况，确定当事人应当提供的证据及其期限。当事人在该期限内提供证据确有困难的，可以向人民法院申请延长期限，人民法院根据当事人的申请适当延长。当事人逾期提供证据的，人民法院应当责令其说明理由；拒不说明理由或者理由不成立的，人民法院根据不同情形可以不予采纳该证据，或者采纳该证据但予以训诫、罚款。

第六十六条 【证据收据】人民法院收到当事人提交的证据材料，应当出具收据，写明证据名称、页数、份数、原件或者复印件以及收到时间等，并由经办人员签名或者盖章。

第六十七条 【人民法院调查取证】人民法院有权向有关单位和个人调查取证，有关单位和个人不得拒绝。

人民法院对有关单位和个人提出的证明文书，应当辨别真伪，审查确定其效力。

第六十八条 【法庭质证】证据应当在法庭上出示，并由当事人互相质证。对涉及国家秘密、商业秘密和个人隐私的证据应当保密，需要在法庭出示的，不得在公开开庭时出示。

第六十九条 【公证证据效力】经过法定程序公证证明的法律事实和文书，人民法院应当作为认定事实的根据，但有相反证据足以推翻公证证明的除外。

第七十条 【书证、物证】书证应当提交原件。物证应当提交原物。提交原件或者原物确有困难的，可以提交复制品、照片、副本、节录本。

提交外文书证，必须附有中文译本。

第七十一条 【视听资料】人民法院对视听资料，应当辨别真伪，并结合本案的其他证据，审查确定能否作为认定事实的根据。

第七十二条 【证人义务、资格】凡是知道案件情况的单位和个人，都有义务出庭作证。有关单位的负责人应当支持证人作证。

不能正确表达意思的人，不能作证。

第七十三条 【证人出庭作证】经人民法院通知，证人应当出庭作证。有下列情形之一的，经人民法院许可，可以通过书面证言、视听传输技术或者视听资料等方式作证：

（一）因健康原因不能出庭的；

（二）因路途遥远，交通不便不能出庭的；

（三）因自然灾害等不可抗力不能出庭的；

（四）其他有正当理由不能出庭的。

第七十四条 【证人出庭费用负担】证人因履行出庭作证义务而支出的交通、住宿、就餐等必要费用以及误工损失，由败诉一方当事人负担。当事人申请证人作证的，由该当事人先行垫付；当事人没有申请，人民法院通知证人作证的，由人民法院先行垫付。

第七十五条 【当事人陈述】人民法院对当事人的陈述，应当结合本案的其他证据，审查确定能否作为认定事实的根据。

当事人拒绝陈述的，不影响人民法院根据证据认定案件事实。

第七十六条 【鉴定程序启动】当事人可以就查明事实的专门性问题向人民法院申请鉴定。当事人申请鉴定的，由双方当事人协商确定具备资格的鉴定人；协商不成的，由人民法院指定。

当事人未申请鉴定，人民法院对专门性问题认为需要鉴定的，应当委托具备资格的鉴定人进行鉴定。

第七十七条 【鉴定人权利义务】鉴定人有权了解进行鉴定所需要的案件材料，必要时可以询问当事人、证人。

鉴定人应当提出书面鉴定意见，在鉴定书上签名或者盖章。

第七十八条 【鉴定人出庭作证】当事人对鉴定意见有异议或者人民法院认为鉴定人有必要出庭的，鉴定人应当出庭作证。经人民法院通知，鉴定人拒不出庭作证的，鉴定意见不得作为认定事实的根据；支付鉴定费用的当事人可以要求返还鉴定费用。

第七十九条 【专家证人出庭】当事人可以申请人民法院通知有专门知识的人出庭，就鉴定人作出的鉴定意见或者专业问题提出意见。

第八十条 【勘验笔录】勘验物证或者现场，勘验人必须出示人民法院的证件，并邀请当地基层组织或者当事人所在单位派人参加。当事人或者当事人的成年家属应当到场，拒不到场的，不影响勘验的进行。

有关单位和个人根据人民法院的通知，有义务保护现场，协助勘验工作。

勘验人应当将勘验情况和结果制作笔录，由勘验人、当事人和被邀参加人签名或者盖章。

第八十一条 【证据保全】在证据可能灭失或者以后难以取得的情况下，当事人可以在诉讼过程中向人民法院申请保全证据，人民法院也可以主动采取保全措施。

因情况紧急，在证据可能灭失或者以后难以取得的情况下，利害关系人可以在提起诉讼或者申请仲裁前向证据所在地、被申请人住所地或者对案件有管辖权的人民法院申请保全证据。

证据保全的其他程序，参照适用本法第九章保全的有关规定。

第七章 期间、送达

第一节 期 间

第八十二条 【期间种类、计算】期间包括法定期间和人民法院指定的期间。

期间以时、日、月、年计算。期间开始的时和日,不计算在期间内。

期间届满的最后一日是节假日的,以节假日后的第一日为期间届满的日期。

期间不包括在途时间,诉讼文书在期满前交邮的,不算过期。

第八十三条 【期间顺延】当事人因不可抗拒的事由或者其他正当理由耽误期限的,在障碍消除后的十日内,可以申请顺延期限,是否准许,由人民法院决定。

第二节 送 达

第八十四条 【送达回证】送达诉讼文书必须有送达回证,由受送达人在送达回证上记明收到日期,签名或者盖章。

受送达人在送达回证上的签收日期为送达日期。

第八十五条 【直接送达】送达诉讼文书,应当直接送交受送达人。受送达人是公民的,本人不在交他的同住成年家属签收;受送达人是法人或者其他组织的,应当由法人的法定代表人、其他组织的主要负责人或者该法人、组织负责收件的人签收;受送达人有诉讼代理人的,可以送交其代理人签收;受送达人已向人民法院指定代收人的,送交代收人签收。

受送达人的同住成年家属,法人或者其他组织的负责收件的人,诉讼代理人或者代收人在送达回证上签收的日期为送达日期。

第八十六条 【留置送达】受送达人或者他的同住成年家属拒绝接收诉讼文书的,送达人可以邀请有关基层组织或者所在单位的代表到场,说明情况,在送达回证上记明拒收事由和日期,由送达人、见证人签名或者盖章,把诉讼文书留在受送达人的住所;也可以把诉讼文书留在受送达人的住所,并采用拍照、录像等方式记录送达过程,即视为送达。

第八十七条 【简易送达】经受送达人同意,人民法院可以采用传真、电子邮件等能够确认其收悉的方式送达诉讼文书,但判决书、裁定书、调解书除外。

采用前款方式送达的,以传真、电子邮件等到达受送达人特定系统的日期为送达日期。

第八十八条 【委托送达、邮寄送达】直接送达诉讼文书有困难的,可以委托其他人民法院代为送达,或者邮寄送达。邮寄送达的,以回执上注明的收件日期为送达日期。

第八十九条 【转交送达之一】受送达人是军人的,通过其所在部队团以上单位的政治机关转交。

第九十条 【转交送达之二】受送达人被监禁的,通过其所在监所转交。

受送达人被采取强制性教育措施的,通过其所在强制性教育机构转交。

第九十一条 【转交送达日期】代为转交的机关、单位收到诉讼文书后,必须立即交受送达人签收,以在送达回证上的签收日期,为送达日期。

第九十二条 【公告送达】受送达人下落不明,或者用本节规定的其他方式无法送达的,公告送达。自发出公告之日起,经过六十日,即视为送达。

公告送达,应当在案卷中记明原因和经过。

第八章 调 解

第九十三条 【调解原则】人民法院审理民事案件,根据当事人自愿的原则,在事实清楚的基础上,分清是非,进行调解。

第九十四条 【调解组织形式】人民法院进行调解,可以由审判员一人主持,也可以由合议庭主持,并尽可能就地进行。

人民法院进行调解,可以用简便方式通知当事人、证人到庭。

第九十五条 【协助调解】人民法院进行调解,可以邀请有关单位和个人协助。被邀请的单位和个人,应当协助人民法院进行调解。

第九十六条 【调解协议】调解达成协议,必须双方自愿,不得强迫。调解协议的内容不得违反法律规定。

第九十七条 【调解书】调解达成协议,人民法院应当制作调解书。调解书应当写明诉讼请求、案件的事实和调解结果。

调解书由审判人员、书记员署名,加盖人民法院印章,送达双方当事人。

调解书经双方当事人签收后,即具有法律效力。

第九十八条 【不制作调解书的情形】下列案件调解达成协议,人民法院可以不制作调解书:

(一)调解和好的离婚案件;

(二)调解维持收养关系的案件;

(三)能够即时履行的案件;

(四)其他不需要制作调解书的案件。

对不需要制作调解书的协议,应当记入笔录,由双方当事人、审判人员、书记员签名或者盖章后,即具有法律效力。

第九十九条 【调解失败】调解未达成协议或者调解书送达前一方反悔的,人民法院应当及时判决。

第九章 保全和先予执行

第一百条 【诉讼中保全】人民法院对于可能因当事人一方的行为或者其他原因,使判决难以执行或者造成当事人其他损害的案件,根据对方当事人的申请,可以裁定对其财产进行保全、责令其作出一定行为或者禁止其作出一定行为;当事人没有提出申请的,人民法院在必要时也可以裁定采取保全措施。

人民法院采取保全措施，可以责令申请人提供担保，申请人不提供担保的，裁定驳回申请。

人民法院接受申请后，对情况紧急的，必须在四十八小时内作出裁定；裁定采取保全措施的，应当立即开始执行。

第一百零一条　【诉前保全】利害关系人因情况紧急，不立即申请保全将会使其合法权益受到难以弥补的损害的，可以在提起诉讼或者申请仲裁前向被保全财产所在地、被申请人住所地或者对案件有管辖权的人民法院申请采取保全措施。申请人应当提供担保，不提供担保的，裁定驳回申请。

人民法院接受申请后，必须在四十八小时内作出裁定；裁定采取保全措施的，应当立即开始执行。

申请人在人民法院采取保全措施后三十日内不依法提起诉讼或者申请仲裁的，人民法院应当解除保全。

第一百零二条　【保全范围】保全限于请求的范围，或者与本案有关的财物。

第一百零三条　【财产保全措施】财产保全采取查封、扣押、冻结或者法律规定的其他方法。人民法院保全财产后，应当立即通知被保全财产的人。

财产已被查封、冻结的，不得重复查封、冻结。

第一百零四条　【保全解除】财产纠纷案件，被申请人提供担保的，人民法院应当裁定解除保全。

第一百零五条　【保全错误补救】申请有错误的，申请人应当赔偿被申请人因保全所遭受的损失。

第一百零六条　【先予执行】人民法院对下列案件，根据当事人的申请，可以裁定先予执行：

（一）追索赡养费、扶养费、抚育费、抚恤金、医疗费用的；

（二）追索劳动报酬的；

（三）因情况紧急需要先予执行的。

第一百零七条　【先予执行条件】人民法院裁定先予执行的，应当符合下列条件：

（一）当事人之间权利义务关系明确，不先予执行将严重影响申请人的生活或者生产经营的；

（二）被申请人有履行能力。

人民法院可以责令申请人提供担保，申请人不提供担保的，驳回申请。申请人败诉的，应当赔偿被申请人因先予执行遭受的财产损失。

第一百零八条　【复议】当事人对保全或者先予执行的裁定不服的，可以申请复议一次。复议期间不停止裁定的执行。

第十章　对妨害民事诉讼的强制措施

第一百零九条　【拘传】人民法院对必须到庭的被告，经两次传票传唤，无正当理由拒不到庭的，可以拘传。

第一百一十条 【对妨害法庭秩序的强制措施】诉讼参与人和其他人应当遵守法庭规则。

人民法院对违反法庭规则的人，可以予以训诫，责令退出法庭或者予以罚款、拘留。

人民法院对哄闹、冲击法庭，侮辱、诽谤、威胁、殴打审判人员，严重扰乱法庭秩序的人，依法追究刑事责任；情节较轻的，予以罚款、拘留。

第一百一十一条 【对某些妨害诉讼行为的强制措施】诉讼参与人或者其他人有下列行为之一的，人民法院可以根据情节轻重予以罚款、拘留；构成犯罪的，依法追究刑事责任：

（一）伪造、毁灭重要证据，妨碍人民法院审理案件的；

（二）以暴力、威胁、贿买方法阻止证人作证或者指使、贿买、胁迫他人作伪证的；

（三）隐藏、转移、变卖、毁损已被查封、扣押的财产，或者已被清点并责令其保管的财产，转移已被冻结的财产的；

（四）对司法工作人员、诉讼参加人、证人、翻译人员、鉴定人、勘验人、协助执行的人，进行侮辱、诽谤、诬陷、殴打或者打击报复的；

（五）以暴力、威胁或者其他方法阻碍司法工作人员执行职务的；

（六）拒不履行人民法院已经发生法律效力的判决、裁定的。

人民法院对有前款规定的行为之一的单位，可以对其主要负责人或者直接责任人员予以罚款、拘留；构成犯罪的，依法追究刑事责任。

第一百一十二条 【对虚假诉讼、调解行为的司法处罚】当事人之间恶意串通，企图通过诉讼、调解等方式侵害他人合法权益的，人民法院应当驳回其请求，并根据情节轻重予以罚款、拘留；构成犯罪的，依法追究刑事责任。

第一百一十三条 【对恶意串通逃避执行行为的司法处罚】被执行人与他人恶意串通，通过诉讼、仲裁、调解等方式逃避履行法律文书确定的义务的，人民法院应当根据情节轻重予以罚款、拘留；构成犯罪的，依法追究刑事责任。

第一百一十四条 【不协助调查、执行的强制措施】有义务协助调查、执行的单位有下列行为之一的，人民法院除责令其履行协助义务外，并可以予以罚款：

（一）有关单位拒绝或者妨碍人民法院调查取证的；

（二）有关单位接到人民法院协助执行通知书后，拒不协助查询、扣押、冻结、划拨、变价财产的；

（三）有关单位接到人民法院协助执行通知书后，拒不协助扣留被执行人的收入、办理有关财产权证照转移手续、转交有关票证、证照或者其他财产的；

（四）其他拒绝协助执行的。

人民法院对有前款规定的行为之一的单位，可以对其主要负责人或者直接责任人员予以罚款；对仍不履行协助义务的，可以予以拘留；并可以向监察机关或者有关机关提出予以纪律处分的司法建议。

第一百一十五条 【罚款、拘留】对个人的罚款金额,为人民币十万元以下。对单位的罚款金额,为人民币五万元以上一百万元以下。

拘留的期限,为十五日以下。

被拘留的人,由人民法院交公安机关看管。在拘留期间,被拘留人承认并改正错误的,人民法院可以决定提前解除拘留。

第一百一十六条 【拘传、罚款、拘留程序】拘传、罚款、拘留必须经院长批准。

拘传应当发拘传票。

罚款、拘留应当用决定书。对决定不服的,可以向上一级人民法院申请复议一次。复议期间不停止执行。

第一百一十七条 【强制措施决定权】采取对妨害民事诉讼的强制措施必须由人民法院决定。任何单位和个人采取非法拘禁他人或者非法私自扣押他人财产追索债务的,应当依法追究刑事责任,或者予以拘留、罚款。

第十一章 诉 讼 费 用

第一百一十八条 【诉讼费用的交纳】当事人进行民事诉讼,应当按照规定交纳案件受理费。财产案件除交纳案件受理费外,并按照规定交纳其他诉讼费用。

当事人交纳诉讼费用确有困难的,可以按照规定向人民法院申请缓交、减交或者免交。

收取诉讼费用的办法另行制定。

第二编 审 判 程 序

第十二章 第一审普通程序

第一节 起诉和受理

第一百一十九条 【起诉条件】起诉必须符合下列条件:

(一)原告是与本案有直接利害关系的公民、法人和其他组织;

(二)有明确的被告;

(三)有具体的诉讼请求和事实、理由;

(四)属于人民法院受理民事诉讼的范围和受诉人民法院管辖。

第一百二十条 【起诉方式】起诉应当向人民法院递交起诉状,并按照被告人数提出副本。

书写起诉状确有困难的,可以口头起诉,由人民法院记入笔录,并告知对方当事人。

第一百二十一条 【起诉状】起诉状应当记明下列事项:

(一)原告的姓名、性别、年龄、民族、职业、工作单位、住所、联系方式,法人或者其他组织的名称、住所和法定代表人或者主要负责人的姓名、职务、联系方式;

(二)被告的姓名、性别、工作单位、住所等信息,法人或者其他组织的名称、住所等信息;

(三)诉讼请求和所根据的事实与理由;

(四)证据和证据来源,证人姓名和住所。

第一百二十二条 【先行调解】当事人起诉到人民法院的民事纠纷,适宜调解的,先行调解,但当事人拒绝调解的除外。

第一百二十三条 【立案期限】人民法院应当保障当事人依照法律规定享有的起诉权利。对符合本法第一百一十九条的起诉,必须受理。符合起诉条件的,应当在七日内立案,并通知当事人;不符合起诉条件的,应当在七日内作出裁定书,不予受理;原告对裁定不服的,可以提起上诉。

第一百二十四条 【审查起诉】人民法院对下列起诉,分别情形,予以处理:

(一)依照行政诉讼法的规定,属于行政诉讼受案范围的,告知原告提起行政诉讼;

(二)依照法律规定,双方当事人达成书面仲裁协议申请仲裁、不得向人民法院起诉的,告知原告向仲裁机构申请仲裁;

(三)依照法律规定,应当由其他机关处理的争议,告知原告向有关机关申请解决;

(四)对不属于本院管辖的案件,告知原告向有管辖权的人民法院起诉;

(五)对判决、裁定、调解书已经发生法律效力的案件,当事人又起诉的,告知原告申请再审,但人民法院准许撤诉的裁定除外;

(六)依照法律规定,在一定期限内不得起诉的案件,在不得起诉的期限内起诉的,不予受理;

(七)判决不准离婚和调解和好的离婚案件,判决、调解维持收养关系的案件,没有新情况、新理由,原告在六个月内又起诉的,不予受理。

第二节 审理前的准备

第一百二十五条 【答辩状提出】人民法院应当在立案之日起五日内将起诉状副本发送被告,被告应当在收到之日起十五日内提出答辩状。答辩状应当记明被告的姓名、性别、年龄、民族、职业、工作单位、住所、联系方式;法人或者其他组织的名称、住所和法定代表人或者主要负责人的姓名、职务、联系方式。人民法院应当在收到答辩状之日起五日内将答辩状副本发送原告。

被告不提出答辩状的,不影响人民法院审理。

第一百二十六条 【权利义务告知】人民法院对决定受理的案件,应当在受理案件通知书和应诉通知书中向当事人告知有关的诉讼权利义务,或者口头告知。

第一百二十七条 【管辖权异议、应诉管辖】人民法院受理案件后,当事人对管辖权有异议的,应当在提交答辩状期间提出。人民法院对当事人提出的异议,应当审查。异议成立的,裁定将案件移送有管辖权的人民法院;异议不成立的,裁定驳回。

当事人未提出管辖异议,并应诉答辩的,视为受诉人民法院有管辖权,但违反级别管辖和专属管辖规定的除外。

第一百二十八条 【告知合议庭组成】合议庭组成人员确定后,应当在三日内告知当事人。

第一百二十九条 【审核取证】审判人员必须认真审核诉讼材料,调查收集必要的证据。

第一百三十条 【法院调查程序】人民法院派出人员进行调查时,应当向被调查人出示证件。

调查笔录经被调查人校阅后,由被调查人、调查人签名或者盖章。

第一百三十一条 【委托调查】人民法院在必要时可以委托外地人民法院调查。

委托调查,必须提出明确的项目和要求。受委托人民法院可以主动补充调查。

受委托人民法院收到委托书后,应当在三十日内完成调查。因故不能完成的,应当在上述期限内函告委托人民法院。

第一百三十二条 【当事人追加】必须共同进行诉讼的当事人没有参加诉讼的,人民法院应当通知其参加诉讼。

第一百三十三条 【开庭准备程序】人民法院对受理的案件,分别情形,予以处理:

(一)当事人没有争议,符合督促程序规定条件的,可以转入督促程序;

(二)开庭前可以调解的,采取调解方式及时解决纠纷;

(三)根据案件情况,确定适用简易程序或者普通程序;

(四)需要开庭审理的,通过要求当事人交换证据等方式,明确争议焦点。

第三节 开 庭 审 理

第一百三十四条 【审理方式】人民法院审理民事案件,除涉及国家秘密、个人隐私或者法律另有规定的以外,应当公开进行。

离婚案件,涉及商业秘密的案件,当事人申请不公开审理的,可以不公开审理。

第一百三十五条 【巡回审理】人民法院审理民事案件,根据需要进行巡回审理,就地办案。

第一百三十六条 【开庭通知及公告】人民法院审理民事案件,应当在开庭三日前通知当事人和其他诉讼参与人。公开审理的,应当公告当事人姓名、案由和开庭的时间、地点。

第一百三十七条 【庭前准备】开庭审理前,书记员应当查明当事人和其他诉讼参与人是否到庭,宣布法庭纪律。

开庭审理时,由审判长核对当事人,宣布案由,宣布审判人员、书记员名单,告知当事人有关的诉讼权利义务,询问当事人是否提出回避申请。

第一百三十八条 【法庭调查顺序】法庭调查按照下列顺序进行:

(一)当事人陈述;

(二)告知证人的权利义务,证人作证,宣读未到庭的证人证言;

(三)出示书证、物证、视听资料和电子数据;

(四)宣读鉴定意见;

(五)宣读勘验笔录。

第一百三十九条 【当事人庭审权利】当事人在法庭上可以提出新的证据。

当事人经法庭许可,可以向证人、鉴定人、勘验人发问。

当事人要求重新进行调查、鉴定或者勘验的,是否准许,由人民法院决定。

第一百四十条 【诉的合并】原告增加诉讼请求,被告提出反诉,第三人提出与本案有关的诉讼请求,可以合并审理。

第一百四十一条 【法庭辩论】法庭辩论按照下列顺序进行:

(一)原告及其诉讼代理人发言;

(二)被告及其诉讼代理人答辩;

(三)第三人及其诉讼代理人发言或者答辩;

(四)互相辩论。

法庭辩论终结,由审判长按照原告、被告、第三人的先后顺序征询各方最后意见。

第一百四十二条 【法庭辩论后的调解】法庭辩论终结,应当依法作出判决。判决前能够调解的,还可以进行调解,调解不成的,应当及时判决。

第一百四十三条 【按撤诉处理】原告经传票传唤,无正当理由拒不到庭的,或者未经法庭许可中途退庭的,可以按撤诉处理;被告反诉的,可以缺席判决。

第一百四十四条 【缺席判决】被告经传票传唤,无正当理由拒不到庭的,或者未经法庭许可中途退庭的,可以缺席判决。

第一百四十五条 【撤诉】宣判前,原告申请撤诉的,是否准许,由人民法院裁定。

人民法院裁定不准许撤诉的,原告经传票传唤,无正当理由拒不到庭的,可以缺席判决。

第一百四十六条 【延期审理】有下列情形之一的,可以延期开庭审理:

(一)必须到庭的当事人和其他诉讼参与人有正当理由没有到庭的;

(二)当事人临时提出回避申请的;

(三)需要通知新的证人到庭,调取新的证据,重新鉴定、勘验,或者需要补充调查的;

(四)其他应当延期的情形。

第一百四十七条 【法庭笔录】书记员应当将法庭审理的全部活动记入笔录,由审判人员和书记员签名。

法庭笔录应当当庭宣读,也可以告知当事人和其他诉讼参与人当庭或者在五日内阅读。当事人和其他诉讼参与人认为对自己的陈述记录有遗漏或者差错的,有权申请补正。如果不予补正,应当将申请记录在案。

法庭笔录由当事人和其他诉讼参与人签名或者盖章。拒绝签名盖章的,记明情况附卷。

第一百四十八条 【宣判】人民法院对公开审理或者不公开审理的案件,一律公开宣告判决。

当庭宣判的,应当在十日内发送判决书;定期宣判的,宣判后立即发给判决书。

宣告判决时，必须告知当事人上诉权利、上诉期限和上诉的法院。

宣告离婚判决，必须告知当事人在判决发生法律效力前不得另行结婚。

第一百四十九条 【审限】人民法院适用普通程序审理的案件，应当在立案之日起六个月内审结。有特殊情况需要延长的，由本院院长批准，可以延长六个月；还需要延长的，报请上级人民法院批准。

第四节 诉讼中止和终结

第一百五十条 【中止诉讼】有下列情形之一的，中止诉讼：

（一）一方当事人死亡，需要等待继承人表明是否参加诉讼的；

（二）一方当事人丧失诉讼行为能力，尚未确定法定代理人的；

（三）作为一方当事人的法人或者其他组织终止，尚未确定权利义务承受人的；

（四）一方当事人因不可抗拒的事由，不能参加诉讼的；

（五）本案必须以另一案的审理结果为依据，而另一案尚未审结的；

（六）其他应当中止诉讼的情形。

中止诉讼的原因消除后，恢复诉讼。

第一百五十一条 【终结诉讼】有下列情形之一的，终结诉讼：

（一）原告死亡，没有继承人，或者继承人放弃诉讼权利的；

（二）被告死亡，没有遗产，也没有应当承担义务的人的；

（三）离婚案件一方当事人死亡的；

（四）追索赡养费、扶养费、抚育费以及解除收养关系案件的一方当事人死亡的。

第五节 判决和裁定

第一百五十二条 【判决书】判决书应当写明判决结果和作出该判决的理由。判决书内容包括：

（一）案由、诉讼请求、争议的事实和理由；

（二）判决认定的事实和理由、适用的法律和理由；

（三）判决结果和诉讼费用的负担；

（四）上诉期间和上诉的法院。

判决书由审判人员、书记员署名，加盖人民法院印章。

第一百五十三条 【先行判决】人民法院审理案件，其中一部分事实已经清楚，可以就该部分先行判决。

第一百五十四条 【裁定】裁定适用于下列范围：

（一）不予受理；

（二）对管辖权有异议的；

（三）驳回起诉；

（四）保全和先予执行；

（五）准许或者不准许撤诉；

（六）中止或者终结诉讼；

（七）补正判决书中的笔误；

（八）中止或者终结执行；

（九）撤销或者不予执行仲裁裁决；

（十）不予执行公证机关赋予强制执行效力的债权文书；

（十一）其他需要裁定解决的事项。

对前款第一项至第三项裁定，可以上诉。

裁定书应当写明裁定结果和作出该裁定的理由。裁定书由审判人员、书记员署名，加盖人民法院印章。口头裁定的，记入笔录。

第一百五十五条 【生效裁判】最高人民法院的判决、裁定，以及依法不准上诉或者超过上诉期没有上诉的判决、裁定，是发生法律效力的判决、裁定。

第一百五十六条 【裁判文书公开】公众可以查阅发生法律效力的判决书、裁定书，但涉及国家秘密、商业秘密和个人隐私的内容除外。

第十三章 简易程序

第一百五十七条 【适用范围】基层人民法院和它派出的法庭审理事实清楚、权利义务关系明确、争议不大的简单的民事案件，适用本章规定。

基层人民法院和它派出的法庭审理前款规定以外的民事案件，当事人双方也可以约定适用简易程序。

第一百五十八条 【起诉方式】对简单的民事案件，原告可以口头起诉。

当事人双方可以同时到基层人民法院或者它派出的法庭，请求解决纠纷。基层人民法院或者它派出的法庭可以当即审理，也可以另定日期审理。

第一百五十九条 【简便方式传唤、送达和审理】基层人民法院和它派出的法庭审理简单的民事案件，可以用简便方式传唤当事人和证人、送达诉讼文书、审理案件，但应当保障当事人陈述意见的权利。

第一百六十条 【审理方式】简单的民事案件由审判员一人独任审理，并不受本法第一百三十六条、第一百三十八条、第一百四十一条规定的限制。

第一百六十一条 【审理期限】人民法院适用简易程序审理案件，应当在立案之日起三个月内审结。

第一百六十二条 【小额诉讼程序】基层人民法院和它派出的法庭审理符合本法第一百五十七条第一款规定的简单的民事案件，标的额为各省、自治区、直辖市上年度就业人员年平均工资百分之三十以下的，实行一审终审。

第一百六十三条 【简易程序转普通程序】人民法院在审理过程中，发现案件不宜适用简易程序的，裁定转为普通程序。

第十四章 第二审程序

第一百六十四条 【上诉】当事人不服地方人民法院第一审判决的，有权在判决书送达之日起十五日内向上一级人民法院提起上诉。

当事人不服地方人民法院第一审裁定的，有权在裁定书送达之日起十日内向上一级人民法院提起上诉。

第一百六十五条 【上诉状】上诉应当递交上诉状。上诉状的内容，应当包括当事人的姓名，法人的名称及其法定代表人的姓名或者其他组织的名称及其主要负责人的姓名；原审人民法院名称、案件的编号和案由；上诉的请求和理由。

第一百六十六条 【上诉方式】上诉状应当通过原审人民法院提出，并按照对方当事人或者代表人的人数提出副本。

当事人直接向第二审人民法院上诉的，第二审人民法院应当在五日内将上诉状移交原审人民法院。

第一百六十七条 【受理上诉】原审人民法院收到上诉状，应当在五日内将上诉状副本送达对方当事人，对方当事人在收到之日起十五日内提出答辩状。人民法院应当在收到答辩状之日起五日内将副本送达上诉人。对方当事人不提出答辩状的，不影响人民法院审理。

原审人民法院收到上诉状、答辩状，应当在五日内连同全部案卷和证据，报送第二审人民法院。

第一百六十八条 【审查范围】第二审人民法院应当对上诉请求的有关事实和适用法律进行审查。

第一百六十九条 【二审审理方式】第二审人民法院对上诉案件，应当组成合议庭，开庭审理。经过阅卷、调查和询问当事人，对没有提出新的事实、证据或者理由，合议庭认为不需要开庭审理的，可以不开庭审理。

第二审人民法院审理上诉案件，可以在本院进行，也可以到案件发生地或者原审人民法院所在地进行。

第一百七十条 【二审裁判】第二审人民法院对上诉案件，经过审理，按照下列情形，分别处理：

（一）原判决、裁定认定事实清楚，适用法律正确的，以判决、裁定方式驳回上诉，维持原判决、裁定；

（二）原判决、裁定认定事实错误或者适用法律错误的，以判决、裁定方式依法改判、撤销或者变更；

（三）原判决认定基本事实不清的，裁定撤销原判决，发回原审人民法院重审，或者查清事实后改判；

（四）原判决遗漏当事人或者违法缺席判决等严重违反法定程序的，裁定撤销原判决，发回原审人民法院重审。

原审人民法院对发回重审的案件作出判决后，当事人提起上诉的，第二审人民法院不得再次发回重审。

第一百七十一条 【裁定上诉处理】第二审人民法院对不服第一审人民法院裁定的上诉案件的处理，一律使用裁定。

第一百七十二条 【二审调解】第二审人民法院审理上诉案件，可以进行调解。调解达成协议，应当制作调解书，由审判人员、书记员署名，加盖人民法院印章。调解书送达后，原审人民法院的判决即视为撤销。

第一百七十三条 【撤回上诉】第二审人民法院判决宣告前，上诉人申请撤回上诉的，是否准许，由第二审人民法院裁定。

第一百七十四条 【二审适用程序】第二审人民法院审理上诉案件，除依照本章规定外，适用第一审普通程序。

第一百七十五条 【二审裁判效力】第二审人民法院的判决、裁定，是终审的判决、裁定。

第一百七十六条 【二审审限】人民法院审理对判决的上诉案件，应当在第二审立案之日起三个月内审结。有特殊情况需要延长的，由本院院长批准。

人民法院审理对裁定的上诉案件，应当在第二审立案之日起三十日内作出终审裁定。

第十五章 特别程序

第一节 一般规定

第一百七十七条 【适用范围】人民法院审理选民资格案件、宣告失踪或者宣告死亡案件、认定公民无民事行为能力或者限制民事行为能力案件、认定财产无主案件、确认调解协议案件和实现担保物权案件，适用本章规定。本章没有规定的，适用本法和其他法律的有关规定。

第一百七十八条 【审级及审判组织】依照本章程序审理的案件，实行一审终审。选民资格案件或者重大、疑难的案件，由审判员组成合议庭审理；其他案件由审判员一人独任审理。

第一百七十九条 【特别程序转化】人民法院在依照本章程序审理案件的过程中，发现本案属于民事权益争议的，应当裁定终结特别程序，并告知利害关系人可以另行起诉。

第一百八十条 【审限】人民法院适用特别程序审理的案件，应当在立案之日起三十日内或者公告期满后三十日内审结。有特殊情况需要延长的，由本院院长批准。但审理选民资格的案件除外。

第二节 选民资格案件

第一百八十一条 【起诉与受理】公民不服选举委员会对选民资格的申诉所作的处理决

定,可以在选举日的五日以前向选区所在地基层人民法院起诉。

第一百八十二条 【审限与判决】人民法院受理选民资格案件后,必须在选举日前审结。

审理时,起诉人、选举委员会的代表和有关公民必须参加。

人民法院的判决书,应当在选举日前送达选举委员会和起诉人,并通知有关公民。

第三节 宣告失踪、宣告死亡案件

第一百八十三条 【宣告失踪】公民下落不明满二年,利害关系人申请宣告其失踪的,向下落不明人住所地基层人民法院提出。

申请书应当写明失踪的事实、时间和请求,并附有公安机关或者其他有关机关关于该公民下落不明的书面证明。

第一百八十四条 【宣告死亡】公民下落不明满四年,或者因意外事故下落不明满二年,或者因意外事故下落不明,经有关机关证明该公民不可能生存,利害关系人申请宣告其死亡的,向下落不明人住所地基层人民法院提出。

申请书应当写明下落不明的事实、时间和请求,并附有公安机关或者其他有关机关关于该公民下落不明的书面证明。

第一百八十五条 【公告与判决】人民法院受理宣告失踪、宣告死亡案件后,应当发出寻找下落不明人的公告。宣告失踪的公告期间为三个月,宣告死亡的公告期间为一年。因意外事故下落不明,经有关机关证明该公民不可能生存的,宣告死亡的公告期间为三个月。

公告期间届满,人民法院应当根据被宣告失踪、宣告死亡的事实是否得到确认,作出宣告失踪、宣告死亡的判决或者驳回申请的判决。

第一百八十六条 【判决撤销】被宣告失踪、宣告死亡的公民重新出现,经本人或者利害关系人申请,人民法院应当作出新判决,撤销原判决。

第四节 认定公民无民事行为能力、限制民事行为能力案件

第一百八十七条 【管辖与申请】申请认定公民无民事行为能力或者限制民事行为能力,由其近亲属或者其他利害关系人向该公民住所地基层人民法院提出。

申请书应当写明该公民无民事行为能力或者限制民事行为能力的事实和根据。

第一百八十八条 【医学鉴定】人民法院受理申请后,必要时应当对被请求认定为无民事行为能力或者限制民事行为能力的公民进行鉴定。申请人已提供鉴定意见的,应当对鉴定意见进行审查。

第一百八十九条 【代理人、审理与判决】人民法院审理认定公民无民事行为能力或者限制民事行为能力的案件,应当由该公民的近亲属为代理人,但申请人除外。近亲属互相推诿的,由人民法院指定其中一人为代理人。该公民健康情况许可的,还应当询问本人的意见。

人民法院经审理认定申请有事实根据的,判决该公民为无民事行为能力或者限制民事

行为能力人;认定申请没有事实根据的,应当判决予以驳回。

第一百九十条 【判决撤销】人民法院根据被认定为无民事行为能力人、限制民事行为能力人或者他的监护人的申请,证实该公民无民事行为能力或者限制民事行为能力的原因已经消除的,应当作出新判决,撤销原判决。

第五节 认定财产无主案件

第一百九十一条 【管辖与申请书】申请认定财产无主,由公民、法人或者其他组织向财产所在地基层人民法院提出。

申请书应当写明财产的种类、数量以及要求认定财产无主的根据。

第一百九十二条 【公告与判决】人民法院受理申请后,经审查核实,应当发出财产认领公告。公告满一年无人认领的,判决认定财产无主,收归国家或者集体所有。

第一百九十三条 【撤销判决】判决认定财产无主后,原财产所有人或者继承人出现,在民法通则规定的诉讼时效期间可以对财产提出请求,人民法院审查属实后,应当作出新判决,撤销原判决。

第六节 确认调解协议案件

第一百九十四条 【申请与管辖】申请司法确认调解协议,由双方当事人依照人民调解法等法律,自调解协议生效之日起三十日内,共同向调解组织所在地基层人民法院提出。

第一百九十五条 【裁定与执行】人民法院受理申请后,经审查,符合法律规定的,裁定调解协议有效,一方当事人拒绝履行或者未全部履行的,对方当事人可以向人民法院申请执行;不符合法律规定的,裁定驳回申请,当事人可以通过调解方式变更原调解协议或者达成新的调解协议,也可以向人民法院提起诉讼。

第七节 实现担保物权案件

第一百九十六条 【申请与管辖】申请实现担保物权,由担保物权人以及其他有权请求实现担保物权的人依照物权法等法律,向担保财产所在地或者担保物权登记地基层人民法院提出。

第一百九十七条 【裁定与执行】人民法院受理申请后,经审查,符合法律规定的,裁定拍卖、变卖担保财产,当事人依据该裁定可以向人民法院申请执行;不符合法律规定的,裁定驳回申请,当事人可以向人民法院提起诉讼。

第十六章 审判监督程序

第一百九十八条 【法院依职权提起再审】各级人民法院院长对本院已经发生法律效力的判决、裁定、调解书,发现确有错误,认为需要再审的,应当提交审判委员会讨论决定。

最高人民法院对地方各级人民法院已经发生法律效力的判决、裁定、调解书,上级人民法院对下级人民法院已经发生法律效力的判决、裁定、调解书,发现确有错误的,有权提审或者指令下级人民法院再审。

第一百九十九条 【当事人申请再审】当事人对已经发生法律效力的判决、裁定,认为有错误的,可以向上一级人民法院申请再审;当事人一方人数众多或者当事人双方为公民的案件,也可以向原审人民法院申请再审。当事人申请再审的,不停止判决、裁定的执行。

第二百条 【申请再审的条件】当事人的申请符合下列情形之一的,人民法院应当再审:

(一)有新的证据,足以推翻原判决、裁定的;

(二)原判决、裁定认定的基本事实缺乏证据证明的;

(三)原判决、裁定认定事实的主要证据是伪造的;

(四)原判决、裁定认定事实的主要证据未经质证的;

(五)对审理案件需要的主要证据,当事人因客观原因不能自行收集,书面申请人民法院调查收集,人民法院未调查收集的;

(六)原判决、裁定适用法律确有错误的;

(七)审判组织的组成不合法或者依法应当回避的审判人员没有回避的;

(八)无诉讼行为能力人未经法定代理人代为诉讼或者应当参加诉讼的当事人,因不能归责于本人或者其诉讼代理人的事由,未参加诉讼的;

(九)违反法律规定,剥夺当事人辩论权利的;

(十)未经传票传唤,缺席判决的;

(十一)原判决、裁定遗漏或者超出诉讼请求的;

(十二)据以作出原判决、裁定的法律文书被撤销或者变更的;

(十三)审判人员审理该案件时有贪污受贿,徇私舞弊,枉法裁判行为的。

第二百零一条 【对调解书申请再审】当事人对已经发生法律效力的调解书,提出证据证明调解违反自愿原则或者调解协议的内容违反法律的,可以申请再审。经人民法院审查属实的,应当再审。

第二百零二条 【离婚判决、调解不得再审】当事人对已经发生法律效力的解除婚姻关系的判决、调解书,不得申请再审。

第二百零三条 【当事人申请再审程序】当事人申请再审的,应当提交再审申请书等材料。人民法院应当自收到再审申请书之日起五日内将再审申请书副本发送对方当事人。对方当事人应当自收到再审申请书副本之日起十五日内提交书面意见;不提交书面意见的,不影响人民法院审查。人民法院可以要求申请人和对方当事人补充有关材料,询问有关事项。

第二百零四条 【再审申请的审查与再审案件的审级】人民法院应当自收到再审申请书之日起三个月内审查,符合本法规定的,裁定再审;不符合本法规定的,裁定驳回申请。有特殊情况需要延长的,由本院院长批准。

因当事人申请裁定再审的案件由中级人民法院以上的人民法院审理,但当事人依照本法第一百九十九条的规定选择向基层人民法院申请再审的除外。最高人民法院、高级人民法院裁定再审的案件,由本院再审或者交其他人民法院再审,也可以交原审人民法院再审。

第二百零五条 【当事人申请再审期限】当事人申请再审,应当在判决、裁定发生法律效力后六个月内提出;有本法第二百条第一项、第三项、第十二项、第十三项规定情形的,自知道或者应当知道之日起六个月内提出。

第二百零六条 【中止执行及例外】按照审判监督程序决定再审的案件,裁定中止原判决、裁定、调解书的执行,但追索赡养费、扶养费、抚育费、抚恤金、医疗费用、劳动报酬等案件,可以不中止执行。

第二百零七条 【再审审理程序】人民法院按照审判监督程序再审的案件,发生法律效力的判决、裁定是由第一审法院作出的,按照第一审程序审理,所作的判决、裁定,当事人可以上诉;发生法律效力的判决、裁定是由第二审法院作出的,按照第二审程序审理,所作的判决、裁定,是发生法律效力的判决、裁定;上级人民法院按照审判监督程序提审的,按照第二审程序审理,所作的判决、裁定是发生法律效力的判决、裁定。

人民法院审理再审案件,应当另行组成合议庭。

第二百零八条 【检察院提出抗诉或者检察建议】最高人民检察院对各级人民法院已经发生法律效力的判决、裁定,上级人民检察院对下级人民法院已经发生法律效力的判决、裁定,发现有本法第二百条规定情形之一的,或者发现调解书损害国家利益、社会公共利益的,应当提出抗诉。

地方各级人民检察院对同级人民法院已经发生法律效力的判决、裁定,发现有本法第二百条规定情形之一的,或者发现调解书损害国家利益、社会公共利益的,可以向同级人民法院提出检察建议,并报上级人民检察院备案;也可以提请上级人民检察院向同级人民法院提出抗诉。

各级人民检察院对审判监督程序以外的其他审判程序中审判人员的违法行为,有权向同级人民法院提出检察建议。

第二百零九条 【当事人申请检察建议或者抗诉】有下列情形之一的,当事人可以向人民检察院申请检察建议或者抗诉:

(一)人民法院驳回再审申请的;

(二)人民法院逾期未对再审申请作出裁定的;

(三)再审判决、裁定有明显错误的。

人民检察院对当事人的申请应当在三个月内进行审查,作出提出或者不予提出检察建议或者抗诉的决定。当事人不得再次向人民检察院申请检察建议或者抗诉。

第二百一十条 【检察院的调查权】人民检察院因履行法律监督职责提出检察建议或者抗诉的需要,可以向当事人或者案外人调查核实有关情况。

第二百一十一条 【抗诉案件的审理】人民检察院提出抗诉的案件,接受抗诉的人民法院应当自收到抗诉书之日起三十日内作出再审的裁定;有本法第二百条第一项至第五项规定情形之一的,可以交下一级人民法院再审,但经该下一级人民法院再审的除外。

第二百一十二条　【抗诉书】人民检察院决定对人民法院的判决、裁定、调解书提出抗诉的,应当制作抗诉书。

第二百一十三条　【检察员出庭】人民检察院提出抗诉的案件,人民法院再审时,应当通知人民检察院派员出席法庭。

第十七章　督促程序

第二百一十四条　【支付令申请】债权人请求债务人给付金钱、有价证券,符合下列条件的,可以向有管辖权的基层人民法院申请支付令:

(一)债权人与债务人没有其他债务纠纷的;

(二)支付令能够送达债务人的。

申请书应当写明请求给付金钱或者有价证券的数量和所根据的事实、证据。

第二百一十五条　【受理】债权人提出申请后,人民法院应当在五日内通知债权人是否受理。

第二百一十六条　【支付令的审理、异议和执行】人民法院受理申请后,经审查债权人提供的事实、证据,对债权债务关系明确、合法的,应当在受理之日起十五日内向债务人发出支付令;申请不成立的,裁定予以驳回。

债务人应当自收到支付令之日起十五日内清偿债务,或者向人民法院提出书面异议。

债务人在前款规定的期间不提出异议又不履行支付令的,债权人可以向人民法院申请执行。

第二百一十七条　【终结督促程序】人民法院收到债务人提出的书面异议后,经审查,异议成立的,应当裁定终结督促程序,支付令自行失效。

支付令失效的,转入诉讼程序,但申请支付令的一方当事人不同意提起诉讼的除外。

第十八章　公示催告程序

第二百一十八条　【适用范围】按照规定可以背书转让的票据持有人,因票据被盗、遗失或者灭失,可以向票据支付地的基层人民法院申请公示催告。依照法律规定可以申请公示催告的其他事项,适用本章规定。

申请人应当向人民法院递交申请书,写明票面金额、发票人、持票人、背书人等票据主要内容和申请的理由、事实。

第二百一十九条　【公告及期限】人民法院决定受理申请,应当同时通知支付人停止支付,并在三日内发出公告,催促利害关系人申报权利。公示催告的期间,由人民法院根据情况决定,但不得少于六十日。

第二百二十条　【停止支付】支付人收到人民法院停止支付的通知,应当停止支付,至公示催告程序终结。

公示催告期间,转让票据权利的行为无效。

第二百二十一条 【申报票据权利】利害关系人应当在公示催告期间向人民法院申报。

人民法院收到利害关系人的申报后，应当裁定终结公示催告程序，并通知申请人和支付人。

申请人或者申报人可以向人民法院起诉。

第二百二十二条 【公示催告判决】没有人申报的，人民法院应当根据申请人的申请，作出判决，宣告票据无效。判决应当公告，并通知支付人。自判决公告之日起，申请人有权向支付人请求支付。

第二百二十三条 【利害关系人起诉】利害关系人因正当理由不能在判决前向人民法院申报的，自知道或者应当知道判决公告之日起一年内，可以向作出判决的人民法院起诉。

第三编 执行程序

第十九章 一般规定

第二百二十四条 【执行根据、管辖】发生法律效力的民事判决、裁定，以及刑事判决、裁定中的财产部分，由第一审人民法院或者与第一审人民法院同级的被执行的财产所在地人民法院执行。

法律规定由人民法院执行的其他法律文书，由被执行人住所地或者被执行的财产所在地人民法院执行。

第二百二十五条 【对违法执行行为的异议】当事人、利害关系人认为执行行为违反法律规定的，可以向负责执行的人民法院提出书面异议。当事人、利害关系人提出书面异议的，人民法院应当自收到书面异议之日起十五日内审查，理由成立的，裁定撤销或者改正；理由不成立的，裁定驳回。当事人、利害关系人对裁定不服的，可以自裁定送达之日起十日内向上一级人民法院申请复议。

第二百二十六条 【变更执行法院】人民法院自收到申请执行书之日起超过六个月未执行的，申请执行人可以向上一级人民法院申请执行。上一级人民法院经审查，可以责令原人民法院在一定期限内执行，也可以决定由本院执行或者指令其他人民法院执行。

第二百二十七条 【案外人异议】执行过程中，案外人对执行标的提出书面异议的，人民法院应当自收到书面异议之日起十五日内审查，理由成立的，裁定中止对该标的的执行；理由不成立的，裁定驳回。案外人、当事人对裁定不服，认为原判决、裁定错误的，依照审判监督程序办理；与原判决、裁定无关的，可以自裁定送达之日起十五日内向人民法院提起诉讼。

第二百二十八条 【执行机构、程序】执行工作由执行员进行。

采取强制执行措施时，执行员应当出示证件。执行完毕后，应当将执行情况制作笔录，由在场的有关人员签名或者盖章。

人民法院根据需要可以设立执行机构。

第二百二十九条 【委托执行】被执行人或者被执行的财产在外地的，可以委托当地人民法院代为执行。受委托人民法院收到委托函件后，必须在十五日内开始执行，不得拒绝。执行完毕后，应当将执行结果及时函复委托人民法院；在三十日内如果还未执行完毕，也应当将执行情况函告委托人民法院。

受委托人民法院自收到委托函件之日起十五日内不执行的，委托人民法院可以请求受委托人民法院的上级人民法院指令受委托人民法院执行。

第二百三十条　【执行和解】在执行中，双方当事人自行和解达成协议的，执行员应当将协议内容记入笔录，由双方当事人签名或者盖章。

申请执行人因受欺诈、胁迫与被执行人达成和解协议，或者当事人不履行和解协议的，人民法院可以根据当事人的申请，恢复对原生效法律文书的执行。

第二百三十一条　【执行担保】在执行中，被执行人向人民法院提供担保，并经申请执行人同意的，人民法院可以决定暂缓执行及暂缓执行的期限。被执行人逾期仍不履行的，人民法院有权执行被执行人的担保财产或者担保人的财产。

第二百三十二条　【执行承担】作为被执行人的公民死亡的，以其遗产偿还债务。作为被执行人的法人或者其他组织终止的，由其权利义务承受人履行义务。

第二百三十三条　【执行回转】执行完毕后，据以执行的判决、裁定和其他法律文书确有错误，被人民法院撤销的，对已被执行的财产，人民法院应当作出裁定，责令取得财产的人返还；拒不返还的，强制执行。

第二百三十四条　【调解书执行】人民法院制作的调解书的执行，适用本编的规定。

第二百三十五条　【民事执行法律监督】人民检察院有权对民事执行活动实行法律监督。

第二十章　执行的申请和移送

第二百三十六条　【申请执行和移送执行】发生法律效力的民事判决、裁定，当事人必须履行。一方拒绝履行的，对方当事人可以向人民法院申请执行，也可以由审判员移送执行员执行。

调解书和其他应当由人民法院执行的法律文书，当事人必须履行。一方拒绝履行的，对方当事人可以向人民法院申请执行。

第二百三十七条　【仲裁裁决执行】对依法设立的仲裁机构的裁决，一方当事人不履行的，对方当事人可以向有管辖权的人民法院申请执行。受申请的人民法院应当执行。

被申请人提出证据证明仲裁裁决有下列情形之一的，经人民法院组成合议庭审查核实，裁定不予执行：

（一）当事人在合同中没有订有仲裁条款或者事后没有达成书面仲裁协议的；

（二）裁决的事项不属于仲裁协议的范围或者仲裁机构无权仲裁的；

（三）仲裁庭的组成或者仲裁的程序违反法定程序的；

（四）裁决所根据的证据是伪造的；

（五）对方当事人向仲裁机构隐瞒了足以影响公正裁决的证据的；

（六）仲裁员在仲裁该案时有贪污受贿，徇私舞弊，枉法裁决行为的。

人民法院认定执行该裁决违背社会公共利益的，裁定不予执行。

裁定书应当送达双方当事人和仲裁机构。

仲裁裁决被人民法院裁定不予执行的，当事人可以根据双方达成的书面仲裁协议重新申请仲裁，也可以向人民法院起诉。

第二百三十八条 【公证债权文书执行】对公证机关依法赋予强制执行效力的债权文书，一方当事人不履行的，对方当事人可以向有管辖权的人民法院申请执行，受申请的人民法院应当执行。

公证债权文书确有错误的，人民法院裁定不予执行，并将裁定书送达双方当事人和公证机关。

第二百三十九条 【申请执行期间】申请执行的期间为二年。申请执行时效的中止、中断，适用法律有关诉讼时效中止、中断的规定。

前款规定的期间，从法律文书规定履行期间的最后一日起计算；法律文书规定分期履行的，从规定的每次履行期间的最后一日起计算；法律文书未规定履行期间的，从法律文书生效之日起计算。

第二百四十条 【执行通知】执行员接到申请执行书或者移交执行书，应当向被执行人发出执行通知，并可以立即采取强制执行措施。

第二十一章 执 行 措 施

第二百四十一条 【被执行人报告义务】被执行人未按执行通知履行法律文书确定的义务，应当报告当前以及收到执行通知之日前一年的财产情况。被执行人拒绝报告或者虚假报告的，人民法院可以根据情节轻重对被执行人或者其法定代理人、有关单位的主要负责人或者直接责任人员予以罚款、拘留。

第二百四十二条 【查询、扣押、冻结、划拨、变价金融资产】被执行人未按执行通知履行法律文书确定的义务，人民法院有权向有关单位查询被执行人的存款、债券、股票、基金份额等财产情况。人民法院有权根据不同情形扣押、冻结、划拨、变价被执行人的财产。人民法院查询、扣押、冻结、划拨、变价的财产不得超出被执行人应当履行义务的范围。

人民法院决定扣押、冻结、划拨、变价财产，应当作出裁定，并发出协助执行通知书，有关单位必须办理。

第二百四十三条 【扣留、提取收入】被执行人未按执行通知履行法律文书确定的义务，人民法院有权扣留、提取被执行人应当履行义务部分的收入。但应当保留被执行人及其所扶养家属的生活必需费用。

人民法院扣留、提取收入时，应当作出裁定，并发出协助执行通知书，被执行人所在单位、银行、信用合作社和其他有储蓄业务的单位必须办理。

第二百四十四条 【查封、扣押、冻结、拍卖、变卖被执行人财产】被执行人未按执行通知履行法律文书确定的义务，人民法院有权查封、扣押、冻结、拍卖、变卖被执行人应当履行义务部分的财产。但应当保留被执行人及其所扶养家属的生活必需品。

采取前款措施，人民法院应当作出裁定。

第二百四十五条 【查封、扣押财产程序】人民法院查封、扣押财产时，被执行人是公民的，应当通知被执行人或者他的成年家属到场；被执行人是法人或者其他组织的，应当通知其法定代表人或者主要负责人到场。拒不到场的，不影响执行。被执行人是公民的，其工作单位或者财产所在地的基层组织应当派人参加。

对被查封、扣押的财产，执行员必须造具清单，由在场人签名或者盖章后，交被执行人一份。被执行人是公民的，也可以交他的成年家属一份。

第二百四十六条 【查封财产保管】被查封的财产，执行员可以指定被执行人负责保管。因被执行人的过错造成的损失，由被执行人承担。

第二百四十七条 【拍卖、变卖财产】财产被查封、扣押后，执行员应当责令被执行人在指定期间履行法律文书确定的义务。被执行人逾期不履行的，人民法院应当拍卖被查封、扣押的财产；不适于拍卖或者当事人双方同意不进行拍卖的，人民法院可以委托有关单位变卖或者自行变卖。国家禁止自由买卖的物品，交有关单位按照国家规定的价格收购。

第二百四十八条 【搜查被执行人财产】被执行人不履行法律文书确定的义务，并隐匿财产的，人民法院有权发出搜查令，对被执行人及其住所或者财产隐匿地进行搜查。

采取前款措施，由院长签发搜查令。

第二百四十九条 【指定交付】法律文书指定交付的财物或者票证，由执行员传唤双方当事人当面交付，或者由执行员转交，并由被交付人签收。

有关单位持有该项财物或者票证的，应当根据人民法院的协助执行通知书转交，并由被交付人签收。

有关公民持有该项财物或者票证的，人民法院通知其交出。拒不交出的，强制执行。

第二百五十条 【强制迁出】强制迁出房屋或者强制退出土地，由院长签发公告，责令被执行人在指定期间履行。被执行人逾期不履行的，由执行员强制执行。

强制执行时，被执行人是公民的，应当通知被执行人或者他的成年家属到场；被执行人是法人或者其他组织的，应当通知其法定代表人或者主要负责人到场。拒不到场的，不影响执行。被执行人是公民的，其工作单位或者房屋、土地所在地的基层组织应当派人参加。执行员应当将强制执行情况记入笔录，由在场人签名或者盖章。

强制迁出房屋被搬出的财物，由人民法院派人运至指定处所，交给被执行人。被执行人是公民的，也可以交给他的成年家属。因拒绝接收而造成的损失，由被执行人承担。

第二百五十一条 【财产权证照转移】在执行中，需要办理有关财产权证照转移手续的，人民法院可以向有关单位发出协助执行通知书，有关单位必须办理。

第二百五十二条 【对行为执行】对判决、裁定和其他法律文书指定的行为，被执行人未按执行通知履行的,人民法院可以强制执行或者委托有关单位或者其他人完成,费用由被执行人承担。

第二百五十三条 【**迟延履行**】被执行人未按判决、裁定和其他法律文书指定的期间履行给付金钱义务的,应当加倍支付迟延履行期间的债务利息。被执行人未按判决、裁定和其他法律文书指定的期间履行其他义务的,应当支付迟延履行金。

第二百五十四条 【**继续履行**】人民法院采取本法第二百四十二条、第二百四十三条、第二百四十四条规定的执行措施后,被执行人仍不能偿还债务的,应当继续履行义务。债权人发现被执行人有其他财产的,可以随时请求人民法院执行。

第二百五十五条 【**对被执行人的限制措施**】被执行人不履行法律文书确定的义务的,人民法院可以对其采取或者通知有关单位协助采取限制出境,在征信系统记录、通过媒体公布不履行义务信息以及法律规定的其他措施。

第二十二章 执行中止和终结

第二百五十六条 【**执行中止**】有下列情形之一的,人民法院应当裁定中止执行:

(一)申请人表示可以延期执行的;

(二)案外人对执行标的提出确有理由的异议的;

(三)作为一方当事人的公民死亡,需要等待继承人继承权利或者承担义务的;

(四)作为一方当事人的法人或者其他组织终止,尚未确定权利义务承受人的;

(五)人民法院认为应当中止执行的其他情形。

中止的情形消失后,恢复执行。

第二百五十七条 【**执行终结**】有下列情形之一的,人民法院裁定终结执行:

(一)申请人撤销申请的;

(二)据以执行的法律文书被撤销的;

(三)作为被执行人的公民死亡,无遗产可供执行,又无义务承担人的;

(四)追索赡养费、扶养费、抚育费案件的权利人死亡的;

(五)作为被执行人的公民因生活困难无力偿还借款,无收入来源,又丧失劳动能力的;

(六)人民法院认为应当终结执行的其他情形。

第二百五十八条 【**中止、终结裁定效力**】中止和终结执行的裁定,送达当事人后立即生效。

第四编 涉外民事诉讼程序的特别规定

第二十三章 一 般 原 则

第二百五十九条 【**适用本国法**】在中华人民共和国领域内进行涉外民事诉讼,适用本编规定。本编没有规定的,适用本法其他有关规定。

第二百六十条 【国际条约优先】中华人民共和国缔结或者参加的国际条约同本法有不同规定的，适用该国际条约的规定，但中华人民共和国声明保留的条款除外。

第二百六十一条 【外交特权与豁免】对享有外交特权与豁免的外国人、外国组织或者国际组织提起的民事诉讼，应当依照中华人民共和国有关法律和中华人民共和国缔结或者参加的国际条约的规定办理。

第二百六十二条 【语言文字】人民法院审理涉外民事案件，应当使用中华人民共和国通用的语言、文字。当事人要求提供翻译的，可以提供，费用由当事人承担。

第二百六十三条 【中国律师代理】外国人、无国籍人、外国企业和组织在人民法院起诉、应诉，需要委托律师代理诉讼的，必须委托中华人民共和国的律师。

第二百六十四条 【公证和认证】在中华人民共和国领域内没有住所的外国人、无国籍人、外国企业和组织委托中华人民共和国律师或者其他人代理诉讼，从中华人民共和国领域外寄交或者托交的授权委托书，应当经所在国公证机关证明，并经中华人民共和国驻该国使领馆认证，或者履行中华人民共和国与该所在国订立的有关条约中规定的证明手续后，才具有效力。

第二十四章 管 辖

第二百六十五条 【特殊地域管辖】因合同纠纷或者其他财产权益纠纷，对在中华人民共和国领域内没有住所的被告提起的诉讼，如果合同在中华人民共和国领域内签订或者履行，或者诉讼标的物在中华人民共和国领域内，或者被告在中华人民共和国领域内有可供扣押的财产，或者被告在中华人民共和国领域内设有代表机构，可以由合同签订地、合同履行地、诉讼标的物所在地、可供扣押财产所在地、侵权行为地或者代表机构住所地人民法院管辖。

第二百六十六条 【专属管辖】因在中华人民共和国履行中外合资经营企业合同、中外合作经营企业合同、中外合作勘探开发自然资源合同发生纠纷提起的诉讼，由中华人民共和国人民法院管辖。

第二十五章 送达、期间

第二百六十七条 【送达方式】人民法院对在中华人民共和国领域内没有住所的当事人送达诉讼文书，可以采用下列方式：

（一）依照受送达人所在国与中华人民共和国缔结或者共同参加的国际条约中规定的方式送达；

（二）通过外交途径送达；

（三）对具有中华人民共和国国籍的受送达人，可以委托中华人民共和国驻受送达人所在国的使领馆代为送达；

（四）向受送达人委托的有权代其接受送达的诉讼代理人送达；

（五）向受送达人在中华人民共和国领域内设立的代表机构或者有权接受送达的分支机构、业务代办人送达；

（六）受送达人所在国的法律允许邮寄送达的，可以邮寄送达，自邮寄之日起满三个月，送达回证没有退回，但根据各种情况足以认定已经送达的，期间届满之日视为送达；

（七）采用传真、电子邮件等能够确认受送达人收悉的方式送达；

（八）不能用上述方式送达的，公告送达，自公告之日起满三个月，即视为送达。

第二百六十八条 【答辩期间】被告在中华人民共和国领域内没有住所的，人民法院应当将起诉状副本送达被告，并通知被告在收到起诉状副本后三十日内提出答辩状。被告申请延期的，是否准许，由人民法院决定。

第二百六十九条 【上诉期间】在中华人民共和国领域内没有住所的当事人，不服第一审人民法院判决、裁定的，有权在判决书、裁定书送达之日起三十日内提起上诉。被上诉人在收到上诉状副本后，应当在三十日内提出答辩状。当事人不能在法定期间提起上诉或者提出答辩状，申请延期的，是否准许，由人民法院决定。

第二百七十条 【审理期限】人民法院审理涉外民事案件的期间，不受本法第一百四十九条、第一百七十六条规定的限制。

第二十六章 仲 裁

第二百七十一条 【涉外仲裁与诉讼关系】涉外经济贸易、运输和海事中发生的纠纷，当事人在合同中订有仲裁条款或者事后达成书面仲裁协议，提交中华人民共和国涉外仲裁机构或者其他仲裁机构仲裁的，当事人不得向人民法院起诉。

当事人在合同中没有订有仲裁条款或者事后没有达成书面仲裁协议的，可以向人民法院起诉。

第二百七十二条 【涉外仲裁保全】当事人申请采取保全的，中华人民共和国的涉外仲裁机构应当将当事人的申请，提交被申请人住所地或者财产所在地的中级人民法院裁定。

第二百七十三条 【涉外仲裁效力】经中华人民共和国涉外仲裁机构裁决的，当事人不得向人民法院起诉。一方当事人不履行仲裁裁决的，对方当事人可以向被申请人住所地或者财产所在地的中级人民法院申请执行。

第二百七十四条 【涉外仲裁裁决不予执行】对中华人民共和国涉外仲裁机构作出的裁决，被申请人提出证据证明仲裁裁决有下列情形之一的，经人民法院组成合议庭审查核实，裁定不予执行：

（一）当事人在合同中没有订有仲裁条款或者事后没有达成书面仲裁协议的；

（二）被申请人没有得到指定仲裁员或者进行仲裁程序的通知，或者由于其他不属于被申请人负责的原因未能陈述意见的；

（三）仲裁庭的组成或者仲裁的程序与仲裁规则不符的；

（四）裁决的事项不属于仲裁协议的范围或者仲裁机构无权仲裁的。

人民法院认定执行该裁决违背社会公共利益的，裁定不予执行。

第二百七十五条 【救济途径】仲裁裁决被人民法院裁定不予执行的，当事人可以根据双方达成的书面仲裁协议重新申请仲裁，也可以向人民法院起诉。

第二十七章 司法协助

第二百七十六条 【协助原则】根据中华人民共和国缔结或者参加的国际条约，或者按照互惠原则，人民法院和外国法院可以相互请求，代为送达文书、调查取证以及进行其他诉讼行为。

外国法院请求协助的事项有损于中华人民共和国的主权、安全或者社会公共利益的，人民法院不予执行。

第二百七十七条 【协助途径】请求和提供司法协助，应当依照中华人民共和国缔结或者参加的国际条约所规定的途径进行；没有条约关系的，通过外交途径进行。

外国驻中华人民共和国的使领馆可以向该国公民送达文书和调查取证，但不得违反中华人民共和国的法律，并不得采取强制措施。

除前款规定的情况外，未经中华人民共和国主管机关准许，任何外国机关或者个人不得在中华人民共和国领域内送达文书、调查取证。

第二百七十八条 【文字要求】外国法院请求人民法院提供司法协助的请求书及其所附文件，应当附有中文译本或者国际条约规定的其他文字文本。

人民法院请求外国法院提供司法协助的请求书及其所附文件，应当附有该国文字译本或者国际条约规定的其他文字文本。

第二百七十九条 【协助程序】人民法院提供司法协助，依照中华人民共和国法律规定的程序进行。外国法院请求采用特殊方式的，也可以按照其请求的特殊方式进行，但请求采用的特殊方式不得违反中华人民共和国法律。

第二百八十条 【申请外国法院承认和执行】人民法院作出的发生法律效力的判决、裁定，如果被执行人或者其财产不在中华人民共和国领域内，当事人请求执行的，可以由当事人直接向有管辖权的外国法院申请承认和执行，也可以由人民法院依照中华人民共和国缔结或者参加的国际条约的规定，或者按照互惠原则，请求外国法院承认和执行。

中华人民共和国涉外仲裁机构作出的发生法律效力的仲裁裁决，当事人请求执行的，如果被执行人或者其财产不在中华人民共和国领域内，应当由当事人直接向有管辖权的外国法院申请承认和执行。

第二百八十一条 【提出申请对外国法院判决的承认和执行】外国法院作出的发生法律效力的判决、裁定，需要中华人民共和国人民法院承认和执行的，可以由当事人直接向中华人民共和国有管辖权的中级人民法院申请承认和执行，也可以由外国法院依照该国与中华人民共和国缔结或者参加的国际条约的规定，或者按照互惠原则，请求人民法院承认和执行。

第二百八十二条 【审查对外国法院裁判的承认执行的申请】人民法院对申请或者请求承认和执行的外国法院作出的发生法律效力的判决、裁定,依照中华人民共和国缔结或者参加的国际条约,或者按照互惠原则进行审查后,认为不违反中华人民共和国法律的基本原则或者国家主权、安全、社会公共利益的,裁定承认其效力,需要执行的,发出执行令,依照本法的有关规定执行。违反中华人民共和国法律的基本原则或者国家主权、安全、社会公共利益的,不予承认和执行。

第二百八十三条 【外国仲裁裁决的承认与执行】国外仲裁机构的裁决,需要中华人民共和国人民法院承认和执行的,应当由当事人直接向被执行人住所地或者其财产所在地的中级人民法院申请,人民法院应当依照中华人民共和国缔结或者参加的国际条约,或者按照互惠原则办理。

第二百八十四条 【施行日期】本法自公布之日起施行,《中华人民共和国民事诉讼法(试行)》同时废止。

最高人民法院关于适用《中华人民共和国民事诉讼法》的解释

(2014年12月18日最高人民法院审判委员会第1636次会议通过
2015年1月30日公布 法释〔2015〕5号 自2015年2月4日起施行)

2012年8月31日,第十一届全国人民代表大会常务委员会第二十八次会议审议通过了《关于修改〈中华人民共和国民事诉讼法〉的决定》。根据修改后的民事诉讼法,结合人民法院民事审判和执行工作实际,制定本解释。

一、管 辖

第一条 民事诉讼法第十八条第一项规定的重大涉外案件,包括争议标的额大的案件、案情复杂的案件,或者一方当事人人数众多等具有重大影响的案件。

第二条 专利纠纷案件由知识产权法院、最高人民法院确定的中级人民法院和基层人民法院管辖。

海事、海商案件由海事法院管辖。

第三条 公民的住所地是指公民的户籍所在地,法人或者其他组织的住所地是指法人或者其他组织的主要办事机构所在地。

法人或者其他组织的主要办事机构所在地不能确定的,法人或者其他组织的注册地或者登记地为住所地。

第四条 公民的经常居住地是指公民离开住所地至起诉时已连续居住一年以上的地方,但公民住院就医的地方除外。

第五条 对没有办事机构的个人合伙、合伙型联营体提起的诉讼,由被告注册登记地人民法院管辖。没有注册登记,几个被告又不在同一辖区的,被告住所地的人民法院都有管辖权。

第六条 被告被注销户籍的,依照民事诉讼法第二十二条规定确定管辖;原告、被告均被注销户籍的,由被告居住地人民法院管辖。

第七条 当事人的户籍迁出后尚未落户,有经常居住地的,由该地人民法院管辖;没有经常居住地的,由其原户籍所在地人民法院管辖。

第八条 双方当事人都被监禁或者被采取强制性教育措施的,由被告原住所地人民法院管辖。被告被监禁或者被采取强制性教育措施一年以上的,由被告被监禁地或者被采取强制性教育措施地人民法院管辖。

第九条 追索赡养费、抚育费、扶养费案件的几个被告住所地不在同一辖区的,可以由原告住所地人民法院管辖。

第十条 不服指定监护或者变更监护关系的案件,可以由被监护人住所地人民法院管辖。

第十一条 双方当事人均为军人或者军队单位的民事案件由军事法院管辖。

第十二条 夫妻一方离开住所地超过一年,另一方起诉离婚的案件,可以由原告住所地人民法院管辖。

夫妻双方离开住所地超过一年,一方起诉离婚的案件,由被告经常居住地人民法院管辖;没有经常居住地的,由原告起诉时被告居住地人民法院管辖。

第十三条 在国内结婚并定居国外的华侨,如定居国法院以离婚诉讼须由婚姻缔结地法院管辖为由不予受理,当事人向人民法院提出离婚诉讼的,由婚姻缔结地或者一方在国内的最后居住地人民法院管辖。

第十四条 在国外结婚并定居国外的华侨,如定居国法院以离婚诉讼须由国籍所属国法院管辖为由不予受理,当事人向人民法院提出离婚诉讼的,由一方原住所地或者在国内的最后居住地人民法院管辖。

第十五条 中国公民一方居住在国外,一方居住在国内,不论哪一方向人民法院提起离婚诉讼,国内一方住所地人民法院都有权管辖。国外一方在居住国法院起诉,国内一方向人民法院起诉的,受诉人民法院有权管辖。

第十六条 中国公民双方在国外但未定居,一方向人民法院起诉离婚的,应由原告或者被告原住所地人民法院管辖。

第十七条 已经离婚的中国公民,双方均定居国外,仅就国内财产分割提起诉讼的,由主要财产所在地人民法院管辖。

第十八条 合同约定履行地点的,以约定的履行地点为合同履行地。

合同对履行地点没有约定或者约定不明确，争议标的为给付货币的，接收货币一方所在地为合同履行地；交付不动产的，不动产所在地为合同履行地；其他标的，履行义务一方所在地为合同履行地。即时结清的合同，交易行为地为合同履行地。

合同没有实际履行，当事人双方住所地都不在合同约定的履行地的，由被告住所地人民法院管辖。

第十九条 财产租赁合同、融资租赁合同以租赁物使用地为合同履行地。合同对履行地有约定的，从其约定。

第二十条 以信息网络方式订立的买卖合同，通过信息网络交付标的的，以买受人住所地为合同履行地；通过其他方式交付标的的，收货地为合同履行地。合同对履行地有约定的，从其约定。

第二十一条 因财产保险合同纠纷提起的诉讼，如果保险标的物是运输工具或者运输中的货物，可以由运输工具登记注册地、运输目的地、保险事故发生地人民法院管辖。

因人身保险合同纠纷提起的诉讼，可以由被保险人住所地人民法院管辖。

第二十二条 因股东名册记载、请求变更公司登记、股东知情权、公司决议、公司合并、公司分立、公司减资、公司增资等纠纷提起的诉讼，依照民事诉讼法第二十六条规定确定管辖。

第二十三条 债权人申请支付令，适用民事诉讼法第二十一条规定，由债务人住所地基层人民法院管辖。

第二十四条 民事诉讼法第二十八条规定的侵权行为地，包括侵权行为实施地、侵权结果发生地。

第二十五条 信息网络侵权行为实施地包括实施被诉侵权行为的计算机等信息设备所在地，侵权结果发生地包括被侵权人住所地。

第二十六条 因产品、服务质量不合格造成他人财产、人身损害提起的诉讼，产品制造地、产品销售地、服务提供地、侵权行为地和被告住所地人民法院都有管辖权。

第二十七条 当事人申请诉前保全后没有在法定期间起诉或者申请仲裁，给被申请人、利害关系人造成损失引起的诉讼，由采取保全措施的人民法院管辖。

当事人申请诉前保全后在法定期间内起诉或者申请仲裁，被申请人、利害关系人因保全受到损失提起的诉讼，由受理起诉的人民法院或者采取保全措施的人民法院管辖。

第二十八条 民事诉讼法第三十三条第一项规定的不动产纠纷是指因不动产的权利确认、分割、相邻关系等引起的物权纠纷。

农村土地承包经营合同纠纷、房屋租赁合同纠纷、建设工程施工合同纠纷、政策性房屋买卖合同纠纷，按照不动产纠纷确定管辖。

不动产已登记的，以不动产登记簿记载的所在地为不动产所在地；不动产未登记的，以不动产实际所在地为不动产所在地。

第二十九条 民事诉讼法第三十四条规定的书面协议，包括书面合同中的协议管辖条款或者诉讼前以书面形式达成的选择管辖的协议。

第三十条 根据管辖协议，起诉时能够确定管辖法院的，从其约定；不能确定的，依照民事诉讼法的相关规定确定管辖。

管辖协议约定两个以上与争议有实际联系的地点的人民法院管辖，原告可以向其中一个人民法院起诉。

第三十一条 经营者使用格式条款与消费者订立管辖协议，未采取合理方式提请消费者注意，消费者主张管辖协议无效的，人民法院应予支持。

第三十二条 管辖协议约定由一方当事人住所地人民法院管辖，协议签订后当事人住所地变更的，由签订管辖协议时的住所地人民法院管辖，但当事人另有约定的除外。

第三十三条 合同转让的，合同的管辖协议对合同受让人有效，但转让时受让人不知道有管辖协议，或者转让协议另有约定且原合同相对人同意的除外。

第三十四条 当事人因同居或者在解除婚姻、收养关系后发生财产争议，约定管辖的，可以适用民事诉讼法第三十四条规定确定管辖。

第三十五条 当事人在答辩期间届满后未应诉答辩，人民法院在一审开庭前，发现案件不属于本院管辖的，应当裁定移送有管辖权的人民法院。

第三十六条 两个以上人民法院都有管辖权的诉讼，先立案的人民法院不得将案件移送给另一个有管辖权的人民法院。人民法院在立案前发现其他有管辖权的人民法院已先立案的，不得重复立案；立案后发现其他有管辖权的人民法院已先立案的，裁定将案件移送给先立案的人民法院。

第三十七条 案件受理后，受诉人民法院的管辖权不受当事人住所地、经常居住地变更的影响。

第三十八条 有管辖权的人民法院受理案件后，不得以行政区域变更为由，将案件移送给变更后有管辖权的人民法院。判决后的上诉案件和依审判监督程序提审的案件，由原审人民法院的上级人民法院进行审判；上级人民法院指令再审、发回重审的案件，由原审人民法院再审或者重审。

第三十九条 人民法院对管辖异议审查后确定有管辖权的，不因当事人提起反诉、增加或者变更诉讼请求等改变管辖，但违反级别管辖、专属管辖规定的除外。

人民法院发回重审或者按第一审程序再审的案件，当事人提出管辖异议的，人民法院不予审查。

第四十条 依照民事诉讼法第三十七条第二款规定，发生管辖权争议的两个人民法院因协商不成报请它们的共同上级人民法院指定管辖时，双方为同属一个地、市辖区的基层人民法院的，由该地、市的中级人民法院及时指定管辖；同属一个省、自治区、直辖市的两个人民法院的，由该省、自治区、直辖市的高级人民法院及时指定管辖；双方为跨省、自治区、直辖市的人民法院，高级人民法院协商不成的，由最高人民法院及时指定管辖。

依照前款规定报请上级人民法院指定管辖时，应当逐级进行。

第四十一条 人民法院依照民事诉讼法第三十七条第二款规定指定管辖的，应当作出裁定。

对报请上级人民法院指定管辖的案件，下级人民法院应当中止审理。指定管辖裁定作出前，下级人民法院对案件作出判决、裁定的，上级人民法院应当在裁定指定管辖的同时，一并撤销下级人民法院的判决、裁定。

第四十二条 下列第一审民事案件，人民法院依照民事诉讼法第三十八条第一款规定，可以在开庭前交下级人民法院审理：

（一）破产程序中有关债务人的诉讼案件；

（二）当事人人数众多且不方便诉讼的案件；

（三）最高人民法院确定的其他类型案件。

人民法院交下级人民法院审理前，应当报请其上级人民法院批准。上级人民法院批准后，人民法院应当裁定将案件交下级人民法院审理。

二、回　避

第四十三条 审判人员有下列情形之一的，应当自行回避，当事人有权申请其回避：

（一）是本案当事人或者当事人近亲属的；

（二）本人或者其近亲属与本案有利害关系的；

（三）担任过本案的证人、鉴定人、辩护人、诉讼代理人、翻译人员的；

（四）是本案诉讼代理人近亲属的；

（五）本人或者其近亲属持有本案非上市公司当事人的股份或者股权的；

（六）与本案当事人或者诉讼代理人有其他利害关系，可能影响公正审理的。

第四十四条 审判人员有下列情形之一的，当事人有权申请其回避：

（一）接受本案当事人及其受托人宴请，或者参加由其支付费用的活动的；

（二）索取、接受本案当事人及其受托人财物或者其他利益的；

（三）违反规定会见本案当事人、诉讼代理人的；

（四）为本案当事人推荐、介绍诉讼代理人，或者为律师、其他人员介绍代理本案的；

（五）向本案当事人及其受托人借用款物的；

（六）有其他不正当行为，可能影响公正审理的。

第四十五条 在一个审判程序中参与过本案审判工作的审判人员，不得再参与该案其他程序的审判。

发回重审的案件，在一审法院作出裁判后又进入第二审程序的，原第二审程序中合议庭组成人员不受前款规定的限制。

第四十六条 审判人员有应当回避的情形，没有自行回避，当事人也没有申请其回避的，由院长或者审判委员会决定其回避。

第四十七条 人民法院应当依法告知当事人对合议庭组成人员、独任审判员和书记员等人员有申请回避的权利。

第四十八条 民事诉讼法第四十四条所称的审判人员，包括参与本案审理的人民法院院长、副院长、审判委员会委员、庭长、副庭长、审判员、助理审判员和人民陪审员。

第四十九条 书记员和执行员适用审判人员回避的有关规定。

三、诉讼参加人

第五十条 法人的法定代表人以依法登记的为准，但法律另有规定的除外。依法不需要办理登记的法人，以其正职负责人为法定代表人；没有正职负责人的，以其主持工作的副职负责人为法定代表人。

法定代表人已经变更，但未完成登记，变更后的法定代表人要求代表法人参加诉讼的，人民法院可以准许。

其他组织，以其主要负责人为代表人。

第五十一条 在诉讼中，法人的法定代表人变更的，由新的法定代表人继续进行诉讼，并应向人民法院提交新的法定代表人身份证明书。原法定代表人进行的诉讼行为有效。

前款规定，适用于其他组织参加的诉讼。

第五十二条 民事诉讼法第四十八条规定的其他组织是指合法成立、有一定的组织机构和财产，但又不具备法人资格的组织，包括：

（一）依法登记领取营业执照的个人独资企业；

（二）依法登记领取营业执照的合伙企业；

（三）依法登记领取我国营业执照的中外合作经营企业、外资企业；

（四）依法成立的社会团体的分支机构、代表机构；

（五）依法设立并领取营业执照的法人的分支机构；

（六）依法设立并领取营业执照的商业银行、政策性银行和非银行金融机构的分支机构；

（七）经依法登记领取营业执照的乡镇企业、街道企业；

（八）其他符合本条规定条件的组织。

第五十三条 法人非依法设立的分支机构，或者虽依法设立，但没有领取营业执照的分支机构，以设立该分支机构的法人为当事人。

第五十四条 以挂靠形式从事民事活动，当事人请求由挂靠人和被挂靠人依法承担民事责任的，该挂靠人和被挂靠人为共同诉讼人。

第五十五条 在诉讼中，一方当事人死亡，需要等待继承人表明是否参加诉讼的，裁定中止诉讼。人民法院应当及时通知继承人作为当事人承担诉讼，被继承人已经进行的诉讼行为对承担诉讼的继承人有效。

第五十六条 法人或者其他组织的工作人员执行工作任务造成他人损害的，该法人或者其他组织为当事人。

第五十七条 提供劳务一方因劳务造成他人损害，受害人提起诉讼的，以接受劳务一方为被告。

第五十八条 在劳务派遣期间,被派遣的工作人员因执行工作任务造成他人损害的,以接受劳务派遣的用工单位为当事人。当事人主张劳务派遣单位承担责任的,该劳务派遣单位为共同被告。

第五十九条 在诉讼中,个体工商户以营业执照上登记的经营者为当事人。有字号的,以营业执照上登记的字号为当事人,但应同时注明该字号经营者的基本信息。

营业执照上登记的经营者与实际经营者不一致的,以登记的经营者和实际经营者为共同诉讼人。

第六十条 在诉讼中,未依法登记领取营业执照的个人合伙的全体合伙人为共同诉讼人。个人合伙有依法核准登记的字号的,应在法律文书中注明登记的字号。全体合伙人可以推选代表人;被推选的代表人,应由全体合伙人出具推选书。

第六十一条 当事人之间的纠纷经人民调解委员会调解达成协议后,一方当事人不履行调解协议,另一方当事人向人民法院提起诉讼的,应以对方当事人为被告。

第六十二条 下列情形,以行为人为当事人:

(一)法人或者其他组织应登记而未登记,行为人即以该法人或者其他组织名义进行民事活动的;

(二)行为人没有代理权、超越代理权或者代理权终止后以被代理人名义进行民事活动的,但相对人有理由相信行为人有代理权的除外;

(三)法人或者其他组织依法终止后,行为人仍以其名义进行民事活动的。

第六十三条 企业法人合并的,因合并前的民事活动发生的纠纷,以合并后的企业为当事人;企业法人分立的,因分立前的民事活动发生的纠纷,以分立后的企业为共同诉讼人。

第六十四条 企业法人解散的,依法清算并注销前,以该企业法人为当事人;未依法清算即被注销的,以该企业法人的股东、发起人或者出资人为当事人。

第六十五条 借用业务介绍信、合同专用章、盖章的空白合同书或者银行账户的,出借单位和借用人为共同诉讼人。

第六十六条 因保证合同纠纷提起的诉讼,债权人向保证人和被保证人一并主张权利的,人民法院应当将保证人和被保证人列为共同被告。保证合同约定为一般保证,债权人仅起诉保证人的,人民法院应当通知被保证人作为共同被告参加诉讼;债权人仅起诉被保证人的,可以只列被保证人为被告。

第六十七条 无民事行为能力人、限制民事行为能力人造成他人损害的,无民事行为能力人、限制民事行为能力人和其监护人为共同被告。

第六十八条 村民委员会或者村民小组与他人发生民事纠纷的,村民委员会或者有独立财产的村民小组为当事人。

第六十九条 对侵害死者遗体、遗骨以及姓名、肖像、名誉、荣誉、隐私等行为提起诉讼的,死者的近亲属为当事人。

第七十条 在继承遗产的诉讼中,部分继承人起诉的,人民法院应通知其他继承人作为共同原告参加诉讼;被通知的继承人不愿意参加诉讼又未明确表示放弃实体权利的,人民法院仍应将其列为共同原告。

第七十一条 原告起诉被代理人和代理人,要求承担连带责任的,被代理人和代理人为共同被告。

第七十二条 共有财产权受到他人侵害,部分共有权人起诉的,其他共有权人为共同诉讼人。

第七十三条 必须共同进行诉讼的当事人没有参加诉讼的,人民法院应当依照民事诉讼法第一百三十二条的规定,通知其参加;当事人也可以向人民法院申请追加。人民法院对当事人提出的申请,应当进行审查,申请理由不成立的,裁定驳回;申请理由成立的,书面通知被追加的当事人参加诉讼。

第七十四条 人民法院追加共同诉讼的当事人时,应当通知其他当事人。应当追加的原告,已明确表示放弃实体权利的,可不予追加;既不愿意参加诉讼,又不放弃实体权利的,仍应追加为共同原告,其不参加诉讼,不影响人民法院对案件的审理和依法作出判决。

第七十五条 民事诉讼法第五十三条、第五十四条和第一百九十九条规定的人数众多,一般指十人以上。

第七十六条 依照民事诉讼法第五十三条规定,当事人一方人数众多在起诉时确定的,可以由全体当事人推选共同的代表人,也可以由部分当事人推选自己的代表人;推选不出代表人的当事人,在必要的共同诉讼中可以自己参加诉讼,在普通的共同诉讼中可以另行起诉。

第七十七条 根据民事诉讼法第五十四条规定,当事人一方人数众多在起诉时不确定的,由当事人推选代表人。当事人推选不出的,可以由人民法院提出人选与当事人协商;协商不成的,也可以由人民法院在起诉的当事人中指定代表人。

第七十八条 民事诉讼法第五十三条和第五十四条规定的代表人为二至五人,每位代表人可以委托一至二人作为诉讼代理人。

第七十九条 依照民事诉讼法第五十四条规定受理的案件,人民法院可以发出公告,通知权利人向人民法院登记。公告期间根据案件的具体情况确定,但不得少于三十日。

第八十条 根据民事诉讼法第五十四条规定向人民法院登记的权利人,应当证明其与对方当事人的法律关系和所受到的损害。证明不了的,不予登记,权利人可以另行起诉。人民法院的裁判在登记的范围内执行。未参加登记的权利人提起诉讼,人民法院认定其请求成立的,裁定适用人民法院已作出的判决、裁定。

第八十一条 根据民事诉讼法第五十六条的规定,有独立请求权的第三人有权向人民法院提出诉讼请求和事实、理由,成为当事人;无独立请求权的第三人,可以申请或者由人民法院通知参加诉讼。

第一审程序中未参加诉讼的第三人,申请参加第二审程序的,人民法院可以准许。

第八十二条 在一审诉讼中，无独立请求权的第三人无权提出管辖异议，无权放弃、变更诉讼请求或者申请撤诉，被判决承担民事责任的，有权提起上诉。

第八十三条 在诉讼中，无民事行为能力人、限制民事行为能力人的监护人是他的法定代理人。事先没有确定监护人的，可以由有监护资格的人协商确定；协商不成的，由人民法院在他们之中指定诉讼中的法定代理人。当事人没有民法通则第十六条第一款、第二款或者第十七条第一款规定的监护人的，可以指定该法第十六条第四款或者第十七条第三款规定的有关组织担任诉讼中的法定代理人。

第八十四条 无民事行为能力人、限制民事行为能力人以及其他依法不能作为诉讼代理人的，当事人不得委托其作为诉讼代理人。

第八十五条 根据民事诉讼法第五十八条第二款第二项规定，与当事人有夫妻、直系血亲、三代以内旁系血亲、近姻亲关系以及其他有抚养、赡养关系的亲属，可以当事人近亲属的名义作为诉讼代理人。

第八十六条 根据民事诉讼法第五十八条第二款第二项规定，与当事人有合法劳动人事关系的职工，可以当事人工作人员的名义作为诉讼代理人。

第八十七条 根据民事诉讼法第五十八条第二款第三项规定，有关社会团体推荐公民担任诉讼代理人的，应当符合下列条件：

（一）社会团体属于依法登记设立或者依法免予登记设立的非营利性法人组织；

（二）被代理人属于该社会团体的成员，或者当事人一方住所地位于该社会团体的活动地域；

（三）代理事务属于该社会团体章程载明的业务范围；

（四）被推荐的公民是该社会团体的负责人或者与该社会团体有合法劳动人事关系的工作人员。

专利代理人经中华全国专利代理人协会推荐，可以在专利纠纷案件中担任诉讼代理人。

第八十八条 诉讼代理人除根据民事诉讼法第五十九条规定提交授权委托书外，还应当按照下列规定向人民法院提交相关材料：

（一）律师应当提交律师执业证、律师事务所证明材料；

（二）基层法律服务工作者应当提交法律服务工作者执业证、基层法律服务所出具的介绍信以及当事人一方位于本辖区内的证明材料；

（三）当事人的近亲属应当提交身份证件和与委托人有近亲属关系的证明材料；

（四）当事人的工作人员应当提交身份证件和与当事人有合法劳动人事关系的证明材料；

（五）当事人所在社区、单位推荐的公民应当提交身份证件、推荐材料和当事人属于该社区、单位的证明材料；

（六）有关社会团体推荐的公民应当提交身份证件和符合本解释第八十七条规定条件的证明材料。

第八十九条 当事人向人民法院提交的授权委托书,应当在开庭审理前送交人民法院。授权委托书仅写“全权代理”而无具体授权的,诉讼代理人无权代为承认、放弃、变更诉讼请求,进行和解,提出反诉或者提起上诉。

适用简易程序审理的案件,双方当事人同时到庭并径行开庭审理的,可以当场口头委托诉讼代理人,由人民法院记入笔录。

四、证 据

第九十条 当事人对自己提出的诉讼请求所依据的事实或者反驳对方诉讼请求所依据的事实,应当提供证据加以证明,但法律另有规定的除外。

在作出判决前,当事人未能提供证据或者证据不足以证明其事实主张的,由负有举证证明责任的当事人承担不利的后果。

第九十一条 人民法院应当依照下列原则确定举证证明责任的承担,但法律另有规定的除外:

(一)主张法律关系存在的当事人,应当对产生该法律关系的基本事实承担举证证明责任;

(二)主张法律关系变更、消灭或者权利受到妨害的当事人,应当对该法律关系变更、消灭或者权利受到妨害的基本事实承担举证证明责任。

第九十二条 一方当事人在法庭审理中,或者在起诉状、答辩状、代理词等书面材料中,对于己不利的事实明确表示承认的,另一方当事人无需举证证明。

对于涉及身份关系、国家利益、社会公共利益等应当由人民法院依职权调查的事实,不适用前款自认的规定。

自认的事实与查明的事实不符的,人民法院不予确认。

第九十三条 下列事实,当事人无须举证证明:

(一)自然规律以及定理、定律;

(二)众所周知的事实;

(三)根据法律规定推定的事实;

(四)根据已知的事实和日常生活经验法则推定出的另一事实;

(五)已为人民法院发生法律效力的裁判所确认的事实;

(六)已为仲裁机构生效裁决所确认的事实;

(七)已为有效公证文书所证明的事实。

前款第二项至第四项规定的事实,当事人有相反证据足以反驳的除外;第五项至第七项规定的事实,当事人有相反证据足以推翻的除外。

第九十四条 民事诉讼法第六十四条第二款规定的当事人及其诉讼代理人因客观原因不能自行收集的证据包括:

(一)证据由国家有关部门保存,当事人及其诉讼代理人无权查阅调取的;

（二）涉及国家秘密、商业秘密或者个人隐私的；

（三）当事人及其诉讼代理人因客观原因不能自行收集的其他证据。

当事人及其诉讼代理人因客观原因不能自行收集的证据，可以在举证期限届满前书面申请人民法院调查收集。

第九十五条 当事人申请调查收集的证据，与待证事实无关联、对证明待证事实无意义或者其他无调查收集必要的，人民法院不予准许。

第九十六条 民事诉讼法第六十四条第二款规定的人民法院认为审理案件需要的证据包括：

（一）涉及可能损害国家利益、社会公共利益的；

（二）涉及身份关系的；

（三）涉及民事诉讼法第五十五条规定诉讼的；

（四）当事人有恶意串通损害他人合法权益可能的；

（五）涉及依职权追加当事人、中止诉讼、终结诉讼、回避等程序性事项的。

除前款规定外，人民法院调查收集证据，应当依照当事人的申请进行。

第九十七条 人民法院调查收集证据，应当由两人以上共同进行。调查材料要由调查人、被调查人、记录人签名、捺印或者盖章。

第九十八条 当事人根据民事诉讼法第八十一条第一款规定申请证据保全的，可以在举证期限届满前书面提出。

证据保全可能对他人造成损失的，人民法院应当责令申请人提供相应的担保。

第九十九条 人民法院应当在审理前的准备阶段确定当事人的举证期限。举证期限可以由当事人协商，并经人民法院准许。

人民法院确定举证期限，第一审普通程序案件不得少于十五日，当事人提供新的证据的第二审案件不得少于十日。

举证期限届满后，当事人对已经提供的证据，申请提供反驳证据或者对证据来源、形式等方面的瑕疵进行补正的，人民法院可以酌情再次确定举证期限，该期限不受前款规定的限制。

第一百条 当事人申请延长举证期限的，应当在举证期限届满前向人民法院提出书面申请。

申请理由成立的，人民法院应当准许，适当延长举证期限，并通知其他当事人。延长的举证期限适用于其他当事人。

申请理由不成立的，人民法院不予准许，并通知申请人。

第一百零一条 当事人逾期提供证据的，人民法院应当责令其说明理由，必要时可以要求其提供相应的证据。

当事人因客观原因逾期提供证据，或者对方当事人对逾期提供证据未提出异议的，视为未逾期。

第一百零二条 当事人因故意或者重大过失逾期提供的证据，人民法院不予采纳。但该证据与案件基本事实有关的，人民法院应当采纳，并依照民事诉讼法第六十五条、第一百一十五条第一款的规定予以训诫、罚款。

当事人非因故意或者重大过失逾期提供的证据，人民法院应当采纳，并对当事人予以训诫。

当事人一方要求另一方赔偿因逾期提供证据致使其增加的交通、住宿、就餐、误工、证人出庭作证等必要费用的，人民法院可予支持。

第一百零三条 证据应当在法庭上出示，由当事人互相质证。未经当事人质证的证据，不得作为认定案件事实的根据。

当事人在审理前的准备阶段认可的证据，经审判人员在庭审中说明后，视为质证过的证据。

涉及国家秘密、商业秘密、个人隐私或者法律规定应当保密的证据，不得公开质证。

第一百零四条 人民法院应当组织当事人围绕证据的真实性、合法性以及与待证事实的关联性进行质证，并针对证据有无证明力和证明力大小进行说明和辩论。

能够反映案件真实情况、与待证事实相关联、来源和形式符合法律规定的证据，应当作为认定案件事实的根据。

第一百零五条 人民法院应当按照法定程序，全面、客观地审核证据，依照法律规定，运用逻辑推理和日常生活经验法则，对证据有无证明力和证明力大小进行判断，并公开判断的理由和结果。

第一百零六条 对以严重侵害他人合法权益、违反法律禁止性规定或者严重违背公序良俗的方法形成或者获取的证据，不得作为认定案件事实的根据。

第一百零七条 在诉讼中，当事人为达成调解协议或者和解协议作出妥协而认可的事实，不得在后续的诉讼中作为对其不利的根据，但法律另有规定或者当事人均同意的除外。

第一百零八条 对负有举证证明责任的当事人提供的证据，人民法院经审查并结合相关事实，确信待证事实的存在具有高度可能性的，应当认定该事实存在。

对一方当事人为反驳负有举证证明责任的当事人所主张事实而提供的证据，人民法院经审查并结合相关事实，认为待证事实真伪不明的，应当认定该事实不存在。

法律对于待证事实所应达到的证明标准另有规定的，从其规定。

第一百零九条 当事人对欺诈、胁迫、恶意串通事实的证明，以及对口头遗嘱或者赠与事实的证明，人民法院确信该待证事实存在的可能性能够排除合理怀疑的，应当认定该事实存在。

第一百一十条 人民法院认为有必要的，可以要求当事人本人到庭，就案件有关事实接受询问。在询问当事人之前，可以要求其签署保证书。

保证书应当载明据实陈述、如有虚假陈述愿意接受处罚等内容。当事人应当在保证书上签名或者捺印。

负有举证证明责任的当事人拒绝到庭、拒绝接受询问或者拒绝签署保证书，待证事实又欠缺其他证据证明的，人民法院对其主张的事实不予认定。

第一百一十一条 民事诉讼法第七十条规定的提交书证原件确有困难，包括下列情形：

（一）书证原件遗失、灭失或者毁损的；

（二）原件在对方当事人控制之下，经合法通知提交而拒不提交的；

（三）原件在他人控制之下，而其有权不提交的；

（四）原件因篇幅或者体积过大而不便提交的；

（五）承担举证证明责任的当事人通过申请人民法院调查收集或者其他方式无法获得书证原件的。

前款规定情形，人民法院应当结合其他证据和案件具体情况，审查判断书证复制品等能否作为认定案件事实的根据。

第一百一十二条 书证在对方当事人控制之下的，承担举证证明责任的当事人可以在举证期限届满前书面申请人民法院责令对方当事人提交。

申请理由成立的，人民法院应当责令对方当事人提交，因提交书证所产生的费用，由申请人负担。对方当事人无正当理由拒不提交的，人民法院可以认定申请人所主张的书证内容为真实。

第一百一十三条 持有书证的当事人以妨碍对方当事人使用为目的，毁灭有关书证或者实施其他致使书证不能使用行为的，人民法院可以依照民事诉讼法第一百一十一条规定，对其处以罚款、拘留。

第一百一十四条 国家机关或者其他依法具有社会管理职能的组织，在其职权范围内制作的文书所记载的事项推定为真实，但有相反证据足以推翻的除外。必要时，人民法院可以要求制作文书的机关或者组织对文书的真实性予以说明。

第一百一十五条 单位向人民法院提出的证明材料，应当由单位负责人及制作证明材料的人员签名或者盖章，并加盖单位印章。人民法院就单位出具的证明材料，可以向单位及制作证明材料的人员进行调查核实。必要时，可以要求制作证明材料的人员出庭作证。

单位及制作证明材料的人员拒绝人民法院调查核实，或者制作证明材料的人员无正当理由拒绝出庭作证的，该证明材料不得作为认定案件事实的根据。

第一百一十六条 视听资料包括录音资料和影像资料。

电子数据是指通过电子邮件、电子数据交换、网上聊天记录、博客、微博客、手机短信、电子签名、域名等形成或者存储在电子介质中的信息。

存储在电子介质中的录音资料和影像资料，适用电子数据的规定。

第一百一十七条 当事人申请证人出庭作证的，应当在举证期限届满前提出。

符合本解释第九十六条第一款规定情形的，人民法院可以依职权通知证人出庭作证。

未经人民法院通知，证人不得出庭作证，但双方当事人同意并经人民法院准许的除外。

第一百一十八条 民事诉讼法第七十四条规定的证人因履行出庭作证义务而支出的交

通、住宿、就餐等必要费用，按照机关事业单位工作人员差旅费用和补贴标准计算；误工损失按照国家上年度职工日平均工资标准计算。

人民法院准许证人出庭作证申请的，应当通知申请人预缴证人出庭作证费用。

第一百一十九条 人民法院在证人出庭作证前应当告知其如实作证的义务以及作伪证的法律后果，并责令其签署保证书，但无民事行为能力人和限制民事行为能力人除外。

证人签署保证书适用本解释关于当事人签署保证书的规定。

第一百二十条 证人拒绝签署保证书的，不得作证，并自行承担相关费用。

第一百二十一条 当事人申请鉴定，可以在举证期限届满前提出。申请鉴定的事项与待证事实无关联，或者对证明待证事实无意义的，人民法院不予准许。

人民法院准许当事人鉴定申请的，应当组织双方当事人协商确定具备相应资格的鉴定人。当事人协商不成的，由人民法院指定。

符合依职权调查收集证据条件的，人民法院应当依职权委托鉴定，在询问当事人的意见后，指定具备相应资格的鉴定人。

第一百二十二条 当事人可以依照民事诉讼法第七十九条的规定，在举证期限届满前申请一至二名具有专门知识的人出庭，代表当事人对鉴定意见进行质证，或者对案件事实所涉及的专业问题提出意见。

具有专门知识的人在法庭上就专业问题提出的意见，视为当事人的陈述。

人民法院准许当事人申请的，相关费用由提出申请的当事人负担。

第一百二十三条 人民法院可以对出庭的具有专门知识的人进行询问。经法庭准许，当事人可以对出庭的具有专门知识的人进行询问，当事人各自申请的具有专门知识的人可以就案件中的有关问题进行对质。

具有专门知识的人不得参与专业问题之外的法庭审理活动。

第一百二十四条 人民法院认为有必要的，可以根据当事人的申请或者依职权对物证或者现场进行勘验。勘验时应当保护他人的隐私和尊严。

人民法院可以要求鉴定人参与勘验。必要时，可以要求鉴定人在勘验中进行鉴定。

五、期间和送达

第一百二十五条 依照民事诉讼法第八十二条第二款规定，民事诉讼中以时起算的期间从次时起算；以日、月、年计算的期间从次日起算。

第一百二十六条 民事诉讼法第一百二十三条规定的立案期限，因起诉状内容欠缺通知原告补正的，从补正后交人民法院的次日起算。由上级人民法院转交下级人民法院立案的案件，从受诉人民法院收到起诉状的次日起算。

第一百二十七条 民事诉讼法第五十六条第三款、第二百零五条以及本解释第三百七十四条、第三百八十四条、第四百零一条、第四百二十二条、第四百二十三条规定的六个月，民事诉讼法第二百二十三条规定的一年，为不变期间，不适用诉讼时效中止、中断、延长的规定。

第一百二十八条 再审案件按照第一审程序或者第二审程序审理的，适用民事诉讼法第一百四十九条、第一百七十六条规定的审限。审限自再审立案的次日起算。

第一百二十九条 对申请再审案件，人民法院应当自受理之日起三个月内审查完毕，但公告期间、当事人和解期间等不计入审查期限。有特殊情况需要延长的，由本院院长批准。

第一百三十条 向法人或者其他组织送达诉讼文书，应当由法人的法定代表人、该组织的主要负责人或者办公室、收发室、值班室等负责收件的人签收或者盖章，拒绝签收或者盖章的，适用留置送达。

民事诉讼法第八十六条规定的有关基层组织和所在单位的代表，可以是受送达人住所地的居民委员会、村民委员会的工作人员以及受送达人所在单位的工作人员。

第一百三十一条 人民法院直接送达诉讼文书的，可以通知当事人到人民法院领取。当事人到达人民法院，拒绝签署送达回证的，视为送达。审判人员、书记员应当在送达回证上注明送达情况并签名。

人民法院可以在当事人住所地以外向当事人直接送达诉讼文书。当事人拒绝签署送达回证的，采用拍照、录像等方式记录送达过程即视为送达。审判人员、书记员应当在送达回证上注明送达情况并签名。

第一百三十二条 受送达人有诉讼代理人的，人民法院既可以向受送达人送达，也可以向其诉讼代理人送达。受送达人指定诉讼代理人为代收人的，向诉讼代理人送达时，适用留置送达。

第一百三十三条 调解书应当直接送达当事人本人，不适用留置送达。当事人本人因故不能签收的，可由其指定的代收人签收。

第一百三十四条 依照民事诉讼法第八十八条规定，委托其他人民法院代为送达的，委托法院应当出具委托函，并附需要送达的诉讼文书和送达回证，以受送达人在送达回证上签收的日期为送达日期。

委托送达的，受委托人民法院应当自收到委托函及相关诉讼文书之日起十日内代为送达。

第一百三十五条 电子送达可以采用传真、电子邮件、移动通信等即时收悉的特定系统作为送达媒介。

民事诉讼法第八十七条第二款规定的到达受送达人特定系统的日期，为人民法院对应系统显示发送成功的日期，但受送达人证明到达其特定系统的日期与人民法院对应系统显示发送成功的日期不一致的，以受送达人证明到达其特定系统的日期为准。

第一百三十六条 受送达人同意采用电子方式送达的，应当在送达地址确认书中予以确认。

第一百三十七条 当事人在提起上诉、申请再审、申请执行时未书面变更送达地址的，其在第一审程序中确认的送达地址可以作为第二审程序、审判监督程序、执行程序的送达地址。

第一百三十八条 公告送达可以在法院的公告栏和受送达人住所地张贴公告,也可以在报纸、信息网络等媒体上刊登公告,发出公告日期以最后张贴或者刊登的日期为准。对公告送达方式有特殊要求的,应当按要求的方式进行。公告期满,即视为送达。

人民法院在受送达人住所地张贴公告的,应当采取拍照、录像等方式记录张贴过程。

第一百三十九条 公告送达应当说明公告送达的原因;公告送达起诉状或者上诉状副本的,应当说明起诉或者上诉要点,受送达人答辩期限及逾期不答辩的法律后果;公告送达传票,应当说明出庭的时间和地点及逾期不出庭的法律后果;公告送达判决书、裁定书的,应当说明裁判主要内容,当事人有权上诉的,还应当说明上诉权利、上诉期限和上诉的人民法院。

第一百四十条 适用简易程序的案件,不适用公告送达。

第一百四十一条 人民法院在定期宣判时,当事人拒不签收判决书、裁定书的,应视为送达,并在宣判笔录中记明。

六、调　　解

第一百四十二条 人民法院受理案件后,经审查,认为法律关系明确、事实清楚,在征得当事人双方同意后,可以径行调解。

第一百四十三条 适用特别程序、督促程序、公示催告程序的案件,婚姻等身份关系确认案件以及其他根据案件性质不能进行调解的案件,不得调解。

第一百四十四条 人民法院审理民事案件,发现当事人之间恶意串通,企图通过和解、调解方式侵害他人合法权益的,应当依照民事诉讼法第一百一十二条的规定处理。

第一百四十五条 人民法院审理民事案件,应当根据自愿、合法的原则进行调解。当事人一方或者双方坚持不愿调解的,应当及时裁判。

人民法院审理离婚案件,应当进行调解,但不应久调不决。

第一百四十六条 人民法院审理民事案件,调解过程不公开,但当事人同意公开的除外。

调解协议内容不公开,但为保护国家利益、社会公共利益、他人合法权益,人民法院认为确有必要公开的除外。

主持调解以及参与调解的人员,对调解过程以及调解过程中获悉的国家秘密、商业秘密、个人隐私和其他不宜公开的信息,应当保守秘密,但为保护国家利益、社会公共利益、他人合法权益的除外。

第一百四十七条 人民法院调解案件时,当事人不能出庭的,经其特别授权,可由其委托代理人参加调解,达成的调解协议,可由委托代理人签名。

离婚案件当事人确因特殊情况无法出庭参加调解的,除本人不能表达意志的以外,应当出具书面意见。

第一百四十八条 当事人自行和解或者调解达成协议后,请求人民法院按照和解协议或者调解协议的内容制作判决书的,人民法院不予准许。

无民事行为能力人的离婚案件,由其法定代理人进行诉讼。法定代理人与对方达成协议要求发给判决书的,可根据协议内容制作判决书。

第一百四十九条 调解书需经当事人签收后才发生法律效力的,应当以最后收到调解书的当事人签收的日期为调解书生效日期。

第一百五十条 人民法院调解民事案件,需由无独立请求权的第三人承担责任的,应当经其同意。该第三人在调解书送达前反悔的,人民法院应当及时裁判。

第一百五十一条 根据民事诉讼法第九十八条第一款第四项规定,当事人各方同意在调解协议上签名或者盖章后即发生法律效力的,经人民法院审查确认后,应当记入笔录或者将调解协议附卷,并由当事人、审判人员、书记员签名或者盖章后即具有法律效力。

前款规定情形,当事人请求制作调解书的,人民法院审查确认后可以制作调解书送交当事人。当事人拒收调解书的,不影响调解协议的效力。

七、保全和先予执行

第一百五十二条 人民法院依照民事诉讼法第一百条、第一百零一条规定,在采取诉前保全、诉讼保全措施时,责令利害关系人或者当事人提供担保的,应当书面通知。

利害关系人申请诉前保全的,应当提供担保。申请诉前财产保全的,应当提供相当于请求保全数额的担保;情况特殊的,人民法院可以酌情处理。申请诉前行为保全的,担保的数额由人民法院根据案件的具体情况决定。

在诉讼中,人民法院依申请或者依职权采取保全措施的,应当根据案件的具体情况,决定当事人是否应当提供担保以及担保的数额。

第一百五十三条 人民法院对季节性商品、鲜活、易腐烂变质以及其他不宜长期保存的物品采取保全措施时,可以责令当事人及时处理,由人民法院保存价款;必要时,人民法院可予以变卖,保存价款。

第一百五十四条 人民法院在财产保全中采取查封、扣押、冻结财产措施时,应当妥善保管被查封、扣押、冻结的财产。不宜由人民法院保管的,人民法院可以指定被保全人负责保管;不宜由被保全人保管的,可以委托他人或者申请保全人保管。

查封、扣押、冻结担保物权人占有的担保财产,一般由担保物权人保管;由人民法院保管的,质权、留置权不因采取保全措施而消灭。

第一百五十五条 由人民法院指定被保全人保管的财产,如果继续使用对该财产的价值无重大影响,可以允许被保全人继续使用;由人民法院保管或者委托他人、申请保全人保管的财产,人民法院和其他保管人不得使用。

第一百五十六条 人民法院采取财产保全的方法和措施,依照执行程序相关规定办理。

第一百五十七条 人民法院对抵押物、质押物、留置物可以采取财产保全措施,但不影响抵押权人、质权人、留置权人的优先受偿权。

第一百五十八条 人民法院对债务人到期应得的收益,可以采取财产保全措施,限制其支取,通知有关单位协助执行。

第一百五十九条 债务人的财产不能满足保全请求,但对他人有到期债权的,人民法院可以依债权人的申请裁定该他人不得对本案债务人清偿。该他人要求偿付的,由人民法院提存财物或者价款。

第一百六十条 当事人向采取诉前保全措施以外的其他有管辖权的人民法院起诉的,采取诉前保全措施的人民法院应当将保全手续移送受理案件的人民法院。诉前保全的裁定视为受移送人民法院作出的裁定。

第一百六十一条 对当事人不服一审判决提起上诉的案件,在第二审人民法院接到报送的案件之前,当事人有转移、隐匿、出卖或者毁损财产等行为,必须采取保全措施的,由第一审人民法院依当事人申请或者依职权采取。第一审人民法院的保全裁定,应当及时报送第二审人民法院。

第一百六十二条 第二审人民法院裁定对第一审人民法院采取的保全措施予以续保或者采取新的保全措施的,可以自行实施,也可以委托第一审人民法院实施。

再审人民法院裁定对原保全措施予以续保或者采取新的保全措施的,可以自行实施,也可以委托原审人民法院或者执行法院实施。

第一百六十三条 法律文书生效后,进入执行程序前,债权人因对方当事人转移财产等紧急情况,不申请保全将可能导致生效法律文书不能执行或者难以执行的,可以向执行法院申请采取保全措施。债权人在法律文书指定的履行期间届满后五日内不申请执行的,人民法院应当解除保全。

第一百六十四条 对申请保全人或者他人提供的担保财产,人民法院应当依法办理查封、扣押、冻结等手续。

第一百六十五条 人民法院裁定采取保全措施后,除作出保全裁定的人民法院自行解除或者其上级人民法院决定解除外,在保全期限内,任何单位不得解除保全措施。

第一百六十六条 裁定采取保全措施后,有下列情形之一的,人民法院应当作出解除保全裁定:

(一)保全错误的;

(二)申请人撤回保全申请的;

(三)申请人的起诉或者诉讼请求被生效裁判驳回的;

(四)人民法院认为应当解除保全的其他情形。

解除以登记方式实施的保全措施的,应当向登记机关发出协助执行通知书。

第一百六十七条 财产保全的被保全人提供其他等值担保财产且有利于执行的,人民法院可以裁定变更保全标的物为被保全人提供的担保财产。

第一百六十八条 保全裁定未经人民法院依法撤销或者解除,进入执行程序后,自动转为执行中的查封、扣押、冻结措施，期限连续计算，执行法院无需重新制作裁定书，但查封、扣押、冻结期限届满的除外。

第一百六十九条 民事诉讼法规定的先予执行，人民法院应当在受理案件后终审判决作出前采取。先予执行应当限于当事人诉讼请求的范围，并以当事人的生活、生产经营的急需为限。

第一百七十条 民事诉讼法第一百零六条第三项规定的情况紧急，包括：

（一）需要立即停止侵害、排除妨碍的；

（二）需要立即制止某项行为的；

（三）追索恢复生产、经营急需的保险理赔费的；

（四）需要立即返还社会保险金、社会救助资金的；

（五）不立即返还款项，将严重影响权利人生活和生产经营的。

第一百七十一条 当事人对保全或者先予执行裁定不服的，可以自收到裁定书之日起五日内向作出裁定的人民法院申请复议。人民法院应当在收到复议申请后十日内审查。裁定正确的，驳回当事人的申请；裁定不当的，变更或者撤销原裁定。

第一百七十二条 利害关系人对保全或者先予执行的裁定不服申请复议的，由作出裁定的人民法院依照民事诉讼法第一百零八条规定处理。

第一百七十三条 人民法院先予执行后，根据发生法律效力的判决，申请人应当返还因先予执行所取得的利益的，适用民事诉讼法第二百三十三条的规定。

八、对妨害民事诉讼的强制措施

第一百七十四条 民事诉讼法第一百零九条规定的必须到庭的被告，是指负有赡养、抚育、扶养义务和不到庭就无法查清案情的被告。

人民法院对必须到庭才能查清案件基本事实的原告，经两次传票传唤，无正当理由拒不到庭的，可以拘传。

第一百七十五条 拘传必须用拘传票，并直接送达被拘传人；在拘传前，应当向被拘传人说明拒不到庭的后果，经批评教育仍拒不到庭的，可以拘传其到庭。

第一百七十六条 诉讼参与人或者其他人有下列行为之一的，人民法院可以适用民事诉讼法第一百一十条规定处理：

（一）未经准许进行录音、录像、摄影的；

（二）未经准许以移动通信等方式现场传播审判活动的；

（三）其他扰乱法庭秩序，妨害审判活动进行的。

有前款规定情形的，人民法院可以暂扣诉讼参与人或者其他人进行录音、录像、摄影、传播审判活动的器材，并责令其删除有关内容；拒不删除的，人民法院可以采取必要手段强制删除。

第一百七十七条 训诫、责令退出法庭由合议庭或者独任审判员决定。训诫的内容、被责令退出法庭者的违法事实应当记入庭审笔录。

第一百七十八条 人民法院依照民事诉讼法第一百一十条至第一百一十四条的规定采取拘留措施的，应经院长批准，作出拘留决定书，由司法警察将被拘留人送交当地公安机关看管。

第一百七十九条 被拘留人不在本辖区的，作出拘留决定的人民法院应当派员到被拘留人所在地的人民法院，请该院协助执行，受委托的人民法院应当及时派员协助执行。被拘留人申请复议或者在拘留期间承认并改正错误，需要提前解除拘留的，受委托人民法院应当向委托人民法院转达或者提出建议，由委托人民法院审查决定。

第一百八十条 人民法院对被拘留人采取拘留措施后，应当在二十四小时内通知其家属；确实无法按时通知或者通知不到的，应当记录在案。

第一百八十一条 因哄闹、冲击法庭，用暴力、威胁等方法抗拒执行公务等紧急情况，必须立即采取拘留措施的，可在拘留后，立即报告院长补办批准手续。院长认为拘留不当的，应当解除拘留。

第一百八十二条 被拘留人在拘留期间认错悔改的，可以责令其具结悔过，提前解除拘留。提前解除拘留，应报经院长批准，并作出提前解除拘留决定书，交负责看管的公安机关执行。

第一百八十三条 民事诉讼法第一百一十条至第一百一十三条规定的罚款、拘留可以单独适用，也可以合并适用。

第一百八十四条 对同一妨害民事诉讼行为的罚款、拘留不得连续适用。发生新的妨害民事诉讼行为的，人民法院可以重新予以罚款、拘留。

第一百八十五条 被罚款、拘留的人不服罚款、拘留决定申请复议的，应当自收到决定书之日起三日内提出。上级人民法院应当在收到复议申请后五日内作出决定，并将复议结果通知下级人民法院和当事人。

第一百八十六条 上级人民法院复议时认为强制措施不当的，应当制作决定书，撤销或者变更下级人民法院作出的拘留、罚款决定。情况紧急的，可以在口头通知后三日内发出决定书。

第一百八十七条 民事诉讼法第一百一十一条第一款第五项规定的以暴力、威胁或者其他方法阻碍司法工作人员执行职务的行为，包括：

（一）在人民法院哄闹、滞留，不听从司法工作人员劝阻的；

（二）故意毁损、抢夺人民法院法律文书、查封标志的；

（三）哄闹、冲击执行公务现场，围困、扣押执行或者协助执行公务人员的；

（四）毁损、抢夺、扣留案件材料、执行公务车辆、其他执行公务器械、执行公务人员服装和执行公务证件的；

（五）以暴力、威胁或者其他方法阻碍司法工作人员查询、查封、扣押、冻结、划拨、拍卖、变卖财产的；

（六）以暴力、威胁或者其他方法阻碍司法工作人员执行职务的其他行为。

第一百八十八条 民事诉讼法第一百一十一条第一款第六项规定的拒不履行人民法院已经发生法律效力的判决、裁定的行为，包括：

（一）在法律文书发生法律效力后隐藏、转移、变卖、毁损财产或者无偿转让财产、以明显不合理的价格交易财产、放弃到期债权、无偿为他人提供担保等，致使人民法院无法执行的；

（二）隐藏、转移、毁损或者未经人民法院允许处分已向人民法院提供担保的财产的；

（三）违反人民法院限制高消费令进行消费的；

（四）有履行能力而拒不按照人民法院执行通知履行生效法律文书确定的义务的；

（五）有义务协助执行的个人接到人民法院协助执行通知书后，拒不协助执行的。

第一百八十九条 诉讼参与人或者其他人有下列行为之一的，人民法院可以适用民事诉讼法第一百一十一条的规定处理：

（一）冒充他人提起诉讼或者参加诉讼的；

（二）证人签署保证书后作虚假证言，妨碍人民法院审理案件的；

（三）伪造、隐藏、毁灭或者拒绝交出有关被执行人履行能力的重要证据，妨碍人民法院查明被执行人财产状况的；

（四）擅自解冻已被人民法院冻结的财产的；

（五）接到人民法院协助执行通知书后，给当事人通风报信，协助其转移、隐匿财产的。

第一百九十条 民事诉讼法第一百一十二条规定的他人合法权益，包括案外人的合法权益、国家利益、社会公共利益。

第三人根据民事诉讼法第五十六条第三款规定提起撤销之诉，经审查，原案当事人之间恶意串通进行虚假诉讼的，适用民事诉讼法第一百一十二条规定处理。

第一百九十一条 单位有民事诉讼法第一百一十二条或者第一百一十三条规定行为的，人民法院应当对该单位进行罚款，并可以对其主要负责人或者直接责任人员予以罚款、拘留；构成犯罪的，依法追究刑事责任。

第一百九十二条 有关单位接到人民法院协助执行通知书后，有下列行为之一的，人民法院可以适用民事诉讼法第一百一十四条规定处理：

（一）允许被执行人高消费的；

（二）允许被执行人出境的；

（三）拒不停止办理有关财产权证照转移手续、权属变更登记、规划审批等手续的；

（四）以需要内部请示、内部审批，有内部规定等为由拖延办理的。

第一百九十三条 人民法院对个人或者单位采取罚款措施时，应当根据其实施妨害民事诉讼行为的性质、情节、后果，当地的经济发展水平，以及诉讼标的额等因素，在民事诉讼法第一百一十五条第一款规定的限额内确定相应的罚款金额。

九、诉 讼 费 用

第一百九十四条 依照民事诉讼法第五十四条审理的案件不预交案件受理费，结案后按照诉讼标的额由败诉方交纳。

第一百九十五条 支付令失效后转入诉讼程序的，债权人应当按照《诉讼费用交纳办法》补交案件受理费。

支付令被撤销后，债权人另行起诉的，按照《诉讼费用交纳办法》交纳诉讼费用。

第一百九十六条 人民法院改变原判决、裁定、调解结果的，应当在裁判文书中对原审诉讼费用的负担一并作出处理。

第一百九十七条 诉讼标的物是证券的，按照证券交易规则并根据当事人起诉之日前最后一个交易日的收盘价、当日的市场价或者其载明的金额计算诉讼标的金额。

第一百九十八条 诉讼标的物是房屋、土地、林木、车辆、船舶、文物等特定物或者知识产权，起诉时价值难以确定的，人民法院应当向原告释明主张过高或者过低的诉讼风险，以原告主张的价值确定诉讼标的金额。

第一百九十九条 适用简易程序审理的案件转为普通程序的，原告自接到人民法院交纳诉讼费用通知之日起七日内补交案件受理费。

原告无正当理由未按期足额补交的，按撤诉处理，已经收取的诉讼费用退还一半。

第二百条 破产程序中有关债务人的民事诉讼案件，按照财产案件标准交纳诉讼费，但劳动争议案件除外。

第二百零一条 既有财产性诉讼请求，又有非财产性诉讼请求的，按照财产性诉讼请求的标准交纳诉讼费。

有多个财产性诉讼请求的，合并计算交纳诉讼费；诉讼请求中有多个非财产性诉讼请求的，按一件交纳诉讼费。

第二百零二条 原告、被告、第三人分别上诉的，按照上诉请求分别预交二审案件受理费。

同一方多人共同上诉的，只预交一份二审案件受理费；分别上诉的，按照上诉请求分别预交二审案件受理费。

第二百零三条 承担连带责任的当事人败诉的，应当共同负担诉讼费用。

第二百零四条 实现担保物权案件，人民法院裁定拍卖、变卖担保财产的，申请费由债务人、担保人负担；人民法院裁定驳回申请的，申请费由申请人负担。

申请人另行起诉的，其已经交纳的申请费可以从案件受理费中扣除。

第二百零五条 拍卖、变卖担保财产的裁定作出后，人民法院强制执行的，按照执行金额收取执行申请费。

第二百零六条 人民法院决定减半收取案件受理费的，只能减半一次。

第二百零七条 判决生效后，胜诉方预交但不应负担的诉讼费用，人民法院应当退还，由败诉方向人民法院交纳，但胜诉方自愿承担或者同意败诉方直接向其支付的除外。

当事人拒不交纳诉讼费用的，人民法院可以强制执行。

十、第一审普通程序

第二百零八条 人民法院接到当事人提交的民事起诉状时,对符合民事诉讼法第一百一十九条的规定,且不属于第一百二十四条规定情形的,应当登记立案;对当场不能判定是否符合起诉条件的,应当接收起诉材料,并出具注明收到日期的书面凭证。

需要补充必要相关材料的,人民法院应当及时告知当事人。在补齐相关材料后,应当在七日内决定是否立案。

立案后发现不符合起诉条件或者属于民事诉讼法第一百二十四条规定情形的,裁定驳回起诉。

第二百零九条 原告提供被告的姓名或者名称、住所等信息具体明确,足以使被告与他人相区别的,可以认定为有明确的被告。

起诉状列写被告信息不足以认定明确的被告的,人民法院可以告知原告补正。原告补正后仍不能确定明确的被告的,人民法院裁定不予受理。

第二百一十条 原告在起诉状中有谩骂和人身攻击之辞的,人民法院应当告知其修改后提起诉讼。

第二百一十一条 对本院没有管辖权的案件,告知原告向有管辖权的人民法院起诉;原告坚持起诉的,裁定不予受理;立案后发现本院没有管辖权的,应当将案件移送有管辖权的人民法院。

第二百一十二条 裁定不予受理、驳回起诉的案件,原告再次起诉,符合起诉条件且不属于民事诉讼法第一百二十四条规定情形的,人民法院应予受理。

第二百一十三条 原告应当预交而未预交案件受理费,人民法院应当通知其预交,通知后仍不预交或者申请减、缓、免未获批准而仍不预交的,裁定按撤诉处理。

第二百一十四条 原告撤诉或者人民法院按撤诉处理后,原告以同一诉讼请求再次起诉的,人民法院应予受理。

原告撤诉或者按撤诉处理的离婚案件,没有新情况、新理由,六个月内又起诉的,比照民事诉讼法第一百二十四条第七项的规定不予受理。

第二百一十五条 依照民事诉讼法第一百二十四条第二项的规定,当事人在书面合同中订有仲裁条款,或者在发生纠纷后达成书面仲裁协议,一方向人民法院起诉的,人民法院应当告知原告向仲裁机构申请仲裁,其坚持起诉的,裁定不予受理,但仲裁条款或者仲裁协议不成立、无效、失效、内容不明确无法执行的除外。

第二百一十六条 在人民法院首次开庭前,被告以有书面仲裁协议为由对受理民事案件提出异议的,人民法院应当进行审查。

经审查符合下列情形之一的,人民法院应当裁定驳回起诉:

(一)仲裁机构或者人民法院已经确认仲裁协议有效的;

(二)当事人没有在仲裁庭首次开庭前对仲裁协议的效力提出异议的;

(三)仲裁协议符合仲裁法第十六条规定且不具有仲裁法第十七条规定情形的。

第二百一十七条 夫妻一方下落不明,另一方诉至人民法院,只要求离婚,不申请宣告下落不明人失踪或者死亡的案件,人民法院应当受理,对下落不明人公告送达诉讼文书。

第二百一十八条 赡养费、扶养费、抚育费案件,裁判发生法律效力后,因新情况、新理由,一方当事人再行起诉要求增加或者减少费用的,人民法院应作为新案受理。

第二百一十九条 当事人超过诉讼时效期间起诉的,人民法院应予受理。受理后对方当事人提出诉讼时效抗辩,人民法院经审理认为抗辩事由成立的,判决驳回原告的诉讼请求。

第二百二十条 民事诉讼法第六十八条、第一百三十四条、第一百五十六条规定的商业秘密,是指生产工艺、配方、贸易联系、购销渠道等当事人不愿公开的技术秘密、商业情报及信息。

第二百二十一条 基于同一事实发生的纠纷,当事人分别向同一人民法院起诉的,人民法院可以合并审理。

第二百二十二条 原告在起诉状中直接列写第三人的,视为其申请人民法院追加该第三人参加诉讼。是否通知第三人参加诉讼,由人民法院审查决定。

第二百二十三条 当事人在提交答辩状期间提出管辖异议,又针对起诉状的内容进行答辩的,人民法院应当依照民事诉讼法第一百二十七条第一款的规定,对管辖异议进行审查。

当事人未提出管辖异议,就案件实体内容进行答辩、陈述或者反诉的,可以认定为民事诉讼法第一百二十七条第二款规定的应诉答辩。

第二百二十四条 依照民事诉讼法第一百三十三条第四项规定,人民法院可以在答辩期届满后,通过组织证据交换、召集庭前会议等方式,作好审理前的准备。

第二百二十五条 根据案件具体情况,庭前会议可以包括下列内容:

(一)明确原告的诉讼请求和被告的答辩意见;

(二)审查处理当事人增加、变更诉讼请求的申请和提出的反诉,以及第三人提出的与本案有关的诉讼请求;

(三)根据当事人的申请决定调查收集证据,委托鉴定,要求当事人提供证据,进行勘验,进行证据保全;

(四)组织交换证据;

(五)归纳争议焦点;

(六)进行调解。

第二百二十六条 人民法院应当根据当事人的诉讼请求、答辩意见以及证据交换的情况,归纳争议焦点,并就归纳的争议焦点征求当事人的意见。

第二百二十七条 人民法院适用普通程序审理案件,应当在开庭三日前用传票传唤当事人。对诉讼代理人、证人、鉴定人、勘验人、翻译人员应当用通知书通知其到庭。当事人或者其他诉讼参与人在外地的，应当留有必要的在途时间。

第二百二十八条 法庭审理应当围绕当事人争议的事实、证据和法律适用等焦点问题进行。

第二百二十九条 当事人在庭审中对其在审理前的准备阶段认可的事实和证据提出不同意见的，人民法院应当责令其说明理由。必要时，可以责令其提供相应证据。人民法院应当结合当事人的诉讼能力、证据和案件的具体情况进行审查。理由成立的，可以列入争议焦点进行审理。

第二百三十条 人民法院根据案件具体情况并征得当事人同意，可以将法庭调查和法庭辩论合并进行。

第二百三十一条 当事人在法庭上提出新的证据的，人民法院应当依照民事诉讼法第六十五条第二款规定和本解释相关规定处理。

第二百三十二条 在案件受理后，法庭辩论结束前，原告增加诉讼请求，被告提出反诉，第三人提出与本案有关的诉讼请求，可以合并审理的，人民法院应当合并审理。

第二百三十三条 反诉的当事人应当限于本诉的当事人的范围。

反诉与本诉的诉讼请求基于相同法律关系、诉讼请求之间具有因果关系，或者反诉与本诉的诉讼请求基于相同事实的，人民法院应当合并审理。

反诉应由其他人民法院专属管辖，或者与本诉的诉讼标的及诉讼请求所依据的事实、理由无关联的，裁定不予受理，告知另行起诉。

第二百三十四条 无民事行为能力人的离婚诉讼，当事人的法定代理人应当到庭；法定代理人不能到庭的，人民法院应当在查清事实的基础上，依法作出判决。

第二百三十五条 无民事行为能力的当事人的法定代理人，经传票传唤无正当理由拒不到庭，属于原告方的，比照民事诉讼法第一百四十三条的规定，按撤诉处理；属于被告方的，比照民事诉讼法第一百四十四条的规定，缺席判决。必要时，人民法院可以拘传其到庭。

第二百三十六条 有独立请求权的第三人经人民法院传票传唤，无正当理由拒不到庭的，或者未经法庭许可中途退庭的，比照民事诉讼法第一百四十三条的规定，按撤诉处理。

第二百三十七条 有独立请求权的第三人参加诉讼后，原告申请撤诉，人民法院在准许原告撤诉后，有独立请求权的第三人作为另案原告，原案原告、被告作为另案被告，诉讼继续进行。

第二百三十八条 当事人申请撤诉或者依法可以按撤诉处理的案件，如果当事人有违反法律的行为需要依法处理的，人民法院可以不准许撤诉或者不按撤诉处理。

法庭辩论终结后原告申请撤诉，被告不同意的，人民法院可以不予准许。

第二百三十九条 人民法院准许本诉原告撤诉的，应当对反诉继续审理；被告申请撤回反诉的，人民法院应予准许。

第二百四十条 无独立请求权的第三人经人民法院传票传唤，无正当理由拒不到庭，或者未经法庭许可中途退庭的，不影响案件的审理。

第二百四十一条 被告经传票传唤无正当理由拒不到庭，或者未经法庭许可中途退庭的，人民法院应当按期开庭或者继续开庭审理，对到庭的当事人诉讼请求、双方的诉辩理由以及已经提交的证据及其他诉讼材料进行审理后，可以依法缺席判决。

第二百四十二条 一审宣判后，原审人民法院发现判决有错误，当事人在上诉期内提出上诉的，原审人民法院可以提出原判决有错误的意见，报送第二审人民法院，由第二审人民法院按照第二审程序进行审理；当事人不上诉的，按照审判监督程序处理。

第二百四十三条 民事诉讼法第一百四十九条规定的审限，是指从立案之日起至裁判宣告、调解书送达之日止的期间，但公告期间、鉴定期间、双方当事人和解期间、审理当事人提出的管辖异议以及处理人民法院之间的管辖争议期间不应计算在内。

第二百四十四条 可以上诉的判决书、裁定书不能同时送达双方当事人的，上诉期从各自收到判决书、裁定书之日计算。

第二百四十五条 民事诉讼法第一百五十四条第一款第七项规定的笔误是指法律文书误写、误算，诉讼费用漏写、误算和其他笔误。

第二百四十六条 裁定中止诉讼的原因消除，恢复诉讼程序时，不必撤销原裁定，从人民法院通知或者准许当事人双方继续进行诉讼时起，中止诉讼的裁定即失去效力。

第二百四十七条 当事人就已经提起诉讼的事项在诉讼过程中或者裁判生效后再次起诉，同时符合下列条件的，构成重复起诉：

（一）后诉与前诉的当事人相同；

（二）后诉与前诉的诉讼标的相同；

（三）后诉与前诉的诉讼请求相同，或者后诉的诉讼请求实质上否定前诉裁判结果。

当事人重复起诉的，裁定不予受理；已经受理的，裁定驳回起诉，但法律、司法解释另有规定的除外。

第二百四十八条 裁判发生法律效力后，发生新的事实，当事人再次提起诉讼的，人民法院应当依法受理。

第二百四十九条 在诉讼中，争议的民事权利义务转移的，不影响当事人的诉讼主体资格和诉讼地位。人民法院作出的发生法律效力的判决、裁定对受让人具有拘束力。

受让人申请以无独立请求权的第三人身份参加诉讼的，人民法院可予准许。受让人申请替代当事人承担诉讼的，人民法院可以根据案件的具体情况决定是否准许；不予准许的，可以追加其为无独立请求权的第三人。

第二百五十条 依照本解释第二百四十九条规定，人民法院准许受让人替代当事人承担诉讼的，裁定变更当事人。

变更当事人后，诉讼程序以受让人为当事人继续进行，原当事人应当退出诉讼。原当事人已经完成的诉讼行为对受让人具有拘束力。

第二百五十一条 二审裁定撤销一审判决发回重审的案件，当事人申请变更、增加诉讼请求或者提出反诉，第三人提出与本案有关的诉讼请求的，依照民事诉讼法第一百四十条规定处理。

第二百五十二条 再审裁定撤销原判决、裁定发回重审的案件,当事人申请变更、增加诉讼请求或者提出反诉,符合下列情形之一的,人民法院应当准许:

(一)原审未合法传唤缺席判决,影响当事人行使诉讼权利的;

(二)追加新的诉讼当事人的;

(三)诉讼标的物灭失或者发生变化致使原诉讼请求无法实现的;

(四)当事人申请变更、增加的诉讼请求或者提出的反诉,无法通过另诉解决的。

第二百五十三条 当庭宣判的案件,除当事人当庭要求邮寄发送裁判文书的外,人民法院应当告知当事人或者诉讼代理人领取裁判文书的时间和地点以及逾期不领取的法律后果。上述情况,应当记入笔录。

第二百五十四条 公民、法人或者其他组织申请查阅发生法律效力的判决书、裁定书的,应当向作出该生效裁判的人民法院提出。申请应当以书面形式提出,并提供具体的案号或者当事人姓名、名称。

第二百五十五条 对于查阅判决书、裁定书的申请,人民法院根据下列情形分别处理:

(一)判决书、裁定书已经通过信息网络向社会公开的,应当引导申请人自行查阅;

(二)判决书、裁定书未通过信息网络向社会公开,且申请符合要求的,应当及时提供便捷的查阅服务;

(三)判决书、裁定书尚未发生法律效力,或者已失去法律效力的,不提供查阅并告知申请人;

(四)发生法律效力的判决书、裁定书不是本院作出的,应当告知申请人向作出生效裁判的人民法院申请查阅;

(五)申请查阅的内容涉及国家秘密、商业秘密、个人隐私的,不予准许并告知申请人。

十一、简易程序

第二百五十六条 民事诉讼法第一百五十七条规定的简单民事案件中的事实清楚,是指当事人对争议的事实陈述基本一致,并能提供相应的证据,无须人民法院调查收集证据即可查明事实;权利义务关系明确是指能明确区分谁是责任的承担者,谁是权利的享有者;争议不大是指当事人对案件的是非、责任承担以及诉讼标的争执无原则分歧。

第二百五十七条 下列案件,不适用简易程序:

(一)起诉时被告下落不明的;

(二)发回重审的;

(三)当事人一方人数众多的;

(四)适用审判监督程序的;

(五)涉及国家利益、社会公共利益的;

(六)第三人起诉请求改变或者撤销生效判决、裁定、调解书的;

（七）其他不宜适用简易程序的案件。

第二百五十八条 适用简易程序审理的案件，审理期限到期后，双方当事人同意继续适用简易程序的，由本院院长批准，可以延长审理期限。延长后的审理期限累计不得超过六个月。

人民法院发现案情复杂，需要转为普通程序审理的，应当在审理期限届满前作出裁定并将合议庭组成人员及相关事项书面通知双方当事人。

案件转为普通程序审理的，审理期限自人民法院立案之日计算。

第二百五十九条 当事人双方可就开庭方式向人民法院提出申请，由人民法院决定是否准许。经当事人双方同意，可以采用视听传输技术等方式开庭。

第二百六十条 已经按照普通程序审理的案件，在开庭后不得转为简易程序审理。

第二百六十一条 适用简易程序审理案件，人民法院可以采取捎口信、电话、短信、传真、电子邮件等简便方式传唤双方当事人、通知证人和送达裁判文书以外的诉讼文书。

以简便方式送达的开庭通知，未经当事人确认或者没有其他证据证明当事人已经收到的，人民法院不得缺席判决。

适用简易程序审理案件，由审判员独任审判，书记员担任记录。

第二百六十二条 人民法庭制作的判决书、裁定书、调解书，必须加盖基层人民法院印章，不得用人民法庭的印章代替基层人民法院的印章。

第二百六十三条 适用简易程序审理案件，卷宗中应当具备以下材料：

（一）起诉状或者口头起诉笔录；

（二）答辩状或者口头答辩笔录；

（三）当事人身份证明材料；

（四）委托他人代理诉讼的授权委托书或者口头委托笔录；

（五）证据；

（六）询问当事人笔录；

（七）审理（包括调解）笔录；

（八）判决书、裁定书、调解书或者调解协议；

（九）送达和宣判笔录；

（十）执行情况；

（十一）诉讼费收据；

（十二）适用民事诉讼法第一百六十二条规定审理的，有关程序适用的书面告知。

第二百六十四条 当事人双方根据民事诉讼法第一百五十七条第二款规定约定适用简易程序的，应当在开庭前提出。口头提出的，记入笔录，由双方当事人签名或者捺印确认。

本解释第二百五十七条规定的案件，当事人约定适用简易程序的，人民法院不予准许。

第二百六十五条 原告口头起诉的，人民法院应当将当事人的姓名、性别、工作单位、住所、联系方式等基本信息，诉讼请求，事实及理由等准确记入笔录，由原告核对无误后签名或者捺印。对当事人提交的证据材料,应当出具收据。

第二百六十六条 适用简易程序案件的举证期限由人民法院确定,也可以由当事人协商一致并经人民法院准许,但不得超过十五日。被告要求书面答辩的,人民法院可在征得其同意的基础上,合理确定答辩期间。

人民法院应当将举证期限和开庭日期告知双方当事人,并向当事人说明逾期举证以及拒不到庭的法律后果,由双方当事人在笔录和开庭传票的送达回证上签名或者捺印。

当事人双方均表示不需要举证期限、答辩期间的,人民法院可以立即开庭审理或者确定开庭日期。

第二百六十七条 适用简易程序审理案件,可以简便方式进行审理前的准备。

第二百六十八条 对没有委托律师、基层法律服务工作者代理诉讼的当事人,人民法院在庭审过程中可以对回避、自认、举证证明责任等相关内容向其作必要的解释或者说明,并在庭审过程中适当提示当事人正确行使诉讼权利、履行诉讼义务。

第二百六十九条 当事人就案件适用简易程序提出异议,人民法院经审查,异议成立的,裁定转为普通程序;异议不成立的,口头告知当事人,并记入笔录。

转为普通程序的,人民法院应当将合议庭组成人员及相关事项以书面形式通知双方当事人。

转为普通程序前,双方当事人已确认的事实,可以不再进行举证、质证。

第二百七十条 适用简易程序审理的案件,有下列情形之一的,人民法院在制作判决书、裁定书、调解书时,对认定事实或者裁判理由部分可以适当简化:

(一)当事人达成调解协议并需要制作民事调解书的;

(二)一方当事人明确表示承认对方全部或者部分诉讼请求的;

(三)涉及商业秘密、个人隐私的案件,当事人一方要求简化裁判文书中的相关内容,人民法院认为理由正当的;

(四)当事人双方同意简化的。

十二、简易程序中的小额诉讼

第二百七十一条 人民法院审理小额诉讼案件,适用民事诉讼法第一百六十二条的规定,实行一审终审。

第二百七十二条 民事诉讼法第一百六十二条规定的各省、自治区、直辖市上年度就业人员年平均工资,是指已经公布的各省、自治区、直辖市上一年度就业人员年平均工资。在上一年度就业人员年平均工资公布前,以已经公布的最近年度就业人员年平均工资为准。

第二百七十三条 海事法院可以审理海事、海商小额诉讼案件。案件标的额应当以实际受理案件的海事法院或者其派出法庭所在的省、自治区、直辖市上年度就业人员年平均工资百分之三十为限。

第二百七十四条 下列金钱给付的案件,适用小额诉讼程序审理:

（一）买卖合同、借款合同、租赁合同纠纷；

（二）身份关系清楚，仅在给付的数额、时间、方式上存在争议的赡养费、抚育费、扶养费纠纷；

（三）责任明确，仅在给付的数额、时间、方式上存在争议的交通事故损害赔偿和其他人身损害赔偿纠纷；

（四）供用水、电、气、热力合同纠纷；

（五）银行卡纠纷；

（六）劳动关系清楚，仅在劳动报酬、工伤医疗费、经济补偿金或者赔偿金给付数额、时间、方式上存在争议的劳动合同纠纷；

（七）劳务关系清楚，仅在劳务报酬给付数额、时间、方式上存在争议的劳务合同纠纷；

（八）物业、电信等服务合同纠纷；

（九）其他金钱给付纠纷。

第二百七十五条　下列案件，不适用小额诉讼程序审理：

（一）人身关系、财产确权纠纷；

（二）涉外民事纠纷；

（三）知识产权纠纷；

（四）需要评估、鉴定或者对诉前评估、鉴定结果有异议的纠纷；

（五）其他不宜适用一审终审的纠纷。

第二百七十六条　人民法院受理小额诉讼案件，应当向当事人告知该类案件的审判组织、一审终审、审理期限、诉讼费用交纳标准等相关事项。

第二百七十七条　小额诉讼案件的举证期限由人民法院确定，也可以由当事人协商一致并经人民法院准许，但一般不超过七日。

被告要求书面答辩的，人民法院可以在征得其同意的基础上合理确定答辩期间，但最长不得超过十五日。

当事人到庭后表示不需要举证期限和答辩期间的，人民法院可立即开庭审理。

第二百七十八条　当事人对小额诉讼案件提出管辖异议的，人民法院应当作出裁定。裁定一经作出即生效。

第二百七十九条　人民法院受理小额诉讼案件后，发现起诉不符合民事诉讼法第一百一十九条规定的起诉条件的，裁定驳回起诉。裁定一经作出即生效。

第二百八十条　因当事人申请增加或者变更诉讼请求、提出反诉、追加当事人等，致使案件不符合小额诉讼案件条件的，应当适用简易程序的其他规定审理。

前款规定案件，应当适用普通程序审理的，裁定转为普通程序。

适用简易程序的其他规定或者普通程序审理前，双方当事人已确认的事实，可以不再进行举证、质证。

第二百八十一条　当事人对按照小额诉讼案件审理有异议的，应当在开庭前提出。人民法院经审查,异议成立的,适用简易程序的其他规定审理;异议不成立的,告知当事人,并记入笔录。

第二百八十二条 小额诉讼案件的裁判文书可以简化,主要记载当事人基本信息、诉讼请求、裁判主文等内容。

第二百八十三条 人民法院审理小额诉讼案件,本解释没有规定的,适用简易程序的其他规定。

十三、公 益 诉 讼

第二百八十四条 环境保护法、消费者权益保护法等法律规定的机关和有关组织对污染环境、侵害众多消费者合法权益等损害社会公共利益的行为,根据民事诉讼法第五十五条规定提起公益诉讼,符合下列条件的,人民法院应当受理:

(一)有明确的被告;

(二)有具体的诉讼请求;

(三)有社会公共利益受到损害的初步证据;

(四)属于人民法院受理民事诉讼的范围和受诉人民法院管辖。

第二百八十五条 公益诉讼案件由侵权行为地或者被告住所地中级人民法院管辖,但法律、司法解释另有规定的除外。

因污染海洋环境提起的公益诉讼,由污染发生地、损害结果地或者采取预防污染措施地海事法院管辖。

对同一侵权行为分别向两个以上人民法院提起公益诉讼的,由最先立案的人民法院管辖,必要时由它们的共同上级人民法院指定管辖。

第二百八十六条 人民法院受理公益诉讼案件后,应当在十日内书面告知相关行政主管部门。

第二百八十七条 人民法院受理公益诉讼案件后,依法可以提起诉讼的其他机关和有关组织,可以在开庭前向人民法院申请参加诉讼。人民法院准许参加诉讼的,列为共同原告。

第二百八十八条 人民法院受理公益诉讼案件,不影响同一侵权行为的受害人根据民事诉讼法第一百一十九条规定提起诉讼。

第二百八十九条 对公益诉讼案件,当事人可以和解,人民法院可以调解。

当事人达成和解或者调解协议后,人民法院应当将和解或者调解协议进行公告。公告期间不得少于三十日。

公告期满后,人民法院经审查,和解或者调解协议不违反社会公共利益的,应当出具调解书;和解或者调解协议违反社会公共利益的,不予出具调解书,继续对案件进行审理并依法作出裁判。

第二百九十条 公益诉讼案件的原告在法庭辩论终结后申请撤诉的,人民法院不予准许。

第二百九十一条 公益诉讼案件的裁判发生法律效力后，其他依法具有原告资格的机关和有关组织就同一侵权行为另行提起公益诉讼的，人民法院裁定不予受理，但法律、司法解释另有规定的除外。

十四、第三人撤销之诉

第二百九十二条 第三人对已经发生法律效力的判决、裁定、调解书提起撤销之诉的，应当自知道或者应当知道其民事权益受到损害之日起六个月内，向作出生效判决、裁定、调解书的人民法院提出，并应当提供存在下列情形的证据材料：

（一）因不能归责于本人的事由未参加诉讼；

（二）发生法律效力的判决、裁定、调解书的全部或者部分内容错误；

（三）发生法律效力的判决、裁定、调解书内容错误损害其民事权益。

第二百九十三条 人民法院应当在收到起诉状和证据材料之日起五日内送交对方当事人，对方当事人可以自收到起诉状之日起十日内提出书面意见。

人民法院应当对第三人提交的起诉状、证据材料以及对方当事人的书面意见进行审查。必要时，可以询问双方当事人。

经审查，符合起诉条件的，人民法院应当在收到起诉状之日起三十日内立案。不符合起诉条件的，应当在收到起诉状之日起三十日内裁定不予受理。

第二百九十四条 人民法院对第三人撤销之诉案件，应当组成合议庭开庭审理。

第二百九十五条 民事诉讼法第五十六条第三款规定的因不能归责于本人的事由未参加诉讼，是指没有被列为生效判决、裁定、调解书当事人，且无过错或者无明显过错的情形。包括：

（一）不知道诉讼而未参加的；

（二）申请参加未获准许的；

（三）知道诉讼，但因客观原因无法参加的；

（四）因其他不能归责于本人的事由未参加诉讼的。

第二百九十六条 民事诉讼法第五十六条第三款规定的判决、裁定、调解书的部分或者全部内容，是指判决、裁定的主文，调解书中处理当事人民事权利义务的结果。

第二百九十七条 对下列情形提起第三人撤销之诉的，人民法院不予受理：

（一）适用特别程序、督促程序、公示催告程序、破产程序等非讼程序处理的案件；

（二）婚姻无效、撤销或者解除婚姻关系等判决、裁定、调解书中涉及身份关系的内容；

（三）民事诉讼法第五十四条规定的未参加登记的权利人对代表人诉讼案件的生效裁判；

（四）民事诉讼法第五十五条规定的损害社会公共利益行为的受害人对公益诉讼案件的生效裁判。

第二百九十八条 第三人提起撤销之诉,人民法院应当将该第三人列为原告,生效判决、裁定、调解书的当事人列为被告,但生效判决、裁定、调解书中没有承担责任的无独立请求权的第三人列为第三人。

第二百九十九条 受理第三人撤销之诉案件后,原告提供相应担保,请求中止执行的,人民法院可以准许。

第三百条 对第三人撤销或者部分撤销发生法律效力的判决、裁定、调解书内容的请求,人民法院经审理,按下列情形分别处理:

(一)请求成立且确认其民事权利的主张全部或部分成立的,改变原判决、裁定、调解书内容的错误部分;

(二)请求成立,但确认其全部或部分民事权利的主张不成立,或者未提出确认其民事权利请求的,撤销原判决、裁定、调解书内容的错误部分;

(三)请求不成立的,驳回诉讼请求。

对前款规定裁判不服的,当事人可以上诉。

原判决、裁定、调解书的内容未改变或者未撤销的部分继续有效。

第三百零一条 第三人撤销之诉案件审理期间,人民法院对生效判决、裁定、调解书裁定再审的,受理第三人撤销之诉的人民法院应当裁定将第三人的诉讼请求并入再审程序。但有证据证明原审当事人之间恶意串通损害第三人合法权益的,人民法院应当先行审理第三人撤销之诉案件,裁定中止再审诉讼。

第三百零二条 第三人诉讼请求并入再审程序审理的,按照下列情形分别处理:

(一)按照第一审程序审理的,人民法院应当对第三人的诉讼请求一并审理,所作的判决可以上诉;

(二)按照第二审程序审理的,人民法院可以调解,调解达不成协议的,应当裁定撤销原判决、裁定、调解书,发回一审法院重审,重审时应当列明第三人。

第三百零三条 第三人提起撤销之诉后,未中止生效判决、裁定、调解书执行的,执行法院对第三人依照民事诉讼法第二百二十七条规定提出的执行异议,应予审查。第三人不服驳回执行异议裁定,申请对原判决、裁定、调解书再审的,人民法院不予受理。

案外人对人民法院驳回其执行异议裁定不服,认为原判决、裁定、调解书内容错误损害其合法权益的,应当根据民事诉讼法第二百二十七条规定申请再审,提起第三人撤销之诉的,人民法院不予受理。

十五、执行异议之诉

第三百零四条 根据民事诉讼法第二百二十七条规定,案外人、当事人对执行异议裁定不服,自裁定送达之日起十五日内向人民法院提起执行异议之诉的,由执行法院管辖。

第三百零五条 案外人提起执行异议之诉,除符合民事诉讼法第一百一十九条规定外,还应当具备下列条件:

（一）案外人的执行异议申请已经被人民法院裁定驳回；

（二）有明确的排除对执行标的执行的诉讼请求，且诉讼请求与原判决、裁定无关；

（三）自执行异议裁定送达之日起十五日内提起。

人民法院应当在收到起诉状之日起十五日内决定是否立案。

第三百零六条 申请执行人提起执行异议之诉，除符合民事诉讼法第一百一十九条规定外，还应当具备下列条件：

（一）依案外人执行异议申请，人民法院裁定中止执行；

（二）有明确的对执行标的继续执行的诉讼请求，且诉讼请求与原判决、裁定无关；

（三）自执行异议裁定送达之日起十五日内提起。

人民法院应当在收到起诉状之日起十五日内决定是否立案。

第三百零七条 案外人提起执行异议之诉的，以申请执行人为被告。被执行人反对案外人异议的，被执行人为共同被告；被执行人不反对案外人异议的，可以列被执行人为第三人。

第三百零八条 申请执行人提起执行异议之诉的，以案外人为被告。被执行人反对申请执行人主张的，以案外人和被执行人为共同被告；被执行人不反对申请执行人主张的，可以列被执行人为第三人。

第三百零九条 申请执行人对中止执行裁定未提起执行异议之诉，被执行人提起执行异议之诉的，人民法院告知其另行起诉。

第三百一十条 人民法院审理执行异议之诉案件，适用普通程序。

第三百一十一条 案外人或者申请执行人提起执行异议之诉的，案外人应当就其对执行标的享有足以排除强制执行的民事权益承担举证证明责任。

第三百一十二条 对案外人提起的执行异议之诉，人民法院经审理，按照下列情形分别处理：

（一）案外人就执行标的享有足以排除强制执行的民事权益的，判决不得执行该执行标的；

（二）案外人就执行标的不享有足以排除强制执行的民事权益的，判决驳回诉讼请求。

案外人同时提出确认其权利的诉讼请求的，人民法院可以在判决中一并作出裁判。

第三百一十三条 对申请执行人提起的执行异议之诉，人民法院经审理，按照下列情形分别处理：

（一）案外人就执行标的不享有足以排除强制执行的民事权益的，判决准许执行该执行标的；

（二）案外人就执行标的享有足以排除强制执行的民事权益的，判决驳回诉讼请求。

第三百一十四条 对案外人执行异议之诉，人民法院判决不得对执行标的执行的，执行异议裁定失效。

对申请执行人执行异议之诉，人民法院判决准许对该执行标的执行的，执行异议裁定失效，执行法院可以根据申请执行人的申请或者依职权恢复执行。

第三百一十五条 案外人执行异议之诉审理期间，人民法院不得对执行标的进行处分。申请执行人请求人民法院继续执行并提供相应担保的，人民法院可以准许。

被执行人与案外人恶意串通，通过执行异议、执行异议之诉妨害执行的，人民法院应当依照民事诉讼法第一百一十三条规定处理。申请执行人因此受到损害的，可以提起诉讼要求被执行人、案外人赔偿。

第三百一十六条 人民法院对执行标的裁定中止执行后，申请执行人在法律规定的期间内未提起执行异议之诉的，人民法院应当自起诉期限届满之日起七日内解除对该执行标的采取的执行措施。

十六、第二审程序

第三百一十七条 双方当事人和第三人都提起上诉的，均列为上诉人。人民法院可以依职权确定第二审程序中当事人的诉讼地位。

第三百一十八条 民事诉讼法第一百六十六条、第一百六十七条规定的对方当事人包括被上诉人和原审其他当事人。

第三百一十九条 必要共同诉讼人的一人或者部分人提起上诉的，按下列情形分别处理：

（一）上诉仅对与对方当事人之间权利义务分担有意见，不涉及其他共同诉讼人利益的，对方当事人为被上诉人，未上诉的同一方当事人依原审诉讼地位列明；

（二）上诉仅对共同诉讼人之间权利义务分担有意见，不涉及对方当事人利益的，未上诉的同一方当事人为被上诉人，对方当事人依原审诉讼地位列明；

（三）上诉对双方当事人之间以及共同诉讼人之间权利义务承担有意见的，未提起上诉的其他当事人均为被上诉人。

第三百二十条 一审宣判时或者判决书、裁定书送达时，当事人口头表示上诉的，人民法院应告知其必须在法定上诉期间内递交上诉状。未在法定上诉期间内递交上诉状的，视为未提起上诉。虽递交上诉状，但未在指定的期限内交纳上诉费的，按自动撤回上诉处理。

第三百二十一条 无民事行为能力人、限制民事行为能力人的法定代理人，可以代理当事人提起上诉。

第三百二十二条 上诉案件的当事人死亡或者终止的，人民法院依法通知其权利义务承继者参加诉讼。

需要终结诉讼的，适用民事诉讼法第一百五十一条规定。

第三百二十三条 第二审人民法院应当围绕当事人的上诉请求进行审理。

当事人没有提出请求的，不予审理，但一审判决违反法律禁止性规定，或者损害国家利益、社会公共利益、他人合法权益的除外。

第三百二十四条 开庭审理的上诉案件，第二审人民法院可以依照民事诉讼法第一百三十三条第四项规定进行审理前的准备。

第三百二十五条 下列情形,可以认定为民事诉讼法第一百七十条第一款第四项规定的严重违反法定程序:

(一)审判组织的组成不合法的;

(二)应当回避的审判人员未回避的;

(三)无诉讼行为能力人未经法定代理人代为诉讼的;

(四)违法剥夺当事人辩论权利的。

第三百二十六条 对当事人在第一审程序中已经提出的诉讼请求,原审人民法院未作审理、判决的,第二审人民法院可以根据当事人自愿的原则进行调解;调解不成的,发回重审。

第三百二十七条 必须参加诉讼的当事人或者有独立请求权的第三人,在第一审程序中未参加诉讼,第二审人民法院可以根据当事人自愿的原则予以调解;调解不成的,发回重审。

第三百二十八条 在第二审程序中,原审原告增加独立的诉讼请求或者原审被告提出反诉的,第二审人民法院可以根据当事人自愿的原则就新增加的诉讼请求或者反诉进行调解;调解不成的,告知当事人另行起诉。

双方当事人同意由第二审人民法院一并审理的,第二审人民法院可以一并裁判。

第三百二十九条 一审判决不准离婚的案件,上诉后,第二审人民法院认为应当判决离婚的,可以根据当事人自愿的原则,与子女抚养、财产问题一并调解;调解不成的,发回重审。

双方当事人同意由第二审人民法院一并审理的,第二审人民法院可以一并裁判。

第三百三十条 人民法院依照第二审程序审理案件,认为依法不应由人民法院受理的,可以由第二审人民法院直接裁定撤销原裁判,驳回起诉。

第三百三十一条 人民法院依照第二审程序审理案件,认为第一审人民法院受理案件违反专属管辖规定的,应当裁定撤销原裁判并移送有管辖权的人民法院。

第三百三十二条 第二审人民法院查明第一审人民法院作出的不予受理裁定有错误的,应当在撤销原裁定的同时,指令第一审人民法院立案受理;查明第一审人民法院作出的驳回起诉裁定有错误的,应当在撤销原裁定的同时,指令第一审人民法院审理。

第三百三十三条 第二审人民法院对下列上诉案件,依照民事诉讼法第一百六十九条规定可以不开庭审理:

(一)不服不予受理、管辖权异议和驳回起诉裁定的;

(二)当事人提出的上诉请求明显不能成立的;

(三)原判决、裁定认定事实清楚,但适用法律错误的;

(四)原判决严重违反法定程序,需要发回重审的。

第三百三十四条 原判决、裁定认定事实或者适用法律虽有瑕疵,但裁判结果正确的,第二审人民法院可以在判决、裁定中纠正瑕疵后,依照民事诉讼法第一百七十条第一款第一项规定予以维持。

第三百三十五条 民事诉讼法第一百七十条第一款第三项规定的基本事实，是指用以确定当事人主体资格、案件性质、民事权利义务等对原判决、裁定的结果有实质性影响的事实。

第三百三十六条 在第二审程序中，作为当事人的法人或者其他组织分立的，人民法院可以直接将分立后的法人或者其他组织列为共同诉讼人；合并的，将合并后的法人或者其他组织列为当事人。

第三百三十七条 在第二审程序中，当事人申请撤回上诉，人民法院经审查认为一审判决确有错误，或者当事人之间恶意串通损害国家利益、社会公共利益、他人合法权益的，不应准许。

第三百三十八条 在第二审程序中，原审原告申请撤回起诉，经其他当事人同意，且不损害国家利益、社会公共利益、他人合法权益的，人民法院可以准许。准许撤诉的，应当一并裁定撤销一审裁判。

原审原告在第二审程序中撤回起诉后重复起诉的，人民法院不予受理。

第三百三十九条 当事人在第二审程序中达成和解协议的，人民法院可以根据当事人的请求，对双方达成的和解协议进行审查并制作调解书送达当事人；因和解而申请撤诉，经审查符合撤诉条件的，人民法院应予准许。

第三百四十条 第二审人民法院宣告判决可以自行宣判，也可以委托原审人民法院或者当事人所在地人民法院代行宣判。

第三百四十一条 人民法院审理对裁定的上诉案件，应当在第二审立案之日起三十日内作出终审裁定。有特殊情况需要延长审限的，由本院院长批准。

第三百四十二条 当事人在第一审程序中实施的诉讼行为，在第二审程序中对该当事人仍具有拘束力。

当事人推翻其在第一审程序中实施的诉讼行为时，人民法院应当责令其说明理由。理由不成立的，不予支持。

十七、特 别 程 序

第三百四十三条 宣告失踪或者宣告死亡案件，人民法院可以根据申请人的请求，清理下落不明人的财产，并指定案件审理期间的财产管理人。公告期满后，人民法院判决宣告失踪的，应当同时依照民法通则第二十一条第一款的规定指定失踪人的财产代管人。

第三百四十四条 失踪人的财产代管人经人民法院指定后，代管人申请变更代管的，比照民事诉讼法特别程序的有关规定进行审理。申请理由成立的，裁定撤销申请人的代管人身份，同时另行指定财产代管人；申请理由不成立的，裁定驳回申请。

失踪人的其他利害关系人申请变更代管的，人民法院应当告知其以原指定的代管人为被告起诉，并按普通程序进行审理。

第三百四十五条 人民法院判决宣告公民失踪后,利害关系人向人民法院申请宣告失踪人死亡,自失踪之日起满四年的,人民法院应当受理,宣告失踪的判决即是该公民失踪的证明,审理中仍应依照民事诉讼法第一百八十五条规定进行公告。

第三百四十六条 符合法律规定的多个利害关系人提出宣告失踪、宣告死亡申请的,列为共同申请人。

第三百四十七条 寻找下落不明人的公告应当记载下列内容:

(一)被申请人应当在规定期间内向受理法院申报其具体地址及其联系方式。否则,被申请人将被宣告失踪、宣告死亡;

(二)凡知悉被申请人生存现状的人,应当在公告期间内将其所知道情况向受理法院报告。

第三百四十八条 人民法院受理宣告失踪、宣告死亡案件后,作出判决前,申请人撤回申请的,人民法院应当裁定终结案件,但其他符合法律规定的利害关系人加入程序要求继续审理的除外。

第三百四十九条 在诉讼中,当事人的利害关系人提出该当事人患有精神病,要求宣告该当事人无民事行为能力或者限制民事行为能力的,应由利害关系人向人民法院提出申请,由受诉人民法院按照特别程序立案审理,原诉讼中止。

第三百五十条 认定财产无主案件,公告期间有人对财产提出请求的,人民法院应当裁定终结特别程序,告知申请人另行起诉,适用普通程序审理。

第三百五十一条 被指定的监护人不服指定,应当自接到通知之日起三十日内向人民法院提出异议。经审理,认为指定并无不当的,裁定驳回异议;指定不当的,判决撤销指定,同时另行指定监护人。判决书应当送达异议人、原指定单位及判决指定的监护人。

第三百五十二条 申请认定公民无民事行为能力或者限制民事行为能力的案件,被申请人没有近亲属的,人民法院可以指定其他亲属为代理人。被申请人没有亲属的,人民法院可以指定经被申请人所在单位或者住所地的居民委员会、村民委员会同意,且愿意担任代理人的关系密切的朋友为代理人。

没有前款规定的代理人的,由被申请人所在单位或者住所地的居民委员会、村民委员会或者民政部门担任代理人。

代理人可以是一人,也可以是同一顺序中的两人。

第三百五十三条 申请司法确认调解协议的,双方当事人应当本人或者由符合民事诉讼法第五十八条规定的代理人向调解组织所在地基层人民法院或者人民法庭提出申请。

第三百五十四条 两个以上调解组织参与调解的,各调解组织所在地基层人民法院均有管辖权。

双方当事人可以共同向其中一个调解组织所在地基层人民法院提出申请;双方当事人共同向两个以上调解组织所在地基层人民法院提出申请的,由最先立案的人民法院管辖。

第三百五十五条 当事人申请司法确认调解协议,可以采用书面形式或者口头形式。

当事人口头申请的，人民法院应当记入笔录，并由当事人签名、捺印或者盖章。

第三百五十六条 当事人申请司法确认调解协议，应当向人民法院提交调解协议、调解组织主持调解的证明，以及与调解协议相关的财产权利证明等材料，并提供双方当事人的身份、住所、联系方式等基本信息。

当事人未提交上述材料的，人民法院应当要求当事人限期补交。

第三百五十七条 当事人申请司法确认调解协议，有下列情形之一的，人民法院裁定不予受理：

（一）不属于人民法院受理范围的；

（二）不属于收到申请的人民法院管辖的；

（三）申请确认婚姻关系、亲子关系、收养关系等身份关系无效、有效或者解除的；

（四）涉及适用其他特别程序、公示催告程序、破产程序审理的；

（五）调解协议内容涉及物权、知识产权确权的。

人民法院受理申请后，发现有上述不予受理情形的，应当裁定驳回当事人的申请。

第三百五十八条 人民法院审查相关情况时，应当通知双方当事人共同到场对案件进行核实。

人民法院经审查，认为当事人的陈述或者提供的证明材料不充分、不完备或者有疑义的，可以要求当事人限期补充陈述或者补充证明材料。必要时，人民法院可以向调解组织核实有关情况。

第三百五十九条 确认调解协议的裁定作出前，当事人撤回申请的，人民法院可以裁定准许。

当事人无正当理由未在限期内补充陈述、补充证明材料或者拒不接受询问的，人民法院可以按撤回申请处理。

第三百六十条 经审查，调解协议有下列情形之一的，人民法院应当裁定驳回申请：

（一）违反法律强制性规定的；

（二）损害国家利益、社会公共利益、他人合法权益的；

（三）违背公序良俗的；

（四）违反自愿原则的；

（五）内容不明确的；

（六）其他不能进行司法确认的情形。

第三百六十一条 民事诉讼法第一百九十六条规定的担保物权人，包括抵押权人、质权人、留置权人；其他有权请求实现担保物权的人，包括抵押人、出质人、财产被留置的债务人或者所有权人等。

第三百六十二条 实现票据、仓单、提单等有权利凭证的权利质权案件，可以由权利凭证持有人住所地人民法院管辖；无权利凭证的权利质权，由出质登记地人民法院管辖。

第三百六十三条 实现担保物权案件属于海事法院等专门人民法院管辖的，由专门人民法院管辖。

第三百六十四条 同一债权的担保物有多个且所在地不同,申请人分别向有管辖权的人民法院申请实现担保物权的,人民法院应当依法受理。

第三百六十五条 依照物权法第一百七十六条的规定,被担保的债权既有物的担保又有人的担保,当事人对实现担保物权的顺序有约定,实现担保物权的申请违反该约定的,人民法院裁定不予受理;没有约定或者约定不明的,人民法院应当受理。

第三百六十六条 同一财产上设立多个担保物权,登记在先的担保物权尚未实现的,不影响后顺位的担保物权人向人民法院申请实现担保物权。

第三百六十七条 申请实现担保物权,应当提交下列材料:

(一)申请书。申请书应当记明申请人、被申请人的姓名或者名称、联系方式等基本信息,具体的请求和事实、理由;

(二)证明担保物权存在的材料,包括主合同、担保合同、抵押登记证明或者他项权利证书,权利质权的权利凭证或者质权出质登记证明等;

(三)证明实现担保物权条件成就的材料;

(四)担保财产现状的说明;

(五)人民法院认为需要提交的其他材料。

第三百六十八条 人民法院受理申请后,应当在五日内向被申请人送达申请书副本、异议权利告知书等文书。

被申请人有异议的,应当在收到人民法院通知后的五日内向人民法院提出,同时说明理由并提供相应的证据材料。

第三百六十九条 实现担保物权案件可以由审判员一人独任审查。担保财产标的额超过基层人民法院管辖范围的,应当组成合议庭进行审查。

第三百七十条 人民法院审查实现担保物权案件,可以询问申请人、被申请人、利害关系人,必要时可以依职权调查相关事实。

第三百七十一条 人民法院应当就主合同的效力、期限、履行情况,担保物权是否有效设立、担保财产的范围、被担保的债权范围、被担保的债权是否已届清偿期等担保物权实现的条件,以及是否损害他人合法权益等内容进行审查。

被申请人或者利害关系人提出异议的,人民法院应当一并审查。

第三百七十二条 人民法院审查后,按下列情形分别处理:

(一)当事人对实现担保物权无实质性争议且实现担保物权条件成就的,裁定准许拍卖、变卖担保财产;

(二)当事人对实现担保物权有部分实质性争议的,可以就无争议部分裁定准许拍卖、变卖担保财产;

(三)当事人对实现担保物权有实质性争议的,裁定驳回申请,并告知申请人向人民法院提起诉讼。

第三百七十三条 人民法院受理申请后，申请人对担保财产提出保全申请的，可以按照民事诉讼法关于诉讼保全的规定办理。

第三百七十四条 适用特别程序作出的判决、裁定，当事人、利害关系人认为有错误的，可以向作出该判决、裁定的人民法院提出异议。人民法院经审查，异议成立或者部分成立的，作出新的判决、裁定撤销或者改变原判决、裁定；异议不成立的，裁定驳回。

对人民法院作出的确认调解协议、准许实现担保物权的裁定，当事人有异议的，应当自收到裁定之日起十五日内提出；利害关系人有异议的，自知道或者应当知道其民事权益受到侵害之日起六个月内提出。

十八、审判监督程序

第三百七十五条 当事人死亡或者终止的，其权利义务承继者可以根据民事诉讼法第一百九十九条、第二百零一条的规定申请再审。

判决、调解书生效后，当事人将判决、调解书确认的债权转让，债权受让人对该判决、调解书不服申请再审的，人民法院不予受理。

第三百七十六条 民事诉讼法第一百九十九条规定的人数众多的一方当事人，包括公民、法人和其他组织。

民事诉讼法第一百九十九条规定的当事人双方为公民的案件，是指原告和被告均为公民的案件。

第三百七十七条 当事人申请再审，应当提交下列材料：

（一）再审申请书，并按照被申请人和原审其他当事人的人数提交副本；

（二）再审申请人是自然人的，应当提交身份证明；再审申请人是法人或者其他组织的，应当提交营业执照、组织机构代码证书、法定代表人或者主要负责人身份证明书。委托他人代为申请的，应当提交授权委托书和代理人身份证明；

（三）原审判决书、裁定书、调解书；

（四）反映案件基本事实的主要证据及其他材料。

前款第二项、第三项、第四项规定的材料可以是与原件核对无异的复印件。

第三百七十八条 再审申请书应当记明下列事项：

（一）再审申请人与被申请人及原审其他当事人的基本信息；

（二）原审人民法院的名称，原审裁判文书案号；

（三）具体的再审请求；

（四）申请再审的法定情形及具体事实、理由。

再审申请书应当明确申请再审的人民法院，并由再审申请人签名、捺印或者盖章。

第三百七十九条 当事人一方人数众多或者当事人双方为公民的案件，当事人分别向原审人民法院和上一级人民法院申请再审且不能协商一致的，由原审人民法院受理。

第三百八十条 适用特别程序、督促程序、公示催告程序、破产程序等非讼程序审理的案件,当事人不得申请再审。

第三百八十一条 当事人认为发生法律效力的不予受理、驳回起诉的裁定错误的,可以申请再审。

第三百八十二条 当事人就离婚案件中的财产分割问题申请再审,如涉及判决中已分割的财产,人民法院应当依照民事诉讼法第二百条的规定进行审查,符合再审条件的,应当裁定再审;如涉及判决中未作处理的夫妻共同财产,应当告知当事人另行起诉。

第三百八十三条 当事人申请再审,有下列情形之一的,人民法院不予受理:

(一)再审申请被驳回后再次提出申请的;

(二)对再审判决、裁定提出申请的;

(三)在人民检察院对当事人的申请作出不予提出再审检察建议或者抗诉决定后又提出申请的。

前款第一项、第二项规定情形,人民法院应当告知当事人可以向人民检察院申请再审检察建议或者抗诉,但因人民检察院提出再审检察建议或者抗诉而再审作出的判决、裁定除外。

第三百八十四条 当事人对已经发生法律效力的调解书申请再审,应当在调解书发生法律效力后六个月内提出。

第三百八十五条 人民法院应当自收到符合条件的再审申请书等材料之日起五日内向再审申请人发送受理通知书,并向被申请人及原审其他当事人发送应诉通知书、再审申请书副本等材料。

第三百八十六条 人民法院受理申请再审案件后,应当依照民事诉讼法第二百条、第二百零一条、第二百零四条等规定,对当事人主张的再审事由进行审查。

第三百八十七条 再审申请人提供的新的证据,能够证明原判决、裁定认定基本事实或者裁判结果错误的,应当认定为民事诉讼法第二百条第一项规定的情形。

对于符合前款规定的证据,人民法院应当责令再审申请人说明其逾期提供该证据的理由;拒不说明理由或者理由不成立的,依照民事诉讼法第六十五条第二款和本解释第一百零二条的规定处理。

第三百八十八条 再审申请人证明其提交的新的证据符合下列情形之一的,可以认定逾期提供证据的理由成立:

(一)在原审庭审结束前已经存在,因客观原因于庭审结束后才发现的;

(二)在原审庭审结束前已经发现,但因客观原因无法取得或者在规定的期限内不能提供的;

(三)在原审庭审结束后形成,无法据此另行提起诉讼的。

再审申请人提交的证据在原审中已经提供,原审人民法院未组织质证且未作为裁判根据的,视为逾期提供证据的理由成立,但原审人民法院依照民事诉讼法第六十五条规定不予采纳的除外。

第三百八十九条 当事人对原判决、裁定认定事实的主要证据在原审中拒绝发表质证意见或者质证中未对证据发表质证意见的，不属于民事诉讼法第二百条第四项规定的未经质证的情形。

第三百九十条 有下列情形之一，导致判决、裁定结果错误的，应当认定为民事诉讼法第二百条第六项规定的原判决、裁定适用法律确有错误：

（一）适用的法律与案件性质明显不符的；

（二）确定民事责任明显违背当事人约定或者法律规定的；

（三）适用已经失效或者尚未施行的法律的；

（四）违反法律溯及力规定的；

（五）违反法律适用规则的；

（六）明显违背立法原意的。

第三百九十一条 原审开庭过程中有下列情形之一的，应当认定为民事诉讼法第二百条第九项规定的剥夺当事人辩论权利：

（一）不允许当事人发表辩论意见的；

（二）应当开庭审理而未开庭审理的；

（三）违反法律规定送达起诉状副本或者上诉状副本，致使当事人无法行使辩论权利的；

（四）违法剥夺当事人辩论权利的其他情形。

第三百九十二条 民事诉讼法第二百条第十一项规定的诉讼请求，包括一审诉讼请求、二审上诉请求，但当事人未对一审判决、裁定遗漏或者超出诉讼请求提起上诉的除外。

第三百九十三条 民事诉讼法第二百条第十二项规定的法律文书包括：

（一）发生法律效力的判决书、裁定书、调解书；

（二）发生法律效力的仲裁裁决书；

（三）具有强制执行效力的公证债权文书。

第三百九十四条 民事诉讼法第二百条第十三项规定的审判人员审理该案件时有贪污受贿、徇私舞弊、枉法裁判行为，是指已经由生效刑事法律文书或者纪律处分决定所确认的行为。

第三百九十五条 当事人主张的再审事由成立，且符合民事诉讼法和本解释规定的申请再审条件的，人民法院应当裁定再审。

当事人主张的再审事由不成立，或者当事人申请再审超过法定申请再审期限、超出法定再审事由范围等不符合民事诉讼法和本解释规定的申请再审条件的，人民法院应当裁定驳回再审申请。

第三百九十六条 人民法院对已经发生法律效力的判决、裁定、调解书依法决定再审，依照民事诉讼法第二百零六条规定，需要中止执行的，应当在再审裁定中同时写明中止原判决、裁定、调解书的执行；情况紧急的，可以将中止执行裁定口头通知负责执行的人民法院，并在通知后十日内发出裁定书。

第三百九十七条 人民法院根据审查案件的需要决定是否询问当事人。新的证据可能推翻原判决、裁定的，人民法院应当询问当事人。

第三百九十八条 审查再审申请期间，被申请人及原审其他当事人依法提出再审申请的，人民法院应当将其列为再审申请人，对其再审事由一并审查，审查期限重新计算。经审查，其中一方再审申请人主张的再审事由成立的，应当裁定再审。各方再审申请人主张的再审事由均不成立的，一并裁定驳回再审申请。

第三百九十九条 审查再审申请期间，再审申请人申请人民法院委托鉴定、勘验的，人民法院不予准许。

第四百条 审查再审申请期间，再审申请人撤回再审申请的，是否准许，由人民法院裁定。

再审申请人经传票传唤，无正当理由拒不接受询问的，可以按撤回再审申请处理。

第四百零一条 人民法院准许撤回再审申请或者按撤回再审申请处理后，再审申请人再次申请再审的，不予受理，但有民事诉讼法第二百条第一项、第三项、第十二项、第十三项规定情形，自知道或者应当知道之日起六个月内提出的除外。

第四百零二条 再审申请审查期间，有下列情形之一的，裁定终结审查：

（一）再审申请人死亡或者终止，无权利义务承继者或者权利义务承继者声明放弃再审申请的；

（二）在给付之诉中，负有给付义务的被申请人死亡或者终止，无可供执行的财产，也没有应当承担义务的人的；

（三）当事人达成和解协议且已履行完毕的，但当事人在和解协议中声明不放弃申请再审权利的除外；

（四）他人未经授权以当事人名义申请再审的；

（五）原审或者上一级人民法院已经裁定再审的；

（六）有本解释第三百八十三条第一款规定情形的。

第四百零三条 人民法院审理再审案件应当组成合议庭开庭审理，但按照第二审程序审理，有特殊情况或者双方当事人已经通过其他方式充分表达意见，且书面同意不开庭审理的除外。

符合缺席判决条件的，可以缺席判决。

第四百零四条 人民法院开庭审理再审案件，应当按照下列情形分别进行：

（一）因当事人申请再审的，先由再审申请人陈述再审请求及理由，后由被申请人答辩、其他原审当事人发表意见；

（二）因抗诉再审的，先由抗诉机关宣读抗诉书，再由申请抗诉的当事人陈述，后由被申请人答辩、其他原审当事人发表意见；

（三）人民法院依职权再审，有申诉人的，先由申诉人陈述再审请求及理由，后由被申诉人答辩、其他原审当事人发表意见；

（四）人民法院依职权再审，没有申诉人的，先由原审原告或者原审上诉人陈述，后由原审其他当事人发表意见。

对前款第一项至第三项规定的情形，人民法院应当要求当事人明确其再审请求。

第四百零五条 人民法院审理再审案件应当围绕再审请求进行。当事人的再审请求超出原审诉讼请求的，不予审理；符合另案诉讼条件的，告知当事人可以另行起诉。

被申请人及原审其他当事人在庭审辩论结束前提出的再审请求，符合民事诉讼法第二百零五条规定的，人民法院应当一并审理。

人民法院经再审，发现已经发生法律效力的判决、裁定损害国家利益、社会公共利益、他人合法权益的，应当一并审理。

第四百零六条 再审审理期间，有下列情形之一的，可以裁定终结再审程序：

（一）再审申请人在再审期间撤回再审请求，人民法院准许的；

（二）再审申请人经传票传唤，无正当理由拒不到庭的，或者未经法庭许可中途退庭，按撤回再审请求处理的；

（三）人民检察院撤回抗诉的；

（四）有本解释第四百零二条第一项至第四项规定情形的。

因人民检察院提出抗诉裁定再审的案件，申请抗诉的当事人有前款规定的情形，且不损害国家利益、社会公共利益或者他人合法权益的，人民法院应当裁定终结再审程序。

再审程序终结后，人民法院裁定中止执行的原生效判决自动恢复执行。

第四百零七条 人民法院经再审审理认为，原判决、裁定认定事实清楚、适用法律正确的，应予维持；原判决、裁定认定事实、适用法律虽有瑕疵，但裁判结果正确的，应当在再审判决、裁定中纠正瑕疵后予以维持。

原判决、裁定认定事实、适用法律错误，导致裁判结果错误的，应当依法改判、撤销或者变更。

第四百零八条 按照第二审程序再审的案件，人民法院经审理认为不符合民事诉讼法规定的起诉条件或者符合民事诉讼法第一百二十四条规定不予受理情形的，应当裁定撤销一、二审判决，驳回起诉。

第四百零九条 人民法院对调解书裁定再审后，按照下列情形分别处理：

（一）当事人提出的调解违反自愿原则的事由不成立，且调解书的内容不违反法律强制性规定的，裁定驳回再审申请；

（二）人民检察院抗诉或者再审检察建议所主张的损害国家利益、社会公共利益的理由不成立的，裁定终结再审程序。

前款规定情形，人民法院裁定中止执行的调解书需要继续执行的，自动恢复执行。

第四百一十条 一审原告在再审审理程序中申请撤回起诉，经其他当事人同意，且不损害国家利益、社会公共利益、他人合法权益的，人民法院可以准许。裁定准许撤诉的，应当一并撤销原判决。

一审原告在再审审理程序中撤回起诉后重复起诉的，人民法院不予受理。

第四百一十一条 当事人提交新的证据致使再审改判，因再审申请人或者申请检察监督当事人的过错未能在原审程序中及时举证，被申请人等当事人请求补偿其增加的交通、住宿、就餐、误工等必要费用的，人民法院应予支持。

第四百一十二条 部分当事人到庭并达成调解协议，其他当事人未作出书面表示的，人民法院应当在判决中对该事实作出表述；调解协议内容不违反法律规定，且不损害其他当事人合法权益的，可以在判决主文中予以确认。

第四百一十三条 人民检察院依法对损害国家利益、社会公共利益的发生法律效力的判决、裁定、调解书提出抗诉，或者经人民检察院检察委员会讨论决定提出再审检察建议的，人民法院应予受理。

第四百一十四条 人民检察院对已经发生法律效力的判决以及不予受理、驳回起诉的裁定依法提出抗诉的，人民法院应予受理，但适用特别程序、督促程序、公示催告程序、破产程序以及解除婚姻关系的判决、裁定等不适用审判监督程序的判决、裁定除外。

第四百一十五条 人民检察院依照民事诉讼法第二百零九条第一款第三项规定对有明显错误的再审判决、裁定提出抗诉或者再审检察建议的，人民法院应予受理。

第四百一十六条 地方各级人民检察院依当事人的申请对生效判决、裁定向同级人民法院提出再审检察建议，符合下列条件的，应予受理：

（一）再审检察建议书和原审当事人申请书及相关证据材料已经提交；

（二）建议再审的对象为依照民事诉讼法和本解释规定可以进行再审的判决、裁定；

（三）再审检察建议书列明该判决、裁定有民事诉讼法第二百零八条第二款规定情形；

（四）符合民事诉讼法第二百零九条第一款第一项、第二项规定情形；

（五）再审检察建议经该人民检察院检察委员会讨论决定。

不符合前款规定的，人民法院可以建议人民检察院予以补正或者撤回；不予补正或者撤回的，应当函告人民检察院不予受理。

第四百一十七条 人民检察院依当事人的申请对生效判决、裁定提出抗诉，符合下列条件的，人民法院应当在三十日内裁定再审：

（一）抗诉书和原审当事人申请书及相关证据材料已经提交；

（二）抗诉对象为依照民事诉讼法和本解释规定可以进行再审的判决、裁定；

（三）抗诉书列明该判决、裁定有民事诉讼法第二百零八条第一款规定情形；

（四）符合民事诉讼法第二百零九条第一款第一项、第二项规定情形。

不符合前款规定的，人民法院可以建议人民检察院予以补正或者撤回；不予补正或者撤回的，人民法院可以裁定不予受理。

第四百一十八条 当事人的再审申请被上级人民法院裁定驳回后，人民检察院对原判决、裁定、调解书提出抗诉，抗诉事由符合民事诉讼法第二百条第一项至第五项规定情形之一的，受理抗诉的人民法院可以交由下一级人民法院再审。

第四百一十九条 人民法院收到再审检察建议后，应当组成合议庭，在三个月内进行审查，发现原判决、裁定、调解书确有错误，需要再审的，依照民事诉讼法第一百九十八条规定裁定再审，并通知当事人；经审查，决定不予再审的，应当书面回复人民检察院。

第四百二十条 人民法院审理因人民检察院抗诉或者检察建议裁定再审的案件，不受此前已经作出的驳回当事人再审申请裁定的影响。

第四百二十一条 人民法院开庭审理抗诉案件，应当在开庭三日前通知人民检察院、当事人和其他诉讼参与人。同级人民检察院或者提出抗诉的人民检察院应当派员出庭。

人民检察院因履行法律监督职责向当事人或者案外人调查核实的情况，应当向法庭提交并予以说明，由双方当事人进行质证。

第四百二十二条 必须共同进行诉讼的当事人因不能归责于本人或者其诉讼代理人的事由未参加诉讼的，可以根据民事诉讼法第二百条第八项规定，自知道或者应当知道之日起六个月内申请再审，但符合本解释第四百二十三条规定情形的除外。

人民法院因前款规定的当事人申请而裁定再审，按照第一审程序再审的，应当追加其为当事人，作出新的判决、裁定；按照第二审程序再审，经调解不能达成协议的，应当撤销原判决、裁定，发回重审，重审时应追加其为当事人。

第四百二十三条 根据民事诉讼法第二百二十七条规定，案外人对驳回其执行异议的裁定不服，认为原判决、裁定、调解书内容错误损害其民事权益的，可以自执行异议裁定送达之日起六个月内，向作出原判决、裁定、调解书的人民法院申请再审。

第四百二十四条 根据民事诉讼法第二百二十七条规定，人民法院裁定再审后，案外人属于必要的共同诉讼当事人的，依照本解释第四百二十二条第二款规定处理。

案外人不是必要的共同诉讼当事人的，人民法院仅审理原判决、裁定、调解书对其民事权益造成损害的内容。经审理，再审请求成立的，撤销或者改变原判决、裁定、调解书；再审请求不成立的，维持原判决、裁定、调解书。

第四百二十五条 本解释第三百四十条规定适用于审判监督程序。

第四百二十六条 对小额诉讼案件的判决、裁定，当事人以民事诉讼法第二百条规定的事由向原审人民法院申请再审的，人民法院应当受理。申请再审事由成立的，应当裁定再审，组成合议庭进行审理。作出的再审判决、裁定，当事人不得上诉。

当事人以不应按小额诉讼案件审理为由向原审人民法院申请再审的，人民法院应当受理。理由成立的，应当裁定再审，组成合议庭审理。作出的再审判决、裁定，当事人可以上诉。

十九、督 促 程 序

第四百二十七条 两个以上人民法院都有管辖权的，债权人可以向其中一个基层人民法院申请支付令。

债权人向两个以上有管辖权的基层人民法院申请支付令的，由最先立案的人民法院管辖。

第四百二十八条 人民法院收到债权人的支付令申请书后，认为申请书不符合要求的，可以通知债权人限期补正。人民法院应当自收到补正材料之日起五日内通知债权人是否受理。

第四百二十九条 债权人申请支付令，符合下列条件的，基层人民法院应当受理，并在收到支付令申请书后五日内通知债权人：

（一）请求给付金钱或者汇票、本票、支票、股票、债券、国库券、可转让的存款单等有价证券；

（二）请求给付的金钱或者有价证券已到期且数额确定，并写明了请求所根据的事实、证据；

（三）债权人没有对待给付义务；

（四）债务人在我国境内且未下落不明；

（五）支付令能够送达债务人；

（六）收到申请书的人民法院有管辖权；

（七）债权人未向人民法院申请诉前保全。

不符合前款规定的，人民法院应当在收到支付令申请书后五日内通知债权人不予受理。

基层人民法院受理申请支付令案件，不受债权金额的限制。

第四百三十条 人民法院受理申请后，由审判员一人进行审查。经审查，有下列情形之一的，裁定驳回申请：

（一）申请人不具备当事人资格的；

（二）给付金钱或者有价证券的证明文件没有约定逾期给付利息或者违约金、赔偿金，债权人坚持要求给付利息或者违约金、赔偿金的；

（三）要求给付的金钱或者有价证券属于违法所得的；

（四）要求给付的金钱或者有价证券尚未到期或者数额不确定的。

人民法院受理支付令申请后，发现不符合本解释规定的受理条件的，应当在受理之日起十五日内裁定驳回申请。

第四百三十一条 向债务人本人送达支付令，债务人拒绝接收的，人民法院可以留置送达。

第四百三十二条 有下列情形之一的，人民法院应当裁定终结督促程序，已发出支付令的，支付令自行失效：

（一）人民法院受理支付令申请后，债权人就同一债权债务关系又提起诉讼的；

（二）人民法院发出支付令之日起三十日内无法送达债务人的；

（三）债务人收到支付令前，债权人撤回申请的。

第四百三十三条 债务人在收到支付令后，未在法定期间提出书面异议，而向其他人民法院起诉的，不影响支付令的效力。

债务人超过法定期间提出异议的，视为未提出异议。

第四百三十四条 债权人基于同一债权债务关系，在同一支付令申请中向债务人提出多项支付请求，债务人仅就其中一项或者几项请求提出异议的，不影响其他各项请求的效力。

第四百三十五条 债权人基于同一债权债务关系，就可分之债向多个债务人提出支付请求，多个债务人中的一人或者几人提出异议的，不影响其他请求的效力。

第四百三十六条 对设有担保的债务的主债务人发出的支付令，对担保人没有拘束力。

债权人就担保关系单独提起诉讼的，支付令自人民法院受理案件之日起失效。

第四百三十七条 经形式审查，债务人提出的书面异议有下列情形之一的，应当认定异议成立，裁定终结督促程序，支付令自行失效：

（一）本解释规定的不予受理申请情形的；

（二）本解释规定的裁定驳回申请情形的；

（三）本解释规定的应当裁定终结督促程序情形的；

（四）人民法院对是否符合发出支付令条件产生合理怀疑的。

第四百三十八条 债务人对债务本身没有异议，只是提出缺乏清偿能力、延缓债务清偿期限、变更债务清偿方式等异议的，不影响支付令的效力。

人民法院经审查认为异议不成立的，裁定驳回。

债务人的口头异议无效。

第四百三十九条 人民法院作出终结督促程序或者驳回异议裁定前，债务人请求撤回异议的，应当裁定准许。

债务人对撤回异议反悔的，人民法院不予支持。

第四百四十条 支付令失效后，申请支付令的一方当事人不同意提起诉讼的，应当自收到终结督促程序裁定之日起七日内向受理申请的人民法院提出。

申请支付令的一方当事人不同意提起诉讼的，不影响其向其他有管辖权的人民法院提起诉讼。

第四百四十一条 支付令失效后，申请支付令的一方当事人自收到终结督促程序裁定之日起七日内未向受理申请的人民法院表明不同意提起诉讼的，视为向受理申请的人民法院起诉。

债权人提出支付令申请的时间，即为向人民法院起诉的时间。

第四百四十二条 债权人向人民法院申请执行支付令的期间，适用民事诉讼法第二百三十九条的规定。

第四百四十三条 人民法院院长发现本院已经发生法律效力的支付令确有错误，认为需要撤销的，应当提交本院审判委员会讨论决定后，裁定撤销支付令，驳回债权人的申请。

二十、公示催告程序

第四百四十四条 民事诉讼法第二百一十八条规定的票据持有人，是指票据被盗、遗失或者灭失前的最后持有人。

第四百四十五条 人民法院收到公示催告的申请后，应当立即审查，并决定是否受理。经审查认为符合受理条件的，通知予以受理，并同时通知支付人停止支付；认为不符合受理条件的，七日内裁定驳回申请。

第四百四十六条 因票据丧失，申请公示催告的，人民法院应结合票据存根、丧失票据的复印件、出票人关于签发票据的证明、申请人合法取得票据的证明、银行挂失止付通知书、报案证明等证据，决定是否受理。

第四百四十七条 人民法院依照民事诉讼法第二百一十九条规定发出的受理申请的公告，应当写明下列内容：

（一）公示催告申请人的姓名或者名称；

（二）票据的种类、号码、票面金额、出票人、背书人、持票人、付款期限等事项以及其他可以申请公示催告的权利凭证的种类、号码、权利范围、权利人、义务人、行权日期等事项；

（三）申报权利的期间；

（四）在公示催告期间转让票据等权利凭证，利害关系人不申报的法律后果。

第四百四十八条 公告应当在有关报纸或者其他媒体上刊登，并于同日公布于人民法院公告栏内。人民法院所在地有证券交易所的，还应当同日在该交易所公布。

第四百四十九条 公告期间不得少于六十日，且公示催告期间届满日不得早于票据付款日后十五日。

第四百五十条 在申报期届满后、判决作出之前，利害关系人申报权利的，应当适用民事诉讼法第二百二十一条第二款、第三款规定处理。

第四百五十一条 利害关系人申报权利，人民法院应当通知其向法院出示票据，并通知公示催告申请人在指定的期间查看该票据。公示催告申请人申请公示催告的票据与利害关系人出示的票据不一致的，应当裁定驳回利害关系人的申报。

第四百五十二条 在申报权利的期间无人申报权利，或者申报被驳回的，申请人应当自公示催告期间届满之日起一个月内申请作出判决。逾期不申请判决的，终结公示催告程序。

裁定终结公示催告程序的，应当通知申请人和支付人。

第四百五十三条 判决公告之日起，公示催告申请人有权依据判决向付款人请求付款。

付款人拒绝付款，申请人向人民法院起诉，符合民事诉讼法第一百一十九条规定的起诉条件的，人民法院应予受理。

第四百五十四条 适用公示催告程序审理案件，可由审判员一人独任审理；判决宣告票据无效的，应当组成合议庭审理。

第四百五十五条 公示催告申请人撤回申请，应在公示催告前提出；公示催告期间申请撤回的，人民法院可以径行裁定终结公示催告程序。

第四百五十六条 人民法院依照民事诉讼法第二百二十条规定通知支付人停止支付，应当符合有关财产保全的规定。支付人收到停止支付通知后拒不止付的，除可依照民事诉讼法第一百一十一条、第一百一十四条规定采取强制措施外，在判决后，支付人仍应承担付款义务。

第四百五十七条 人民法院依照民事诉讼法第二百二十一条规定终结公示催告程序后，公示催告申请人或者申报人向人民法院提起诉讼，因票据权利纠纷提起的，由票据支付地或者被告住所地人民法院管辖；因非票据权利纠纷提起的，由被告住所地人民法院管辖。

第四百五十八条 依照民事诉讼法第二百二十一条规定制作的终结公示催告程序的裁定书，由审判员、书记员署名，加盖人民法院印章。

第四百五十九条 依照民事诉讼法第二百二十三条的规定，利害关系人向人民法院起诉的，人民法院可按票据纠纷适用普通程序审理。

第四百六十条 民事诉讼法第二百二十三条规定的正当理由，包括：

（一）因发生意外事件或者不可抗力致使利害关系人无法知道公告事实的；

（二）利害关系人因被限制人身自由而无法知道公告事实，或者虽然知道公告事实，但无法自己或者委托他人代为申报权利的；

（三）不属于法定申请公示催告情形的；

（四）未予公告或者未按法定方式公告的；

（五）其他导致利害关系人在判决作出前未能向人民法院申报权利的客观事由。

第四百六十一条 根据民事诉讼法第二百二十三条的规定，利害关系人请求人民法院撤销除权判决的，应当将申请人列为被告。

利害关系人仅诉请确认其为合法持票人的，人民法院应当在裁判文书中写明，确认利害关系人为票据权利人的判决作出后，除权判决即被撤销。

二十一、执 行 程 序

第四百六十二条 发生法律效力的实现担保物权裁定、确认调解协议裁定、支付令，由作出裁定、支付令的人民法院或者与其同级的被执行财产所在地的人民法院执行。

认定财产无主的判决，由作出判决的人民法院将无主财产收归国家或者集体所有。

第四百六十三条 当事人申请人民法院执行的生效法律文书应当具备下列条件：

（一）权利义务主体明确；

（二）给付内容明确。

法律文书确定继续履行合同的，应当明确继续履行的具体内容。

第四百六十四条 根据民事诉讼法第二百二十七条规定，案外人对执行标的提出异议的，应当在该执行标的执行程序终结前提出。

第四百六十五条 案外人对执行标的提出的异议，经审查，按照下列情形分别处理：

（一）案外人对执行标的不享有足以排除强制执行的权益的，裁定驳回其异议；

（二）案外人对执行标的享有足以排除强制执行的权益的，裁定中止执行。

驳回案外人执行异议裁定送达案外人之日起十五日内，人民法院不得对执行标的进行处分。

第四百六十六条 申请执行人与被执行人达成和解协议后请求中止执行或者撤回执行申请的，人民法院可以裁定中止执行或者终结执行。

第四百六十七条 一方当事人不履行或者不完全履行在执行中双方自愿达成的和解协议，对方当事人申请执行原生效法律文书的，人民法院应当恢复执行，但和解协议已履行的部分应当扣除。和解协议已经履行完毕的，人民法院不予恢复执行。

第四百六十八条 申请恢复执行原生效法律文书，适用民事诉讼法第二百三十九条申请执行期间的规定。申请执行期间因达成执行中的和解协议而中断，其期间自和解协议约定履行期限的最后一日起重新计算。

第四百六十九条 人民法院依照民事诉讼法第二百三十一条规定决定暂缓执行的，如果担保是有期限的，暂缓执行的期限应当与担保期限一致，但最长不得超过一年。被执行人或者担保人对担保的财产在暂缓执行期间有转移、隐藏、变卖、毁损等行为的，人民法院可以恢复强制执行。

第四百七十条 根据民事诉讼法第二百三十一条规定向人民法院提供执行担保的，可以由被执行人或者他人提供财产担保，也可以由他人提供保证。担保人应当具有代为履行或者代为承担赔偿责任的能力。

他人提供执行保证的，应当向执行法院出具保证书，并将保证书副本送交申请执行人。被执行人或者他人提供财产担保的，应当参照物权法、担保法的有关规定办理相应手续。

第四百七十一条 被执行人在人民法院决定暂缓执行的期限届满后仍不履行义务的，人民法院可以直接执行担保财产，或者裁定执行担保人的财产，但执行担保人的财产以担保人应当履行义务部分的财产为限。

第四百七十二条 依照民事诉讼法第二百三十二条规定，执行中作为被执行人的法人或者其他组织分立、合并的，人民法院可以裁定变更后的法人或者其他组织为被执行人；被注销的，如果依照有关实体法的规定有权利义务承受人的，可以裁定该权利义务承受人为被执行人。

第四百七十三条 其他组织在执行中不能履行法律文书确定的义务的，人民法院可以裁定执行对该其他组织依法承担义务的法人或者公民个人的财产。

第四百七十四条 在执行中，作为被执行人的法人或者其他组织名称变更的，人民法院可以裁定变更后的法人或者其他组织为被执行人。

第四百七十五条 作为被执行人的公民死亡，其遗产继承人没有放弃继承的，人民法院可以裁定变更被执行人，由该继承人在遗产的范围内偿还债务。继承人放弃继承的，人民法院可以直接执行被执行人的遗产。

第四百七十六条 法律规定由人民法院执行的其他法律文书执行完毕后，该法律文书被有关机关或者组织依法撤销的，经当事人申请，适用民事诉讼法第二百三十三条规定。

第四百七十七条 仲裁机构裁决的事项，部分有民事诉讼法第二百三十七条第二款、第三款规定情形的，人民法院应当裁定对该部分不予执行。

应当不予执行部分与其他部分不可分的，人民法院应当裁定不予执行仲裁裁决。

第四百七十八条 依照民事诉讼法第二百三十七条第二款、第三款规定，人民法院裁定不予执行仲裁裁决后，当事人对该裁定提出执行异议或者复议的，人民法院不予受理。当事人可以就该民事纠纷重新达成书面仲裁协议申请仲裁，也可以向人民法院起诉。

第四百七十九条 在执行中，被执行人通过仲裁程序将人民法院查封、扣押、冻结的财产确权或者分割给案外人的，不影响人民法院执行程序的进行。

案外人不服的，可以根据民事诉讼法第二百二十七条规定提出异议。

第四百八十条 有下列情形之一的，可以认定为民事诉讼法第二百三十八条第二款规定的公证债权文书确有错误：

（一）公证债权文书属于不得赋予强制执行效力的债权文书的；

（二）被执行人一方未亲自或者未委托代理人到场公证等严重违反法律规定的公证程序的；

（三）公证债权文书的内容与事实不符或者违反法律强制性规定的；

（四）公证债权文书未载明被执行人不履行义务或者不完全履行义务时同意接受强制执行的。

人民法院认定执行该公证债权文书违背社会公共利益的，裁定不予执行。

公证债权文书被裁定不予执行后，当事人、公证事项的利害关系人可以就债权争议提起诉讼。

第四百八十一条 当事人请求不予执行仲裁裁决或者公证债权文书的，应当在执行终结前向执行法院提出。

第四百八十二条 人民法院应当在收到申请执行书或者移交执行书后十日内发出执行通知。

执行通知中除应责令被执行人履行法律文书确定的义务外，还应通知其承担民事诉讼法第二百五十三条规定的迟延履行利息或者迟延履行金。

第四百八十三条 申请执行人超过申请执行时效期间向人民法院申请强制执行的，人民法院应予受理。被执行人对申请执行时效期间提出异议，人民法院经审查异议成立的，裁定不予执行。

被执行人履行全部或者部分义务后，又以不知道申请执行时效期间届满为由请求执行回转的，人民法院不予支持。

第四百八十四条 对必须接受调查询问的被执行人、被执行人的法定代表人、负责人或者实际控制人，经依法传唤无正当理由拒不到场的，人民法院可以拘传其到场。

人民法院应当及时对被拘传人进行调查询问，调查询问的时间不得超过八小时；情况复杂，依法可能采取拘留措施的，调查询问的时间不得超过二十四小时。

人民法院在本辖区以外采取拘传措施时，可以将被拘传人拘传到当地人民法院，当地人民法院应予协助。

第四百八十五条 人民法院有权查询被执行人的身份信息与财产信息，掌握相关信息的单位和个人必须按照协助执行通知书办理。

第四百八十六条 对被执行的财产，人民法院非经查封、扣押、冻结不得处分。对银行存款等各类可以直接扣划的财产，人民法院的扣划裁定同时具有冻结的法律效力。

第四百八十七条 人民法院冻结被执行人的银行存款的期限不得超过一年，查封、扣押动产的期限不得超过两年，查封不动产、冻结其他财产权的期限不得超过三年。

申请执行人申请延长期限的，人民法院应当在查封、扣押、冻结期限届满前办理续行查封、扣押、冻结手续，续行期限不得超过前款规定的期限。

人民法院也可以依职权办理续行查封、扣押、冻结手续。

第四百八十八条 依照民事诉讼法第二百四十七条规定，人民法院在执行中需要拍卖被执行人财产的，可以由人民法院自行组织拍卖，也可以交由具备相应资质的拍卖机构拍卖。

交拍卖机构拍卖的，人民法院应当对拍卖活动进行监督。

第四百八十九条 拍卖评估需要对现场进行检查、勘验的，人民法院应当责令被执行人、协助义务人予以配合。被执行人、协助义务人不予配合的，人民法院可以强制进行。

第四百九十条 人民法院在执行中需要变卖被执行人财产的，可以交有关单位变卖，也可以由人民法院直接变卖。

对变卖的财产，人民法院或者其工作人员不得买受。

第四百九十一条 经申请执行人和被执行人同意，且不损害其他债权人合法权益和社会公共利益的，人民法院可以不经拍卖、变卖，直接将被执行人的财产作价交申请执行人抵偿债务。对剩余债务，被执行人应当继续清偿。

第四百九十二条 被执行人的财产无法拍卖或者变卖的，经申请执行人同意，且不损害其他债权人合法权益和社会公共利益的，人民法院可以将该项财产作价后交付申请执行人抵偿债务，或者交付申请执行人管理；申请执行人拒绝接收或者管理的，退回被执行人。

第四百九十三条 拍卖成交或者依法定程序裁定以物抵债的，标的物所有权自拍卖成交裁定或者抵债裁定送达买受人或者接受抵债物的债权人时转移。

第四百九十四条 执行标的物为特定物的，应当执行原物。原物确已毁损或者灭失的，经双方当事人同意，可以折价赔偿。

双方当事人对折价赔偿不能协商一致的，人民法院应当终结执行程序。申请执行人可以另行起诉。

第四百九十五条 他人持有法律文书指定交付的财物或者票证，人民法院依照民事诉讼法第二百四十九条第二款、第三款规定发出协助执行通知后，拒不转交的，可以强制执行，并可依照民事诉讼法第一百一十四条、第一百一十五条规定处理。

他人持有期间财物或者票证毁损、灭失的，参照本解释第四百九十四条规定处理。

他人主张合法持有财物或者票证的,可以根据民事诉讼法第二百二十七条规定提出执行异议。

第四百九十六条 在执行中,被执行人隐匿财产、会计账簿等资料的,人民法院除可依照民事诉讼法第一百一十一条第一款第六项规定对其处理外,还应责令被执行人交出隐匿的财产、会计账簿等资料。被执行人拒不交出的,人民法院可以采取搜查措施。

第四百九十七条 搜查人员应当按规定着装并出示搜查令和工作证件。

第四百九十八条 人民法院搜查时禁止无关人员进入搜查现场;搜查对象是公民的,应当通知被执行人或者他的成年家属以及基层组织派员到场;搜查对象是法人或者其他组织的,应当通知法定代表人或者主要负责人到场。拒不到场的,不影响搜查。

搜查妇女身体,应当由女执行人员进行。

第四百九十九条 搜查中发现应当依法采取查封、扣押措施的财产,依照民事诉讼法第二百四十五条第二款和第二百四十七条规定办理。

第五百条 搜查应当制作搜查笔录,由搜查人员、被搜查人及其他在场人签名、捺印或者盖章。拒绝签名、捺印或者盖章的,应当记入搜查笔录。

第五百零一条 人民法院执行被执行人对他人的到期债权,可以作出冻结债权的裁定,并通知该他人向申请执行人履行。

该他人对到期债权有异议,申请执行人请求对异议部分强制执行的,人民法院不予支持。利害关系人对到期债权有异议的,人民法院应当按照民事诉讼法第二百二十七条规定处理。

对生效法律文书确定的到期债权,该他人予以否认的,人民法院不予支持。

第五百零二条 人民法院在执行中需要办理房产证、土地证、林权证、专利证书、商标证书、车船执照等有关财产权证照转移手续的,可以依照民事诉讼法第二百五十一条规定办理。

第五百零三条 被执行人不履行生效法律文书确定的行为义务,该义务可由他人完成的,人民法院可以选定代履行人;法律、行政法规对履行该行为义务有资格限制的,应当从有资格的人中选定。必要时,可以通过招标的方式确定代履行人。

申请执行人可以在符合条件的人中推荐代履行人,也可以申请自己代为履行,是否准许,由人民法院决定。

第五百零四条 代履行费用的数额由人民法院根据案件具体情况确定,并由被执行人在指定期限内预先支付。被执行人未预付的,人民法院可以对该费用强制执行。

代履行结束后,被执行人可以查阅、复制费用清单以及主要凭证。

第五百零五条 被执行人不履行法律文书指定的行为,且该项行为只能由被执行人完成的,人民法院可以依照民事诉讼法第一百一十一条第一款第六项规定处理。

被执行人在人民法院确定的履行期间内仍不履行的,人民法院可以依照民事诉讼法第一百一十一条第一款第六项规定再次处理。

第五百零六条 被执行人迟延履行的，迟延履行期间的利息或者迟延履行金自判决、裁定和其他法律文书指定的履行期间届满之日起计算。

第五百零七条 被执行人未按判决、裁定和其他法律文书指定的期间履行非金钱给付义务的，无论是否已给申请执行人造成损失，都应当支付迟延履行金。已经造成损失的，双倍补偿申请执行人已经受到的损失；没有造成损失的，迟延履行金可以由人民法院根据具体案件情况决定。

第五百零八条 被执行人为公民或者其他组织，在执行程序开始后，被执行人的其他已经取得执行依据的债权人发现被执行人的财产不能清偿所有债权的，可以向人民法院申请参与分配。

对人民法院查封、扣押、冻结的财产有优先权、担保物权的债权人，可以直接申请参与分配，主张优先受偿权。

第五百零九条 申请参与分配，申请人应当提交申请书。申请书应当写明参与分配和被执行人不能清偿所有债权的事实、理由，并附有执行依据。

参与分配申请应当在执行程序开始后，被执行人的财产执行终结前提出。

第五百一十条 参与分配执行中，执行所得价款扣除执行费用，并清偿应当优先受偿的债权后，对于普通债权，原则上按照其占全部申请参与分配债权数额的比例受偿。清偿后的剩余债务，被执行人应当继续清偿。债权人发现被执行人有其他财产的，可以随时请求人民法院执行。

第五百一十一条 多个债权人对执行财产申请参与分配的，执行法院应当制作财产分配方案，并送达各债权人和被执行人。债权人或者被执行人对分配方案有异议的，应当自收到分配方案之日起十五日内向执行法院提出书面异议。

第五百一十二条 债权人或者被执行人对分配方案提出书面异议的，执行法院应当通知未提出异议的债权人、被执行人。未提出异议的债权人、被执行人自收到通知之日起十五日内未提出反对意见的，执行法院依异议人的意见对分配方案审查修正后进行分配；提出反对意见的，应当通知异议人。异议人可以自收到通知之日起十五日内，以提出反对意见的债权人、被执行人为被告，向执行法院提起诉讼；异议人逾期未提起诉讼的，执行法院按照原分配方案进行分配。

诉讼期间进行分配的，执行法院应当提存与争议债权数额相应的款项。

第五百一十三条 在执行中，作为被执行人的企业法人符合企业破产法第二条第一款规定情形的，执行法院经申请执行人之一或者被执行人同意，应当裁定中止对该被执行人的执行，将执行案件相关材料移送被执行人住所地人民法院。

第五百一十四条 被执行人住所地人民法院应当自收到执行案件相关材料之日起三十日内，将是否受理破产案件的裁定告知执行法院。不予受理的，应当将相关案件材料退回执行法院。

第五百一十五条 被执行人住所地人民法院裁定受理破产案件的，执行法院应当解除对被执行人财产的保全措施。被执行人住所地人民法院裁定宣告被执行人破产的，执行法院应当裁定终结对该被执行人的执行。

被执行人住所地人民法院不受理破产案件的，执行法院应当恢复执行。

第五百一十六条 当事人不同意移送破产或者被执行人住所地人民法院不受理破产案件的，执行法院就执行变价所得财产，在扣除执行费用及清偿优先受偿的债权后，对于普通债权，按照财产保全和执行中查封、扣押、冻结财产的先后顺序清偿。

第五百一十七条 债权人根据民事诉讼法第二百五十四条规定请求人民法院继续执行的，不受民事诉讼法第二百三十九条规定申请执行时效期间的限制。

第五百一十八条 被执行人不履行法律文书确定的义务的，人民法院除对被执行人予以处罚外，还可以根据情节将其纳入失信被执行人名单，将被执行人不履行或者不完全履行义务的信息向其所在单位、征信机构以及其他相关机构通报。

第五百一十九条 经过财产调查未发现可供执行的财产，在申请执行人签字确认或者执行法院组成合议庭审查核实并经院长批准后，可以裁定终结本次执行程序。

依照前款规定终结执行后，申请执行人发现被执行人有可供执行财产的，可以再次申请执行。再次申请不受申请执行时效期间的限制。

第五百二十条 因撤销申请而终结执行后，当事人在民事诉讼法第二百三十九条规定的申请执行时效期间内再次申请执行的，人民法院应当受理。

第五百二十一条 在执行终结六个月内，被执行人或者其他人对已执行的标的有妨害行为的，人民法院可以依申请排除妨害，并可以依照民事诉讼法第一百一十一条规定进行处罚。因妨害行为给执行债权人或者其他人造成损失的，受害人可以另行起诉。

二十二、涉外民事诉讼程序的特别规定

第五百二十二条 有下列情形之一，人民法院可以认定为涉外民事案件：

（一）当事人一方或者双方是外国人、无国籍人、外国企业或者组织的；

（二）当事人一方或者双方的经常居所地在中华人民共和国领域外的；

（三）标的物在中华人民共和国领域外的；

（四）产生、变更或者消灭民事关系的法律事实发生在中华人民共和国领域外的；

（五）可以认定为涉外民事案件的其他情形。

第五百二十三条 外国人参加诉讼，应当向人民法院提交护照等用以证明自己身份的证件。

外国企业或者组织参加诉讼，向人民法院提交的身份证明文件，应当经所在国公证机关公证，并经中华人民共和国驻该国使领馆认证，或者履行中华人民共和国与该所在国订立的有关条约中规定的证明手续。

代表外国企业或者组织参加诉讼的人，应当向人民法院提交其有权作为代表人参加诉讼的证明，该证明应当经所在国公证机关公证，并经中华人民共和国驻该国使领馆认证，或

者履行中华人民共和国与该所在国订立的有关条约中规定的证明手续。

本条所称的“所在国”，是指外国企业或者组织的设立登记地国，也可以是办理了营业登记手续的第三国。

第五百二十四条 依照民事诉讼法第二百六十四条以及本解释第五百二十三条规定，需要办理公证、认证手续，而外国当事人所在国与中华人民共和国没有建立外交关系的，可以经该国公证机关公证，经与中华人民共和国有外交关系的第三国驻该国使领馆认证，再转由中华人民共和国驻该第三国使领馆认证。

第五百二十五条 外国人、外国企业或者组织的代表人在人民法院法官的见证下签署授权委托书，委托代理人进行民事诉讼的，人民法院应予认可。

第五百二十六条 外国人、外国企业或者组织的代表人在中华人民共和国境内签署授权委托书，委托代理人进行民事诉讼，经中华人民共和国公证机构公证的，人民法院应予认可。

第五百二十七条 当事人向人民法院提交的书面材料是外文的，应当同时向人民法院提交中文翻译件。

当事人对中文翻译件有异议的，应当共同委托翻译机构提供翻译文本；当事人对翻译机构的选择不能达成一致的，由人民法院确定。

第五百二十八条 涉外民事诉讼中的外籍当事人，可以委托本国人为诉讼代理人，也可以委托本国律师以非律师身份担任诉讼代理人；外国驻华使领馆官员，受本国公民的委托，可以以个人名义担任诉讼代理人，但在诉讼中不享有外交或者领事特权和豁免。

第五百二十九条 涉外民事诉讼中，外国驻华使领馆授权其本馆官员，在作为当事人的本国国民不在中华人民共和国领域内的情况下，可以以外交代表身份为其本国国民在中华人民共和国聘请中华人民共和国律师或者中华人民共和国公民代理民事诉讼。

第五百三十条 涉外民事诉讼中，经调解双方达成协议，应当制发调解书。当事人要求发给判决书的，可以依协议的内容制作判决书送达当事人。

第五百三十一条 涉外合同或者其他财产权益纠纷的当事人，可以书面协议选择被告住所地、合同履行地、合同签订地、原告住所地、标的物所在地、侵权行为地等与争议有实际联系地点的外国法院管辖。

根据民事诉讼法第三十三条和第二百六十六条规定，属于中华人民共和国法院专属管辖的案件，当事人不得协议选择外国法院管辖，但协议选择仲裁的除外。

第五百三十二条 涉外民事案件同时符合下列情形的，人民法院可以裁定驳回原告的起诉，告知其向更方便的外国法院提起诉讼：

（一）被告提出案件应由更方便外国法院管辖的请求，或者提出管辖异议；

（二）当事人之间不存在选择中华人民共和国法院管辖的协议；

（三）案件不属于中华人民共和国法院专属管辖；

（四）案件不涉及中华人民共和国国家、公民、法人或者其他组织的利益；

（五）案件争议的主要事实不是发生在中华人民共和国境内，且案件不适用中华人民共和国法律，人民法院审理案件在认定事实和适用法律方面存在重大困难；

（六）外国法院对案件享有管辖权，且审理该案件更加方便。

第五百三十三条 中华人民共和国法院和外国法院都有管辖权的案件，一方当事人向外国法院起诉，而另一方当事人向中华人民共和国法院起诉的，人民法院可予受理。判决后，外国法院申请或者当事人请求人民法院承认和执行外国法院对本案作出的判决、裁定的，不予准许；但双方共同缔结或者参加的国际条约另有规定的除外。

外国法院判决、裁定已经被人民法院承认，当事人就同一争议向人民法院起诉的，人民法院不予受理。

第五百三十四条 对在中华人民共和国领域内没有住所的当事人，经用公告方式送达诉讼文书，公告期满不应诉，人民法院缺席判决后，仍应当将裁判文书依照民事诉讼法第二百六十七条第八项规定公告送达。自公告送达裁判文书满三个月之日起，经过三十日的上诉期当事人没有上诉的，一审判决即发生法律效力。

第五百三十五条 外国人或者外国企业、组织的代表人、主要负责人在中华人民共和国领域内的，人民法院可以向该自然人或者外国企业、组织的代表人、主要负责人送达。

外国企业、组织的主要负责人包括该企业、组织的董事、监事、高级管理人员等。

第五百三十六条 受送达人所在国允许邮寄送达的，人民法院可以邮寄送达。

邮寄送达时应当附有送达回证。受送达人未在送达回证上签收但在邮件回执上签收的，视为送达，签收日期为送达日期。

自邮寄之日起满三个月，如果未收到送达的证明文件，且根据各种情况不足以认定已经送达的，视为不能用邮寄方式送达。

第五百三十七条 人民法院一审时采取公告方式向当事人送达诉讼文书的，二审时可径行采取公告方式向其送达诉讼文书，但人民法院能够采取公告方式之外的其他方式送达的除外。

第五百三十八条 不服第一审人民法院判决、裁定的上诉期，对在中华人民共和国领域内有住所的当事人，适用民事诉讼法第一百六十四条规定的期限；对在中华人民共和国领域内没有住所的当事人，适用民事诉讼法第二百六十九条规定的期限。当事人的上诉期均已届满没有上诉的，第一审人民法院的判决、裁定即发生法律效力。

第五百三十九条 人民法院对涉外民事案件的当事人申请再审进行审查的期间，不受民事诉讼法第二百零四条规定的限制。

第五百四十条 申请人向人民法院申请执行中华人民共和国涉外仲裁机构的裁决，应当提出书面申请，并附裁决书正本。如申请人为外国当事人，其申请书应当用中文文本提出。

第五百四十一条 人民法院强制执行涉外仲裁机构的仲裁裁决时，被执行人以有民事诉讼法第二百七十四条第一款规定的情形为由提出抗辩的，人民法院应当对被执行人的抗辩进行审查，并根据审查结果裁定执行或者不予执行。

第五百四十二条 依照民事诉讼法第二百七十二条规定，中华人民共和国涉外仲裁机构将当事人的保全申请提交人民法院裁定的，人民法院可以进行审查，裁定是否进行保全。裁定保全的，应当责令申请人提供担保，申请人不提供担保的，裁定驳回申请。

当事人申请证据保全，人民法院经审查认为无需提供担保的，申请人可以不提供担保。

第五百四十三条 申请人向人民法院申请承认和执行外国法院作出的发生法律效力的判决、裁定，应当提交申请书，并附外国法院作出的发生法律效力的判决、裁定正本或者经证明无误的副本以及中文译本。外国法院判决、裁定为缺席判决、裁定的，申请人应当同时提交该外国法院已经合法传唤的证明文件，但判决、裁定已经对此予以明确说明的除外。

中华人民共和国缔结或者参加的国际条约对提交文件有规定的，按照规定办理。

第五百四十四条 当事人向中华人民共和国有管辖权的中级人民法院申请承认和执行外国法院作出的发生法律效力的判决、裁定的，如果该法院所在国与中华人民共和国没有缔结或者共同参加国际条约，也没有互惠关系的，裁定驳回申请，但当事人向人民法院申请承认外国法院作出的发生法律效力的离婚判决的除外。

承认和执行申请被裁定驳回的，当事人可以向人民法院起诉。

第五百四十五条 对临时仲裁庭在中华人民共和国领域外作出的仲裁裁决，一方当事人向人民法院申请承认和执行的，人民法院应当依照民事诉讼法第二百八十三条规定处理。

第五百四十六条 对外国法院作出的发生法律效力的判决、裁定或者外国仲裁裁决，需要中华人民共和国法院执行的，当事人应当先向人民法院申请承认。人民法院经审查，裁定承认后，再根据民事诉讼法第三编的规定予以执行。

当事人仅申请承认而未同时申请执行的，人民法院仅对应否承认进行审查并作出裁定。

第五百四十七条 当事人申请承认和执行外国法院作出的发生法律效力的判决、裁定或者外国仲裁裁决的期间，适用民事诉讼法第二百三十九条的规定。

当事人仅申请承认而未同时申请执行的，申请执行的期间自人民法院对承认申请作出的裁定生效之日起重新计算。

第五百四十八条 承认和执行外国法院作出的发生法律效力的判决、裁定或者外国仲裁裁决的案件，人民法院应当组成合议庭进行审查。

人民法院应当将申请书送达被申请人。被申请人可以陈述意见。

人民法院经审查作出的裁定，一经送达即发生法律效力。

第五百四十九条 与中华人民共和国没有司法协助条约又无互惠关系的国家的法院，未通过外交途径，直接请求人民法院提供司法协助的，人民法院应予退回，并说明理由。

第五百五十条 当事人在中华人民共和国领域外使用中华人民共和国法院的判决书、裁定书，要求中华人民共和国法院证明其法律效力的，或者外国法院要求中华人民共和国法院证明判决书、裁定书的法律效力的，作出判决、裁定的中华人民共和国法院，可以本法院的名义出具证明。

第五百五十一条 人民法院审理涉及香港、澳门特别行政区和台湾地区的民事诉讼案件，可以参照适用涉外民事诉讼程序的特别规定。

二十三、附　　则

第五百五十二条 本解释公布施行后，最高人民法院于1992年7月14日发布的《关于适用〈中华人民共和国民事诉讼法〉若干问题的意见》同时废止；最高人民法院以前发布的司法解释与本解释不一致的，不再适用。